Designing Modernity

Architecture in the Arab World 1945–1973

Designing Modernity

Edited by George Arbid and Philipp Oswalt

Architecture in the Arab World 1945–1973

jovis
RIWAQ

COLOPHON بيانات النسخ

IMPRINT

© 2022 by jovis Verlag GmbH
Arabic co-publisher: Riwaq, Palestine

Texts by kind permission of the authors. Pictures by kind permission of the photographers/holders of the picture rights.

All rights reserved.

Cover: Designing Modernity: Architecture in the Arab World 1945–1973, Model by Jean-François Zevaco for Sidi Harazem Thermal Bath Complex (Detail), FRAC Orléans.

Edited by George Arbid and Philipp Oswalt

A project initiated by the Goethe-Institut in the Palestinian Territories and funded by the German Federal Foreign Office.

English Copy-Editing: Mariangela Palazzi-Williams, Michael Thomas Taylor
Arabic Copy-Editing: Mohammad Hamdan
Translation English-Arabic: Fadi El Tofeili
Design: Huda Smitshuijzen AbiFarès
Partner: Arab Center for Architecture, Beirut
Lithography: Bild1Druck Berlin

The views in this publication are those of the authors and do not necessarily reflect the views of the Goethe-Institut.

Printed in the European Union.

Bibliographic information published by the Deutsche Nationalbibliothek. The Deutsche Nationalbibliothek lists this publication in the Deutsche Nationalbibliografie. Detailed bibliographic data are available on the Internet at http://dnb.d-nb.de.

jovis Verlag GmbH
Lützowstraße 33
10785 Berlin

www.jovis.de

Riwaq
Nablus Road
P.O.Box 212 Ramallah

www.riwaq.org

jovis books are available worldwide in select bookstores. Please contact your nearest bookseller or visit www.jovis.de for information concerning your local distribution. The hardcover will also be available via books.riwaq.org.

This book will be available as an open access publication in May 2024 via www.degruyter.com.

ISBN 978-3-86859-723-3 (Hardcover)
ISBN 978-3-86859-830-8 (PDF)

Federal Foreign Office

GOETHE INSTITUT

المركز العربي للعمارة
arab center for architecture

IMAGE SOURCES

Morocco
1.1. FRAC Orléans / 1.2. Private collection of Aziza Chaouni / 1.3. FRAC Orléans / 1.4. Drawings by Aziza Chaouni Projects / 1.5. FRAC Orléans / 1.6. FRAC Orléans / 1.7. FRAC Orléans / 1.8. FRAC Orléans / 1.9. Drawings by Aziza Chaouni Projects / 1.10. FRAC Orléans / 1.11. Julien Lanoo (Photographer) / 1.12. Julien Lanoo (Photographer) / 1.13 George Arbid (Photographer) / 1.14. Julien Lanoo (Photographer) / 1.15. Julien Lanoo (Photographer) / 1.16. Andreea Muscurel (Photographer) / 1.17. Julien Lanoo (Photographer) / 1.18. Private collection of Aziza Chaouni / 1.19. Postcard, Photographer unknown, Private collection of Aziza Chaouni.

Egypt
2.1. Mercedes Volait (Photographer), 1997 / 2.2. *Magallat al-'Emara*, no. 5/6, 1947, between p. 32 and 33 / 2.3. *Magallat al-Muhandisin*, March 1948, unpaginated / 2.4. Archives of Riad Architecture / 2.5. Archives of Riad Architecture / 2.6. Archives of Riad Architecture / 2.7. *Magallat al-Muhandisin*, March 1955, p. 12 / 2.8. *Magallat al-Muhandisin*, March 1955, p. 13 / 2.9. *Magallat al-'Emara*, no. 1, 1957, p. 21 / 2.10. Karim El Hayawan (Photographer), 2021 / 2.11. Karim El Hayawan (Photographer), 2021 / 2.12. Mercedes Volait (Photographer), 1997 / 2.13. Mercedes Volait (Photographer), 1997 / 2.14. Karim El Hayawan (Photographer), 2021.

3.1. American University in Cairo, Rare Books and Special Collections Library (AUC, RBSCL) / 3.2. Publishers / 3.3. Chant Avedissian (Photographer), Aga Khan Trust for Culture / 3.4. AUC, RBSCL / 3.5. AUC, RBSCL / 3.6. AUC, RBSCL / 3.7. AUC, RBSCL / 3.8. Christopher Little (Photographer): Aga Khan Trust for Culture / 3.9. AUC, RBSCL / 3.10. Photographer unknown / 3.11. Aga Khan Trust for Culture / 3.12. AUC, RBSCL / 3.13. AUC, RBSCL / 3.14. AUC, RBSCL / 3.15. Karim El Hayawan (Photographer) / 3.16. AUC, RBSCL / 3.17. AUC, RBSCL / 3.18. Viola Bertini / 3.19. AUC, RBSCL / 3.20. Karim El Hayawan (Photographer) / 3.21. AUC, RBSCL / 3.22. Clea Daridan (Photographer) / 3.23. Karim El Hayawan (Photographer) / 3.24. Photographer unknown, Salma Samar Damluji, Hassan Fathy Private Collection / 3.25. A. Albek & M. Niksarli (Photographer), Aga Khan Trust for Culture.

4.1. Karim El Hayawan (Photographer) / 4.2. Nasr City advertising brochure by the Nasr City Company, c. 1959. Mohamed Elshahed archive / 4.3. Mohamed Elshahed photographic collection, photographer unknown / 4.4. Mohamed Elshahed photographic collection, photographer unknown. Mohamed Elshahed archive / 4.5. Nasr City promotional book published by Nasr City Company, undated, c. 1971. Mohamed Elshahed archive / 4.6. Nasr City promotional book published by Nasr City Company, undated, c. 1971. Mohamed Elshahed archive / 4.7. Mohamed Elshahed archive (drawn by research team) / 4.8. Al-Ahram magazine, undated / 4.9. Advertisement *TV and Radio* magazine, 1969. Mohamed Elshahed archive / 4.10. *Al-Ahram* newspaper in February 1961. Mohamed Elshahed archive / 4.11. *Al-Ahram* magazine, undated. Mohamed Elshahed archiv / 4.12. *Al-Ahram* newspaper, 1993. Mohamed Elshahed archive / 4.13 Mohamed Elshahed archive / 4.14. *Magallat al-'Emara* issue 3-4, 1952 / 4.15. *Magallat al-'Emara* issue 1-2, 1948 / 4.16. – 4.18. Karim El Hayawan (Photographer).

Lebanon
5.1. Dalia Khamissy (Photographer) / 5.2. Arab Center for Architecture, Pierre Neema Collection / 5.3. Arab Center for Architecture / 5.4. Arab Center for Architecture / 5.5. Pierre El Khoury archives / 5.6. Arab Center for Architecture / 5.7. Henri Eddé archives / 5.8. Arab Center for Architecture, Pierre Neema collection / 5.9. Arab Center for Architecture, Pierre Neema collection / 5.10. Arab Center for Architecture, Pierre Neema collection / 5.11. Arab Center for Architecture, Pierre Neema collection / 5.12. Electricité du Liban archives / 5.13. Arab Center for Architecture, Pierre Neema collection / 5.14. – 5.17. Dalia Khamissy (Photographer) / 5.18. Ghada Salem. © ALES 2020 / 5.19. George Arbid (Photographer) / 5.20. Carl Gerges (Photographer) / 5.21. Arab Center for Architecture, Pierre Neema collection / 5.22. Dalia Khamissy (Photographer).

Kuwait
6.1. PACE © Manu John / 6.2. Dar al-Athar al-Islamiyyah / 6.3. Abdel-ilah Ismael, studio al-Fahyae, Kuwait City (Photographer), 1960. ©The Palestinian Museum Digital Archive / 6.4. Dar al-Athar al-Islamiyyah / 6.5. Dar al-Athar al-Islamiyyah / 6.6. ArkiDes, Swedish Centre for Architecture and Design / 6.7. Núcleo de Pesquisa e Documentação FAU, UFRJ (Faculty of Architecture and Urbanism of the Federal University of Rio de Janeiro, Brazil) / 6.8. Croatian Museum of Architecture / 6.9. Samir Abdulac / 6.10. *L'Architecture d'Aujourd'hui*, June-July, 1961 / 6.11. SIAF – Cité de l'architecture et du patrimoine – Archives d'architecture du XXe siècle / 6.12. Aga Khan Award for Architecture / 6.13. SIAF – Cité de l'architecture et du patrimoine – Archives d'architecture du XXe siècle / 6.14. SIAF – Cité de l'architecture et du patrimoine – Archives d'architecture du XXe siècle / 6.15. National Council of Culture, Arts and Letters / 6.16. Nuno Teixeira / 6.17. PACE © Manu John.

Palestine
7.1. Arab Development Society archives / 7.2. British Mandate Jerusalemites Photo Library / 7.3. Source: Google maps, accessed May, 2021 / 7.4. Drawn by Ziad Abdelhalim and Hala Saif, 2021 / 7.5. Arab Development Society archive, 1940s and 1950s / 7.6. Bootstrap, Arab Development Society archive, 1953 / 7.7. Dima Yaser(Photographer), 2021 / 7.8. Dima Yaser (Photographer), 2020 / 7.9. Malak Hassan (Photographer), 2021 / 7.10. Drawn by Ziad Abdelhalim and Hala Saif, 2021 / 7.11. Dima Yaser (Photographer), 2020 / 7.12. Dima Yaser (Photographer), 2020 / 7.13. Malak Hassan (Photographer), 2021 / 7.14. Drawn by Ziad Abdelhalim and Hala Saif, 2021 / 7.15. Dima Yaser (Photographer), 2020 / 7.16. Malak Hassan (Photographer), 2021 / 7.17. Dima Yaser (Photographer), 2021 / 7.18. Drawn by Ziad Abdelhalim and Hala Saif, 2021 / 7.19. Drawn by Ziad Abdelhalim and Hala Saif, 2021 / 7.20. Dima Yaser (Photographer), 2020 / 7.21. – 7.24. Pelin Tan (Photographer), 2019 / 7.25. Dima Yaser (Photographer), 2020.

Iraq
8.1. Kahtan Awni: Consultant – Architect (Baghdad: c. 1969 / 8.2. Karrar Nasser (Photographer), 2021 / 8.3. 'Aqil Nuri Al-Mulla Huwaish, *Al-'Imarah Al-Hadithah fi Al-'Iraq* [Modern Architecture in Iraq), 1988 / 8.4. Karrar Nasser (Photographer), 2021 / 8.5. – 8.6. Kahtan Awni: Consultant – Architect (Baghdad: c. 1969) / 8.7. Jean Louis Cohen (Photographer), 2013 / 8.8. – 8.10. Karrar Nasser (Photographer), 2021 / 8.11. George Arbid (Photographer), 2013 / 8.12. – 8.14. Karrar Nasser (Photographer), 2021 / 8.15. Unknown Photographer, Kahtan Awni: Consultant - Architect (Baghdad: c. 1969 / 8.16. Karrar Nasser (Photographer), 2021 / 8.17. Kahtan Awni: Consultant - Architect (Baghdad: c. 1969 / 8.18. Karrar Nasser (Photographer), 2021.

Syria
9.1. Photographer unknown, drkweider.unityworld.de / 9.2. Walid Al-Shihabi personal collection / 9.3. – 9.4. Emad Al Armashi collection / 9.5. Public Establishment for International Fairs and Exhibitions, peife.gov.s / 9.6. – 9.7. Emad Al Armashi collection / 9.8. Public Establishment for International Fairs and Exhibitions, peife.gov.sy / 9.9. Ibrahim Hakky, *Damascus in Eighty Years*, 2017, p. 143 / 9.10. – 9.12. Public Establishment for International Fairs and Exhibitions, peife.gov.sy / 9.13. Wael Samhouri (Photographer), 2021 / 9.14. Rafee Hakky collection / 9.15. Public Establishment for International Fairs and Exhibitions, peife.gov.s / 9.16. Emad Al Armashi collection / 9.17. – 9.18. Public Establishment for International Fairs and Exhibitions, peife.gov.sy / 9.19. Emad Al Armashi collection / 9.20. The Syrian Stamps Archive / 9.21. Walid Al-Shihabi personal collection / 9.22. Walid Al-Shihabi personal collection / 9.23. The Syrian Stamps Archive / 9.24. Walid Al-Shihabi (Photographer) / 9.25. Public Establishment for International Fairs and Exhibitions, peife.gov.sy.

Jordan
10.1. Archive of Al-Hussein Youth City / 10.2. Archive of the Central Bank of Jordan / 10.3. Arida, Issam, *Al-Hussein Youth City* (Madinat al-Hussein lal-Shabab) (Amman: Mu'assaset Ri'ayet al-Shabab, 1975), p. 25 / 10.4. Archive of Al-Hussein Youth City / 10.5. Fawzeddine, 'Mashru' qanoun daribet madinat el-Hussein (The proposed tax law for al-Hussein City)', Al-Jehad, 16 November 1963, p. 12 / 10.6. Archive of Al-Hussein Youth City Engineering Department / 10.7. Arida, Issam, *Al-Hussein Youth City* (Madinat al-Hussein lal-Shabab) (Amman: Mu'assaset Ri'ayet al-Shabab, 1975), p. 7 / 10.8. Arida, Issam, *Al-Hussein Youth City* (Madinat al-Hussein lal-Shabab) (Amman: Mu'assaset Ri'ayet al-Shabab, 1975), p. 41 / 10.9. Archive of Al-Hussein Youth City 2021 / 10.10. Archive of Al-Hussein Youth City 2021 / 10.11. Arida, Issam, *Al-Hussein Youth City* (Madinat al-Hussein lal-Shabab) (Amman: Mu'assaset Ri'ayet al-Shabab, 1975), p. 22 / 10.12. Arida, Issam, *Al-Hussein Youth City* (Madinat al-Hussein lal-Shabab) (Amman: Mu'assaset Ri'ayet al-Shabab, 1975), p. 15 / 10.13. Archive of the Royal Hashemite Documentation Center, 2021 / 10.14. Arida, Issam, *Al-Hussein Youth City* (Madinat al-Hussein lal-Shabab) (Amman: Mu'assaset Ri'ayet al-Shabab, 1975), p. 30 / 10.15. Arida, Issam, *Al-Hussein Youth City* (Madinat al-Hussein lal-Shabab) (Amman: Mu'assaset Ri'ayet al-Shabab, 1975) p. 29 / 10.16. Arida, Issam, *Al-Hussein Youth City* (Madinat al-Hussein lal-Shabab) (Amman: Mu'assaset Ri'ayet al-Shabab, 1975), p. 27 / 10.17. – 10.20. Loay Tal (Photographer), 2021 / 10.21. Janset Shawash (Photographer), 202 / 10.22. Arida, Issam, *Al-Hussein Youth City* (Madinat al-Hussein lal-Shabab) (Amman: Mu'assaset Ri'ayet al-Shabab, 1975), p. 20 & 23 / 10.23. Arida, Issam, *Al-Hussein Youth City* (Madinat al-Hussein lal-Shabab) (Amman: Mu'assaset Ri'ayet al-Shabab, 1975), p. 31.

Contents

Acquiring and Producing (New) Knowledge. Reflection through Relation and Understanding

New knowledge production, exchange and transfer is an essential element in the pages you are about to read and see. The subject of "Designing Modernity: Architecture in the Arab world" has received little attention so far and a limited amount of material, and few other (bilingual) publications on this subject exist.

To reach a broad readership and a diverse audience, we adopted a shared learning process. This book is the result of a long-term collaboration that started in 2019 and evolved over the course of over two years. This has been a very meaningful experience for all involved and I would like to express my gratitude to Philipp Oswalt and George Arbid for their immediate interest in and willingness to lead the project, which made it both relevant and engaging.

The foundations of the collaboration – and this book – were laid in 2019, which was the 100th anniversary of the Bauhaus movement. To mark this anniversary in Ramallah, we decided to do a critical analysis / inquiry on the relevancy of Bauhaus in Palestine. We began by thinking about notions that circled around modernity (in particular, social and affordable housing inspired by Neue Sachlichkeit) and architecture within the different local contexts, as well as in the Arab region – the "concept of Arab contemporaneity", as referenced by major Egyptian architect Hassan Fathy.

We invited Philipp to Ramallah to meet with a diverse group of architects, academics and experts in the field. The ideas that came out of that meeting later became the outline of this book. Soon after, George joined Philipp to lead the project and they agreed to collaborate on the project. As editors of this research-based publication, they co-curated its thematic approach and format, formulated the guiding set of questions to be addressed, and identified architects and historians of modernist architecture in different Arab countries.

A two-day workshop in late 2020 gave us further insights into the process of the publication, driving research, context and concept and sharpening the analysis presented here. This included crucial topics such as, inter alia, the absence or the loss of archives, education in the field of architecture under colonial rule, decolonization and independence, contemporary research approaches in architecture, documentation of modernist architecture as cultural heritage, identity

politics and the (ir)relevancy of Edward Said's "Orientalism". We also received input on new developments in the field of modernist architecture, current and past teaching models, the importance of magazines and journals at the time or new research approaches and perspectives.

The aspect of creative "commoning" (Peter Linebaugh) and communing was important to all involved and resulted in a collective book publication. This is also available as an e-book for those who cannot purchase the book. The e-book will be open access from May 2024 onwards and downloadable in chapters for those with limited internet capacity. (Since not all countries could be included in this work, there is an opportunity for a second volume and new editions in the future.)

You will notice the absence of female architects of the buildings or building complexes introduced in this book. This is because, in the postwar period, there was limited awareness of female architects in the Arab world and their work, both in their own countries and around the world. It was only in the 1980s that female architects – and their work – began to be recognized, with Zaha Hadid as the most known example.

I would like to share what this first collective regional project means for the editors of this publication. For George Arbid, the essence and quality of this book and research project is its collaborative nature, and therefore collective value. For Philipp Oswalt, the publication is an opportunity to inspire further critical analysis and research in the field.

I would like to express my heartfelt thanks to the editors and to all researchers, experts, architects who joined the project: Amin Alsaden, Aziza Chaouni, Mohamed Elshahed, Leila El Wakil, Rafee Hakky, Wael Samhouri, Sara Saragoça, Janset Shawash, Pelin Tan, Mercedes Volait, and Dima Yaser.

They made this book what it is – an exciting piece of research, analysis and presentation of vital case studies that shed light on this era of modernity in the region and its networks, relations and connections globally.

I would also like to extend my gratitude to those who translated, edited, designed and published this book: Huda Smitshuijzen AbiFares (book designer), Fadi

Tofeili (Arabic translator), Mohammad Hamdan (Arabic editor), Riwaq Centre and their team (co-publisher for the Arab region) and our international publisher Jovis and their team, for their patience, expertise and support throughout the project's process.

Finally, a project of such dimension could never happen without a wonderful team behind the scenes: Shirin Abu Ramadan, May Marei, Lisa-Marie Wollrab and Lena Kuhnt. Thank you!

Finally, I would also like to thank Rainer Hauswirth, former head of the Visual Arts department of the Goethe-Institut e.V., Thomas Krüger from the Federal Agency for Civic Education (bpb) and Bernd Scherer from the House of World Cultures (HKW) in Berlin, the team of the Arab Center for Architecture in Beirut, Goethe-Institut's regional Office in Cairo, and the German Federal Foreign Office, without whose generous support this book would not have been possible.

Enjoy reading this first collective, creative effort towards the recognition, locating and unearthing of all the things architectural we simply do not yet know about modernity in the Arab world.

Mona Kriegler
Director
Goethe-Institut Palestinian Territories

George Arbid & Phillip Oswalt

Introduction: Designing Modernity

The starting point for this book was to look for the traces left by the Bauhaus in the Arab world. The project was triggered by the Bauhaus anniversary in 2019 and the availability of funds for the occasion. Early in the discussions we decided to shift from that focus and consider wider questions, all the more since the Bauhaus, as an institution, played a limited role in the cultural development of the Arab region.

We were rather interested in addressing the variety of local and foreign forces and influences that shaped modern architecture in the Arab region, and in return, what role architecture played in the development of these countries. Surely, economic, technological, and cultural changes had been initiated in the 19th century and early 20th century, when the colonial powers of the Ottoman Empire, Italy, Great Britain, and France still dominated the Arab countries. Yet the real potential of modern architecture did not unfold until after the end of World War II, when the countries gained their independence. In addition, the "Great Acceleration" began during this period, which brought new prosperity to many countries and was accompanied by a rapid increase in population.[1]

The book focuses on the period from 1945 to 1973, and thus on the heroic phase of postwar modernity. Around 1973, the postwar boom ended economically, ecologically, and culturally.[2] Fordism entered a crisis, national debts and unemployment in the industrialized countries rose, the international monetary system broke away from the gold standard, the oil price crisis shook the world, the Club of Rome presented its report "Limits to Growth," and modernity and the belief in progress came under increasing cultural criticism. At the same time, the development of microprocessors and personal computers as the Third Industrial Revolution laid the foundation for a new phase of modernization that will not be covered in this book.

The title, *Designing Modernity*, points to the fact that we construe architecture beyond its discipline, as part of the broader cultural and social process of modernization. The unfolding of modern architecture presupposes technological, social, and cultural developments, such as new modes of production, new building materials, new forms of organization, and new clients and patrons. Yet at the same time, modernist architecture is itself

a means of modernization, as it paves the way for and enables new lifestyles, new modes of socialization, consumption, etc.

It is not only the advent of the consumer and mass society that is formative for the Arab countries of the postwar era; it is above all the challenge of nation building, since many have just won their independence and self-determination. This is not to say that nationalism is in play alone, for pan-Arab visions are at work along with progressive and secular ideas of independence, emancipation, and social progress. While the Damascus International Fair, for example, was initially characterized by pan-Arabism, the Kuwait National Museum aimed at affirming national identity to temper the pan-Arabism promoted by stronger neighbors. In their own way, the projects presented in this book from Lebanon, Palestine, Jordan, Iraq, and Morocco also endorse an essential role in nation building.

In order to address the interactions between the clients' programmatic idea, the architects' interpretation of the design brief, the influence of social context, cultural conditions, technological developments, and political forces, as well as the outcomes of use and reception, we have chosen to focus on individual buildings as case studies. In our view, each case study is significant for the country in question, even though it cannot, of course, represent that country's development in its entirety. In this respect, the book is a conscious decision to offer selective observations without any claim to completeness or even to be an overview.[3] At the same time, however, we selected examples that cover a broad spectrum of programs and building types in order to address different dimensions of modernity: housing (Egypt), work (Lebanon), commerce (Syria), sports (Jordan), leisure (Morocco), education (Palestine, Iraq), and culture (Kuwait). While the majority of the examples are urban, three of the projects (Jericho, New Gourna, Sidi Harazem) deal with rural areas. In order to do justice to the complexity of housing, an important question for modernist architecture, we have extended the consideration to three case studies within one country, Egypt.

The selected case studies also represent a prototypical range of different concepts of modernism and forms of transculturalism. While the Lebanese example stands for a technologically advanced and cheerful

1   John Robert McNeill and Peter Engelke, *The Great Acceleration: An Environmental History of the Anthropocene since 1945*, Cambridge: Harvard University Press, 2016.
2   For the change of regime, see also Fredric Jameson, *Postmodernism, or, the Cultural Logic of Late Capitalism*, Durham, NC: Duke University Press, 1991.

3   Other research projects attempted a more horizontal coverage, thus offering a wider overview. See, for example, George Arbid, ed., *Architecture from the Arab World: 1914–2014, A Selection*, catalogue for the exhibition at the Kingdom of Bahrain National Participation, 14th International Architecture Exhibition la Biennale di Venezia 2014.

modernism, the case of New Gourna (Egypt) represents a critical—we argue progressive—modernism that abandons technology in favor of vernacular building. The advanced modernism of the Iraqi example relates culturally to regional traditions, whereas the Moroccan example is more marked by a personal signature.

Equally diverse are the transcultural relationships between traditions. For the formation of classical modernism, in addition to Japanese modernism, the reception of the building cultures of the Mediterranean played an essential role. Authoritative architects such as Adolf Loos, Josef Hoffmann, Jacobus Johannes Pieter Oud, and Le Corbusier, among others, were just as influenced by the cubic forms, flat roofs, and white façades of vernacular building in these countries as were the artists of classical modernism by African art. The resulting modern architectural language had an effect back in the Arab world. The paths here were manifold. Many architects from these countries went to France (such as Jean-François Zevaco, Pierre Neema, Jacques Aractingi), Great Britain (Mahmoud Riad), the USA (Kahtan Awni), or Switzerland (Sayed Karim) for study or practical experience, in order to make a career in their home country after their return. Likewise, there were European architects who realized projects alone (Munce and Kennedy in Amman, Michel Ecochard in Kuwait City) or teamed up with local architects (CETA inviting Jean-Noël Conan to Beirut). The book therefore addresses issues of collaboration and adaptation, along with local professional set-ups between engineers and architects, at a time when the profession was being organized in the various countries. In addition, the global architectural production and debate, as conveyed through books and more widely through magazines, played a role, with transcultural influences not being limited to a bipolar relationship between the Arab region and the "West." For example, contemporary Brazilian architecture played an important role for Jean-François Zevaco and in the competition for the Kuwait National Museum. During the Cold War from 1947 onwards, the socialist East was in any case present and influential alongside the capitalist West.[4]

At the beginning of the conception of the book, we contacted a larger number of researchers working in the field, who proposed a total of over sixty buildings. The final selection was then made step by step, with new examples sometimes resulting from the conversations. Along with the importance and representativeness of the work, the availability of historic material and archival documents was also a deciding argument. There is in fact a scarcity of archives related to architectural production in the Arab countries. Along with some collections related to French architects found at the IFA in Paris and to British architects at the RIBA archives, the Aga Khan Foundation in Geneva holds some material. In the Arab world, the American University in Cairo, and a modest private initiative, the Arab Center for Architecture in Beirut, are local examples. Fortunately, some archives are found at transgenerational architecture practices such as Riad Architecture in Cairo.

The Arab world shares the Arabic language, with a majority of people following the Muslim faith. Yet it has a large number of national and regional dialects and a wide range of religions and denominations. In fact, during the period under consideration here, a secular and progressive mindset prevailed. Avoiding the identity trap of an overarching orientalist designation of "Arab architecture," we prefer "architecture in the Arab world." Along with showing what these various countries have in common, we would like to acknowledge their specificities, their singular cultural and social character, as reflected in their respective relation to modernity. We therefore hope this book can contribute to the production and dissemination of knowledge while also debunking orientalism in the history of architecture in the Arab world. Within the limited scope and resources of this book project, it was unfortunately neither possible to include a larger number of representative examples, nor to cover all Arab countries. Though the geographical focus of the book is on the Levant, Egypt, and Iraq, the Arabian Peninsula and the Maghreb are each represented by one country.

The editors are indebted to the contributors of the early phase for their suggestions and ideas. In addition to the authors of the case studies, these included Iyad Issa, Lana Judeh, Majd Musa, Marion von Osten, Caecilia Pieri, Panayiota Pyla, Sahar Qawasmi, Dima Srouji, Łukasz Stanek, and Danai Zacharia. We chose to have each case study produced as an inside view from the respective country whenever possible, rather than as an outside view by a third party, even if some researchers are active abroad. The presence of a majority of women

4   See Łukasz Stanek, *Architecture in Global Socialism: Eastern Europe, West Africa, and the Middle East in the Cold War*, Princeton: Princeton University Press, 2020.

in the group of contributors is a sign that the field of architecture and its related history/theory have opened up to both genders, which was not the case in the period we cover, when actors were mostly men.

During their lives, several of the buildings and sites covered in the essays incidentally ended up echoing much more than the purposes they were originally meant to serve. They do not only speak to us about their genealogy and past. Whether altered, abandoned, in derelict condition, more fortunate to survive the tough days, happily imbued with a new life, or awaiting a promising future, the chosen cases unmistakably echo the current conditions of their relative countries. The book is also to be seen as an opportunity to advocate for the protection of such buildings and sites in the Arab World. After a long period of misapprehension and disinterest, we are now witnessing recent actions conducted by individuals or more concerted efforts carried by young active groups on social media. Official associations have also been created, such as Docomomo chapters, in many Arab countries. Some initiatives are making a difference, namely Casamémoire and MAMMA in Morocco, and Barjeel in Sharjah-U.A.E. Some of the initiatives are being carried and widely supported by non-architects, a sign that modern architecture and planning are a major concern outside professional and academic circles. This public engagement in the preservation of the modern face of the Arab World, after a period of neglect, reveals a regained set of progressive values.[5]

Combining Arabic and English in one book, instead of producing two separate volumes, is a deliberate choice. The aim is to invite the reader, who may have a command of only one language, to at least acknowledge "the other"—and thus perhaps, even if not understanding it, to at least become familiar with it. For bilingual readers, we hope the book will offer an enriched dimension. The Arabic title of the book is *Sawgh el Hadatha* صوغ الحداثة. As is often the case in the Arabic vocabulary, the word "*Sawgh*" has a number of other meanings starting with forming and casting, a wonderful image for "giving shape" to modernity. The word further offers the following meanings: creating, formulating, articulating, construing, and understanding, all serving the purpose of the research project and book.

In the book production process, dealing with right and left discrepancies, matters of page numbering, alphabetical ordering, footnote referencing, placement of illustrations, and other resulting contradictions made the endeavor not only more difficult but a fortunate opportunity to think about tensions, complexities, and priorities. For example, while the essays are organized by alphabetical order of country in Arabic, page numbering follows the Western view from left to right for practical reasons.

We owe gratitude to all contributors, especially to Mona Kriegler as director of the Goethe Institut Ramallah, for the opportunity to work on this project, and for the enriching conversations she triggered. We also thank Fadi El Tofeily for the well-crafted translation and Huda Smitshuijzen AbiFares for the excellent visual development and graphic design. We have faith that this endeavor can be the first volume of a series that will follow, covering other meaningful moments, places, and facets of Arab modernity.

---

5   An example was the public protest against the demolition, in 2014, of the Chamber of Commerce & Industry (1964–1966), designed by Dar Al-Handasah in Kuwait City

Authors

Amin Alsaden is a curator, educator, and scholar of art and architectural history, whose work focuses on transnational solidarities and exchanges across cultural boundaries. His research explores modern and contemporary art and architecture globally, with specific expertise in the Arab and Muslim worlds. His doctoral dissertation, which he is turning into a book, investigated a crucible moment in post-WWII Baghdad, Iraq, when the city became a locus of unprecedented encounters, transforming art and architecture globally all the while engendering unique local movements. He holds graduate degrees from Harvard and Princeton, and has lectured and published internationally.

George Arbid is an architect with successive teaching positions at the Académie Libanaise des Beaux-Arts, the American University of Beirut, and the Lebanese University. He received a Diplôme d'Etudes Supérieures in Architecture from ALBA and was a Fulbright Visiting Scholar at the History, Theory and Criticism Program at MIT. As well, he holds a Doctor of Design degree from Harvard University. Arbid is the co-founder and director of the Arab Center for Architecture and has served on several competition and award juries, including the 2019 European Union Prize for Contemporary Architecture – Mies van der Rohe Award.

Aziza Chaouni is an Associate Professor of Architecture at the University of Toronto, John H. Daniels Faculty of Architecture, Landscape, and Design. She is the Founding Principal of the design practice Aziza Chaouni Projects (ACP) with offices in Fez, Morocco and Toronto, Canada. In 2007, Chaouni co-founded DoComomo Morocco. Chaouni has rehabilitated several heritage buildings, including the Qarawiyine library, the oldest library in the Middle East. She is responsible for the conservation management plans for the Sidi Harazem Thermal Bath Complex and for the CICES (with Mourtada Gueye), both supported by the "Keeping it Modern" grant from the Getty Foundation.

Mohamed Elshahed is the author of *Cairo Since 1900: An Architectural Guide* (AUC Press, 2020). He is the curator of the British Museum's Modern Egypt project and the winning pavilion at the 2018 London Design Biennale, "Modernist Indignation". In 2011 he initiated *Cairobserver*, a platform for reconsidering architecture, heritage and cities from the vantage point of Cairo.

Leila El Wakil holds an MA in Art History from University of Geneva, an MA in Architecture from University of Geneva, and a PhD in History of Architecture from University of Geneva. She has taught the history of architecture and heritage conservation in Geneva, Neuchâtel, Hanoi, Béchar, and Cairo and has participated in many international conferences. She has published extensively on Swiss, European and Arab architecture of the 19th and 20th centuries.

Rafee Hakky holds a B. Arch. Engineering degree from Damascus University, an MLA from Ball State University, and a PhD from Virginia Tech. He taught landscape architecture and architecture in the United States and the gulf, before moving back to Syria in 2010 where he taught at the International University of Science & Technology and Al-Rashid University. His research interests are broad, including most recently a focus on design education.

Philipp Oswalt has been Professor of Architectural Theory and Design at the University of Kassel since 2006. From 1988 to 1994, he was editor of the architecture magazine *Arch+* and worked for OMA / Rem Koolhaas in 1996/97. He was the initiator and co-director of the European research project "Urban Catalyst" 2001–2003. He acted as co-initiator and co-curator of the interim cultural use of the Palast der Republik, "ZwischenPalastNutzung / Volkspalast" (2004) and was director of the project "Shrinking Cities" of the Federal Cultural Foundation (2002–2008). From 2009 to 2014, he served as director of the Bauhaus Dessau Foundation and was co-initiator of "projekt Bauhaus" 2015–2019, the initiative Zukunft Bühnen Frankfurt (2020), and the critical learning place Garnisonkirche Potsdam (2020).

Wael Samhouri holds a B.Arch. degree, an Ms. in Urban Design from Pratt Institute, and a PhD from the Royal College of Art in London. Samhouri is an architect and academic based in Syria. He has his own studio in Damascus which has produced award-winning designs. He is currently chairman of the Department of Theory & History of Architecture, Damascus University and was previously the founding chairman of two other private architecture departments. His research interest is currently in sacred architecture and its representation in the modern world.

Sara Saragoça holds an MA in Building Conservation and Urban Rehabilitation from the Lisbon School of Architecture, where she worked on her thesis: The Identity of Modern Heritage: Kuwait City. In 2014, she integrated the curatorial team for the Kuwait national participation at Venice Biennale of Architecture, and the national delegation at the 38th session of the World Heritage Committee. In 2016, she was a TA at Kuwait University, College of Architecture. She is co-author of the publications *Modern Architecture Kuwait 1949–1989*, Vol. I & II, and *Pan-Arab Modernism 1968–2018: The History of Architectural Practice in the Middle East* (2020).

Janset Shawash is an Assistant Professor in the School of Architecture and Built Environment, at German Jordanian University. Her research focuses on the history and theory of architecture, urban planning and design, especially in relation to the conceptualization of architectural heritage, identity and belonging.

Pelin Tan is a Turkish sociologist, art historian, and professor at the Fine Arts Academy, Batman University, Turkey. She is senior researcher at the Center for Arts, Design and Social Research (Boston) and a researcher at the Architecture Faculty, Thessaly University, Volos (2021–2026). Tan is the 6th recipient of The Keith Haring Fellowship in Art and Activism (2020). As well, she is lead author of the urban report of ipsp.org (Cambridge Press, 2018) and a board member of IBA'2027 Stuttgart.

Mercedes Volait holds a PhD from Aix-Marseille University (1993) and is Research Professor at the French National Centre for Scientific Research (CNRS) in Paris. She has published extensively on architecture and heritage in Modern Egypt. Her current research focuses on intercultural engagements with architecture, photography and craft in nineteenth-century Cairo.

Dima Yaser is the director of the Design Program in the Faculty of Art, Music and Design, and a lecturer in the Department of Architectural Engineering at Birzeit University. She received her B.Sc. in architectural engineering from Birzeit University, and later earned a Fulbright award to pursue her studies, receiving her master's degree in architecture from the Pennsylvania State University in the United States. Her research focuses on urbanism, architectural theory and design. She also has national and regional experience in both architectural and urban design as well as community development.

Morocco

Sidi Harazem
Thermal Bath Complex
1959–1975
Architect: Jean-François Zevaco

1– An archival image of the original
pool by J. F. Zevaco (c. 1970s).

١،١– صورة أرشيفية للبركة الأصليّة التي
صمّمها زيفاكو (من أعوام السبعينيات).

DESIGNING MODERNITY
ARCHITECTURE IN THE ARAB WORLD 1945–1973
العمارة في العالم العربي ١٩٤٥ - ١٩٧٣
صوغ الحداثة
18

1.2– Postcard showcasing the Moussem of Imilchil, author unknown.

١،٢– بطاقة بريدية تظهر "موسم إيميلشيل"، المصوّر مجهول.

19
SIDI HARAZEM
THERMAL BATH COMPLEX
MOROCCO, 1959–1975
ARCHITECT:
JEAN-FRANÇOIS ZEVACO
المعماري:
جان فرانسوا زيفاكو
منتجع سيدي حرازم
للحمّامات الحرارية
المغرب، ١٩٥٩ - ١٩٧٥

Aziza Chaouni

A Post-Independence Icon

The year 1956 marked Morocco's independence from the colonial yoke. Led by the charismatic King Mohammed V after his return from exile, the young state began to construct significant infrastructure and public projects. Modern and progressive architecture was deployed in order to express a built realm newly enfranchised from western dominion.

Encouraged by the World Bank's policies to stimulate economic development through tourism,[1] the Moroccan state engaged in a series of large tourism projects spread across its territory: from the Mediterranean and Atlantic coasts, to the southern Saharan regions. The state's economic strategy worked to attract both foreign and national tourists by providing state-of-the-art facilities which would appeal to both traditional and contemporary forms of tourism.

As noted by geographer Mohamed Berriane, national tourism prior to Morocco's independence was comprised mainly of *moussems* (religious festivals), and thermalism—with roots going back to Roman times.[2] Given these histories it is no surprise that in 1959 the Moroccan state pension fund (Caisse des Dépots et de Gestion—CDG) chose to transform Sidi Harazem, an ancient site located twelve kilometers outside of Fes which has combined both touristic traditions for generations. The reinvigorated Sidi Harazem would become a modern tourist infrastructure steeped in Moroccan heritage. Moroccan-born architect Jean-François Zevaco saw the Sidi Harazem Thermal Bath Complex as a labor of love—he worked meticulously on the 14-hectare site for sixteen years, between 1959 and 1975.[3] The completed Complex comprised an entrance plaza, pool, hotel, bungalows, and two markets, all organized around a large courtyard which was described by Zevaco as a *ryad*.[4]

Growing up in the city of Fez throughout the 1980s and 1990s, I had the opportunity to visit Zevaco's Sidi Harazem several times a year. Often, I was accompanying my late grandmother Saida to the Thermal Complex where she sought treatment for her rheumatism. Like many Moroccans of her generation, she firmly believed that the spiritual power of the Saint Sidi Harazem, called "baraka," coupled with the holy water spouting near his mausoleum, would heal both her body and her spirit. For a child, roaming around the futuristic concrete landscape of Zevaco, where spaceship-like buildings were lifted on sculptural columns and placed on a ground composed of lush vegetation, basins, waterfalls, fountains, pools, and canals lined with blue "zellige", was an out-of-this-world experience. While I grew up, Sidi Harazem's architecture affected me to such an extent, that when I started studying architecture abroad I researched the Complex thanks to an Aga Khan Fellowship grant, learning not only about its architect Jean-François Zevaco and his extensive oeuvre but also about the Modernist movement in Morocco.

A decade later, I decided to act upon Sidi Harazem's rapid decline so I convinced the *CDG* to apply with me to the Getty Foundation *Keeping It Modern (KIM)* program which supports the development of Conservation Management Plans for twentieth-century heritage buildings and sites. The KIM grant gave us the means to research the emergence, development, and transformations of Zevaco's complex and to propose solutions for its rehabilitation at the masterplan and building levels. Given the reluctance of the client to invest in the rehabilitation of the Thermal Complex and the mounting social tensions around the site—as most locals work in informal markets and barely survive from seasonal tourism—a solely technical approach to the Conservation Management Plan (CMP) was not deemed sufficient. Indeed, to ensure the success and application of the CMP I had to don my activist hat and propose awareness campaigns, collaborative design methods, and a cultural activation program for the site.

This essay will retrace the approach we developed to attempt to infuse a new lease of life into Zevaco's masterpiece.

Understanding Sidi Harazem's Sociopolitical Context

Many consider Later Modernism in Morocco as a mere continuation of the trend developed under the French protectorate. While pre-1956 Modernism was considered a "laboratory for new ideas,"[5] later post-colonial iterations were not deemed to offer any true innovation.

At the onset of its independence, Morocco's architectural scene was unique compared to other North African colonial strongholds. Many of its expatriate professionals decided to remain in the country. The struggle for independence was not as deleterious or

1 Charles F. Stewart, "The Economy of Morocco, 1912–1962," *Harvard Middle Eastern Monographs*, Cambridge, MA: Harvard University Press, 1964, 147.
2 Mohamed Berriane, *Tourisme national et migrations de loisirs au Maroc: étude géographique*, Rabat: Publications de la Faculté des Lettres et des Sciences Humaines de Rabat, Série: Thèses et Mémoires, 1992, no. 16, 152.
3 Assumption made based on drawings found of the complex. From the archives of FRAC Orleans, ENA Rabat, CDG, and the personal archives of Dominique Teboul, Zevaco's daughter.
4 In Moroccan colloquial Arabic, the ryad is the central courtyard in traditional homes.
5 Monique Eleb, "An Alternative to Functionalist Universalism: Ecochard, Candilis and ATBAT-Afrique," in *Anxious Modernisms: Experimentations in Postwar Architectural Culture*, ed. Sarah Williams Goldhagen and Réjean Legault, Montreal: MIT Press, 2000, 55–73.

lengthy as in other colonies—and trained professionals in post-independence Morocco were scarce.[6] Simultaneously, many foreign architects had been born in Morocco, and as a result their practices were deeply rooted in and informed by the country's culture, geography, and climate. This led to a certain level of continuity in Morocco's colonial and post-independence architectural expression. However, post-independence architecture could be characterized by a more situated form of Modernism; a form at once dissociated from the dichotomies between tradition and modernism reflecting a young state's quest for its own modern identity.[7]

The continuity of Modernist language and discourse was reinforced by the persistence of GAMMA (*Groupe d'Architectes Modernes Marocains*), the CIAM branch in Morocco. Indeed, not only did its activities continue until 1959, but several of its key members including Elie Azagury and French architect Pierre Chalet remained active members.

GAMMA was initiated by Michel Ecochard, then head of the Urbanism Ministry in colonial Morocco, at the CIAM 9 meeting in Aix-en-Provence (1953), and then spearheaded after Morocco's independence by Moroccan architect Elie Azagury. Throughout the 1950s GAMMA echoed discourses by Team 10 which sought an alternative to Le Corbusier's universalism. Through explorations in situated forms of Modernism, GAMMA worked to consider local needs grounded in sociological, economic, and climatic site investigations led by multi-disciplinary teams.[8] Celebrated illustrations of these approaches include the Nid d'Abeille midrise housing complex by ATBAT-Afrique and the vast Carrières Centrales shantytown re-housing scheme by Georges Candillis, Shadrach Woods, and Alexis Josic. Both projects offered innovative interpretations of the traditional Moroccan courtyard house and were celebrated at the time by Peter and Alison Smithson.[9]

GAMMA's architects were not unequivocally virulently against all of Corbusier's precepts. For instance, Azagury advocated for "the Athen's Charter as GAMMA's town-planning bible and the Modulor as his favorite office companion",[10] while Ben Embarek stated in his eulogy for Le Corbusier that he has taught African architects "less of a style but rather a doctrine, a manner to formulate a problem."[11] After the official demise

of CIAM in 1959, GAMMA was dismantled, but its members continued to meet informally, to exchange ideas, organize exhibitions, even starting the first Moroccan architecture and urbanism magazine *A+U*, edited by Ben Embarek. Aside from Embarek, the informal group of friends included Elie Azagury, Jean-Francois Zevaco, Abdelslam Faraoui, Patrice Demazières, Henri Tastemain, Jean Challet, Armand Amzallag, Claude Verdugo, and Pierre Mas. Most of them were Moroccan-born young design professionals trained in Europe and were in awe of GAMMA's discourse.[12]

In 1959, their joint efforts to rebuild the city of Agadir after it was destroyed by an earthquake gave rise to a unique form of Modern architectural language with strong Brutalist undertones, still noted today for its aesthetic homogeneity and the quality of its construction.[13] This language is characterized by raw textured concrete contrasting with smooth white-washed lime surfaces, ribbon windows, cantilevers, and the expression of structural elements on façades. Completed in 1961, Zevaco's bunker-like post office is emblematic of this style, which, despite its Modern undertones, is more endogenous than it first appears. For instance, the building's narrow horizontal slit windows and introversion are ideally adapted to Agadir's year-long sunny climate. The post office's subtle articulation of bright daylight through the use of protruding structural elements on its façade and a flag post as well as interior built-in furniture, showcasing carefully detailed local wood and copper work, further celebrate vernacular design.

As a talented member of the young Moroccan Modernist vanguard who had completed a few public buildings of note including the Titl Mellil rehabilitation center and airport, Zevaco was commissioned by the state pension fund CDG[14] to design the Sidi Harazem Thermal Bath Complex as reconstruction efforts in Agadir were commencing. The collaborative efforts by young Moroccan designers in Agadir almost certainly influenced Zevaco's work in Sidi Harazem.

6   For more information on this scarcity of experts, see Nevill Barbour, Morocco, London: Thames and Hudson, 1965, 185–86. "Independence had [...] come much sooner than even the most optimistic national list has expected [...]. It had the disadvantage that independence came when Morocco was still pitifully short of professional men, of teachers, and of technicians. [...] Eight years later 7,000 foreign experts are still employed

by the departments and some 7,000 teachers in the school."
7   Aziza Chaouni, "Depoliticizing Group GAMMA: Contesting Modernism in Morocco," in *Third World Modernism: Architecture, Development and Identity*, ed. Duanfang Lu, New York: Routledge, 2011, 57–84.
8   The CIAM grid presented by Ecochard at the CIAM meeting in Aix-en-Provence illustrates a new approach to town

planning, an approach which permeated GAMMA's discourse post and pre-independence. The social housing project Nid d'Abeille by ATBAT-Afrique with its hanging courtyards (1952–1953) and the Derb Jdid housing project by Elie Azagury (1957–1960) are good examples of GAMMA members' architectural production. For the Nid d'Abeille building and Ecochard's grid, see Tom Avermaete, M. Casciato, Y. Barrada, T.

Honma, and M. Zardini, *Casablanca Chandigarh: A Report on Modernization*, Canadian Centre for Architecture, 2014. For the Derb Jdid housing project by Azagury, see Chaouni, 2011.
9   Alison and Peter Smithson, "Collective Housing in Morocco," *Architectural Design* 25 (1955): 2–7.
10   Notes taken from the meeting minutes of GAMMA. From Elie Azagury's private archive, now deposited at the

SIDI HARAZEM
THERMAL BATH COMPLEX
MOROCCO, 1959–1975
ARCHITECT:
JEAN-FRANÇOIS ZEVACO
المعماري:
جان فرانسوا زيفاكو
منتجع سيدي حرازم
للحمامات الحرارية
المغرب، ١٩٥٩ - ١٩٧٥

Zevaco: The Gifted Outsider

J.F. Zevaco was among the architects in GAMMA who remained after Morocco gained independence. Zevaco was born in Casablanca in 1906. He completed his architectural studies in the Ecole des Beaux Arts in Paris in 1948 where he was a pupil of Emmanuel Pontrémoli—the architect of the mythical Villa Kérylos on the French Riviera. Then, Zevaco worked as an apprentice in Eugène Beaudoin's studio in Marseilles during the Nazi occupation of France. Upon his return to Morocco in 1947, he promptly launched his own architectural practice.

Months before Morocco's independence—as protests and uprisings intensified—Zevaco applied for an architecture license in Marseille in case he was forced to leave the country. However, in a subsequent letter to the Marseille Order of Architects he cancelled his application citing the "entrenched intertwinement between his architecture and Morocco."

Prior to Morocco's independence, Zevaco completed private commissions such as the famous Villa Suissa (1949), a bourgeois residence with a soaring butterfly balcony that he daringly placed on a very public corner site originally meant for a gas complex. He also completed the Tit Melil Airport (1951) with curved lines reminiscent of the Art Deco style. The airport's conical columns are indicative of Zevaco's obsession with sculpting the structure of his buildings as demonstrated in Sidi Harazem's cylindrical columns in the pool building, chain-like double square columns in the entrance plaza, spiral columns along the *ryad*'s pergolas, and the V columns upon which the hotel is raised. In the years following independence Zevaco's private commissions dwindled, and he embarked on public commissions for large institutional buildings ranging from court houses and offices, to markets and schools (including the School for Teachers in Ouarzazate, schools for the French Mission, and the Tit Melil re-education center).

Although Zevaco's architecture somewhat reflects GAMMA's aesthetic, its departures are notable. Zevaco's work considered architecture as a total work of art—from poetic interpretations, connections to Moroccan landscapes, and strong references to local motifs. Nowhere is this characterization of Zevaco's work more vivid than in this answer he gave at the dawn of his career about the influences that fed his work:

Among all that has nourished my imagination and my sensitivity I would quote in bulk and without preferential order, Mozart, Valery, Rainer Maria Rilke, Chillida, Bach, Ravel, Fauré and myriad other brilliant personalities that I regret not being able to cite because the list would be too long [...]. Michelangelo said that something is missing from the artist who has not practiced architecture. It could be said that the opposite is also true, that the architect who has not practiced the art of music and poetry, disciplines that address—exasperating—his sensitivity, is devoid of anything.[15]

His colleagues Azagury, Demazière, and Ben Embarek all agreed on the same adjectives to define Zevaco's architecture: unpredictable, genial, and personal. His introverted, solitary and tortured nature led to his independence, free from the dogmas of currents of thought. Critics blamed him for being too much of a mannered formalist and perfectionist, who could not adhere to a budget. Art historian Lucy Hofbauer justly points to the fact that Zevaco's villa and studio, with its thorny metal fence and introverted plan centered around a large oculus, was itself a self-portrait of the architect: reclusive, private, allying pure generic forms with organic forms, and in continuous dialog with a local referent. The courtyard (or *ryad*) became a leitmotif central to Sidi Harzem's design.

Unlike that of his GAMMA contemporaries, Zevaco's architecture integrated local references as well as imaginaries far beyond the prototypical European offerings: Brazilian Modern architecture, Japanese Metabolism, and Californian Modernism. Of note is MOMA's 1943 exhibition "Brazil Builds: New and Old Architectures, 1652–1942", which left a profound impression on Zevaco. The exhibition was featured in several magazines he received: such as the *Architectural Review* (March 1944) as well as *L'Architecture d'Aujourd'hui* (September 1947).[16]

Sidi Harazem's *ryad* with its blue mosaic-clad basins is the perfect example of Zevaco's hybrid approach. At one and the same time, the *ryad* conveys traditional Moroccan courtyards through its distribution of water features and gardens, references motifs from Berber carpets, and alludes to Russian Suprematist paintings.[17]

Cité de l'Architecture et du Patrimoine in Paris.
11 Mourad Ben Embarek, "Mort du Corbusier," *A+U Revue Africaine d'Architecture et d'Urbanisme* 4 (1966): 10–11.
12 Pierre Mas, "Agadir 1960–1965," *A+U Revue Africaine d'Architecture et d'Urbanisme* 4 (1966): 6–7.
13 Aziza Chaouni, "Agadir: The Coming of Age of Morocco's Post-independence Modernism," in *SOS Brutalism: A Global Survey*, ed. Oliver Elser, Philip Kurz, and Peter Cachola Schmal, Zurich: Park Books, 2017.
14 La Caisse de Dépôt et de Gestion, l'Office National du Chemin de Fer, l'Office National Marocain du Tourisme et Maroc Tourisme. Fernanda De Maio, "Un Rocambole dell'architettura moderna in Africa–Jean Francois Zevaco e il sito termale di Sidi Harazem," in *Immaginari Della Modernità*, ed. Sara Marini, Milan: Mimesis, 2016, 82.
15 Christine Desmoulin, "Intervista a Jean-François Zevaco," *Abitare* 402 (2001): 107-115. Translated by Aziza Chaouni.
16 Lucy Hofbauer, "Le mouvement moderne marocain à l'épreuve du tourisme (1950–1970)," in *Fabrique du tourisme et expériences patrimoniales au Maghreb, XIXe-XXIe siècles*, ed. Cyril Isnart, Charlotte Mus-Jelidi, and Colette Zytnicki, Rabat: Centre Jacques-Berque, 2018, 4.
17 For a comparison of Zevaco's work at large with suprematist artists such as El Lissitzky, please refer to De Maio, "Un Rocambole," 81.

The Site Before the Thermal Complex

Moroccan historians mention that in the eighth century, the Sultan Abu El Hassan erected a shrine over Sidi Harazem's tomb and an adjacent pool, covered by a cupola and fed by spring water.[18] In travel literature, the oldest account we found was from sixteenth-century diplomat and author Leo Africanus, who describes Sidi Harazem as a popular leisure and spiritual ground for Fez' inhabitants in his book *Descrittione dell'Africa* (1550).[19]

In 1925, the famous Hachette Guide Bleu revolutionized the French tourism publishing industry and launched its first Moroccan issue in 1925—mentioning Sidi Harazem as a must-see excursion outside of Fez. It continued to mention Sidi Harazem from 1932 onwards. The first issue advises visitors to "leave the main road…, then turn right [for 2 kilometers on a dirt road towards] the small valley of Sidi Harazem river, which suddenly gets strangled to form a deep and lush gorge.[20] There, one could find a cantina, a small thermal Complex, and a Berber village composed of huts built with branches and mud and topped with storks' nests. [Amongst] shaded orchards, woods, and palm tree groves, sick visitors swam in the hot spring and in a pool covered with a brick cupola."[21]

Postcards from the colonial era confirm the descriptions found in the aforementioned guides, and clearly show the oasis simultaneously as a work space and watering ground for locals and their animals, as well as a space for leisure, swimming, and relaxing strolls.

According to my grandmother, who lived in Fez from 1920 to 1968, a trip to Sidi Harazem was a monthly ritual for local families. Fassis would spend the day bathing and picnicking, returning to Fez a few hours before sunset. Many took a now-defunct train route that used to link Fez with Taza, a stop 2 kilometers north of the Sidi Harazem shrine.

By 1957, the Sidi Harazem spring consisted of a shrine, a covered pool, and three outdoor pools (one for men, one for women and one for children and young people), all set around the shrine. The rest of the area was informally occupied by street vendors with no proper infrastructure. The Complex was extremely popular during this period, and by 1959, three thousand visitors a month would arrive by train at Sidi Harazem (this number that excludes those who arrived by other means).

Zevaco took a series of photographic panoramas (assembled with tape) just before and during the early stages of construction. They reveal not only the condition of the site, but also Zevaco's perceptions of the site as a wide, open, rolling, arid landscape containing a lush oasis devoid of buildings. His photos do not show the existing small Berber village, which he was planning to relocate in a tabula rasa fashion, typical of the Modernist style.

Our interviews with two elders from Sidi Harazem revealed that the original village was composed of a few dozen families who subsisted on farming—cultivating land belonging to rich *Fassi* owners, harvesting dates from the oasian palm trees, and offering services to visitors. Life was pleasant until construction started in 1960. Villagers were moved a few kilometers south to the top of a barren hill—told that tourism and housing were programs that should not mix. Families were given one single rammed earth room, a monthly bag of flour, and a promise of jobs at Zevaco's Complex. Although locals were in fact provided with jobs at the new complex the financial benefits did not last as they had expected. Today the new hilltop settlement is called Skhinat.

Design of the Complex Masterplan

In the FRAC archives in Orléans in France, we were lucky to find Zevaco's early design drawings for the Complex. His first-hand sketches were drawn in pencil atop existing topographic lines: he first erased the village huts and sketched in new water routes then integrated his building shapes along the landscape.

A series of draft masterplans gives us an incredible insight into the Complex's design genesis, and a better understanding of the elements that Zevaco valued and kept throughout the evolution of his scheme, which evolved from a functionalist Modern approach through which different programmatic functions are separated into zones into a final scheme in which the site programs are organized around a *ryad* and connected by loggias.

18   Mohamed Berriane, *Tourisme national et migrations de loisirs au Maroc: étude géographique*, Rabat: Publications de la Faculté des Lettres et des Sciences Humaines de Rabat, series Thèses et Mémoires, 1992, no. 16, 158.
19   For more information, see Leo Africanus, *A Geographical History of Africa*, London, 1600, Amsterdam: Theatrum Orbis Terrarum, 1969.

20   Prosper Ricard, *Le Maroc*, Paris: Hachette, 1930, 350.
21   Ibid, 351.

SIDI HARAZEM
THERMAL BATH COMPLEX
MOROCCO, 1959–1975
ARCHITECT:
JEAN-FRANÇOIS ZEVACO
المعماري:
جان فرانسوا زيفاكو
منتجع سيدي حرازم
للحمامات الحرارية
المغرب، ١٩٥٩ - ١٩٧٥

In his final scheme, Zevaco refines the connection between the oasis and the Complex by developing an extensive system of canals, passages, and basins leading to a waterfall by the pool. With this change Zevaco creates a soft buffer zone between the natural oasis and his new concrete landscape—transforming a part of the landscape that was flat and devoid of trees. In photos taken during the construction process, one can see that the aforementioned buffer zones and eastern hills are both being planted.

Another key change Zevaco brought to his final plan compared to earlier schemes is the shifting of the "pensions de familles" from linear bars to densely packed courtyard units reminiscent of traditional Moroccan medinas. He also added a vegetable and meat market to the south to service the bungalows.

Ultimately only a portion of Zevaco's ambitious plan was completed: first the market and bungalows, then the pool, hotel, and entrance plaza. Zevaco's landscaped space in the buffer zone between his project and the oasis was never completed—likely due to a lack of funds, and the space remained vacant.

Unsurprisingly, the presence of water was the common motif throughout the schemes, and its presence ended up shaping every single space of the project, marking a promenade which wove through the site.

In order to accomplish this exploit, Zevaco exaggerated the slope of the site to ensure water could flow freely from the oasis to the public plaza, through to the area underneath the hotel lifted by pilotis, across the *ryad*, culminating in the pyramidal market. Similarly, water flowed from the plaza to the pools through a monumental stair which Zevaco embedded into the cliff's edge, and integrated with fountains, basins, and even a waterfall. Even the bungalows' narrow alleyways are adorned with water canals doubling as a rain water drainage system. Traditional blue square mosaics native to Fez mark key moments along Zevaco's water system, for example, in the public fountain's vertical grooves, the sculptural volumes in the fountain underneath the hotel, and in some of the *ryad*'s basins. Finally, the stunning spring-fed pool with its pure geometry floats above a pool fed by channels diverting discarded pool water. The ancillary programming (changing rooms) are hidden on a lower level. An extraordinary moment occurs in the project when one views the contrast between the natural pond's edges which integrate with the topography, and the pure circular form of the pool. The circular motif is emphasized by the pool's circular canopy and its circular shadow.

Zevaco blends natural and artificial systems as seamlessly as a body of water trapped at the bottom of a valley, "as unexpected as a *sebkhah*, a traditional temporary water retention basin."[22]

Reception, Glory and Decadence

The Sidi Harazem Complex opened in phases: its hotel *ryad*, craft market, and bungalows opened in 1968 and its pool and main plaza in 1975. From its inauguration, it was immensely popular, even becoming the most prized spot for honeymooners. Its hotel and bungalows were full for most of the summer and holiday seasons. Tourists from all over the country and Moroccans living abroad flocked to the new Thermal Complex. A national sense of pride was palpable as Sidi Harazem represented a state-of-the-art modern complex with roots in Morocco's ancestral traditions of *thermalism* and the veneration of saints.

This era of glory started to decline in the mid-1980s, barely two decades after its opening. Zevaco's carefully calibrated site plan and the large water features which celebrated the oasian context slowly transformed into disconnected pavilions with no water features, forming a dry archipelago. The causes of the Complex's decline over the past forty years are multiple: beach tourism's displacement of *thermalism*, the closure of several buildings and public spaces, a lack of expertise in the restoration of aging concrete structures, and—most critically—the lack of an overall Conservation Management Plan and vision to reinvent the Complex in the face of a changing touristic landscape. Today, the Complex's fractured geography reflects a deep social divide between the areas surrounding the Complex which have developed informally to fulfill the demand of low-income tourists, often coming from nearby Fez in search of leisure activities, and the once smart hotel and its abandoned grounds, which rest on the laurels of their past glory.

22 Maurel Architects, "Out of Memory–Piscine Sidi Harazem–Maroc," 2018, https://diserens-maurel.ch/out-of-memory-piscine-sidi-haraze/ (last accessed December 20, 2021).

The partial closure of key programs and the public spaces of the *ryad*, coupled with the overall impoverishment of the site's surroundings, negatively impacted the complex's image: from a symbol of independent Morocco's progress and a popular tourist destination it became a site of struggle and destitution.

The Search for Zevaco's Original Design

Faced with the decline of the Thermal Complex and the deterioration of its buildings and landscapes, our office Aziza Chaouni Projects applied with the CDG (the Complex's main owner) to the Getty Foundation's *Keeping It Modern program* (KIM), for a grant which we obtained in 2017.

With the support of the KIM grant, our office along with an international team including Silman Structural Engineering (USA), and local consultants (NBR, Misdaq Freetech and Geodata), completed a Conservation Management Plan for the Sidi Harazem Thermal Bath Complex in December 2020. The involvement of the CDG, of the Municipality of Fez which oversees the areas around the Complex as well as Zevaco's pool and main plaza, and of local stakeholders, was crucial to the CMP's research, its design, and its implementation. To achieve this, we developed a collaborative design approach used throughout the CMP. It was based on workshops that relied on games: treasure hunts and collages for children, card games for the youth and an elaborate board game for the market workers.

The research process began with the challenge that archival material that contained critical information about the site was spread across three different archives: the Ecole Nationale d'Architecture in Rabat, the CDG archives, and the FRAC (*Fonds Regional d'Architecture Contemporaine*) in Orléans, France. Zevaco's reclusive nature also meant that he had never written or published works relating to his architecture. Only personal correspondence, office records, one lecture's notes, and one interview he gave in 2001 (two years prior to his passing) existed. These documents, completed by collected oral histories about Zevaco and his ambitious 16-year-long construction site at Sidi Harazem, were essential to forming an understanding of the Complex timeline and its architect's design intent— and key to drafting a Conservation Management Plan

(CMP). The goal for the CMP was to create a roadmap by which to re-instate the site of the thermal Complex of Sidi Harazem as a major public ground for public leisure activities.

We were able to retrieve most of the architectural drawings, plans, sections, and elevations for the site's buildings and public spaces. However, technical drawings were only available for the entrance plaza. This meant that the CMP engineering team had to make informed guesses, as the whole team had made a decision to limit our investigations to critical technical details which would likely require urgent replacement. Our investigations also found undated versions of some drawing sets for a given building or open space. This issue was especially problematic for spaces that experienced heavy alteration and for which we have no photographic record, such as the pool and its surroundings, the entrance plaza, the northern part of the *ryad*, and the southern market building. Further complicating matters was the fact that in interviews with Zevaco's colleagues[23] they revealed that he often made changes during construction. How could the CMP determine Zevaco's designs for the aforementioned buildings? In order to address these questions, the CMP team developed several strategies to account for missing data.

First, plans that were collected were carefully reconstructed digitally. These digital reconstructions were then contrasted with the existing site condition in order to determine the degree to which these documents were aligned with the final iteration of the site. It was sometimes apparent that no final drawings existed for particular portions of the site.

Second, the CMP team worked to document the collective memories of Sidi Harazem's users and the local population, particularly throughout the 1960s and 1970s when the site was mostly intact. To that end, the CMP team developed a Facebook page for the rehabilitation project and launched a campaign called "Je me Souviens," supported by videos of the site and interviews with site stakeholders (including Zevaco's relatives). This accomplished two goals: (1) sensitizing Moroccans to the significance of Sidi Harazem; and (2) asking users of the site to share their memories in written, oral, or photographic form. Given the team's lack of experience with advertising, the campaign encountered

23   His daughter Dominique and draftsman Jaime Bozaglo.

SIDI HARAZEM
THERMAL BATH COMPLEX
MOROCCO, 1959–1975
ARCHITECT:
JEAN-FRANÇOIS ZEVACO
المعماري:
جان فرانسوا زيفاكو
منتجع سيدي حرازم
للحمامات الحرارية
المغرب، ١٩٥٩ - ١٩٧٥

limited success—with only a few photos, postcards and testimonies received. Despite these limited numbers, the archival documents we received shed some light on the site's original construction, such as the original floor material on the ground floor of the hotel. In cases where no visual records were found we relied on oral histories.

Alterations and the Present State of the Sidi Harazem Thermal Complex

In order to determine the history of alterations and transformations to the buildings, public spaces, and landscapes since the site opened, we cross-referenced photos (when available) with drawings and primary sources' accounts. We organized the changes into four main categories: additions, alterations, removals, and change of function/ program. Then we documented these changes on plans and sections. When drawing sets for certain areas of the site did not exist—such as the *ryad*—a 3D scanner was used and gave us very accurate results for buildings and constructed landscapes.

Once these drawings of past and present conditions were completed, we highlighted on them the most significant site components (such as the water systems, structural elements, and stairs). This formed the basis of the first guidelines for the rehabilitation of the Complex, as we were able to gauge which significant components were in most urgent need of repair.

Our overall analysis of changes revealed that the Complex underwent an unlucky series of questionable restorations. In 2000, the Rural Commune of Sidi Harazem commissioned Carey Duncan, an American landscape architect based in Rabat, for the rehabilitation of the entrance plaza and the design of the southern park (which was meant to house more bungalows in Zevaco's masterplans). The plaza's original poured concrete floor was covered with new tiles which have already begun to break down. Many original water features and planters were also removed. In addition, the buffer zone between the plaza and the oasis, which was meant to be an extension of the oasis, was adorned with large rectangular grass areas. The fountain was covered with traditional multicolored tiles, diluting Zevaco's selective use of blue tiles in grooved areas. In the South Park, Duncan broke free from Zevaco's grid and proposed a Beaux Arts park with a new fountain, large grass parterres, and a central alleyway flanked by palm trees. In these two public areas, informal markets emerged due to the lack of adequate facilities to house sellers and the closure of Zevaco's original market. Clearly, the goal of Duncan's proto-rehabilitation was to erase the Brutalist aesthetic of the place, and in the process she killed the plaza's soul: its water features.[24]

In 2000, while Zevaco was still alive, one of his previous interns Jean-Paul Ichter was commissioned by the CDG to revamp the aging hotel. Although Ichter's work did not damage the structure or key features (such as the stairs) in a significant way, he morrocanized the hotel in an unwarranted manner. Bathroom tiles were placed on the floors of the rooms and of the ground floor with the intention of mimicking Zevaco's original design of tricolored formica bands. The beautiful bar was demolished and redesigned, the walls were covered with traditional Moroccan tiles, etc. The north part of the courtyard was subject to the same material lamination treatment and a new pool and showers were introduced—although luckily they respected the shapes of the original basins.

The pool is the building that has been tampered with the most. In 2012, the pool and the artificial lagoon around it were leased by the *Commune Rurale of Sidi Harazem* to a private businessman. The *Commune Rurale of Sidi Harazem* had indeed become in the late 1990s the new owner of the pool after a donation by CDG. Subsequently, a series of temporary additions cluttered around the pool, obliterating the original design of Zevaco in which the pool building seemed to float on top of a lagoon cradled between two bare, dry hills, just like a mirage. The *coup de grâce* was the disappearance of the lagoon that surrounded the pool which was partly built over and left into disarray.

Based on our field research, the mishandling of the Thermal Complex architecture and landscape seemed to have resulted from a general lack of knowledge about the heritage value of the site and the inability of the site's owners to imagine a new tourism vision for the whole site, a vision that combines popular, affordable leisure activities with mid- to high-end tourism. We understood early on that addressing different types of tourists' needs would not only be a key requirement to convince the CDG and the Municipality of Fez to devote funds to the rehabilitation of the site, but would also allow a year-round use of the Thermal Complex.

24 For more information on these two problematic rehabilitations, refer to Aziza Chaouni, "Making Modernism Modern, the Failure of Rehabilitation, the Thermal Bath Complex of Sidi Harazem by Zevaco," *Docomomo Journal* 35 (2006).

The Future of the Sidi Harazem Thermal Complex

Our team's efforts to determine a future for the Thermal Complex with local stakeholders (including members of the CDG, officials from the *Commune Rurale of Sidi Harazem*, shop owners, children and the young) reached a consensus that there was an urgent need to preserve the quintessence of Zevaco's original concept, that is, its democratic nature and key elements that reverberate in the rest of his oeuvre, such as water features, materiality, structure, and ties to the landscape. Our challenge lay in finding a harmony between the CMP's priorities and a viable year-round economic model for the Complex; a model which needed to uplift and empower the local community that had been uprooted from the site fifty-six years ago. To achieve this balance, our approach was to focus on creating new forms of tourism and leisure programs, while rehabilitating the buildings and landscapes.

Four new programs for the site are proposed: a thermal complex with a spa (which was planned by Zevaco but never built), a botanical garden located in the *ryad* supporting a new culinary school rooted in the local *terroir*, a center for modern architecture connected to several design schools across Morocco and abroad, and a new revamped marketplace facing a public park. The north of the site with the mausoleum and the oasis are to be dedicated to healing and spa treatments, while the southern will support the new marketplace and leisure activities open to all. The *ryad* with its botanical garden acts as a connector between the passive and active parts of the Complex. It took our team more than a year to build consensus around this new organization of the site, since we had to mediate the rivalry between the market dwellers of the northern and southern informal markets, who at first refused to share the same space within the new marketplace. The northern market dwellers have indeed been on the site decades longer than the ones from the south, who are viewed as non-local newcomers. Even today, this rivalry threatens the consensus.

The three-year-long adventure of leading a CMP on the 14-hectare site of a Modern Moroccan masterpiece has certainly taken unpredictable turns, teaching us how to patiently build relationships with stakeholders and to raise awareness about an unknown and under-appreciated heritage. Yet none of these turns could match the challenge brought about by the COVID crisis. Indeed, just as the CDG was about to restore the first building on site and as the Municipality was pledging to build a new market and restore the entrance plaza, the COVID virus hit the world, halting all prospect of rehabilitation. The momentum built thanks to the support of the Getty KIM grant and the involvement of our committed team turned activists, was doomed.

A fortuitous encounter with a young Moroccan cultural philanthropist, Hamza Slaoui, in November 2020 proved a game changer. He gave our team the confidence to develop a residency program to reanimate Sidi Harazem through art and culture. Together, we built a platform for young Moroccan artists to experience the site and develop projects in it hand in hand with the local population. In February 2021, we launched the residency program with 9 artists, 2 chefs, 2 DJs, and 4 designers and on June 19, 2021 we celebrated our first outdoor weekend, featuring the classical pianist Dina Bensaid.

From architects and coordinators of consultants who produced the CMP of Sidi Harazem, we turned into cultural activists. Keeping the site alive has become somehow the best path to share it with a wider audience and to keep its rehabilitation *d'actualité*.

1.3– An aerial image of the Sidi Harazem Thermal Bath Complex soon after its completion (c. 1970s).

١.٣– صورة من الجو لمنتجع سيدي حرازم التقطت بعد فترة قصيرة من انتهاء عمليات الإنشاء (من أعوام السبعينيات).

SIDI HARAZEM
THERMAL BATH COMPLEX
MOROCCO, 1959–1975

ARCHITECT:
JEAN-FRANÇOIS ZEVACO

المعماري:
جار فرانسوا زيفاكو

منتجع سيدي حرازم
للحمّامات الحراريّة
المغرب، ١٩٥٩ – ١٩٧٥

1.4– Various iterations of the masterplan for Sidi Harazem by J. F. Zevaco illustrated in sequence (reproductions).
1.5– A survey image of the site prior to the construction of J. F. Zevaco's complex (c. early 1970s).

١,٤ – صيغ مختلفة من المخطط العام لسيدي حرازم وضعها زيفاكو في رسومات متسلسلة (نسخ).
١,٥ – صورة شاملة للموقع قبل إنشاء المجمّع الذي صممه زيفاكو (من أعوام السبعينيات).

ESQUISSES D'AVANT-PROJET
VARIANTES DÉVELOPPÉES PAR ZEVACO
ESQUISSE N°1
ESQUISSE N°2

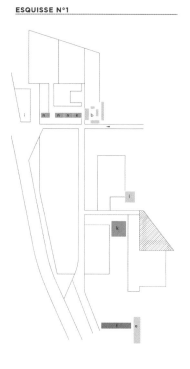

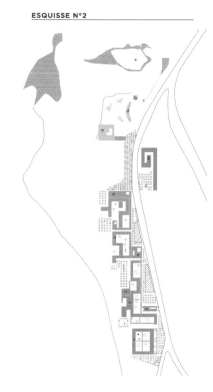

1.4

1.5

THERMAL BATH COMPLEX
MOROCCO, 1959–1975
ARCHITECT:
JEAN-FRANÇOIS ZEVACO
المعماري:
جان فرانسوا زيفاكو
منتجع سيدي حرازم
للحمامات الحرارية
المغرب، ١٩٥٩ - ١٩٧٥

ESQUISSE N°3

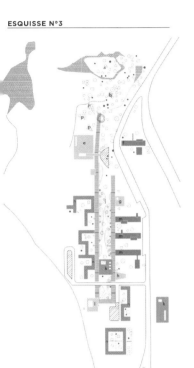

ESQUISSE N°4

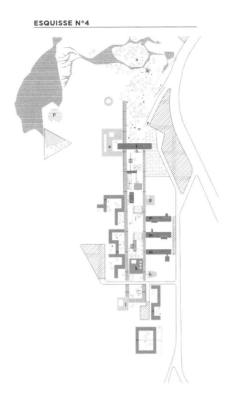

ESQUISSE N°5: VERSION FINALE

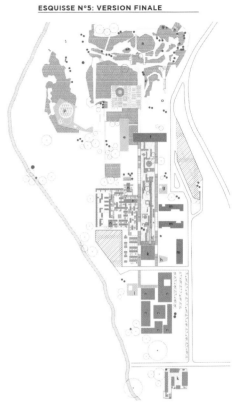

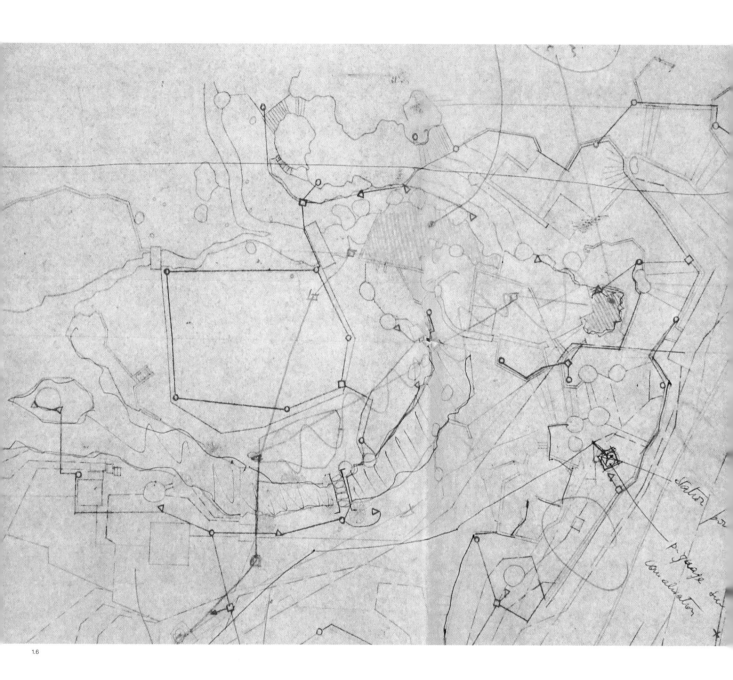

1.6

31

SIDI HARAZEM
THERMAL BATH COMPLEX
MOROCCO, 1959–1975

ARCHITECT:
JEAN-FRANÇOIS ZEVACO

المعماري:
جان فرانسوا زيفاكو

منتجع سيدي حرازم
للحمّامات الحراريّة
المغرب، ١٩٥٩ – ١٩٧٥

1.6– An original survey of the site
by J. F. Zevaco's team which shows
their intent to use gravity to draw
water through the site.

1.7– Image of a model by J. F.
Zevaco and his associates for Sidi
Harazem. Some buildings were
never realized.

1.8– An image of the hotel and
central *ryad* under construction,
showing relationships between
the topography and site's water
systems.

١،٦– عملية مسح أوّلية للموقع قام بها فريق
زيفاكو وتظهر نيّتهم استخدام الجاذبية لجرّ
المياه عبر الموقع.

١،٧– صورة لمجسّم سيدي حرازم صنعه زيفاكو
والعاملون معه. بعض الأبنية لم يُنشأ أبداً.

١،٨– صورة للفندق والرياض المركزي خلال
عملية الإنشاء، تظهر العلاقة بين تضاريس
الموقع وشبكة المياه.

1.7

1.8

LEGEND

1 floating pool
2 stairs leading to the pools
3 large shaded area with refreshment bar
4 waterfalls
5 water buffet
6 ryad
7 pool in the kissaria
8 seguias and basins in family boarding houses

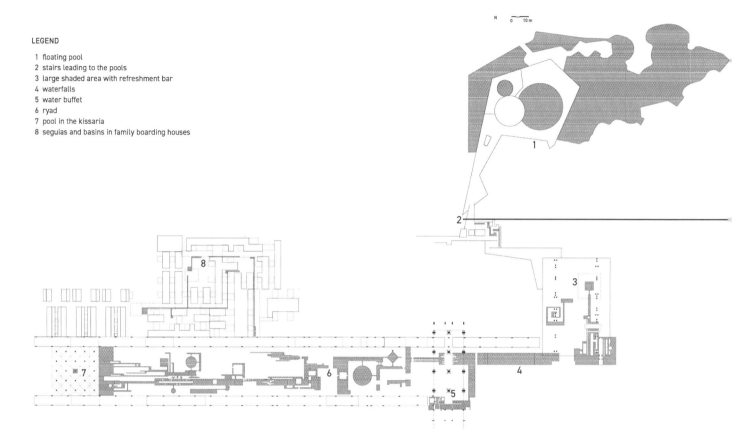

1

1.9

1.10

1.9– A detailed plan and isometric drawing of the site's water system beginning near the entrance and flowing through the central *ryad*'s basins (powered by gravity).
1.10– Archival image of the original construction showing the stair leading down towards the *ryad* and pool with the pyramidal market in the background.
1.11– A recent view of the sculptural hotel stair, hung using tension cables.

١,– خارطة مفصّلة ورسم إيزومتري لمطلع شبكة المياه في الموقع قرب المدخل وحيث تجرّ المياه عبر أحواض الرياض المركزي (بواسطة الجاذبيّة).
١,– صورة أرشيفيّة للمنشأ الأساسي تظهر الدرج الذي يقود إلى الأسفل نحو الرياض والمسبح، ويبدو السوق الهرمي في الخلفية.
١,– صورة ملتقطة حديثاً لدرج الفندق الأشبه بمنحوتة، والمعلّق بواسطة أسلاك.

3

THERMAL BATH COMPLEX
MOROCCO, 1959–1975

ARCHITECT:
JEAN-FRANÇOIS ZEVACO

المعماري:
جان فرانسوا زيفاكو

منتجع سيدي حرازم
للحمّامات الحراريّة
المغرب، ١٩٥٩ - ١٩٧٥

AXONOMETRIC

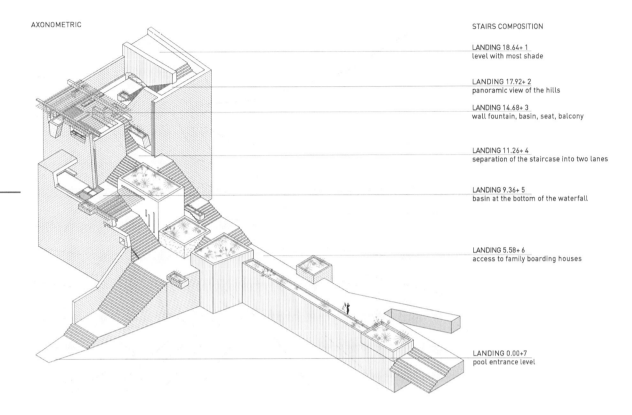

STAIRS COMPOSITION
LANDING 18.64+ 1
level with most shade
LANDING 17.92+ 2
panoramic view of the hills
LANDING 14.68+ 3
wall fountain, basin, seat, balcony
LANDING 11.26+ 4
separation of the staircase into two lanes
LANDING 9.36+ 5
basin at the bottom of the waterfall
LANDING 5.58+ 6
access to family boarding houses
LANDING 0.00+7
pool entrance level

1.11

1.12– A recent view of the pyramidal market building through the *ryad* and landscape.

1.13– The underside of the pyramidal market roof.

1.14– View from the *ryad* looking towards the hotel. Much of the exposed concrete has been covered in zellige or painted in an attempt to "Moroccanize" the complex.

١,١٢– صورة ملتقطة حديثاً لمبنى السوق بأسقفه الهرمية عبر الرياض والموقع المحيط.
١,١٣– الجانب السفلي لسطح السوق الهرمي.
١,١٤– مشهد من الرياض يظهر الفندق. مقدار كبير من منشآت الخرسانة الظاهرة جرى تغطيته ببلاطات "الزليج" أو طلاؤه في محاولة لـ"مغربة" المجمّع.

1.12

1.13

THERMAL BATH COMPLEX
MOROCCO, 1959–1975

ARCHITECT:
JEAN-FRANÇOIS ZEVACO

المعماري:
جان فرانسوا زيفاكو

منتجع سيدي حرازم
للحمامات الحرارية
المغرب، ١٩٥٩ - ١٩٧٥

1.14

1.15

THERMAL BATH COMPLEX
MOROCCO, 1959–1975
ARCHITECT:
JEAN-FRANÇOIS ZEVACO
المعماري:
جان فرانسوا زيفاكو
منتجع سيدي حرازم
للحمامات الحرارية
المغرب، ١٩٥٩ - ١٩٧٥

1.15– A portion of the *ryad* showing original exposed concrete and blue zellige (selectively used) by Zevaco.
1.16– The water buffet which exists in the open plaza under the hotel, created by lifting the building on sculptural columns.

١,١٥- قسم من الرياض يظهر عناصر الخرسانة الظاهرة وبلاطات "الزليج" الزرقاء الأصليّة التي استخدمها زيفاكو (واختارها خصيصاً للمشروع).
١,١٦- شلال المياه الموجود في الساحة المفتوحة تحت الفندق، وقد أنشئ عبر رفع المبنى على أعمدة حاملة ذات أشكال نحتية.

1.16

1.17

1.17– The central *ryad* which references Moroccan courtyard house typologies. Although Zevaco's original blue zellige still remains, much of the exposed concrete has been covered through subsequent renovations.

١,١٧ – الرياض المركزي الذي يستحضر نمط البيت المغربي ذي الفناء. وعلى الرغم من أن بلاطات "الزليج" الأصلية الزرقاء التي وضعها زيفاكو ما زالت موجودة، إلا أن الكثير من منشآت الخرسانة الظاهرة جرى تغطيتها إثر عمليات ترميم متعاقبة.

SIDI HARAZEM
THERMAL BATH COMPLEX
MOROCCO, 1959–1975

ARCHITECT:
JEAN-FRANÇOIS ZEVACO

المعماري:
جان فرانسوا زيفاكو

منتجع سيدي حرازم
للحمّامات الحراريّة
المغرب، ١٩٥٩ – ١٩٧٥

بدأت سلفاً بالتشقّق والترهّل. كما جرى أيضاً إلغاء الكثير من المعالم المائية والمساحات المزروعة. إضافة إلى هذا، فإنّ المساحة العازلة بين الواحة وباحة المدخل، التي قُصد منها أن تكون امتداداً للواحة، زُيّنت بمساحات عشبية مستطيلة ضخمة. وكُسيت النافورة ببلاط تقليديّ متعدّد الألوان، ما أدّى إلى تمييع اختيار زيفاكو استخدام البلاط الأزرق في المساحات المقلّمة. وفي المتنزّه الجنوبي، تخلّت دانكن عن "التصميم الشبكي الذي اعتمده زيفاكو، واقترحت متنزّهاً لـ"الفنون الجميلة" ونافورة جديدة، وحدائق عشبيّة ضخمة، وممرّاً مركزيّاً محاطاً بأشجار النخيل. وقد نشأت في هاتين المساحتين العامّتين، أسواق غير نظاميّة، نظراً لغياب المرافق المناسبة لايواء الباعة وإغلاق السوق الأساسي الذي صمّمه زيفاكو. ومن الواضح أن الهدف من عمليّة إعادة التأهيل الأوليّة التي اعتمدتها دانكن، كان محو جماليّة المكان "الخاميّة" (من أسلوب العمارة الخاميّة) ، حيث قامت في السياق بقتل روحيّة الباحة الأساسية في مدخل المجمّع، المتمثّلة بالمعالم المائية.[٢٤]

في العام ٢٠٠٠، حين كان زيفاكو لا يزال حيّاً، كلّف "صندوق الإيداع والتدبير المغربي" جان بول إيشتر، وهو أحد الذين تدرّبوا سابقاً عند زيفاكو، بتجديد الفندق. وعلى الرغم من أن عمل إيشتر لم يُحدث أضراراً بالغة بالهيكل أو "بالمعالم الأساسية (كالأدراج مثلاً)، إلّا أنّه قام بـ"مغرَبَة" الفندق على نحو لا مسوّغ له. وقد جرى وضع بلاط الحمّامات على أرضيّات الغرف والطابق الأرضيّ بهدف تقليد تصميم زيفاكو الأساسي المؤلف من رباطات فورمايكا ثلاثيّة الألوان. كذلك هُدم البار الرائع، وأُعيد تصميمه، وكُسيت الجدران ببلاط مغربي تقليدي، وإلى ما هنالك من عناصر. كما أُخضع الجانب الشمالي للباحة إلى نفس التعامل التصفيحيّ بالمواد، وبُنيت بِركة جديدة وحمّامات – لكن لحسن الحظّ جرى احترام الشكل الأساسي للأحواض.

المسبح هو البناء الذي جرى العبث به أكثر من أيّ بناء آخر. ففي العام ٢٠١٢، أجّرت "الجماعة القرويّة لسيدي حرازم" البركة والبحيرة الاصطناعيّة المحيطة بها لرجل أعمال خاصّة. وفي أواخر عقد التسعينيّات، أضحت "الجماعة القرويّة لسيدي حرازم" المالك الجديد للبِركة إثر هبةٍ حصلت عليها من "صندوق الإيداع والتدبير المغربي". وقد أجريت على الأثر سلسلة من الإضافات المؤقتة حول البِركة، فطمست تصميم زيفاكو الأساسي الذي كان جعل مبنى البِركة كطوفٍ عائم على سطح بحيرة منبسطة بين هضبتين عاريتين قاحلتين، تماماً مثل سراب.

أمّا الضربة القاضية، فتمثّلت باختفاء البحيرة التي كانت تحيط بالبِركة، إذ جرى البناء فوق جزء منها، وتُرك ما تبقى في مهبّ الفوضى. ووفق الأبحاث التي أجريناها على أرض الواقع، فإن سوء التصرّف مع عمارة المجمّع الحراري ومحيطه الطبيعي، كان سببه جهلٌ عامٌّ بقيمة الإرث الذي يمثّله المجمّع، وعدم قدرة المالكين على تخيّل رؤية جديدة للسياحة في الموقع ومحيطه برمّته، وهي رؤية قد تجمع بين السياحة الشعبية والأنشطة الترفيهية الميسّرة، وبين السياحة متوسّطة المستوى وأكثر. وقد فهمنا باكراً أن تلبية حاجات أنواع مختلفة من السيّاح، لن تكون شرطاً أساسياً لإقناع "صندوق الإيداع والتدبير المغربي" وبلدية فاس بتأمين التمويل اللازم لإعادة تأهيل الموقع وحسب، بل ستتيح أيضاً استخدام المجمّع الحراري على مدار السنة.

مستقبل مجمّع سيدي حرازم الحراري

توصّلت جهود فريقنا الساعية إلى تحديد مستقبل المجمّع الحراري مع الجهات المعنيّة المحليّة (من ضمنهم أعضاء في "صندوق الإيداع والتدبير المغربي"، وموظفون رسميّون في "الجماعة القرويّة لسيدي حرازم"، وأصحاب متاجر، وأولاد وشبّان)، إلى توافق يقرّ بوجود حاجة ملحّة للمحافظة على جوهر رؤية زيفاكو الأساسيّة، الذي يتمثّل بالطبيعة الديمقراطيّة والعناصر الأساسيّة التي تتردّد أصداؤها في باقي نتاجاته، مثل المعالم المائيّة، والأبعاد الماديّة، والإنشائيّة، والصلات بالطبيعة والمشهد المحيط. وتمثّل التحدّي أمامنا في إيجاد تناغم بين أولويّات "خطّة إدارة جهود الحفظ" وبين نموذج اقتصادي للمجمّع قابلٍ للتطبيق على مدار السنة؛ نموذج ينبغي أن يكون قادراً على دعم وتمكين المجتمعات المحليّة التي اقتُلعت من الموقع منذ ست وخمسين سنة. ومن أجل تحقيق توازن كهذا، كان على مقاربتنا التركيز على ابتكار أنماط جديدة من السياحة وبرامج الترفيه، بموازاة إعادة تأهيل أبنيّة المجمّع ومساحاته الطبيعية.

وعلى هذا الأساس جرى اقتراح أربعة برامج جديدة للموقع: مجمّع حراري مع منتجع صحّي (وهذا خطّطه زيفاكو سابقاً، إلّا أنّه لم يتحقّق)، حديقة نباتات ومزروعات تتموضع في الرياض تغذّي مدرسة جديدة للطهي متجذرة بالتقاليد الشعبية المحليّة، ومركز للعمارة الحديثة يكون على صلة بعدد من مدارس التصميم في المغرب والخارج، وسوق جديد مُحدّث يقابل متنزّه عام. أمّا الجهة الشماليّة من الموقع حيث الضريح والواحة، فستُكرّس للزيارات العلاجيّة والمنتجع الصحي، فيما ستقوم الجهة الجنوبيّة بدعم وتغذية السوق الجديد والأنشطة الترفيهية المتاحة للجميع. وسيؤدّي الرياض مع حديقته النباتية الزراعيّة دور الرابط بين قسم المجمّع "الساكن"، وقسمه "الفاعل". وقد استلزم فريقنا أكثر من عام لبناء توافق حول هذا التنظيم الجديد للموقع، إذ كان علينا لعب دور الوسيط بغية حلّ النزاع بين قاطني ومستخدمي السوقين الشمالي والجنوبي غير الرسميين، الذين رفضوا بدايةً تقاسم السوق الجديد فيما بينهم. وبالفعل فإن قاطني السوق الشمالي أقاموا في الموقع قبل عقود من مجيء قاطني السوق الجنوبي، الذين يُنظر إليهم كوافدين جدد غير محليين. على أنّ هذه الخصومة ما زالت إلى اليوم تتهدّد التوافق.

مغامرة قيادة فريق "خطة إدارة جهود الحفظ"، المخصّصة لموقع مساحته ١٤ هكتاراً يضمّ تحفة معمارية مغربية حديثة، واجهت بالتأكيد منعطفات غير منتظرة، وعلّمتنا الصبر في بناء العلاقات مع الجهات المعنيّة، ونشر الوعي المتعلّق بإرث ثقافي مجهول، لا يحظى بالتقدير الكافي. لكن، لا شيء من تلك المنعطفات ضاهى التحدّي الذي طرحته أزمة جائحة كوفيد ١٩. إذ ما إن كان "صندوق الإيداع والتدبير المغربي" يهمّ بترميم أول مباني الموقع، وتعهّدت البلدية ببناء السوق الجديد وترميم باحة مدخل المجمّع، حتى ضرب فيروس كورونا العالم، منهياً جميع احتمالات إعادة التأهيل. وقد تداعى في ظلّ الجائحة كلّ ذاك الاندفاع الذي قام بفضل دعم منحة "غيتي" وتفاني فريقنا الملتزم الذي غدا مجموعة من الناشطين. إلا أن لقاءً جرى مصادفةً في تشرين الثاني (نوفمبر) ٢٠٢٠ بمُحسن ثقافي مغربيّ شاب يدعى حمزة سلاوي، أدى إلى تبديل الحال برمّته. إذ منح سلاوي فريقنا الثقة للقيام بتطوير برنامج إقامة ثقافية، يهدف إلى إعادة إحياء سيدي حرازم عبر الفن والثقافة. ومعاً أنشأنا منصّة للفنانين المغاربة الشباب كي يختبروا الموقع ويطوّروا مشاريعهم فيه، يداً بيد مع السكان المحليين وبالتعاون معهم. وفي شباط (فبراير) ٢٠٢١، أطلقنا برنامج الإقامة الثقافيّة مع تسعة فنانين، وطباخين اثنين، ومنسّقين موسيقيين اثنين، وأربعة مصمّمين. وفي حزيران (يونيو) ٢٠٢١، احتفلنا بعطلة نهاية الأسبوع الأولى في فضاء مفتوح، بحضور عازفة البيانو الكلاسيكيّة دينا بنسعيد.

وهكذا تحوّلنا من معماريين ومنسقين استشاريين ابتكروا "خطّة إدارة جهود الحفظ" لسيدي حرازم، إلى ناشطين ثقافيين. وقد غدا أمرُ الحفاظ على الموقع وإحيائه بطريقة ما، أفضل سبيل لمشاركته مع أكبر عدد من الناس، وإبقاء جهود إعادة تأهيله قائمة.

٢٤ لمعلومات أكثر حول عمليتي إعادة التأهيل هاتين، يمكن العودة إلى:
Chaouni, A. "Making Modernism Modern, the Failure of Rehabilitation, the Thermal Bath Complex of Sidi Harazem by Zevaco." *Do.co.mo.mo*, (2006): 35.

البحث عن تصميم زيفاكو الأساسي

وأمام تدهور حال المجمّع الحراري وتلف أبنيته ومعالمه، تقدّم مكتبنا، "مشاريع عزيزة شاوني"، بالشراكة مع "صندوق الإيداع والتدبير المغربي" (المالك الأساسي للمجمّع) بطلب منحة من جمعية "غيتي فاونديشين" في إطار برنامجها المعروف بـ "كيب إت مودرن". وقد حصلنا على المنحة في سنة ٢٠١٧.

وتمكّن مكتبنا، بفضل منحة "كيب إت مودرن"، ومساعدة فريق دوليّ يضمّ كلاً من "سلمان للهندسة الإنشائية" (الولايات المتحدة)، ومستشارين محليين ("أن بي آر"، و"ميسداك فريتيك" و"جيوداتا")، من وضع "خطّة لإدارة جهود الحفظ" لمجمّع سيدي حرازم للحمّامات الحراريّة، في شهر كانون الأول (ديسمبر) ٢٠٢٠. كان تدخّل "صندوق الإيداع والتدبير المغربي" وبعض الجهات المحليّة الأخرى، مثل بلدية مدينة فاس، التي تشرف على المناطق المحيطة بالمشروع، وعلى بِركة زيفاكو والباحة الرئيسة، ضرورياً كي نتمكّن من إنجاز البحث المتعلّق بـ"خطة إدارة جهود الحفظ"، ووضع تصميم للخطّة وتطبيقها. ولكي نحقّق ذلك، قمنا بتطوير مقاربة تصميم تعاونيّة تُتّبع في سياق العمل. وقد استند هذا الأمر إلى ورشات تدريب تعتمد على الألعاب، مثل: البحث عن الكنز، ملصقات ورقية (كولاج) للأولاد، ألعاب ورق للشبان، وألعاب لوحيّة أكثر تعقيداً للعاملين في السوق.

حين انطلقت عمليّات البحث، رافقها تحدّ متمثّل في توزّع المواد الأرشيفية التي تحوي معلومات مهمّة عن الموقع، في عدة مراكز أرشيف: "المدرسة الوطنية للهندسة المعماريّة في الرباط"، أرشيف "صندوق الإيداع والتدبير المغربي"، وأرشيف "الصندوق الإقليمي للهندسة المعماريّة المعاصرة" (الـ"فراك") في أورليان بفرنسا. كذلك عنت طبيعة زيفاكو الشخصيّة الانطوائيّة أنّه لم يكتب أو ينشر أي مادة تتحدث عن عمله. لذا فإننا لم نجد موادّ متعلّقة بالمشروع، سوى بعض المراسلات الشخصيّة، والسجلّات المكتبية، وملاحظات من محاضرة وحيدة، ومقابلة واحدة أجراها عام ٢٠٠١ (قبل وفاته بسنتين). تلك الوثائق، المُكمّلة بمرويّات شفاهيّة عن زيفاكو وورشته التي استمرت طوال ١٦ عاماً في موقع سيدي حرازم، كانت ضرورية لتكوين فهم عن الجدول الزمني المرتبط بالمجمّع، وعن مقاصد المعماري التصميمية – على أن هذه المعلومات كانت ضرورية أيضاً لصوغ "خطة إدارة جهود الحفظ". وقد تمثّل هدف الخطّة المذكورة بابتكار خارطة طريق تؤدّي إلى إعادة إحياء موقع "مجمّع سيدي حرازم الحراري" كمساحة عامّة أساسيّة لأنشطة الترفيه العموميّة.

وتمكّنّا في سياق أبحاثنا من استعادة معظم الرسومات الهندسيّة المعمارية، من مسطّحات، ومقاطع، وواجهات، المتعلّقة بأبنية الموقع ومساحاته العامّة. لكن الرسوم والخرائط التقنيّة التي وجدناها، تعلّقت فقط بباحة المدخل. وعنى ذلك أن على الفريق الهندسي لـ"خطة إدارة جهود الحفظ" القيام بتخمينات مُستنيرة، حيث كان فريق العمل اتخذ قراراً بالإجماع بحصر التحقيقات بالتفاصيل التقنيّة الحسّاسة التي يلحّ استبدالها وتجديدها – مثل بعض الجسور أو الأدراج. وقد أوصلتنا تحقيقاتنا أيضاً إلى نُسخ غير مؤرخة لبعض مجموعات الرسوم المتعلقة بمبنًى معين أو بمساحة مفتوحة. وطرحت هذه الإشكاليات تحدّياً بالنسبة للأمكنة التي شهدت تغييرات كبيرة، ولم نتوصّل إلى سجل فوتوغرافي لها، مثل البِركة ومحيطها، وباحة المدخل، وقسم الرياض الشمالي، ومبنى السوق الجنوبي. كما تمثّلت تعقيدات إضافية بما ورد في مقابلات أجراها زملاء لزيفاكو،[٣٣] إذ تحدثوا عن قيامه، في أغلب الأوقات، بإحداث التغييرات في تصميمه خلال عمليات الإنشاء. إذن كيف يمكن لفريق "خطّة إدارة جهود الحفظ" تحديد تصاميم زيفاكو للأبنية المذكورة أعلاه؟ للإجابة عن هكذا سؤال، طوّر الفريق عدداً من الاستراتيجيات الآيلة إلى تعويض المعطيات الناقصة.

أولاً، جرت، وعلى نحو دقيق، إعادة رسم الخرائط التي عثر عليها، بصيغة رقميّة. ثم قورنت تلك النسخ الرقميّة بحال الموقع الراهن بغية تحديد مدى تطابق هذه الوثائق مع الحال الأخيرة للموقع. وكان واضحاً في بعض الأحيان غياب الرسومات النهائيّة المتعلّقة بأجزاء محدّدة من الموقع.

ثانياً، عمِل فريق "خطّة إدارة جهود الحفظ" على توثيق الذاكرة الجماعيّة لروّاد سيدي حرازم ولسكّان المنطقة، خصوصاً في فترة الستينيّات والسبعينيّات، حين كان الموقع لا يزال في حالته الأساسيّة تقريباً. ومن أجل تلك الغاية، طوّر الفريق صفحة على فيسبوك لمشروع إعادة التأهيل، وأطلق حملة بعنوان "أنا أتذكّر"، معزّزة بفيديوات عن الموقع ومقابلات مع معنيّين بالمشروع (من بينهم أقرباء زيفاكو). وتمّ بذلك تحقيق هدفين: (١) توعية المغاربة على أهميّة ومعنى سيدي حرازم؛ و(٢) الطلب من روّاد الموقع مشاركتنا بذكرياتهم عبر مواد كتابيّة، أو شفاهيّة، أو صوريّة. ونظراً لافتقار الفريق إلى الخبرة في مجال الدعاية، لم تحقّق الحملة سوى نجاح محدود – حيث جُمع القليل من الصور والبطاقات البريدية، وبعض الشهادات. لكن، على الرغم من قلّة ما توصلنا إليه، فإن المواد الأرشيفية التي تلقّيناها سلّطت بعض الضوء على عمليّات الإنشاء الأولى في الموقع، وأعطتنا فكرة، مثلاً، عن المادة الأساسية للأرضيات في الطبقة الأرضية من الفندق. أمّا في الحالات التي لم نجد فيها وثائق بصريّة، فقد اعتمدنا على مرويّات التاريخ الشفهي.

التحوّلات والحالة الراهنة لمجمّع سيدي حرازم الحراري

بغية تحديد تاريخ التغييرات والتحوّلات التي حصلت في أبنية المجمّع ومساحاته العامّة ومجاله الأرضي الطبيعي منذ افتتاحه، قمنا بمقارنة صور (حين توفّرها) بالرسومات والخرائط وشهادات المصادر الأوليّة. كذلك قمنا بتقسيم التغييرات إلى أربع فئات أساسية، هي: الإضافات، التغييرات، الإزالات، وتبديل وظيفة/وجهة استخدام المبنى. ثم وثّقنا وبيّنا تلك التغييرات على خرائط المسطّحات والمقاطع. وحين لم نتمكّن من العثور على خرائط أو رسومات لبعض الأقسام – كما هو الحال بالنسبة للرياض مثلاً – لجأنا إلى استخدام ماسِح (سكانر) ثلاثي الأبعاد، فأعطانا نتائج دقيقة بالنسبة للأبنية والمساحات المبنيّة.

وحين كانت تكتمل بين أيدينا تلك الرسومات المتعلّقة بالماضي والظروف الراهنة، كنّا نُبرز فيها المكوّنات الأكثر أهميّة في الموقع (مثل شبكات المياه، والعناصر الإنشائيّة، والأدراج)، الأمر الذي شكّل أساس المبادئ التوجيهية الأولى لخطّة إعادة تأهيل المجمّع، إذ صار بوسعنا تقدير أيّ من المكوّنات المهمّة يحتاج إلى إصلاح وتجديد ضروريين.

وأظهر تحليلنا الشامل للتغييرات الحاصلة، أنّ المجمّع تعرّض لسلسلة سيّئة من عمليّات الصيانة الهزيلة. إذ في سنة ٢٠٠٠، كلّفت "الجماعة القرويّة لسيدي حرازم" المعماريّة الأميركيّة كاري دانكن، المتخصّصة في عمارة المشهد والتي تعيش في الرباط، بإعادة تأهيل باحة المدخل وتصميم المتنزّه الجنوبي (الذي كان يُفترض أن يحوي عدداً إضافياً من وحدات الـ[بانغالو] وفق خرائط زيفاكو). ووفق ذاك التكليف، جرت تغطية الأرضية الأساسيّة لباحة المدخل، التي كانت من خرسانة مصبوبة، ببلاطات جديدة

٣٣ ابنته دومينيك والرسام جايمي بوزاغلو.

تصميم المخطط التوجيهي للمجمّع

في أرشيف "الصندوق الإقليمي للهندسة المعماريّة المعاصرة" (فراك) في أورليان بفرنسا، حالفنا الحظّ بالعثور على رسومات تصاميم زيفاكو الأولى لمشروع المجمّع. جاءت تخطيطاته الأوليّة مرسومة بقلم رصاص فوق خطوط طوبوغرافيّة موجودة في الأصل. وقام المعماري بدايةً بمحو أكواخ القرية ووضع تخطيطات لمسالك وقنوات جديدة بغية جرّ المياه، ثم دمج أشكال مبانيه ضمن المشهد العام.

وقد منحتنا سلسلة من الصيغ المختلفة لمخطّطات توجيهيّة وضعها زيفاكو فكرةً مذهلة عن نشأة المشروع. كما أتاحت لنا تلك الصيغ فهماً أفضل للعناصر التي احترمها المعماري، وأبقاها طيلة مسار تطوّر تصميمه، الذي انطلق من مقاربة عملانيّة حديثة تفترض أبنية وأقساماً وظائفيّة في نطاقات مفصولة، ثم غدا في النهاية مشروعاً نُسقت مبانيه وأقسامه حول رياض، وقامت أروقة مفتوحة (لوجيّات) بالربط بين المباني والأقسام. وفي تصميمه الأخير ذاك، الذي يبدو واضحاً في النموذج المرفق (ضمن الصور)، طوّر زيفاكو صلة الربط بين الواحة والمجمّع عبر استحداث شبكة من القنوات والممرّات والأحواض، تؤدّي إلى شلال يصبّ في البركة. وأوجد المعماري عبر تعديله ذاك منطقة عازلة بين الواحة الطبيعيّة وبين نطاقه الخرساني ومبانيه الجديدة، فأُجري التغيير في جزء من مساحة الموقع الطبيعيّة، التي كانت في الأصل مساحة مستوية وخالية من الأشجار. وفي الصور المأخوذة خلال فترة الإنشاء، يمكن للمرء أن يعاين المنطقة العازلة المذكورة أعلاه، والهضاب الشرقية التي كان يجري زرعها.

ومقارنة بالتصوّرات السابقة التي وضعها المعماريّ، فإن التغيير الأساسي الآخر الذي أحدثه في صيغته التصميميّة النهائيّة، تمثّل بتحويله "دور الضيافة العائليّة" من وحدات قائمة في صفوف خطيّة، إلى وحدات كثيفة متلاصقة وذات أفنية، تذكّر بالمدن المغربيّة التقليديّة. كما أضاف زيفاكو، في الناحية الجنوبية، سوقاً للخضار واللحوم لخدمة تلك الوحدات والنازلين فيها.

لكن في نهاية المطاف، فإن ما نفّذ من المشروع لا يشكّل سوى جزء من المخطط الطموح الذي وضعه زيفاكو. والأجزاء المنفّذة هي: أولاً، السوق وأجنحة إقامة الزوّار (وحدات الـ"بانغالو"). ثم البِركة، والفندق، وباحة المدخل. أمّا المساحة التي خطّطها زيفاكو في المنطقة العازلة بين المشروع والواحة، فلم يُكتب لها الاكتمال أبداً – على الأرجح بسبب نقص التمويل – فبقيت مساحة خالية.

ومن غير المستغرب أن يكون وجود المياه مثّل السِمة المشتركة بين كل أقسام المشروع، التي ساهمت في صياغة كلّ مساحة من مساحات المجمّع، مُشكّلة مساراً ممتداً في أنحاء الموقع.

وبغية تحقيق أهدافه التصميميّة تلك، قام زيفاكو بتضخيم مستوى الانحدار في أرض الموقع، كي يضمن تدفق المياه بسهولة من الواحة إلى الباحة العامّة، مروراً نحو المساحة الموجودة في أسفل الفندق القائم على أعمدة وتديّة، وعبر الرياض، لتتجمّع في السوق ذي الشكل الهرمي. وعلى نحو مماثل، تدفّقت المياه من الباحة العامّة إلى البِرك عبر درج ضخم أقامه زيفاكو عند حافة المنحدر، ودمجه مع نوافير وأحواضٍ، وشلّال أيضاً. وحتى الممرات الضيقة بين أجنحة إقامة الزوّار (وحدات "البانغالو")، جرى تزيينها أيضاً بأقنية مائية، واستخدِمت كشبكة لتصريف مياه الأمطار. ويطغى مشهد أحجار الموزاييك الزرقاء المربّعة، التقليدية والأصيلة في فاس، على مساحات مهمّة من شبكة زيفاكو المائيّة. يتجسّد المثل على ذلك في الأخاديد والفتحات العمودية في النافورة العامّة، وفي الأجسام المنحوتة داخل النافورة في أسفل الفندق، وفي بعض أحواض الرياض. وأخيراً، تقوم البِركة المدهِشة بشكلها الهندسي الخالص، والتي تغذيها مياه الينابيع، كأنّها تطفو فوق بِركة أخرى تغذّيها أقنيةٌ تستجرّ المياه الفائضة من البِرك. أمّا أقسام الخدمات الفرعيّة (غرف تبديل الملابس)، فقد أُخفيت في طابق خفيض. وثمّة لحظة استثنائيّة في المشروع يختبرها الزائر حين يعاين التباين بين حوافّ البحيرة الطبيعيّة المتداخلة مع تضاريس الموقع، وبين الشكل المستدير الخالص للبِركة. والشكل الدائري ذاك، تعزّزه وتبرزه دائرية القبّة فوق البركة، وظلّها الدائري.

على هذا النحو قام زيفاكو بدمج الأنساق الطبيعيّة بالأنساق الاصطناعيّة. وقد حقّق ذلك بسلاسة بالغة، تحاكي وجود بقعة مياه محصورة في قاع وادٍ،"مثل [سبخة] غير متوقّعة، تجسّد حوضاً تقليدياً مؤقّتاً لتجميع المياه".[٢٢]

افتتاح المشروع، فترة العزّ، ثم الانحطاط

افتُتح مجمّع سيدي حرازم على مرحلتين: المرحلة الأولى تضمّنت افتتاح فندق الرياض وسوق الحرف وأجنحة إقامة الزوّار (وحدات الـ"بانغالو") سنة ١٩٦٨. وتضمّنت المرحلة الثانية سنة ١٩٧٥ افتتاح البِركة والباحة الرئيسة. ومنذ افتتاحه، حظي المجمّع بشهرة هائلة، فغدا الوجهة الأولى للعرسان الراغبين بقضاء شهر العسل. وباتت غرف الفندق وأجنحة إقامة الزوّار (وحدات الـ"بانغالو") محجوزة في معظم أيّام الصيف وفترات الأعياد. كما استقطب المجمّع الحراري الجديد سيّاحاً من كافة المناطق المغربيّة، ومغاربة يعيشون في الخارج. ونما شعور اعتزاز وطني عام بسيدي حرازم، الذي مثّل مجمّعاً بالغ الحداثة، فيما جذوره ضاربة في التقاليد المتوارثة القديمة. تلك التقاليد المتمثّلة في العلاج بالمياه الساخنة والتبرُّك بالأولياء.

بيد أن فترة العزّ أخذت بالأفول في منتصف الثمانينيّات، بعد عقدين تقريباً من افتتاح المجمّع. فالمُخطط المتقن الذي وضعه زيفاكو للموقع، والمعالم المائية الكبرى التي احتفت بفكرة الواحة وأجوائها، راحت تتحول شيئاً فشيئاً إلى عدد من الأجنحة المنفصلة، من دون معالم مائيّة. وقد غدا المجمّع أشبه بأرخبيل قاحل. تعددت أسباب تدهور الحال خلال السنوات الأربعين الماضية، ومنها: حلول سياحة الشواطئ والبحار مكان سياحة العلاج بالمياه الساخنة، إغلاق عدد من المباني والمساحات العامّة، انعدام الخبرة في ترميم المنشآت الخرسانية القديمة، و – الأهم من ذلك كلّه – الافتقار إلى "خطة لإدارة جهود الحفظ" وغياب الرؤية الآيلة إلى تجديد المشروع وإحيائه في ظل تحوّل المشهد السياحي. وتعكس جغرافيا الموقع المتبعثرة اليوم، الشرخ الاجتماعي العميق القائم بين المناطق المحيطة بالمجمّع التي تطوّرت عشوائيّاً كي تلبي طلب السيّاح محدودي الدخل، القادمين غالباً من مدينة فاس القريبة، سعياً إلى الأنشطة الترفيهية، وبين الفندق المتألّق سابقاً ومحيطه المهجور، اللذين يعيشان اليوم على أمجاد عظمتهما السابقة.

وقد جاءت مظاهرُ مثل الإغلاق الجزئي لبعض البرامج الأساسيّة وبعض المساحات العامّة في الرياض، بالاضافة إلى تفشّي الفقر في محيط الموقع، لتؤثّر سلباً على سمعة المجمّع: فهو بعد أن كان رمزاً لتقدّم المغرب المستقلّ ووجهة سياحية شهيرة، بات موقع معاناة وحرمان.

22 Maurel Architects, "Out of Memory–Piscine Sidi Harazem–Maroc," 2018, https://diserens-maurel.ch/out-of-memory-piscine-sidi-haraze/ (الدخول الأحدث في ٢٠ ديسمبر ٢٠٢١).

"من بين كل ما غذّى مخيّلتي وإحساسي سأذكر بالإجمال، ومن دون ترتيب تفضيلي، موزارت، وفاليري، وراينر ماريا ريلكه، وشيليدا، وباخ، ورافيل، وفاوري، وغيرهم كثر من اللامعين الذين أشعر بالأسى لعدم القدرة على ذكر أسمائهم جميعاً، لأنّ اللائحة ستطول كثيراً [...]. قال ميكيلانجيلو إن شيئاً ينقص الفنان الذي لم يمارس العمارة. ويمكن القول إن عكس ذلك صحيح أيضاً، إذ إن المعماري الذي لم يمارس فن الموسيقى والشعر، المجالين اللذين يخاطبان – ويستثيران – إحساسه، يبقى مفتقراً إلى كلّ شيء".[١٥]

وتوافَق كلّ من آزاغوري ودومازيير وبن مبارك، زملاء زيفاكو، على وصف عمارته بالعبارات ذاتها، التي تضمّنت كلمات مثل: غير متوقّعة، وعبقريّة، وشخصيّة. كما أن طبيعته الانطوائية المتوحّدة والمعذَّبة أوصلته إلى الاستقلاليّة، فتحرّر من عقائد التيارات الفكريّة. غير أن منتقديه لاموه على شدّة تكلّفه الشكلّي ومثاليّته، وعدم قدرته على الالتزام بميزانيّة. وأشارت مؤرِّخة الفنّ لوسي هوفباور، بإنصاف، إلى حقيقة أن دارة ومشغل زيفاكو، بسياجها المعدنيّ الشائك، وانطوائية مسطّحها المتمحور حول "أوكولوس" كبير (أو روشن)، كانت بمثابة صورة ذاتية لهذا المعماري: متوحّدة، وخاصّة، وتؤالف بين الأشكال العامّة الخالصة وبين الأشكال الطبيعية العضويّة، كما تحافظ على تحاورها الدائم مع المراجع المحلّية. وقد غدت الباحة (أو الرياض) العنصر المتكرّر المهيمن في تصميم سيدي حرازم.

وزيفاكو على عكس معاصريه من معماريي "غاما"، دمج في عمارته مراجع محليّة وتخيّلات تتجاوز إلى حدّ كبير النماذج الأوروبيّة النمطيّة: العمارة البرازيليّة الحديثة، عمارة اليابان الاستقلاليّة، والحداثة الكاليفورنيّة. وتجدر الإشارة هنا إلى أن المعرض المقام في "متحف الفن الحديث" (موما) سنة ١٩٤٣، تحت عنوان "البرازيل تُشيّد: العمارة الحديثة والقديمة، ١٦٥٢-١٩٤٢"، كان ترك أثراً عميقاً في نفس زيفاكو. وقد تناولت المعرض مجلات عديدة تلقاها المعماري آنذاك، مثل "آركيتكتشورال ريفيو" (آذار [مارس] ١٩٤٤)، و"لاركيتيكتور داجوردوي" (أيلول [سبتمبر] ١٩٤٧).[١٦]

ويتجسّد المثال المعبّر تماماً عن أسلوب زيفاكو الهجين في رياض سيدي حرازم، وأحواضه المرصوفة والمكسوّة بالموزاييك الأزرق. كما يستحضر الرياض، في الوقت عينه، الفناءات المغربيّة التقليديّة عبر ما يحويه من عناصر ومعالم مائيّة وحدائق، وزخارف مستمدّة من السجاد الأمازيغي، وومضات من لوحات "الحركة التفوقيّة الروسيّة".[١٧]

الموقع قبل المجمّع الحراري

يذكر المؤرّخون المغاربة أنّه في القرن الثامن بنى السلطان أبو الحسن مقاماً فوق ضريح سيدي حرازم والبركة المجاورة له، فغُطيا بقبّة، وتغذّت البركة من مياه الينابيع.[١٨] وفي أدب السفر يعودُ أقدم مرجع وجدناه في هذا الإطار إلى القرن السادس عشر، وهو نصّ كتبه الديبلوماسي والمؤلف ليو أفريكانوس في كتابه "وصف أفريقيا" (١٥٥٠)، واصفاً فيه سيدي حرازم على أنّه مكان للأنشطة الترفيهيّة والروحانيّة لسكّان مدينة فاس.[١٩]

وفي العام ١٩٢٥، أحدث "دليل هاشيت الأزرق" ثورة في عالم المنشورات السياحيّة الفرنسيّة، وأصدر عدده الأوّل عن المغرب سنة ١٩٢٥ – ذاكراً فيه أن زيارة سيدي حرازم تعدّ من الأنشطة الضروريّة خارج مدينة فاس. وقد ثابر الدليل باستمرار، منذ سنة ١٩٣٢ حتى اليوم، على ذكر سيدي حرازم. وكان العدد الأوّل من هذا الدليل نصح الزوّار بـ"ترك الطريق العام...، ثمّ الانحراف إلى اليمين [لمسافة كيلومترين إثنين على طريق ترابيّة باتّجاه] الوادي الصغير لنهر سيدي حرازم، الذي يضيق فجأة ليكوّن وادياً عميقاً خصباً.[٢٠] وهناك يجد الزائر شلالاً ومجمّعاً حرارياً صغيراً وقرية أمازيغيّة مؤلّفة من أكواخ مبنيّة من أغصان وطين، تعلو أسطحها أعشاش طائر اللقلق. و[بين] الكروم الظليلة، والغابات، وبساتين النخيل، يسبح الزائرون المرضى في ينبوع المياه الساخنة وفي بِركةٍ مغطاة بقبّة من طوب".[٢١]

وتؤكّد البطاقات البريدية العائدة إلى حقبة الاستعمار على الوصف الوارد في أعداد الدليل المذكور آنفاً، كما تُظهر في الوقت عينه بوضوح الواحةَ كمكانٍ للعمل ومساحةٍ مائيّة للسكان المحليين وحيواناتهم، وأيضاً كمكانٍ للترفيه، والسباحة، والتجوال والتأمّل. وبحسب جدتي، التي عاشت في فاس منذ ١٩٢٠ حتى ١٩٦٨، فإن الرحلة إلى سيدي حرازم مثّلت طقساً شهرياً لعائلات المنطقة. فكان أبناء فاس يمضون النهار في السباحة والسير في الطبيعة، ويعودون إلى فاس قبل ساعات قليلة من غروب الشمس. وكان كثيرون يستقلّون خطّ القطار الذي لم يعد موجوداً اليوم، الواصل بين فاس وتازا، إذ كانت محطة القطار على بعد كيلومترين من مقام سيدي حرازم.

وكان مجمّع سيدي حرازم في العام ١٩٥٧ يضمّ المقام، وبركة مغطّاة، وثلاث برَكٍ مكشوفة (واحدة للرجال، وأخرى للنساء، وثالثة للأولاد والشباب) موزّعة حول المقام. أمّا باقي المساحة فقد شغلها على نحوٍ غير رسمي، ومن دون بنًى تحتيّة، بائعون جوّالون. وقد حظي المجمّع بشعبية كبيرة خلال تلك الفترة. ومع حلول سنة ١٩٥٩، كان يصل إلى سيدي حرازم عبر القطار نحو ثلاثة آلاف زائر في الشهر (هذا الرقم يستثني الزوّار الذين كانوا يقصدون المنطقة بوسائل نقل أخرى).

والتقط زيفاكو سلسلة من الصور البانورامية (جُمعت بواسطة شريط لاصق) قبل عمليات الإنشاء وخلال مرحلتها الأولى. ولا تُظهر تلك الصور حالة الموقع الأصليّة وحسب، بل أيضاً تصوّرات زيفاكو له كمساحةٍ مفتوحة واسعة، وبريّة متموّجة تضمّ واحة خصبة خالية من أيّ بناء. كما لا تُظهر صورُه القريّة الأمازيغية الصغيرة الموجودة، التي كان يخطّط لنقلها وإعادة بنائها من الصفر في مكان آخر، وبأسلوب حداثي خالص.

وكشفت مقابلتان أجريناهما مع مسنّين من سيدي حرازم أنّ القرية الأصليّة كانت تتألّف من بضع عشرات من العائلات التي يعتاش أفرادها من الزراعة، فيُزرعون أراضي يملكها أثرياء من مدينة فاس، ويجمعون التمر من أشجار النخيل في الواحة، ويقدّمون خدماتهم للزوّار. وقد اتّسمت الحياة بالهدوء، إلى أن بدأت مرحلة البناء في العام ١٩٦٠. فجرى نقلُ أهل القرية جنوباً إلى مسافة بضعة كيلومترات، إلى قمّة تلّ قاحل – وقيل لهم إن السياحة والإسكان لا ينبغي أن يختلطا، كونهما برنامجين مختلفين. وقد مُنحت كلّ عائلة غرفة أرضية ضيقة واحدة، وخصّص لكلّ عائلة شهرياً كيس من الطحين، ووُعِد أبناء العائلات بالعمل لاحقاً في مجمّع زيفاكو. لكن على الرغم من حصول أبناء المنطقة فعلاً على وظائف في المجمّع الجديد، إلّا أنّ مكاسبهم الماديّة لم تدُم وفق ما افترضت توقعاتهم السابقة. واليوم يُطلق على المستوطنة في أعلى التلّ اسم "السخينات".

15 Christine Desmoulin, "Intervista a Jean-François Zevaco," Abitare 402 (2001): 107–115.

ترجمة عزيزة شاوني إلى الإنجليزية.

16 Lucy Hofbauer, "Le mouvement moderne marocain à l'épreuve du tourisme (1950–1970)," in *Fabrique du tourisme et expériences patrimoniales au Maghreb, XIXe-XXIe siècles*, ed. Cyril Isnart, Charlotte Mus-Jelidi, and Colette Zytnicki, Rabat: Centre Jacques-Berque, 2018, 4.

١٧ للمقارنة بين أعمال زيفاكو وأعمال فنانين من "الحركة التفوقيّة الروسية"، أمثال إيل ليسيتزكي، يمكن مراجعة: De Maio, "Un Rocambole," 81.

18 Mohamed Berriane, *Tourisme national et migrations de loisirs au Maroc: étude géographique*, Rabat: Publications de la Faculté des Lettres et des Sciences Humaines de Rabat, series Thèses et Mémoires, 1992, no. 16, 158.

19 Africanus, L. : *A Geographical History of Africa. London, 1600*. (Amsterdam: Theatrum Orbis Terrarum, 1969).

20 Ricard, P. *Le Maroc: (les guides bleus)*. (Paris: Hachette, 1930): 350.

٢١ المصدر السابق، ٣٥١.

SIDI HARAZEM
THERMAL BATH COMPLEX
MOROCCO, 1959–1975

ARCHITECT:
JEAN-FRANÇOIS ZEVACO

المعماري:
جان فرانسوا زيفاكو

منتجع سيدي حرازم
للحمّامات الحراريّة
المغرب، ١٩٥٩ - ١٩٧٥

طرح بديل عن مبادئ لوكوربوزييه الشموليّة. وقد عملت مجموعة "غاما"، عبر استكشافاتها في الأنماط الحديثة الموجودة، على الاستجابة للمتطلبات المحليّة، بناءً على أبحاث تتعلّق بالظروف الاجتماعيّة والاقتصاديّة والمناخيّة قامت بها فرق متعدّدة الاختصاصات.[٨] وتشمل الأمثلة المعروفة على تلك المقاربة مجمّع "خليّة النحل" السكني متوسط الارتفاع الذي صممته "آتبات - آفريك"، ومشروع الـ "الكريان سنطرال" لإعادة الإسكان في مدن الصفيح الذي صمّمه كل من جورج كانديليس وشادراش وودز وألكسيس جوزيك. وقد طرح هذان المشروعان تأويلات مبتكرة للبيت المغربي التقليدي ذي الفناء الداخلي، وهي تأويلات احتفى بها آنذاك بيتر وأليسون سميثسون.[٩]

على أن معماريي "غاما" لم يكونوا مناهضين على نحو قاطع لجميع مبادئ لوكوربوزييه. إذ إن آزاغوري مثلاً نادى بتبنّي "ميثاق أثينا وباعتباره كتاباً مقدساً لـ [غاما] في التخطيط الحضري، وباتخاذ الـ [موديولور] - أي مقياس لوكوربوزييه الأنتروبومتري للنسب - رفيقاً مفضّلاً للمعماري في المكتب"،[١٠] فيما ذكر بن مبارك في رثائه لوكوربوزييه أن الأخير علّم المعماريين الأفارقة "المبدأ، وسبل التعاطي مع المشكلات، أكثر مما علّمهم الأسلوب".[١١] وبعد النهاية الرسميّة لـ"المؤتمر الدولي للعمارة الحديثة" (سيام) سنة ١٩٥٩، انفرط عقد مجموعة "غاما"، إلّا أن أفرادها استمروا، ولو على نحو غير رسمي، في عقد الاجتماعات لتبادل الأفكار وتنظيم المعارض، وأطلقوا مجلّة A+U، أول مطبوعة مغربية متخصّصة بفنّ العمارة والتخطيط الحضري، والتي رأس تحريرها بن مبارك. وقد ضمّت مجموعة الأصدقاء غير الرسميّة، بالإضافة إلى بن مبارك، كلاً من إيلي آزاغوري، جان فرنسوا زيفاكو، عبد السلام فراوي، باتريس دومازيير، هانري تاستومان، جان شاليه، أرمان آمزالاك، كلود فيردوغو، وبيار ماس. وهؤلاء في معظمهم كانوا مُصمّمين محترفين، وُلدوا في المغرب وتدربوا في أوروبا، وقد جمعتهم جديّة دعاوى مجموعة "غاما".[١٢]

وفي العام ١٩٥٩، أدّت الجهود المشتركة التي بذلها أولئك الأصدقاء ضمن عملية إعادة إعمار مدينة أغادير التي دمّرها الزلزال، إلى ولادة اتجاه متميّز في لغة العمارة الحديثة. وتضمّن ذاك الاتجاه سمات "عمارة خاميّة" واضحة، تبقى إلى اليوم بارزة بفضل تجانسها الجمالي وجودة عمليات إنشائها.[١٣] وقد تميّزت تلك اللغة المعماريّة بعناصر الخرسانة الخام والخشنة التي تقابل مساحات جيرية بيضاء، نقيّة، وملساء، وتتناغم معها. كما تميّزت تلك النبرة المعماريّة بالنوافذ المترابطة والنتوءات وبإظهار العناصر الإنشائيّة في الواجهات. و يعبّر تماماً مبنى البريد المُنجز سنة ١٩٦١، الذي صمّمه زيفاكو محاكياً به الملجأ، عن هذا الأسلوب. إذ إنّه على الرغم من سماته الحداثيّة التي يوحي بها مظهره للوهلة الأولى، يبقى أكثر انتماءً إلى الطابع المحلّي. كذلك، وعلى سبيل المثل، فإنّ انطوائيّة المبنى ونوافذه الأفقيّة ذات الفتحات الضيّقة، كُيّفت على نحو مثالي واستُخدمت كي تلائم مناخ أغادير المشمس طوال العام. وقد جاء ذاك التعامل الحاذق مع ضوء النهار الساطع في تصميم مبنى البريد، ليزيد الاحتفاء بأسلوب التصميم المحلّي، عبر استخدام عناصر إنشائيّة ناتئة في واجهة المبنى، تحوي عمود العلم ضمن مكوّناتها الداخليّة، وتُظهر التفاصيل الدقيقة لأشغال الخشب والنحاس المحليّة.

وكان زيفاكو، المعماري الموهوب وأحد الأفراد الطليعيين في حركة الحداثة في المغرب، والذي أنجز تصميم عدد قليل من المباني العامّة المتميّزة، من بينها مركز لإعادة التأهيل ومطار في مدينة تيط مليل، كُلّف من قبل "صندوق الإيداع والتدبير المغربي" التابع للدولة[١٤] بتصميم مجمّع سيدي حرازم للحمّامات الحرارية، تزامناً مع انطلاق عملية إعادة إعمار أغادير. ومن شبه المؤكّد، في هذا الإطار، أن تكون جهود العمل التعاوني التي انتهجها المصمّمون المغاربة الشباب في أغادير، قد أثّرت في عمل زيفاكو بسيدي حرازم.

زيفاكو: الأجنبيّ الموهوب

ولد جان فرنسوا زيفاكو في الدار البيضاء سنة ١٩٠٦، وهو من معماريي مجموعة "غاما" الذين بقوا في المغرب بعد نيله استقلاله. وكان زيفاكو أكمل دراساته المعماريّة في "المدرسة الوطنية للفنون الجميلة" في باريس سنة ١٩٤٨، حيث تتلمذ على يد إيمانويل بونتريمولي- المعماري الذي صمّم "فيلا كيريلوس" الأسطورية في الريفييرا الفرنسيّة. وعمل زيفاكو بعد إتمامه دراسته متدرّباً في شركة أوجين بودوان في مرسيليا خلال الاحتلال النازي لفرنسا. ثمّ ما لبث بعد عودته إلى المغرب، أن باشر عمله المعماريّ على حسابه الخاص.

وكان زيفاكو قبل أشهر من نيل المغرب استقلاله - حين تصاعدت وتيرة التظاهرات والانتفاضات - تقدّم بطلب الحصول على رخصة لممارسة العمارة في مرسيليا، تحسّباً لإمكانية اضطراره إلى مغادرة البلاد. غير أنّه عاد وسحب طلبه ذاك في رسالة وجّهها إلى "نقابة المعماريين في مرسيليا"، مشيراً في تلك الرسالة إلى "العلاقة الراسخة بين عمارته والمغرب".

وفي فترة سبقت الاستقلال المغربي، أنجز زيفاكو تكليفات مشاريع خاصّة، مثل "فيلا سويسا" (١٩٤٩) الشهيرة، تلك الدارة البرجوازية ذات الشرفة المحلّقة كالفراشة التي تجرّأ المعماريّ على موضعتها في موقع ركنيّ شديد العموميّة أُعدّ في الأصل ليضمّ منشأة للغاز. كما أنجز مطار تيط مليل (١٩٥١) الذي استحضر بخطوطه المُنحنية أسلوب الـ"آرت ديكو". وأشارت الأعمدة ذات الشكل المخروطي في ذلك المطار إلى هوس زيفاكو بنحت هياكل أبنيته، على ما توحي به في سيدي حرازم الأعمدةُ الأسطوانية لمبنى حوض السباحة، والأعمدة ذات المُربّعين وشبيهة السلاسل في باحة المدخل، والأعمدة الحلزونية لسقيفات الرياض، والأعمدة المصنوعة على شكل حرفV اللاتينيّ الناهضة بالفندق. على أن مشاريع زيفاكو الخاصّة تضاءلت في السنوات التي تلت الاستقلال، فبدأ بالعمل على تكليفات عامّة لمشاريع مباني مؤسساتية ضخمة، تضمّنت دور محاكم، وأبنية مكاتب، وأسواقاً، ومدارس (بما فيها مدرسة دار المعلمين في ورزازات، ومدارس البعثة الفرنسيّة، ومركز تيط مليل لإعادة التأهيل).

وعلى الرغم من أن عمارة زيفاكو عكست إلى حدّ ما أساليب مجموعة "غاما" الجماليّة، إلا أن حالات تمايز عمارته تلك تبقى ملحوظة. وهو في أعماله اعتبر العمارة فناً كاملاً، بدءاً من تأويل الشعر، والصلة بالمشهد الطبيعي المغربي، وصولاً إلى إحالاته القويّة إلى الأنماط الزخرفية المحليّة. وما من توصيف لعمارته أكثر وضوحاً ممّا جاء على لسانه شخصياً، في جواب أدلى به في مطلع مسيرته المهنيّة متحدثاً عن التأثيرات التي غذّت أعماله:

٨ المخطط الشبكي (CIAM grid) الذي قدمه إيكوشار في اجتماع المؤتمر الدولي للعمارة الحديثة في ايكس- ان- بروفانس يظهر مقاربة جديدة للتخطيط المديني، مقاربة تغلغلت في أساليب مجموعة "المهندسين المعماريين الحداثيين المغاربة" قبل الاستقلال وبعده. المشروع السكني الاجتماعي "خلية النحل" (آتبات - آفريك) مع باحاته المعلقة (١٩٥٢ - ١٩٥٣)، ومشروع الدرب الجديد السكني تنفيذ إيلي آزاغوري (١٩٥٧ - ١٩٦٠)، هما مثالان جيدان عن إنتاج أعضاء مجموعة "غاما" المعماريّة. لمعلومات أكثر عن مشروع "خلية النحل" ومخطط إيكوشار الشبكي، يمكن العودة إلى:

Avermaete, T., Casciato, M., Barrada, Y., Honma, T. and Zardini, M. Casablanca *Chandigarh: A Report on Modernization* (Montréal: Canadian Centre for Architecture, 2014). For the Derb Jdid housing project by Azagury see Chaouni, 2011.

9 Alison and Peter Smithson, "Collective Housing in Morocco," *Architectural Design* 25 (1955): 2–7.

١٠ من محاضر اجتماعات "غاما"، أرشيف إيلي آزاغوري الخاص، الموجود في "متحف العمارة والتراث في باريس":

Cité de l'Architecture et du Patrimoine in Paris.

11 Mourad Ben Embarek, "Mort du Corbusier," *A+U Revue Africaine d'Architecture et d'Urbanisme* 4 (1966): 10–11.

12 Pierre Mas, "Agadir 1960–1965," *A+U Revue Africaine d'Architecture et d'Urbanisme* 4 (1966): 6–7.

13 Aziza Chaouni, "Agadir: The Coming of Age of Morocco's Post-independence Modernism," in *SOS Brutalism: A Global Survey*, ed. Oliver Elser, Philip Kurz, and Peter Cachola Schmal, Zurich: Park Books, 2017.

14 La Caisse de Dépôt et de Gestion, l'Office National du Chemin de Fer, l'Office National Marocain du Tourisme et Maroc Tourisme. Fernanda De Maio, "Un Rocambole dell'architettura moderna in Africa–Jean Francois Zevaco e il sito termale di Sidi Harazem," in *Immaginari Della Modernità*, ed. Sara Marini, Milan: Mimesis, 2016, 82.

أيقونة في حقبة ما بعد الاستقلال

عزيزة شاوني

شهد العام ١٩٥٦ استقلال المغرب من نير الاستعمار. وبدأت الدولة الفتيّة آنذاك، بقيادة الملك محمّد الخامس صاحب الشخصيّة الكاريزماتيّة، وإثر عودته من المنفى، في بناء مشاريع عامّة وإنشاء بُنى تحتيّة ضخمة. كما انتشرت تزامناً العمارةُ الحديثة والتقدميّة، مُعبّرة عن بيئة مبنيّة تحرّرت أخيراً من الهيمنة الغربية.

وبتشجيع من سياسات البنك الدولي، الهادفة آنذاك إلى تحفيز النمو الاقتصادي من خلال السياحة،[١] باشرت الدولة المغربيّة سلسلة مشاريع سياحية توزّعت في مختلف أنحاء البلاد: من شواطئ البحر الأبيض المتوسط والمحيط الأطلسي، وصولاً إلى المناطق الصحراويّة الجنوبيّة. وقد سعت خطّة الدولة الاقتصادية إلى جذب السيّاح المحليين والأجانب، عبر توفير مرافق حديثة تلبّي متطلبات السياحتين التقليديّة والحديثة، على حدّ سواء.

وكانت السياحة المحليّة في المغرب قبل الاستقلال، وفق الباحث الجغرافي محمد بريان، محصورة بـ"المواسم" (احتفالات دينية)، ورحلات العلاج بالمياه المعدنيّة الساخنة – وهي عادات سائدة منذ العصر الروماني.[٢] وبناءً على تلك التقاليد التاريخيّة لم يكن مفاجئاً أن يختار "صندوق الإيداع والتدبير المغربي" في العام ١٩٥٩ تحديث وتنمية سيدي حرازم، الموقع القديم الذي يبعد مسافة ١٢ كيلومتراً عن مدينة فاس التي استقطبت نمطي السياحة التقليديين (الدينيّة والعلاجيّة) منذ أجيال. وغدت سيدي حرازم المُتجددة مرفقاً سياحياً حديثاً تضرب جذوره عميقاً في التراث المغربي. ولتلك المهمّة، قام المعماري جان فرنسوا زيفاكو، المولود في المغرب، بالتطوّع متكرّماً ومدفوعاً بحبه للبلد، فتولّى العمل بكلّ دقّة وعناية على المشروع الذي تبلغ مساحة موقعه ١٤ هكتاراً، على مدى ستّة عشر عاماً، من ١٩٥٩ إلى ١٩٧٥.[٣] وضمّ المجمّع المنجز باحة عند مدخله، وبِركة، وفندقاً، وأجنحة، وسوقين. وقد نُسّقت تلك الأقسام والمرافق جميعها حول باحة واسعة سمّاها زيفاكو "رياض".[٤]

وأنا بحكم نشأتي في مدينة فاس خلال فترة الثمانينيات والتسعينيات، تسنّى لي زيارة مجمّع زيفاكو في سيدي حرازم لأكثر من مرّة في السنة. وغالباً ما ذهبت برفقة جدّتي سعيدة إلى مجمّع العلاج بالمياه الساخنة، التي كانت تأمل أن يساهم ذاك العلاج بشفائها من مرض الروماتيزم، إذ إنّها، مثل مغاربة كثر من جيلها، تؤمن بأن الكرامات الروحانيّة لفقيه سيدي حرازم الصوفي، المعروف باسم "بركة"، ستُبرئ جسدها وروحها بالمياه المباركة، التي تنبع من مكان قريب من ضريحه. والتجوال لطفلة مثلي في فضاء زيفاكو وبين منشآته الخرسانيّة المستقبليّة، حيث تبدو المباني كمركبات فضائيّة حطّت على أعمدة منحوتة قائمة بدورها على أرض خصبة خضراء تتخلّلها الأحواض، والشلالات، والينابيع، والبِرك، والأقنية المرصوفة ببلاطات الـ"زليج" الزرقاء، كان أشبه بتجربة من عالم آخر. وقد تأثّرت خلال نشأتي بعمارة سيدي حرازم، لدرجة أنني حين بدأت دراسة العمارة فيما بعد خارج المغرب، أجريت دراسة عن المجمّع بفضل منحة من الآغا خان. ولم يجعلني ذاك أطّلع على تجربة المعماري جان فرنسوا زيفاكو ومجمل أعماله فحسب، بل اطّلعت أيضاً على تجربة حركة الحداثة في المغرب.

بعد مرور عشر سنوات، ومع تردّي حالة مجمّع سيدي حرازم على نحو متسارع، أقنعت "صندوق الإيداع والتدبير المغربي" للتقدّم معي بطلب منحة من مؤسسة "غيتي" ضمن برنامج "الحفاظ على الحداثة" الذي يدعم تطوير خطط إدارية للحفاظ على مبانٍ ومواقع تراثيّة من القرن العشرين. وقد مكّنتنا منحة "كيب إت مودرن" هذه من إجراء بحوث تتناول نشأة مجمّع زيفاكو وتطوّره وتحوّلاته. كما أتاحت لنا تقديم حلول لإعادة ترميم المجمّع على مستوى المخطط التوجيهي العام والأبنية. ونظراً لتلكؤ المعنيين ومتولّي شؤون المجمّع في ما يتعلق بالاستثمار في إعادة تأهيل المرفق الحراري (قسم العلاج بالمياه الساخنة)، وفي ظلّ التوترات الاجتماعية المحيطة بالموقع – إذ إن معظم المقيمين في المنطقة يعملون في أسواق غير رسميّة ويعتاشون بصعوبة من السياحة الموسميّة – بدا لي أن المقاربة التقنيّة البحتة لموضوع "خطة إدارة جهود الحفظ"، ليست سوى مقاربة منقوصة. من هنا، ولضمان نجاح وتنفيذ تلك الخطة، كان عليّ تولّي دور الناشطة، واقتراح حملات توعية وسبل تصميم تشاركيّة، بالإضافة إلى وضع برنامج تفعيل ثقافي للموقع.

هذه المقالة ستُبيّن النهج الذي اتّبعناه لمحاولة بثّ روح حياة جديدة في تحفة زيفاكو المعماريّة.

مقاربة سيدي حرازم في سياقها الثقافي – السياسي

يعتقد كثيرون أن الحداثة المتأخرة في المغرب لم تكن سوى استكمالٍ لمنحًى بدأ تحت الوصاية الفرنسيّة. وفيما كانت حداثة ما قبل العام ١٩٥٦ تُعدّ "مختبراً للأفكار الجديدة"،[٥] إلا أن التجارب المتكررة في فترة ما بعد الاستعمار لم تأتِ بأي تجديد حقيقي.

وكان المشهد المعماري في المغرب في مطلع حقبة الاستقلال يتّسم بالفرادة، مقارنة بحال العمران في المعاقل الاستعماريّة الأخرى في شمال أفريقيا. إذ إن عدداً كبيراً من المهنيين الأجانب المقيمين في المغرب قرّروا البقاء والإقامة فيه. كذلك فإنّ الكفاح من أجل الاستقلال لم يكن وخيماً ومديداً كما في باقي المستعمرات، والمهنيّون المدرّبون كانوا نادرين في المغرب بعد الاستقلال.[٦]

في السياق ذاته، كان العديد من المعماريين الأجانب مولودين في المغرب، الأمر الذي أدّى إلى تجذّر أساليبهم وتأثرها بثقافة البلد وجغرافيته ومناخه، وذاك أرسى في البلاد درجة ما من الاستمرارية في التعبير المعماري خلال الاستعمار وحتى ما بعد الاستقلال. بيد أن عمارة ما بعد الاستقلال المغربيّة اتّسمت بحداثة محلّية خاصّة؛ حداثة نأت بنفسها عن الانقسامات القائمة بين التقاليد والحداثة، فأظهرت نزوع دولة فتيّة نحو بناء هوية حداثيّة خاصّة بها.[٧]

كما أن استمرار اللغة والخطاب الحداثيين، جاء أيضاً نتيجةً لبقاء مجموعة "المعماريين الحداثيين المغاربة" (الـ"غاما") في المغرب. وهذه المجموعة تمثّل الفرع المغربي من الـ"سيام"، أو "المؤتمر الدولي للعمارة الحديثة". وبالفعل، فإن أنشطة هذه المجموعة لم تستمر لغاية سنة ١٩٥٩ وحسب، بل إن بعض أهم أعضائها، مثل إيلي آزاغوري والمعماري الفرنسي بيار شاليه، ظلوا أعضاءً ناشطين فيها.

وقام ميشال إيكوشار، الذي كان على رأس وزارة التخطيط الحضري إبان الفترة الاستعمارية، بتأسيس مجموعة "المعماريين الحداثيين المغاربة" (غاما) خلال الاجتماع التاسع لـ"المؤتمر الدولي للعمارة الحديثة" (سيام) في مدينة إكس- إن- بروفانس سنة ١٩٥٣، ذاك المؤتمر الذي رأسه فيما بعد المعماري المغربي إيلي آزاغوري إثر استقلال المغرب. وعلى مدى خمسينيّات القرن العشرين، تبنّت مجموعة "غاما" دعاوى "الفريق ١٠" الذي سعى إلى

1 Charles F. Stewart, “The Economy of Morocco, 1912–1962,” *Harvard Middle Eastern Monographs*, Cambridge, MA: Harvard University Press, 1964, 147.

2 Mohamed Berriane, *Tourisme national et migrations de loisirs au Maroc: étude géographique*, Rabat: Publications de la Faculté des Lettres et des Sciences Humaines de Rabat, Série: Thèses et Mémoires, 1992, no. 16, 152.

٣ افتراض مبني على الرسوم التي وُجدت في المجمّع. FRAC Orleans archives, ENA Rabat Archive, CDG archive، أرشيف خاص لـ دومينيك تيبول، ابنة زيفاكو.

٤ في اللهجة العربية المغربية ، "الرياض" هي الباحة الداخلية في البيوت التقليدية.

5 Monique Eleb, “An Alternative to Functionalist Universalism: Ecochard, Candilis and ATBAT-Afrique,” in *Anxious Modernisms: Experimentations in Postwar Architectural Culture*, ed. Sarah Williams Goldhagen and Réjean Legault, Montreal: MIT Press, 2000, 55–73.

٦ لمزيد من المعلومات حول ندرة الاختصاصيين، يمكن مراجعة:
Barbour, N. *Morocco* (London: Thames and Hudson, 1965): 185–186.
"جاء الاستقلال (...) أبكر مما توقعت حتى أكثر الأوساط الوطنية تفاؤلاً، (...) وقد حل الاستقلال توازياً مع عائق متمثل بما يعانيه المغرب من نقص حاد في ذوي الاختصاصات، والمعلمين، والتقنيين. (...) وبعد مرور ثمانية أعوام، لا تزال بعض المراكز تستعين بـ ٧ آلاف اختصاصي أجنبي، كما توظف المدارس ٧ آلاف أستاذ أجنبي أيضاً.

7 Aziza Chaouni, “Depoliticizing Group GAMMA: Contesting Modernism in Morocco,” in *Third World Modernism: Architecture, Development and Identity*, ed. Duanfang Lu, New York: Routledge, 2011, 57–84.

SIDI HARAZEM
THERMAL BATH COMPLEX
MOROCCO, 1959–1975

ARCHITECT:
JEAN-FRANÇOIS ZEVACO

المعماري:
جان فرانسوا زيفاكو

منتجع سيدي حرازم
للحمّامات الحراريّة
المغرب، ١٩٥٩ – ١٩٧٥

1.18– Archival image from a
postcard showing the thermal
spring used by the local population
prior to the construction
of Zevaco's modern complex.

١،١٨– صورة أرشيفية من بطاقة بريدية
تظهر نبع المياه الحرارية التي كان يستخدمها
السكان المحليّون قبل إنشاء مجمّع زيفاكو
الحديث.

المغرب

منتجع سيدي حرازم للحمّامات الحراريّة ١٩٥٩ - ١٩٧٥

المعماري: جان فرنسوا زيفاكو

1.19- The original pool and canopy by J. F. Zevaco.

١,١٩- المسبح كما صمّمه زيفاكو وبجواره المظلّة.

Mahmoud Riad's Garden Suburbs.

ضواحي الحدائقية لمحمود رياض.

Egypt

Garden Suburbs

Cairo 1940s–1950s

Architect: Mahmoud Riad

New Gourna Village

1945–1952

Architect: Hassan Fathy

Nasr City Housing Model 33

Cairo 1959–1960

Architect: Sayed Karim

assan Fathy's New Gourna Village. بلدة القرنة الجديدة لحسن فتحي.

Sayed Karim's Nasr City Model 33. النموذج ٣٣ في مدينة نصر لسيّد كريم.

2.1– Children playing in the
semiprivate lanes serving the
dwellings opening onto the
communal gardens, at Helwan
al-Gadida, 1997.

٢.١– أولاد يلعبون في الممرات شبه الخاصّة التي
تساهم في ربط المساكن بالحدائق المشتركة،
في حلوان الجديدة، ١٩٩٧.

GARDEN SUBURBS
CAIRO, EGYPT, 1940s–1950s

ARCHITECT:
MAHMOUD RIAD

المعماري:
محمود رياض

الضواحي الحدائقية
القاهرة، مصر، بين الأربعينيّات
والخمسينيّات

Early Experiments with Subsidized Housing

Mercedes Volait

The development of subsidized housing in Egypt has long been considered a legacy of Nasserism.[1] By the same token, Hassan Fathy's New Gourna (Upper Egypt) was commonly dated after 1952. Both conceptions are misleading.[2] The provision of affordable housing to low-income urban dwellers is a concern that can be traced back to at least the interwar period.[3] New Gourna model village started in 1947, and is rooted in the programs of rural reform that were launched in Egypt in the 1930s.[4] The idea of subsidized housing emerged in the late 1940s; architect Mahmoud Riad[5] (1905–1979) was a key player in its dynamics and provided a significant contribution, although implementation took place after 1952.

An Enduring Concern in pre-Nasserist Egypt

A prime milestone in the public involvement with housing for low-income groups can be situated in the immediate aftermath of World War I. Construction work had virtually stopped during wartime. The supply of coal and other building materials had ceased, and no alternative power allowed the continuation of the manufacture of bricks, lime, or cement locally. The acute housing shortage that ensued (a report estimated it to be of 8,000 houses in Cairo alone),[6] coupled with dramatic inflation, affected not only lower income groups, but indeed the middle class.

Governmental intervention was envisioned in order to stimulate the construction of affordable dwellings. Land development companies and major employers were encouraged to lead the effort. The Heliopolis Oasis Company implemented a significant subsidized housing scheme in 1920–23 having gained permission for further urban expansion. Thus, 615 dwellings were built and rented at below market rates to low-ranking government employees and local workers of the company. In the process, new typologies such as the four-apartment house with individual gardens were introduced.[7]

The Misr textile group, a holding created in 1927 to encourage Egyptian industry, started building large company towns during World War II, at al-Mahalla al-Kubra (in two phases, 1941–47, and 1946–51, the latter to designs by Egyptian architect 'Ali Labib Gabr and town-planner 'Ali al-Maligi Massa'ud). Considered "outstanding examples of housing for industrial workers" and the "last word of modernity," the self-contained schemes included, besides dwelling units, all modern amenities: central restaurants and hospitals, markets and coffee shops, an open-air cinema, welfare centers, sports fields, bathhouses, and automated laundry facilities.[8] By 1950, twenty-two other enterprises had erected dwellings for their white-collar employees and workers.[9] In addition, there had also been some municipal efforts to house government employees. In 1947, the Department of Municipal Affairs (then within the Ministry of the Interior) had launched a 6,000-unit scheme for workers attached to governmental workshops in Cairo, to designs by 'Ali al-Maligi Massa'ud in his capacity as head of the town planning bureau of the Department. The scheme was meant to decongest the densely populated neighborhood where these workshops were located (Bulaq) and offer salubrious accommodation to their moderate-income workers just across the Nile at Imbaba. In 1950, 1,100 terraced apartments were successfully constructed using the traditional British model of back-to-back two-story row housing, as well as some semi-detached units, with facades in stone, brick, and plaster finishes in order to overcome monotony.[10]

A larger scheme was envisioned in parallel. In 1949, the Council of Ministers had approved the allocation of further state land for affordable housing to be built for government employees in the vicinity of Cairo, at Helwan (in the south) and Hilmiyyat al-Zaytun (north east), on zones that have been initially reserved, in 1938, for industrial development.[11] Yet, housing civil servants and the industrial workforce only met a fraction of what was needed. As social reformers raised their voices louder in the 1930s, the issues of slum clearance and the provision of healthy dwellings in urban and rural areas came to the fore. The largest share of the Egyptian population (75% in 1927) lived in the countryside in appalling conditions. A number of initiatives were developed to provide sanitation for the Egyptian village. Regulations were passed in 1933 and a few model villages were built by progressive landowners; recommended designs were disseminated through publications and industrial fairs. A Ministry of Social Affairs was established in 1939, with a department devoted to the peasantry (known as the *Fellah* Department) that instigated further model village construction. It was in this context

1 After Janet Abu Lughod, Cairo: *The 1001 Years of the City Victorious*, Princeton: Princeton University Press, 1971, 231.

2 See Mercedes Volait, "Réforme sociale et habitat populaire: Acteurs et formes (1848–1964)," in *Entre réforme sociale et mouvement national: Identité et modernisation en Égypte (1882–1962)*, ed. Alain Roussillon, Cairo: CEDEJ, 1995, 379–410 (Arabic version in *Misr wa al-'alâm al-'arabî*, no. 4 (1995): 9–54).

3 Yahia Shawkat, *Egypt's Housing Crisis: The Shaping of Urban Space*, Cairo: AUC Press, 2020, chapters 4 and 5.

4 Mercedes Volait, "The Early Steps of a 'Romantic' in Liberal Egypt," in *Hassan Fathy: An Architectural Life*, ed. Leila El-Wakil, Cairo: AUC, 2018, 64–77.

5 I have chosen to keep the name of Riad in the transliteration, which he himself used in his writings in English.

6 C. R. J. Haswell, "Town-Planning and Housing in Cairo," *Garden Cities and Town Planning: A Journal of Housing, Town Planning and Civic Improvements* 11 (1921): 256–58.

7 *Annual Report of the Ministry of Public Works* (Cairo), 1922/23, pp. 19–21. See also M. Sabry Mahboub Bey, "Cairo: Some Notes on Its History, Characteristics and Town Plan," *Journal of the Town Planning Institute* XXI (1934–35): 288–302.

8 "Madinat al-'ummal bi al-Mahalla al-Kubra," *Magallat al-Muhandisin* IV, no. 11 (November 1948): 36–40.

9 Ministry of Social Affairs, *Social Welfare in Egypt*, Cairo, 1950, 66.

that Hassan Fathy started experimenting with mud brick architecture for a model village at Bahtim (1940), following early uses of adobe construction in the U.S., and for a self-sufficient pilot community at New Gourna (1947–53).

In the same period, social scientist Ahmed Hussein (1902–1984) and architect and planner Mahmoud Riad embarked upon the design of a scheme to provide housing for people on limited income.

Joining Efforts: The Collaboration of Ahmed Hussein and Mahmoud Riad

A committed social reformer, Ahmed Hussein had had an education in agricultural economics at Berlin University, gaining his doctorate in 1927. While teaching at Cairo University upon his return from Germany, he had helped establish in 1937 the Egyptian Association for Social Studies, whose primary goal was the implementation of exemplary projects to find the best path to social reform. The group pushed for the creation of a governmental body that could "address all social and labor issues in both urban and rural Egypt": the Ministry of Social Affairs was created in 1939 to do just that. Ahmed Hussein was appointed head of its Fellah Department, where he worked in particular at the creation of Rural Social Centers across the country.[12]

While primarily committed to rural welfare, Hussein did also engage with broader issues, among them social insurance for all and affordable housing for the underprivileged. During his tenure as Undersecretary of State in the Ministry of Social Affairs, he envisioned solutions for the latter problem. Associated with the task was architect Mahmoud Riad, who had been studying prototypes of low-cost housing since his return from specialization abroad.

After graduating from the Polytechnic School in Cairo in 1928, Riad benefited from the Egyptian Educational Mission Abroad program, which funded government employees to pursue higher education in Europe. Riad joined the small cohort of Egyptian architects who have had the opportunity through this scheme to specialize in "Civic design" at the Liverpool University School of Architecture, graduating in 1932 with a project for Alexandria.[13] The Liverpool School had been a pioneer

in offering courses and degrees since 1909 in the discipline known today as town planning. Throughout his time at Liverpool, Riad was exposed to the teaching of Sir Patrick Abercrombie (1879–1957), a follower of the survey-based planning philosophy of Patrick Geddes, and the future central figure behind the rebuilding of post-war London. A promoter of the moral mission of planning, Abercrombie equally saw its function as one able to work out "effects of civic beauty" through design.[14] Riad was subsequently appointed to the Building Department of the Ministry of Endowments (*Awqaf*) in Cairo, rising to the position of chief engineer in 1946. In this capacity, he was entrusted with the design of the plan for Madinat al-Awqaf, a large suburban extension on the west bank of the Nile at Cairo, today known as Muhandissin. The new development was advertised in the engineering press in 1948 as one combining "the beauty of Vienna and the elegance of Paris."[15] Interestingly enough, they were two of the three capitals that Abercrombie had studied, with Brussels, for the thesis he had presented in 1915.[16] Abercrombie's studies and teaching were seemingly not lost on Riad. His scheme for Madinat al-Awqaf was a grand one with large avenues, a park system, and ample perspectives, in the spirit of the British Civic Art and American City Beautiful movements, both rooted in French Beaux-Arts Classicism.

In parallel, Riad developed an interest in low-cost housing. In 1934, he had gained a prize for a model housing scheme he had submitted for the layout of a workers' city at Abu Za'bal (on Cairo's northern outskirts).[17] A decade later, he was commissioned to design workers' dwellings for the Misr Fine Spinning & Weaving Co. at Kafr al-Dawwar, near Alexandria (1943–46). The company, which was also part of the Misr Group, had been set up in 1938 to spin and weave fine gray cloth from Egyptian cotton, to be dyed and finished at a nearby company, Beida Dyers, established the same year. Both companies were founded with British capital (a minimal participation of 20 percent in the former, and conversely of 80 percent in the latter, both coming from the British firm Bradford Dyers).[18] Both engaged in housing schemes for workers. Beida Dyers commissioned its own scheme from the joint architectural firm of Briton John Prosper Serjeant (1898–1977) and the Swiss Max Werner Zollikofer (1903–1966), while Misr Fine Spinning & Weaving entrusted to Mahmoud

10   Hussein Mohammed Maged, "The Development and Economics of Low Cost Housing for Middle Class People in Egypt," MA thesis, Bartlett College, 1953, pl. 87–90; 'Ali al-Maligi Massa'ud, "Al-maskin al-sihhi min al-nahya al-takhtitiyya wa al-iqtisadiyya" [The salubrious dwelling from the planning and economic point of view], *Al-Emara* 5/6 (1947): 17–35.

11   Tawfiq 'Abd al-Gawwad, "Muchkila

al-masakin fi misr wa 'alagiha" [The problem of housing in Egypt and its solution], *Al-Emara* 6/7/8 (1949): 71–84.
12   On the creation of the Ministry, and Hussein's lifetime achievements, see Amy J. Johnson, *Reconstructing Rural Egypt: Ahmed Hussein and the History of Egyptian Development*, Cairo: AUC Press, 2004, in particular chapter 3.
13   Mahmoud Riad, "Alexandria: Its Town Planning Development," *The Town

Planning Review* XV, no. 4 (December 1933): 233–48.
14   Michiel Dehaene, "Urban Lessons for the Modern Planner: Patrick Abercrombie and the Study of Urban Development," *The Town Planning Review* 75, no. 1 (2004): 1–30.
15   *Magallat al-Muhandisin*, March 1948, unpaginated.
16   Under the title "The Development of the Plan and Architectural Character of

Three European Capitals: Paris, Vienna and Brussels"; see Michiel Dehaene, "Urban Lessons for the Modern Planner."
17   *Al-Musawwar* 482 (January 5, 1934).
18   Robert Tignor, *Egyptian Textiles and British Capital (1930–1956)*, Cairo: AUC, 1989, 39–42.
19   Mahmoud Riad, "Masakin al-'ummal" [Workers's housing], *Magallat al-Muhandisin* (November 1947): 14–20.

53

GARDEN SUBURBS
CAIRO, EGYPT, 1940s–1950s

ARCHITECT:
MAHMOUD RIAD

المعماري:
محمود رياض

الضواحي الحدائقيّة
القاهرة، مصر، بين الأربعينيّات
والخمسينيّات

Riad the design of its company town. For the latter, 366 units were built in a first phase, along a main model of attached two-story family units of 60 square meters with back yards, arranged in rows and separated by 20-meter-wide streets.[19] The dwelling type was a minimal unit made up of a living-room, kitchen, and lavatories on the first floor, and two bedrooms on the upper floor, with a small balcony attached to the master bedroom. It nevertheless represented a huge improvement considering the actual dwelling conditions of industrial workers. An extension, in the form of a "garden-city," Hada'iq Kafr al-Dawwar, possibly for self-built housing, was also designed by Riad. By 1949, the Misr Fine Spinning & Weaving Company was reported to have been building near its mills over 1,000 dwellings for its workers, 240 others for skilled operatives, whilst foremen were housed in 6 apartment buildings. There are discrepancies in the available figures, as another source states that about 2,500 dwelling units had been erected in total, of which 15 villas were for engineers, 301 flats were for administrative personnel, and 2,168 flats and houses were for the workers.[20] Whatever the case, it was a very large housing scheme, the largest in Egypt at the time. It incorporated a "most up-to-date restaurant, the first of its kind in Egypt and capable of seating 1,000 persons at a time," as well as a hall for social events, a recreation room, sports ground, and library.[21] It was the post-war era: optimism and faith in progress and welfare dominated.

Providing Limited-income Groups with Decent Housing

It is most probably his work at Kafr al-Dawwar that qualified Riad to plan with Hussein a scheme for providing housing to low-income groups. The 77-page document was published in 1949 with the title *Mashru' li-tawfir al-sakan lil-tabaqat al-mahdudat al-dakhl fi misr*, but sadly only a digest released in 1950 survives as "Summary of a report on the housing problem in Egypt with proposals for a ten-year plan."[22] Its main conclusion was that housing provision could not be sustainable in Egypt within strict market-economy confines. Based on available figures, the report estimated at 140,000 the number of dwelling units that needed to be built in the following decade to cope with the country's housing shortage—40,000 in urban centers and 100,000 in the countryside. The calculation was based on population

increase (since 1927, the country had gained 5 million inhabitants), building rates for new houses, average family size (5 persons), and rural-urban migration fluxes. At market conditions, this would mean in a best-case scenario (an average total cost of EGP 200 per unit and a monthly rent of EGP 1), an annual capital return of 6 percent, which was not sufficient to cover interest, maintenance, management, and taxes – 8 percent was the minimum required. But even those low figures were unattainable for most. The average monthly income of workers was EGP 2.68 and only 1/6 of it could go on rent. In addition, the average building cost had risen to EGP 600 per unit. The conclusion was all too obvious: the government needed to finance and subsidize housing.

A comprehensive program combining construction, land reservation, financing, and changes in building materials was formulated by Hussein and Riad in order to address the situation. It suggested leasing at nominal rent government-owned land for affordable housing, increasing public housing construction for civil servants, providing financial assistance to interested parties, and experimenting with new building materials.

In 1950, Hussein became Minister of Social Affairs and was in a position to take action. In March, he created a Department for Popular Housing (*maslahat al-masakin al-sha'biyya*) and named Mahmoud Riad as its head, a post he retained until 1953. A first initiative was to draft a law regulating governmental support to the construction of affordable housing for rental purposes. It was adopted by Parliament in October 1951 as Law no. 206–1951 on Popular Housing. Its stipulations granted a number of facilities to companies committing to build affordable housing; among them were access to public building land at reduced cost, exemptions on land taxes, and rebates on customs duties due on imported building materials and machinery.[23]

The law was prepared with technical assistance received from abroad. In 1950, Professor Hans Spiegel (1893–1987) from Germany had been asked to submit proposals for social housing in Egypt.[24] The purpose was to seek ways of reducing construction costs to EGP250 per dwelling unit. An expert in standardized and prefabricated housing, Spiegel had experimented initially with steel frames for house construction.[25] He

20 Ministry of Social Affairs, *Social Welfare in Egypt*, 66.
21 "Société Misr pour la filature et le tissage fin en coton égyptien," in Clément Levy, *The Stock Exchange Year-Book of Egypt*, Cairo, 1949, 499–501.
22 Ministry of Social Affairs, *Social Welfare in Egypt*, 113–16; see also Johnson, 128–30. While listed in the catalogue of the National Library in Cairo, the original report has not been seen in

place since the early 1990s and no other copy has been identified so far.
23 "La construction de logements avec l'aide de l'État en Égypte," in Bureau International du Travail, *Informations sociales* VII, no. 1 (May 1, 1952): 387–90.
24 "Professor Dr. Ing. Hans Spiegel 80 Jahre," *Burgen und Schlösser* 1973/I, 1.
25 A short biography is available at http://schaffendesvolk1937.de/personenverzeichnis/architekten/ (last accessed December 19, 2021).

is credited as one of the pioneering German architects who, like Ernst May and Martin Wagner, researched ways to rationalize architecture, by developing flexible construction kits and conceiving efficient assembly lines for serial production.[26] After studying the Egyptian situation in terms of housing needs and building conditions, Spiegel rejected mud brick construction as a system with a short life cycle (two or three years maximum before it started disintegrating and needed repair) and one favoring the spread of vermin.[27] He also came to the conclusion that prefabricated housing was not an option in Egypt as it required a highly qualified workforce that was already fully occupied with construction work in the main cities. He proposed instead to experiment with semi-assembled units, whose components could be prepared on site by less qualified workers through the use of foamed concrete, such as "Betocel," a porous cement-type material invented in 1944 by French engineer René Fays, or the "Ribal" system of hollow concrete blocks, developed by Dr. Abdellatif from rice straw ashes. Orientation was given priority in the design of the dwellings in order to make the most of natural ventilation and protection from the heat. Two prototypes were built at Kafr al-Dawwar and were ready in 30 days. Spiegel was also consulted on the possibility of using for doors and windows artificial wood made out of sugar cane waste, a material which could be easily manufactured in Egypt where sugar cane was abundant. He calculated that with local materials, 100,000 units a year could be built at an average cost of EGP 250 per unit. Three factories, located in Cairo, Alexandria and Suez, would be sufficient to produce the required quantities.[28] Relying on local supplies appeared as the most appropriate option to many. Writing in October 1951, the British ambassador observed that "the Government has of late been showing some interest in the possibility of purchasing and erecting a large number of prefabricated houses to relieve the acute shortage of accommodation for people in the middle and lower income groups, but no decision has yet been reached on this."[29] The comment may have alluded to the introduction into Egypt of the patented system of prefabricated elements in vibrated reinforced concrete invented by French engineer Eugène Mopin in 1928.[30] A group of Egyptian industrial managers and building contractors had just created the Habeco Company, in full Société égyptienne d'habitations économiques (Egyptian Company for Economic Housing) in order to market in Egypt the Mopin process, for which they had

obtained the concession for the entire Middle East.[31] Habeco likely used Mopin-patented prefabrication for works at Heliopolis,[32] but it is not clear whether other applications took place. Whatever the case, the British diplomat doubted, as did Spiegel, that "the ordinary European-type of prefabricated structure would be suitable for Egypt."[33] A similar conclusion on prefabrication was reached by the American consultant summoned in 1952 by the Technical Cooperation Administration of the State Department in the U.S. to study the same issue at the request of the Egyptian government. The verdict on building material diverged, however, at least for village construction. After visiting 25 recent housing developments, mostly located in rural areas but also in company towns and on suburban estates, the report concluded that "costs of village construction can be kept at a minimum by making fullest use of the universal raw material, Nile clay properly handled, for walls, roofs and floors, using burned bricks in foundations and sun-dried brick for the rest of the house."[34] In the wake of Law 206-1951, the Department for Popular Housing started studying housing types inspired by the ones implemented at Kafr al-Dawwar by Mahmoud Riad, in order to launch the construction of 3,500 subsidized dwellings in Cairo. The department appears to have implemented the building process devised by Hans Spiegel for semi-assembled units.[35]

Implementing the Scheme

The scheme was mainly implemented in 1953 and 1954, with a few alterations following the change of regime that took power in 1952 at the initiative of the Free Officers. In particular, it was decided to increase to 4,000 the units to be built and to use for the purpose three zones that had been previously allocated for government employees' housing in 1949 (on land initially reserved for industry). The categories of beneficiaries were extended to include anyone with a monthly wage between EGP10 and EGP25, whether white- or blue-collar, public-sector employee or not. It was also decided to offer the units for ownership rather than rent, thus transferring maintenance costs to individual owners. A committee was formed with engineers from various technical services across the Egyptian administration in order to decide the housing types to be built. Several types were considered and discussed. Low-density housing (one to two stories) was ultimately preferred to multi-story buildings, on

26   Kurt Junghanns, *Das Haus für alle: Zur Geschichte der Vorfertigung in Deutschland*, Berlin: Ernst, 1994.
27   Hans Spiegel, "Arbeit für den sozialen Wohnungsbau in Agypten," *Bauwelt* 44 (November 2, 1953): 866–70, with gratitude to Philipp Oswalt for forwarding a copy of the article and further material on Spiegel.
28   Fédération égyptienne des

Industries, "Le bâtiment et la crise du logement," *Annuaire 1951/1952*. Cairo: Société orientale de publicité, 1952, 104–07.
29   Commercial Relations and Exports Department, *Economic and Commercial Conditions in Egypt*, by A. N. Cumberbatch. London: HMSO, October 1951, 91.
30   Eugène Mopin, "Procédés de

construction par éléments standardisés en béton vibré," *Chantiers: Organe technique de L'Architecture d'aujourd'hui* 2 (1933): 36–8.
31   Fédération égyptienne des Industries, "Le bâtiment et la crise du logement," 104–07.
32   *Egyptian Trade Index*, Cairo, 1955, 533.
33   Commercial Relations and Exports

Department, *Economic and Commercial Conditions in Egypt*, 91.
34   Arthur D. Little, "Preliminary Report on Egyptian Village Housing, Building Materials and Methods of Construction," Cambridge, MA, April 1952.
35   Fédération égyptienne des Industries, "Le bâtiment et la crise du logement," 104–7.

55

GARDEN SUBURBS
CAIRO, EGYPT, 1940s–1950s

ARCHITECT:
MAHMOUD RIAD

المعماري:
محمود رياض

الضواحي الحدائقيّة
القاهرة، مصر، بين الأربعينيّات
والخمسينيّات

the basis of 30 units per feddan.[36] Three variants of the two-story attached townhouse were designed. Models A and C were conceived by Mahmoud Riad and 'Ali Khayrat; model B was designed by Hamid Mukhtar, an engineer who had studied sanitary engineering in London during the late 1920s.[37] The unit surface was increased to 70 sq meters and new hygiene standards were introduced. The dining room was separated from the kitchen; bathroom and lavatories were also placed separately and located at mid-floor in a rear annex to each unit, and a "veranda" opening onto the back yard was added.

The scheme was widely publicized by the Department of Popular Housing (Ministry of Social Affairs); 18,000 application forms were distributed within a month, out of which 4,500 were immediately returned with the required down payment of EGP25, to the surprise of the Ministry.[38] In order to cope with demand, a new body was created under Law 601 of December 12, 1953: *Shirka al-ta'mir wa al-masakin al-sha'biyya*, with a 20 percent participation by the State in its capital and a guaranteed 4 percent return on investment for shareholders. A subsidy was set for each unit built in order to reduce costs for beneficiaries.[39] Tenders were opened in March 1954 for the construction of 2,033 units at Imbaba and 650 at Hilmiyyat al-Zaytun. The former took place on the land reserved for the 6,000-unit housing scheme initiated at Imbaba in 1947, of which only one-sixth had been built. In the spirit of the 1952 Revolution, it was named Madinat al-Tahrir. A third location was chosen, at Helwan, for 600 further units. In a second phase, 2,000 new units were built at Hilmiyyat al-Zaytun. All were laid out on the principle of row housing, with back-to-back yards, alternating with rows arranged around closes and squares. A key concept of garden-city design, a close refers to enclosed public space provided by a circular dead-end street, a U-shaped secondary street, or any other arrangement that leaves central space for a community garden or structure, thereby offering a sense of enclosure to fronting houses.[40] Provision was made for generous public space as well as schools, mosques, hospitals, and arcaded market places, in the spirit of the publicly built garden cities, organized around civic centers, of the interwar period in Britain and elsewhere. When surveyed in 1991,[41] the three developments were being altered by the typical transformation process that consists in adding floors to any privately owned

construction in Egypt. Yet, from a few intact units, one could get a glimpse of the homogeneous urbanscape that once was. Each site also still retained some of the urban qualities provided by the initial layout, and in particular the semi-private space provided for children outside the houses and that opened onto the communal green space.

A Rare Example of Terraced Housing in Egypt

In Egypt, settlements for workers erected in the wake of the country's industrialization provided an early step toward the design of appropriate housing for the underprivileged, as exemplified by Mahmoud Riad's achievements at Kafr al-Dawwar and his subsequent governmental undertaking. The implementation phase for the scheme of 4,000 units of "popular housing" illustrates the combination of change and longevity of plans that characterizes any urban development, even in times of profound political transformation. Initiated in 1950, the scheme was ultimately built from 1954 onward with some modifications, while keeping faith with the initial spirit of the suburban terraced housing envisioned by British-trained Mahmoud Riad and the rationalized building process recommended by Hans Spiegel, the German expert who provided technical assistance. In this sense, Madinat al-Tahrir, Hilmiyyat al-Zaytun, and Helwan al-Gadida were mergers of know-how: they are an amalgamation of European affordable housing and building rationalization, adapted to Egyptian social, climatic, and labor conditions. They best exemplify the model of "global ambition and local knowledge" defining modernism in the Middle East, to cite Gwendolyn Wright.[42]

Launched in the immediate aftermath of the 1952 Revolution, the three subsidized housing estates are living testimony of the dreams of social improvement that came to the fore in the post-war period and under the new regime. The tragic defeat of 1967 brought such hopes to a halt. With most resources diverted to the war effort, cheaper housing developments were devised. Subsidized family units were replaced by ill-constructed blocks of flats that swiftly deteriorated; terraced housing was discontinued. Ulterior social housing policy makes the low-density suburban schemes devised by Riad and Hussein even more unique.

36   Ahmad Rifa't, "Machru'at al-masakin al-sha'biyya," [Projects for popular housing], *Al-Emara* 7/8 (1953/54): 77–82.
37   *Magallat al-Muhandisin* (March 1955): 10–14.
38   Ahmad Rifa't, "Machru'at al-masakin al-sha'biyya" [Projects for popular housing].
39   Eva Garzouzi, *Old Ills and New*

Remedies in Egypt, Cairo: Dar al-Maaref, 1958, 67–73; Samir Fikri, "Al-iskan al-sha'bi fi misr" [Popular housing in Egypt] *Al-Emara* 1 (1957): 17–24.
40   The close was conceptualized by Raymond Unwin, *Town Planning in Practice: An Introduction to the Art of Designing Cities and Suburbs*. London: T. F. Unwin, 1909, chapter 6 "Of Centers and Enclosed Places."

41   Mercedes Volait, "De l'habitation salubre au logement de masse, L'expérimentation égyptienne en matière d'habitat économique et social," Report produced in June 1991 for the Bureau de la recherche architecturale, ministère de l'Équipement et du Logement.
42   Gwendolyn Wright, "Global Ambition and Local Knowledge," in *Modernism and the Middle East:*

Architecture and Politics in the Twentieth Century, ed. Sandy Isenstadt and Kishwar Rizvi, Seattle: University of Washington Press, 2008, 221–54.

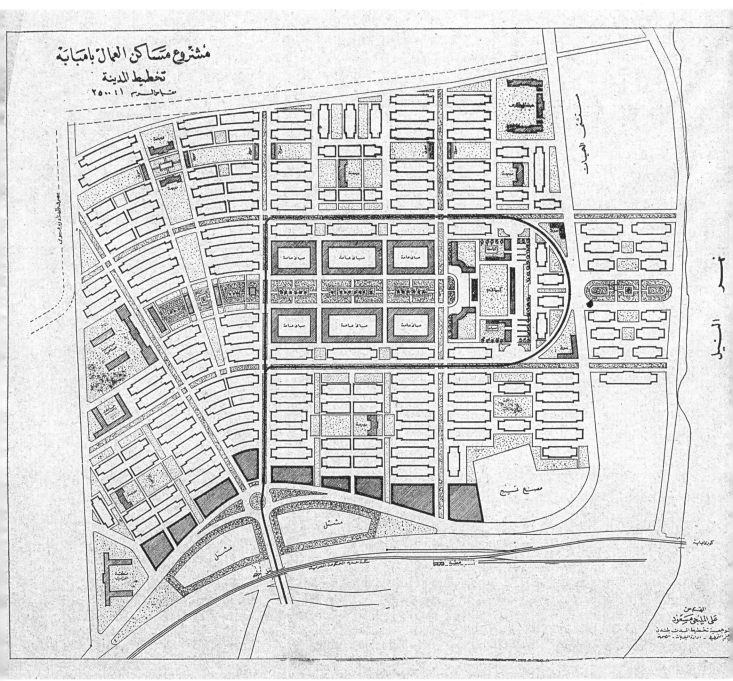

مشروع مساكن العمال بامبابة
تخطيط المدينة
مباني عامة
مصنع نسيج
مشتل
كوبري امبابة
المهندس
على المليجي مسعود

2.2

57

GARDEN SUBURBS
CAIRO, EGYPT, 1940s–1950s

ARCHITECT:
MAHMOUD RIAD

المعماري:
محمود رياض

الضواحي الحدائقيّة
القاهرة، مصر، بين الأربعينيّات
والخمسينيّات

2.2– Layout of workers' housing in
Imbaba, by planner 'Ali al-Maligi
Massa'ud, 1947.
2.3– "The beauty of Vienna and the
elegance of Paris are to be found at
Madinat al-Awqaf": advertising the
new town in 1948.

٢،٢– مخطط لمساكن العمّال في إمبابا وضعه
علي المليجي مسعود، ١٩٤٧.
٢،٣– "جمال فيينا وأناقة باريس تلتقي
في مدينة الأوقاف": إعلان للمدينة الجديدة
سنة ١٩٤٨.

2.3

2.4

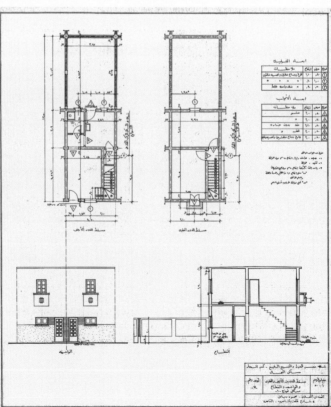

2.5

2.4– "Hada'iq Kafr al-Dawwar": layout for Kafr al-Dawwar garden-city, c. 1947.
2.5– Housing type 1, conceived for workers' housing at Kafr al-Dawwar, c. 1947.
2.6– Layout of the workers' city at Kafr al-Dawwar showing the distribution of the four housing models of terraced dwellings across the estate, c. 1947.

٢،٤– "حدائق كفر الدوّار": مخطط لمدينة كفر الدوّار الحدائقيّة، قرابة ١٩٤٧.
٢،٥– مسكن وفق النموذج رقم ١، مصمم لإسكان العمّال في كفر الدوّار، قرابة ١٩٤٧.
٢،٦– مخطط لمدينة العمال في كفر الدوّار يظهر توزيع النماذج الأربعة لوحدات المساكن المتّصلة، قرابة ١٩٤٧.

59

GARDEN SUBURBS
CAIRO, EGYPT, 1940s–1950s

ARCHITECT:
MAHMOUD RIAD

المعماري:
محمود رياض

الضواحي الحدائقيّة
القاهرة، مصر، بير الأربعينيّات
والخمسينيّات

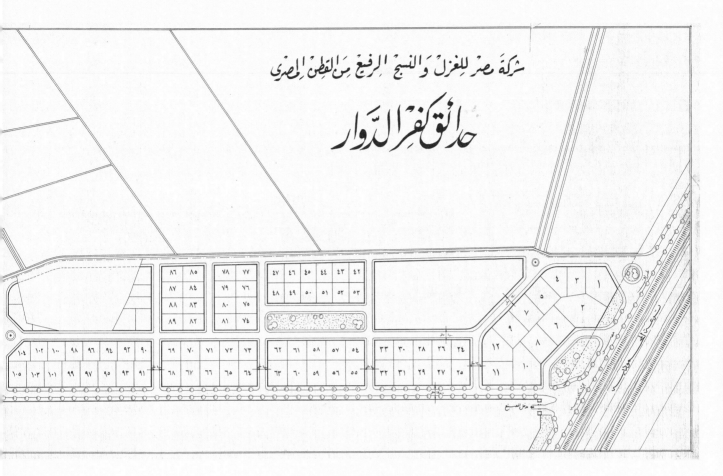

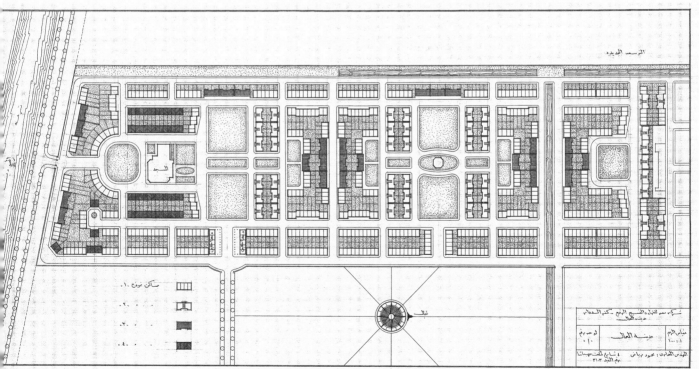

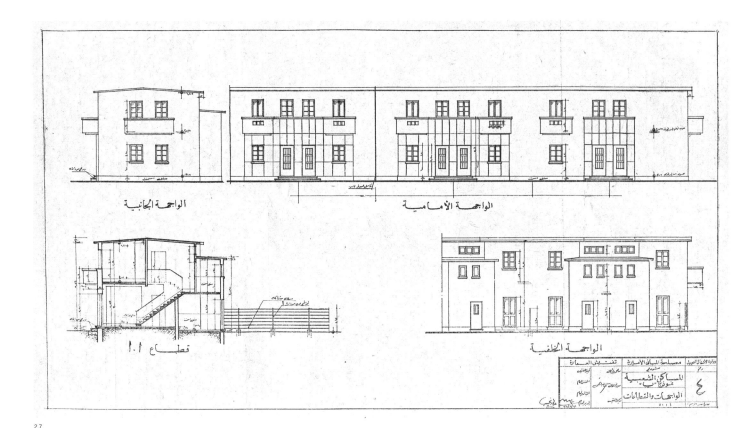

الواجهة الجانبية
الواجهة الأمامية
قطاع ١.١
الواجهة الخلفية
وزارة الأشغال العمومية
مصلحة المباني الأميرية
تفتيش العمارة
المساكن الشعبية
الواجهات والقطاعات
٤
2.7

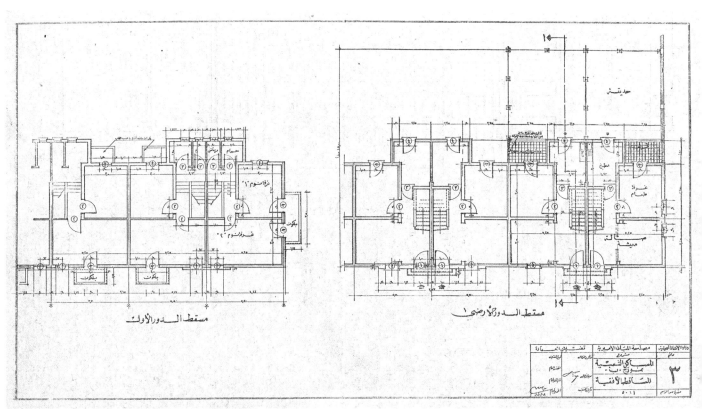

حديقة
غرفة نوم "١"
غرفة نوم "٢"
بلكون
مسقط الدور الأول
مسقط الدور الأرضي
مصلحة المباني الأميرية
تفتيش العمارة
المساكن الشعبية
المساقط الأفقية
٣
2.8

2.7– Section and elevations of model B conceived for "popular housing," by architect Hamid Mukhtar, January 12, 1954.
2.8– Floor plans of model B conceived for "popular housing," by architect Hamid Mukhtar, January 12, 1954.
2.9– Plan and general view of Madinat al-Tahrir [Liberation City].

٢،٧– مقطع وواجهات للنموذج "ب" المصمم "للمساكن الشعبيّة" على يد المعماري حامد مختار، ١٢ كانون الثاني (يناير)، ١٩٥٤.
٢،٨– مسطحات الطابق الأرضي للنموذج "ب" الذي صمّمه المعماري حامد مختار كـ "مساكن شعبيّة"، ١٢ كانون الثاني (يناير) ١٩٥٤.
٢،٩– مخطط ومشهد عام لمدينة التحرير.

المساكن الشعبية كما نراها منفذة فى ضواحى إمبابة وحلمية الزيتون وحلوان . وقد روعى فى تصميمها البساطة وعامل الانتفاع

• المدينة السكنية لطلبة البحوث الاسلامية

منذ تخصيص أراضى الخفير بالعباسية للشركة دارت مباحثات بينها وبين الجامع الازهر على قيام الشركة بانشاء مدينة سكنية على أحدى قطع هذه الأرض لتخصيصها لسكن طلبة البحوث الاسلامية الغرباء بالأزهر . ويبلغ عدد الطلبة الذين تتسع هذه المدينة لسكناهم نحو ٥٠٠ ألف طالب وعلاوة على المساكن التى يشملها هذا المشروع فانه ستقام الملاعب الرياضية والحدائق اللازمة لهذه المدينة السكنية .

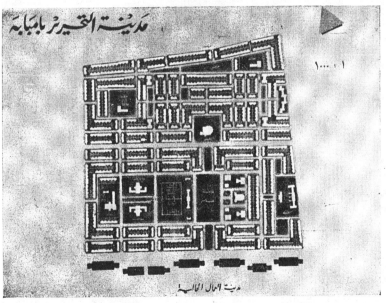

المساكن الشعبية التى تم تنفيذها فى ضاحية إمبابة ، وترى كيفية توزيعها كبلوكات واتصالها ببعضها أو بالمرافق العامة المجاورة

2.9

2.10

2.10– One of the few unaltered
two-storey units still bordering
a communal garden at Hilmiyyat
al-Zaytun.

٢٫١٠– أحد النماذج القليلة المتبقيّة من دون
تعديلات لوحدات المباني المؤلفة من طابقين
والتي ما زالت تجاور حديقة عامّة في حلميّة
الزيتون.

63

GARDEN SUBURBS
CAIRO, EGYPT, 1940s–1950s

ARCHITECT:
MAHMOUD RIAD

المعماري:
محمود رياض

الضواحي الحدائقيّة
القاهرة، مصر، بين الأربعينيّات
والخمسينيّات

2.11

2.11– New buildings replacing the previous two-storey units built along communal gardens at Helwan al-Gadida.

٢.١١– أبنية جديدة تقوم في مكان وحدات المباني السابقة المؤلفة من طابقين التي كانت أنشئت بمحاذاة الحدائق المشتركة في حلوان الجديدة.

مشاريع المساكن المدعومة الثلاثة هذه، التي انطلقت في أعقاب ثورة ١٩٥٢ مباشرة، تمثّل شهادة حية لأحلام التنمية الاجتماعية التي تصدّرت المشهد في حقبة ما بعد الحرب، وفي كنف النظام السياسي الجديد. غير أن الهزيمة المأسوية سنة ١٩٦٧ أوقفت تلك الآمال. ومع توجيه معظم المصادر الوطنية لصالح المجهود الحربي، جرى استنباط أفكار جديدة لمساكن شعبية أقل تكلفة. فاستبدلت وحدات السكن العائلية المدعومة من قبل الدولة، ببنايات شقق سكنية رديئة الإنشاء وسريعة الاهتراء، وانتهت على الأثر فكرة المساكن المتلاصقة ضمن أرتال. إلّا أن سياسة الإسكان الاجتماعي الخفية تلك، تجعل من مخططات محمود رياض وأحمد حسين المبتكرة لإنشاء مشاريع منخفضة الكثافة السكانية في الضواحي، أكثر فرادة واستثنائية.

2.12

2.13

2.12– A row of dwellings on model B at Hilmiyyat al-Zaytun showing initial construction and subsequer add-ons, as existing in 1997.
2.13– Unaltered model B units at Hilmiyyat al-Zaytun, as existing in 1997.

٢,– رتل من مساكن النموذج "ب" في حلميّة الزيتون التي تظهر عمليات الإنشاء الأولى وما أعقبها من إضافات، وتبدو كما ظهرت سنة ١٩٩٧.
٢,١– وحدات من النموذج "ب" في حلميّة الزيتون لم تشهد تعديلات، وتبدو كما ظهرت سنة ١٩٩٧.

5
GARDEN SUBURBS
CAIRO, EGYPT, 1940s–1950s
ARCHITECT:
MAHMOUD RIAD
المعماري:
محمود رياض
الضواحي الحدائقيّة
القاهرة، مصر، بين الأربعينيّات والخمسينيّات

الشمس لباقي أقسام البناء".[٣٤] وفي أعقاب صدور القانون ٢٠٦-١٩٥١، بدأت مصلحة المساكن الشعبية بدراسة أنماط بيوت وأبنية مستلهمة من النماذج التي أنشأها محمود رياض في كفر الدوار، وذلك بغية الانطلاق ببناء ٣٥٠٠ وحدة سكنية في القاهرة مدعومة من قبل الدولة. ويظهر أن مصلحة المساكن اعتمدت العملية البنائية التي وضعها هانس شبيغل، التي تعتمد على "الوحدات نصف المجمّعة".[٣٥]

تنفيذ المخطط

نُفذ الجزء الأكبر من المخطط بين العامين ١٩٥٣ و١٩٥٤، مع تعديلات طفيفة بعد تبدّل النظام السياسي في مصر سنة ١٩٥٢، إثر حركة الضباط الأحرار. وكان قُرّر على وجه التحديد زيادة عدد الوحدات السكنية المبنية إلى ٤ آلاف وحدة، وأن تستخدم لذلك الغرض ثلاث مناطق سبق أن خصّصت منذ سنة ١٩٤٩ لإسكان موظفي الدولة (وهي أراضٍ كانت مخصصة لأغراض صناعية ولتطوير قطاع الصناعة). وقد وُسّع تصنيف الفئات المستفيدة ليشمل كلّ شخص يتراوح راتبه الشهري بين ١٠ و٢٥ جنيهاً مصرياً، موظفاً كان أو عاملاً يدوياً، ومن القطاع العام أم من خارجه. كذلك تقرر عرض الوحدات السكنية للبيع والاستملاك، بدلاً من عرضها للإيجار، ما يجعل تكاليف الصيانة تغدو من مسؤولية كل مالك. وشُكلت هيئة تضم مهندسين من جميع الاختصاصات التقنية في الإدارة المصرية كي تختار أنماط البيوت والمساكن التي ستُبنى. وجرى التفكير بأنماط عديدة ومناقشتها. فحازت المساكن ذات الكثافة المنخفضة على تزكية مطلقة، وفُضلت على الأبنية متعددة الطبقات، على أساس ٣٠ وحدة سكنية للفدّان (تتألف كل وحدة سكنية من طابق واحد أو طابقين).[٣٦] وجرى تصميم ثلاثة أنماط لمنازل من طابقين متلاصقة ببعضها بعضاً. النموذجان "أ" و"ت" صممهما محمود رياض وعلي خيرت. أما النموذ "ب" فصممه حامد مختار، المهندس الذي درس هندسة الصرف الصحي في لندن بأواخر العشرينيات.[٣٧] وفق تلك التصاميم تمّت زيادة مساحة الوحدة السكنية كي تبلغ ٧٠ متراً مربعاً، وجرى تطبيق معايير صحية جديدة. وقد فُصِلت غرفة الطعام عن المطبخ، كما جرت موضعة الحمام ودورات المياه على نحو منفصل في الطابق الوسطي بقسمٍ خلفي لكلّ وحدة سكنية، وأضيفت "فيرندا" (شرفة) تطل على الفناء الخلفي.

حاز المشروع على دعاية واسعة قامت بها "مصلحة المساكن الشعبية" (وزارة الشؤون الاجتماعية)، فجرى في غضون شهر واحد توزيع ١٨ ألف طلب تقديم (للحصول على وحدة سكنية)، وأعيد من تلك الطلبات في الحال ٤٥٠٠ طلب، مرفقة بالدفعة الأولى المطلوبة التي بلغت ٢٥ جنيهاً مصرياً، الأمر الذي مثّل مفاجأة للوزارة.[٣٨] ولمجاراة الطلب على تلك المساكن، جرى إطلاق هيئة جديدة في إطار القانون ٦٠١ في ١٢ ديسمبر (كانون الأول)، ١٩٥٣، وهي "شركة التعمير والمساكن الشعبية". وبلغت مشاركة الدولة في رأس مال الشركة المذكورة ٢٠ في المئة، مع ضمانة ٤ في المئة كعائدات استثمارية لحملة الأسهم. وحُددت إعانة لكل وحدة سكنية أنشئت من أجل خفض تكاليف المستفيدين.[٣٩] وافتتحت عروض المناقصات في شهر مارس (آذار) ١٩٥٤ من أجل إنشاء ٢٠٣٣ وحدة سكنية في إمبابا، و٦٥٠ وحدة في حلمية الزيتون. الوحدات السكنية الأولى أنشئت على أرض كانت مخصصة لمخطط بناء ٦ آلاف وحدة سكنية في إمبابا منذ ١٩٤٧. وبهذا يكون فقط سدس المخطط المذكور قد تحقق. وانطلاقاً من روحية ثورة ١٩٥٢، أُطلق على المشروع اسم "مدينة التحرير". واختير موقع ثالث في منطقة حلوان لبناء ٦٠٠ وحدة سكنية إضافية.

في المرحلة الثانية من المشروع، جرى بناء ٢٠٠٠ وحدة سكنية جديدة في حلمية الزيتون. وقد نُظّمت جميع المساكن، في الأراضي التي بنيت عليها، بنسق أرتال. ويحاذي الفناء الخلفي لكل مسكن، الفناءَ الخلفي للمسكن الذي يوازيه في رتل المباني المقابل. وثمة أرتال مبانٍ أخرى نُسّقت حول ساحات وباحات خضراء. والباحات الخضراء تلك، المحاطة بالمباني، تشكّل فكرة أساسية في تصميم "المدينة الحدائقية" (جاردن سيتي)، وهي تمثّل فضاءً عاماً محصوراً توفّره انحناءة في آخر شارع مسدود، أو شارع فرعي بشكل U، أو أي نسق آخر يترك مجالاً لفضاء مركزي تقوم عليه حديقة للحيّ أو منشأ، وبالتالي يوفّر إحساساً بالخصوصية للمنازل التي تواجهه.[٤٠] وقد أُعد المشروع ليؤمن وفرة من الفضاءات العامة، إضافة إلى المدارس، والجوامع، والمستشفيات، والأسواق في شوارع وأروقة مقنطرة، وذلك بروحية "المدن الحدائقية" التي ظهرت في بريطانيا وأمكنة أخرى في حقبة ما بين الحربين العالميتين، المبنية للصالح العام، والمنسّقة حول المراكز المدنية. وفي سنة ١٩٩١، حين استُطلعت[٤١] أحوال هذه المناطق الثلاث، ظهر أن تحولاتها قامت وفق التغييرات النمطية والمعهودة في مصر، المُتمثّلة بزيادة طوابق على كل بناء يعدّ ملكيّة خاصة. لكن، بفضل وحدات سكنية قليلة بقيت على حالها ولم تتبدل، يمكن للمرء أن يأخذ فكرة عن المجال المديني المتجانس الذي كان يوماً. كذلك فإن كل منطقة من هذه المناطق ما زالت تحتفظ ببعض الميزات المدينية التي أتاحها المخطط الأساسي، ومن تلك الميزات على وجه التحديد، الفضاء شبه الخاص خارج البيوت، ذاك الفضاء الذي مُنح للأطفال، والمفتوح على مساحات عامة خضراء.

نموذج مساكن متلاصقة نادر في مصر

مثّلت قرى وبلدات العمال في مصر، التي أنشئت بموازاة قيام القطاع الصناعي في البلاد، خطوة مبكرة نحو تصميم مساكن لائقة لأبناء الطبقات الاجتماعية المهمّشة، وهي الخطوة المتجلية بما حققه محمود رياض في كفر الدوار وفي مهامه الحكومية اللاحقة. وتُظهر المرحلة التنفيذية للمخطط، المتمثلة ببناء أربعة آلاف وحدة من "المساكن الشعبية"، مزيجاً من مظاهر التغيير والمخططات طويلة الأمد، ذاك المزيج الذي يَسمُ كل تطوير مدينيّ حتى في أزمنة التحولات السياسية الكبرى. والمخطط الذي بدأ سنة ١٩٥٠، جرى تنفيذه بالكامل مع بعض التعديلات منذ سنة ١٩٥٤ فصاعداً، وذلك من دون التخلي عن الروحية الأولى، المتمثلة ببناء مساكن متلاصقة ضمن أرتال، في الضواحي، التي توخاها المعماري الذي درس في بريطانيا، محمود رياض. إنّها الروحيّة ذاتها أيضاً التي وردت ضمن منهج البناء العقلاني والرشيد، الذي أوصى به هانس شبيغل، الخبير الألماني الذي قدّم مساعدة تقنية.

من هنا، فإن مدينة التحرير، وحلمية الزيتون، وحلوان الجديدة، مثّلت مشاريع أُدمجت فيها المعرفة والمهارات والدراية الفنية. إذ إنها ائتلاف بين الفكرة الأوروبية للمساكن الميسّرة وبين عمليات الإنشاء الرشيدة، التي كُيفت مع الظروف الاجتماعية والمناخية والعمّالية في مصر. كذلك، من هذا المنطلق، فإن المشاريع المذكورة تُعدّ تعبيراً أمثل عن نموذج "الطموح العالمي والمعرفة المحلِيّة" الذي يميز الحداثة في الشرق الأوسط، وفق غويندولين رايت.[٤٢]

٣٢ السجل التجاري المصري (القاهرة، ١٩٥٥): ٥٣٣.
Egyptian Trade Index, Cairo, 1955, 533.

33 Commercial Relations and Exports Department, *Economic and Commercial Conditions in Egypt*, 91.

34 Arthur D. Little, "Preliminary Report on Egyptian Village Housing, Building Materials and Methods of Construction," Cambridge, MA, April 1952.

35 Fédération égyptienne des Industries, "Le bâtiment et la crise du logement," 104–7.

٣٦ أحمد رفعة، "مشروعات المساكن الشعبية"، مجلة "العمارة"، العدد ٧/٨ (١٩٥٣/١٩٥٤): ٧٧-٨٢.

٣٧ مجلة المهندسين (مارس ١٩٥٥): ١٠ - ١٤.

٣٨ أحمد رفعة، نفس المصدر السابق.

39 E. Garzouzi, *Old Ills and New Remedies in Egypt* (Cairo: Dar al-Maaref, 1958): 67 – 73;
س. فكري، "الإسكان الشعبي في مصر"، مجلة "العمارة"، ١ (١٩٥٧): ١٧-٢٤.

٤٠ وضع مفهوم "الباحة المغلقة" ريموند آنوين في كتابه:
Raymond Unwin, *Town Planning in Practice: An Introduction to the Art of Designing Cities and Suburbs*. London: T. F. Unwin, 1909,
الفصل السادس:
"Of centers and enclosed places."

41 M. Volait, "De l'habitation salubre au logement de masse, L'expérimentation égyptienne en matière d'habitat économique et social,"
تقرير أعد في يونيو (حزيران) ١٩٩١ لصالح:
Bureau de la recherche architecturale, ministère de l'Équipement et du Logement.

42 Gwendolyn Wright, "Global Ambition and Local Knowledge," in *Modernism and the Middle East: Architecture and Politics in the Twentieth Century*, ed. Sandy Isenstadt and Kishwar Rizvi, Seattle: University of Washington Press, 2008, 221–54.

المساكن في البلاد، بـ ١٤٠ ألف مسكن، منها ٤٠ ألفاً في المراكز المدينيّة، و١٠٠ ألف في الأرياف. واستندت تلك الحسابات إلى نسب الزيادة السكانية (منذ سنة ١٩٢٧، كان سكان البلاد قد ازدادوا بمعدل ٥ ملايين نسمة)، وإلى معدلات بناء المساكن الجديدة، وحجم العائلة الوسطي (٥ أفراد)، وظاهرة تدفّق سكان الأرياف نحو المدن.

تلك الحسابات، بحسب ظروف السوق آنذاك، عنت، في أحسن الأحوال، متوسط تكلفة إجمالية يبلغ ٢٠٠ جنيه مصري لكل وحدة [سكنية]، وإيجار شهري يبلغ جنيهاً مصرياً واحداً، وعائدات رأسمال سنوية بنسبة ٦ في المئة، وهذه الأخيرة لم تكن كافية لتغطية الفوائد والصيانة والإدارة والضرائب – فيما الحد الأدنى المطلوب كان ٨ في المئة. لكن حتى تلك الأرقام والتقديرات المُتدنّية كانت بعيدة المنال بالنسبة لأكثرية الناس. إذ إن متوسط دخل العمال الشهري كان ٢٫٦٨ جنيهاً مصريين، ويمكن فقط لسدس هذا المبلغ (٦/١) أن يذهب لخدمة الإيجار. إضافة إلى هذا، فقد ارتفع متوسط تكلفة البناء ليبلغ ٦٠٠ جنيه مصري للوحدة السكنية. لذا، كانت الخلاصة بالغة الوضوح: على الحكومة تمويل الإسكان ودعمه.

وبناءً على هذا الأمر، قام أحمد حسين ومحمود رياض بصياغة برنامج شامل يتضمن خطط إنشاء وتأمين أراضٍ وتمويل وتغييرات في مواد البناء، بغية معالجة الأحوال والتعامل مع المتطلبات. واقترح البرنامج أن يجري تأجير الأراضي التي تملكها الحكومة لقاء مبالغ رمزية، بهدف استخدامها للمساكن الميسّرة، كما اقترح زيادة بناء المساكن العامة لموظفي الخدمة المدنية، وتأمين المساعدات المالية للفئات المعنية، والاختبار بمواد بناء جديدة. غدا أحمد حسين سنة ١٩٥٠ وزيراً للشؤون الاجتماعية، وبات في موقع يخوّله اتخاذ الإجراءات. وفي شهر مارس (آذار) أنشأ حسين "مصلحة المساكن الشعبية"، وعيّن محمود رياض رئيساً لها، في منصب شغله حتى سنة ١٩٥٣. وتمثّلت المبادرة الأولى التي قامت بها المصلحة بوضع قانون ينظّم الدعم الحكومي لعمليات إنشاء المساكن الميسّرة بغية تأجيرها. وصادق البرلمان على ذلك القانون في شهر أكتوبر (تشرين الأول) ١٩٥١ ليصدر كقانون للمساكن الشعبية يحمل الرقم ٢٠٦–١٩٥١. وضمنت أحكام القانون المذكور عدداً من التسهيلات للشركات الملتزمة ببناء المساكن الميسّرة، كان من بينها إتاحة الحصول على أراضٍ من ممتلكات الدولة بأسعار منخفضة، والإعفاء من الضريبة على الأراضي، وحسومات على الرسوم الجمركية في حال استيراد مواد وآلات بناء.[٢٣]

أُعدّ قانون المساكن الشعبية بمساعدة تقنية من الخارج. ففي سنة ١٩٥٠، طُلب من البروفيسور الألماني هانس شبيغل (١٨٩٣–١٩٨٧) تقديم مقترحات للإسكان الاجتماعي في مصر.[٢٤] وتمثّل الهدف المطلوب بالسعي لتحديد سبل آيلة لتقليص تكاليف البناء إلى ٢٥٠ جنيهاً مصرياً للوحدة السكنية. وشبيغل، الخبير بالمساكن الموحَدة ومُسبقة الصنع والتجهيز، كان في الأساس قد أجرى اختبارات على الأطر والهياكل الفولاذية في إنشاء البيوت.[٢٥] كما يعدّ الرجل واحداً من المعماريين الألمان الرواد، من أمثال إرنست ماي ومارتن فاغنر، الذين أجروا أبحاثاً بغية الوصول إلى سبل لترشيد العمارة، عبر تطوير أدوات بناء مرنة والسعي لابتكار خطوط تجميع فعالة للإنتاج التسلسلي.[٢٦] وبعد دراسته الوضع المصري من ناحية الحاجة إلى المساكن وأحوال البناء، رفض شبيغل الإنشاء بالطوب الطيني، باعتباره نظاماً ذا دورة حياة قصيرة (بعد سنتين أو ثلاث كحدّ أقصى، يبدأ الطوب الطيني بالتفكك ويصبح بحاجة إلى ترميم)، ويتيح انتشار الطفيليات.[٢٧]

كذلك توصّل شبيغل إلى خلاصة مفادها أن المساكن مسبقة الصنع لا تشكّل خياراً في مصر، لأنها تتطلب قوى عاملة ذات مؤهلات عالية، وتلك القوى مشغولة سلفاً بأعمال البناء في المدن الرئيسة. وقد اقترح بدلاً من ذلك الاختبار بالوحدات السكنية "المُجمّعة جزئيًا" (أو الوحدات نصف المجمّعة)، والتي يمكن تحضير مكوناتها في موقع البناء على يد عمّال أقل خبرة، من خلال استخدام الخرسانة الرغوية (الخلوية)، مثل الـ "بيتوسيل"، المادة الخرسانية المسامية التي اخترعها سنة ١٩٤٤ المهندس الفرنسي رينيه فايس، أو نظام الـ "ريبال"، الذي هو عبارة عن وحدات كتل خرسانية مجوفة طوّرها الدكتور عبد اللطيف من رماد قشّ الأرز. وفي إطار تصميم المساكن، مُنحت الأولوية لعملية توجيه المبنى بغية التوصل قدر الإمكان إلى تهوئة طبيعية وحماية من الحرّ. وقد جرى بناء نموذجين نمطيين في كفر الدوار، فأُنجزا في غضون ٣٠ يوماً. كما استُشير شبيغل في إمكانية استخدام خشب اصطناعي مصنوع من فضلات قصب السكر للأبواب والنوافذ، وتلك مادة قد تسهل صناعتها في مصر التي يتوفّر فيها قصب السكر بكثرة. وقدّر شبيغل في حساباته أنه يمكن بناء ١٠٠ ألف وحدة سكنية في السنة بواسطة المواد المحليّة، بمعدل تكلفة وسطي يبلغ ٢٥٠ جنيهاً لكل مسكن. وستكون مصانع ثلاثة، موجودة في القاهرة والإسكندرية والسويس، قادرة على إنتاج كميات المواد المطلوبة.[٢٨]

بدا الاعتماد على مصادر إمدادات محلّية في هذا السياق خياراً أمثل بالنسبة لكثيرين. فلاحظ السفير البريطاني آنذاك، في نصّ كتبه في شهر أكتوبر (تشرين الأول) ١٩٥١ أن "الحكومة راحت في الآونة الأخيرة تُظهر بعض الاهتمام بإمكانية شراء وإنشاء عدد كبير من البيوت مسبقة الصنع، كي تعالج النقص الحاد في المساكن، وتؤمن البيوت لذوي الدخل المتوسط والمنخفض. لكن حتى الآن لم يتمّ التوصل إلى أي قرار في هذا الشأن".[٢٩] الملاحظة تلك ربما لمّحت إلى أن مصر بلغها آنذاك نظام العناصر مسبقة الصنع للإنشاء بالخرسانة المعززة عبر الاهتزاز، ذاك النظام المسجلة براءة اختراعه حديثاً، باسم المهندس الفرنسي أوجين موبين سنة ١٩٢٨.[٣٠] بموازاة ذلك، كانت مجموعة من المدراء الصناعيين ومتعهدي البناء المصريين قد أسست لتوّها "الشركة المصرية للمساكن الاقتصادية" (أو شركة "هابيكو"، بحسب الاسم الأجنبي) بهدف التسويق في مصر لمنهج موبين في عمليات البناء، بعد أن حصلت تلك الشركات من المهندس الفرنسي على حق امتياز لمنطقة الشرق الأوسط برمتها.[٣١] ومن المرجّح أن تكون "هابيكو" اعتمدت على نظام موبين المبتكر للمواد الإنشائية مسبقة الصنع، في أعمال بناء بمصر الجديدة.[٣٢] ولم يتضح ما إذا جرى اعتماد ذاك النظام في أمكنة أخرى. لكن، مهما يكن الأمر في هذا الإطار، فإن الدبلوماسي البريطاني، مثله مثل شبيغل، شكّك في أن يكون "النمط الأوروبي الشائع في الإنشاءات مسبقة الصنع ملائماً لمصر".[٣٣] كذلك، فإن خلاصة مطابقة تتعلق بالإنشاءات مسبقة الصنع توصّل إليها مستشار أميركي أرسل إلى مصر سنة ١٩٥٢ من قبل "دائرة التعاون التقني" في وزارة الخارجية الأميركية، لدراسة المسألة عينها بطلب من الحكومة المصرية. بيد أن الحكم على مواد البناء تلك تباين، على الأقل بالنسبة لإنشاءات القرى. إذ بعد زيارته لـ ٢٥ مشروع تطوير إسكاني حديث آنذاك، يقع معظمها في مناطق ريفية، وأيضاً ضمن بلدات الشركات وفي عقارات بالضواحي، استنتج تقرير المستشار الأميركي أن "أكلاف بناء القرى يمكن أن تبقى في حدودها الدنيا عبر الاستفادة إلى أقصى حدّ من المواد الخام الأساسية، واعتماد طين النيل (نهر النيل) بالطريقة الصحيحة، لبناء الجدران والأسقف والأرضيات، واستخدام الطوب المحروق لتشييد الأساسات، والطوب المجفّف بنور

٢٢ وزارة الشؤون الاجتماعية:
Ministry of Social Affairs, *Social welfare in Egypt* (Cairo, 1950): 113–16;
يمكن أيضاً مراجعة: Johnson, 128–30.
على الرغم من ورود تسجيل هذه الوثيقة في قائمة المكتبة الوطنية في القاهرة، إلا أن التقرير الأساسي لم يعد يظهر في مكانه منذ مطلع التسعينيات ولم يجر بعد العثور على أيّ نسخة منه.

23 "La construction de logements avec l'aide de l'État en Égypte," in *Bureau International du Travail, Informations sociales* VII, no. 1, May 1st, 1952, 387–90.

24 "Professor Dr. Ing. Hans Spiegel 80 Jahre", *Burgen und Schlösser* 1973/I, p. 1.

٢٥ سيرة مختصرة لشبيغل متوفرة هنا:
http://schaffendesvolk1937.de/personenverzeichnis/architekten/
(الدخول الأخير كان في ١٩ ديسمبر ٢٠٢١)

26 Kurt Junghanns, *Das Haus für alle. Zur Geschichte der Vorfertigung in Deutschland*, Berlin: Ernst, 1994.

27 Hans Spiegel, "Arbeit für den sozialen Wohnungsbau in Agypten", *Bauwelt* 44 (November 2, 1953): 866–70,
مع الامتنان لفيليب أوسفالت لإرساله لي نسخة من المقالة ومواد أخرى عن شبيغل.

28 Fédération égyptienne des Industries, "Le bâtiment et la crise du logement," *Annuaire 1951 – 1952* (Cairo: Société orientale de publicité, 1952): 104–07.

29 Commercial Relations and Exports Department, *Economic and Commercial Conditions in Egypt*, by A.N. Cumberbatch (London: HMSO, October 1951): 91.

30 Eugène Mopin, "Procédés de construction par éléments standardisés en béton vibré," *Chantiers: Organe technique de L'Architecture d'aujourd'hui* 2 (1933): 36–8.

31 Fédération égyptienne des Industries, "Le bâtiment et la crise du logement," 104–07.

GARDEN SUBURBS
CAIRO, EGYPT, 1940s–1950s
ARCHITECT:
MAHMOUD RIAD
المعماري:
محمود رياض
الضواحي الحدائقيّة
القاهرة، مصر، بين الأربعينيّات والخمسينيّات

على حدّ سواء". وفي سنة ١٩٣٩، تأسست وزارة الشؤون الاجتماعية للقيام تحديداً بتلك المهام. وقد عُين أحمد حسين رئيساً لـ "مصلحة الفلاح" في الوزارة المذكورة، حيث عمل على نحو خاص على إطلاق وتأسيس مراكز اجتماعية ريفية في مختلف أنحاء البلاد.[١٢]

بموازاة التزامه المبدئي بمسائل الرعاية والإصلاح في الريف المصري، انخرط أحمد حسين أيضاً في مسائل أوسع، من بينها قضايا إتاحة التأمين الاجتماعي لمختلف الناس، والإسكان الميسّر للفئات المهمّشة. وخلال توليه منصب وكيل في وزارة الشؤون الاجتماعية، قام بوضع تصورات حلول للقضايا المذكورة. وقد ارتبط بتلك المهام أيضاً المعماري محمود رياض الذي أمضى وقتاً في دراسة نماذج لمساكنٍ منخفضة التكلفة، منذ عودته من رحلة دراسته في الخارج.

وكان رياض، إثر تخرجه في كلية الهندسة (المهندسخانة) في القاهرة سنة ١٩٢٨، قد استفاد من برنامج "البعثة العلمية المصرية في الخارج" الذي موّل موظفين حكوميين لمتابعة برامج دراسات عُليا في أوروبا. فانضم رياض إلى مجموعة صغيرة من المعماريين المصريين حظي أفرادها من خلال هذا البرنامج بفرصة التخصص في مجال "التصميم المديني" في مدرسة العمارة بجامعة ليفربول، فتخرّج رياض سنة ١٩٣٢ بمشروع أعدّه لمدينة الإسكندرية.[١٣] وكانت مدرسة ليفربول منذ العام ١٩٠٩ رائدةً في تقديم مناهج دراسية وشهادات في اختصاصٍ بات يعرف اليوم بـ"التخطيط العمراني". وطيلة الوقت الذي قضاه رياض في ليفربول تلقّى تعليماً من السير باتريك أبركرومبي (١٨٧٩–١٩٥٧)، الذي انتهج فلسفة باتريك جيديس في التخطيط المدينيّ المستندة إلى الدراسات الاستقصائية، والذي سيغدو مستقبلاً شخصية أساسية في إعادة إعمار لندن بعد الحرب. وأبركرومبي هذا، بموازاة دعاوى "الرسالة الأخلاقية للتخطيط (المديني)" التي رفعها آنذاك، رأى أن وظيفة التخطيط تتمثّل بإمكانية استنباط "مؤثرات الجمال المديني" عبر التصميم.[١٤] وبناءً على ذلك عُيّن رياض في "قسم العمارة والهندسة" بوزارة الأوقاف في القاهرة، وترقى إلى منصب كبير المهندسين سنة ١٩٤٦. ومن موقعه ذاك، أوكلت إليه مهام وضع تخطيط لمدينة الأوقاف، الضاحية الكبيرة الممتدة على ضفة النيل الغربية في القاهرة، المعروفة أيضاً بـ"المهندسين". وجرى الإعلان عن ذلك المشروع التطويري الجديد في المنشورات والصحافة الهندسية سنة ١٩٤٨، كمشروع يجمع بين "جمال فيينا وأناقة باريس"[١٥] في وقت واحد. ومن المثير للاهتمام هنا أن المدينتين المذكورتين، إلى جانب بروكسل، مثلت العواصم الثلاث التي درسها أبركرومبي في أطروحته المُنجزة سنة ١٩١٥.[١٦] فبدت تعاليم أبركرومبي وأفكاره حاضرة مع محمود رياض. وقد جاء مُخطط الأخير لمدينة الأوقاف في هذا الإطار، مخططاً ضخماً يتميز بالجادات الكبيرة وشبكة الحدائق والمتنزّهات والمقاربات المنظورية الواسعة، متأثراً بروحية حركتي "الفن المديني البريطاني" والـ"سيتي بيوتيفول" (المدينة الجميلة) في أميركا الشمالية، اللتين استلهمتا في الأصل كلاسيكية الـ "بوزارت" (مدرسة الفنون الجميلة) الفرنسية.

بموازاة ذلك، طوّر محمود رياض اهتمامه بالمساكن منخفضة التكلفة. وفي سنة ١٩٣٤، مُنح جائزة على مخطط إسكان نموذجي قدّمه في سياق تصميم مدينة للعمال في منطقة أبو زعبل (في ضواحي القاهرة الشمالية).[١٧] وبعد مضيّ عقد من الزمن كُلّف بتصميم مساكن لعمال "شركة مصر للغزل والنسيج الرفيع" في منطقة كفر الدوار، قرب الإسكندرية (١٩٤٣–١٩٤٦).

والشركة المذكورة، التي كانت أيضاً جزءًا من "مجموعة مصر"، أنشئت سنة ١٩٣٨ لغزل ونسج الأقمشة الطبيعية الخام من القطن المصري، كي يصار فيما بعد إلى صبغها وتجهيزها في شركة قريبة هي "صباغي البيضا" التي تأسست في السنة نفسها. والشركتان المذكورتان تأسستا برأسمالٍ بريطاني (بشراكة دنيا بلغت ٢٠ بالمئة بالنسبة للشركة الأولى، مقابل شراكة قصوى بلغت ٨٠ بالمئة بالنسبة للشركة الثانية، ومصدر رأس المال في كلا الحالتين كان شركة "برادفورد دايرز" البريطانية).[١٨] وقد انخرطت كلا الشركتين بمشاريع المساكن العمّاليّة. فقامت "صباغي البيضا" بتكليف شركتي "جون بروسبير سيرجينت" (١٨٩٨–١٩٧٧) البريطانية، و"ماكس فيرنير زوليكوفر" السويسرية للعمارة، بوضع تصميم لمخطط إسكان عمّالها، فيما قامت شركة "مصر للغزل والنسيج" بتكليف محمود رياض في تصميم مخططها. وبالنسبة إلى هذه الشركة الأخيرة، بُني في المرحلة الأولى ٣٦٦ وحدة سكنية، ضمن نموذج أساسي لمباني سكن عائلية متلاصقة، بارتفاع طابقين، ومزودة بفناءات خلفية، ومساحة المسكن الواحد منها ٦٠ متراً. وقد نُسقت تلك المباني ضمن أرتال، وفصلت في ما بينها شوارع بعرض ٢٠ متراً.[١٩] وشكّل نمط المسكن وحدةً بسيطة تتألف في الطابق الأول من غرفة معيشة، ومطبخ، ودورات مياه. وفي الطابق العلوي من غرفتي نوم، وشرفة صغيرة متّصلة بغرفة النوم الرئيسة. ومثّل المخطط المذكور تقدماً كبيراً، إذا ما نظرنا إلى واقع وظروف سكن العمّال الصناعيين في تلك الفترة. كذلك، في امتداد للمشروع، وعلى نسق "المدينة الحدائقية" (الجاردن سيتي)، وضع رياض تصميماً لـ "حدائق كفر الدوار"، التي يُحتمل أن يكون صمّمها كمساكنٍ تُبنى بجهود ذاتية. ومع حلول سنة ١٩٤٩، كانت التقارير قد أشارت إلى قيام شركة "مصر للغزل والنسيج الرفيع" ببناء أكثر من ألف وحدة سكنية لعمّالها على مقربة من مصانعها، إضافة إلى ٢٤٠ مسكناً لموظفيها الاختصاصيين، فيما أسكنت رؤساء عمّالها في ٦ بنايات شقق سكنية. لكن ثمة تناقضات في المعلومات المتوفرة حول هذا الأمر، إذ يشير مصدر آخر في هذا الإطار إلى أن إجمالي الوحدات السكنية المُنشأة آنذاك بلغ نحو ٢٥٠٠ وحدة، من بينها ١٥ فيلا خُصصت للمهندسين، و٣٠١ شقة للموظفين الإداريين، و٢١٦٨ شقة ومنزلاً للعمّال.[٢٠] ومهما كان الحال، فإن المشروع المذكور مثل مخطط إسكان كبيراً جداً، لا بل الأكبر في مصر في تلك الفترة. وتضمن "المطعم الأحدث والأوّل من نوعه في مصر، إذ يمكنه استضافة ألف شخص في وقت واحد"، إضافة إلى قاعة للمناسبات الاجتماعية، وغرفة للاستجمام، ومساحة للرياضة، ومكتبة.[٢١] فتلك كانت حقبة ما بعد الحرب، وقد تصدّرت فيها مشاعر التفاؤل والإيمان بالتقدّم والخير العام.

تأمين مساكن لائقة لذوي الدخل المحدود

من المرجّح، أكثر من أيّ أمر آخر، أن يكون عمل رياض المُتمثّل بتصميم "كفر الدوار"، هو ما أهّله كي يُعدّ مع أحمد حسين مخطط تأمين مساكنٍ لذوي الدخل المحدود. الوثيقة المتعلقة بهذا الموضوع، المؤلّفة من ٧٧ صفحة، نشرت سنة ١٩٤٩ بعنوان "مشروع لتوفير السكن للطبقات محدودة الدخل في مصر"، لكن للأسف لم يبق متوفراً لنا منها سوى تلخيص نشر سنة ١٩٥٠ بعنوان "موجز تقرير عن مشكلة الإسكان في مصر مع اقتراحات لخطة عشر سنوات".[٢٢] وجاءت الخلاصة الأساسية في هذا الموجز لتشير إلى أن تأمين الإسكان في مصر لا يمكن استدامته عبر أنساق نظام اقتصاد السوق وحدها. واستناداً إلى معلومات ومعطيات متوفرة، قدّر التقرير عدد المساكن المطلوب بناؤها خلال عقد السنوات المقبل لمواجهة نقص

١١ توفيق عبد الجواد، "مشكلة المساكن في مصر وعلاجها"، مجلة "العمارة"، العدد ٦/٧/٨ (١٩٤٩): ٧١–٨٤.

١٢ للإطلاع أكثر على قصة تأسيس وزارة الشؤون الاجتماعية وعلى إنجازات أحمد حسين وتجربته يمكن العودة إلى:
Amy J. Johnson, *Reconstructing Rural Egypt: Ahmed Hussein and the History of Egyptian Development*, Cairo: AUC Press, 2004,
تحديداً الفصل الثالث.

١٣ محمود رياض:
M. Riad, "Alexandria: Its Town Planning Development," *The Town Planning Review* XV, no.4 (December 1933): 233–48.

14 M. Dehaene, "Urban Lessons for the Modern Planner: Patrick Abercrombie and the Study of Urban Development," *The Town Planning Review* 75, no. 1 (2004): 1–30.

١٥ مجلة "المهندسين" (مارس ١٩٤٨)، صفحة غير مرقمة.

١٦ تحت عنوان:
"The Development of the Plan and Architectural Character of three European Capitals–Paris, Vienna and Brussels";
أنظر:
M. Dehaene, "Urban lessons for the modern planner."

١٧ مجلة "المصور"، العدد ٤٨٢ (٥ يناير، ١٩٣٤).

18 Robert Tignor, *Egyptian Textiles and British Capital (1930–1956)*, Cairo: AUC, 1989, 39 – 42.

١٩ محمود رياض، "مساكن العمال"، "مجلة المهندسين" (نوفمبر ١٩٤٧): ١٤ – ٢٠.

٢٠ وزارة الشؤون الاجتماعية، "الرعاية الاجتماعية في مصر"، ٦٦.
Ministry of Social Affairs, *Social Welfare in Egypt*, 66.

21 "Société Misr pour la filature et le tissage fin en coton égyptien," in C. Levy, *The Stock Exchange Year-Book of Egypt*, Cairo, 1949, 499–501.

اختبارات مبكرة على المساكن المتلاصقة الممولة حكومياً

مرسيدس فوليه

طالما اعتُبرت مشاريع تطوير المساكن المدعومة في مصر إرثاً ناصرياً.[١] ووفق المنطق عينه، شاع ردّ "القرنة الجديدة"، مشروع حسن فتحي في مصر العليا، إلى الحقبة التي تلت عام ١٩٥٢. الاعتباران المذكوران كلاهما مُضلِّل.[٢] إذ تمثّل فكرة توفير مساكن ميسّرة لسكان المدن من ذوي الدخل المحدود، همًّا يمكن ردّه إلى الفترة ما بين الحربين العالميتين في أقل تقدير.[٣] كذلك، فإن مشروع قرية القرنة الجديدة النموذجية بدأ سنة ١٩٤٧، وهو يتحدّر من برامج الإصلاح الريفي التي انطلقت في مصر بعقد الثلاثينيات من القرن العشرين.[٤] وكانت فكرة المساكن المدعومة (من قبل الحكومة) ظهرت في أواخر الأربعينيات، وكان المعماري محمود رياض[٥] (١٩٠٥-١٩٧٩) لاعباً أساسيّاً في ديناميتها، وقدّم مساهمة مهمة فيها، على الرغم من أن تنفيذ المشاريع المرتبطة بتلك الفكرة لم يتحقق إلّا بعد سنة ١٩٥٢.

شاغل متواصل في مصر قبل الحقبة الناصريّة

ويمكن تعيين بداية الاهتمام العام بإسكان ذوي الدخل المحدود، بالفترة المباشرة بعد الحرب العالمية الأولى. فأعمال الإنشاء كانت قد عُلّقت تقريباً خلال أعوام الحرب. وتوقفت إمدادات الفحم الحجري والمواد الأخرى المستخدمة في عمليات البناء، ولم يكن هناك مصادر طاقة بديلة محليّة تسمح باستمرار صناعة الطوب، والجير، والإسمنت. وما تلا الحرب من أزمة إسكان حادّة (تقرير آنذاك قدّر حاجة القاهرة وحدها إلى ٨ آلاف مسكن)[٦] اقترنت بتضخّم اقتصادي دراماتيكي، لم تقتصر آثاره على الفئات الاجتماعية ذات الدخل المحدود، بل أصابت آثاره تلك صميم الطبقة الوسطى.

وما لبثت تصوّرات التدخل الحكومي أن وُضعت، كي تساهم في تحفيز إنشاء المساكن الميسّرة. وجرى في السياق تشجيع شركات تطوير أراضٍ وأرباب عمل أساسيين، لقيادة تلك الجهود. وقامت "شركة واحة مصر الجديدة" بين السنتين ١٩٢٠ و١٩٢٣، بتنفيذ خطة إسكان مدعومة بعد أن حازت على ترخيص يخوّلها المضيّ في التوسّع الحضري. وهكذا جرى بناء ٦١٤ مسكناً، وتأجيرها بمبالغ تقلّ معدلاتها عن معدلات السوق لموظفي الدولة ذوي المراتب الدنيا، ولعمّال الشركة (واحة مصر الجديدة) المحلّيين. وفي السياق اعتمدت أنساق وأنماط جديدة من المباني، كمبنى الشقق الأربع، المزوّد بحديقة خاصة.[٧]

من جهتها، "شركة مصر للغزل والنسيج الرفيع"، التي تأسست سنة ١٩٢٧ لتشجيع الصناعة المصرية، بدأت خلال الحرب العالمية الثانية بإنشاء قرى كبيرة للشركة، في منطقة المحلة الكبرى (على مرحلتين، من ١٩٤١ إلى ١٩٤٧، ومن ١٩٤٦ إلى ١٩٥١، وقد استندت المرحلة الثانية إلى تصاميم وضعها المعماري المصري علي لبيب جبر، والمُخطِط المديني علي المليجي مسعود). والمشاريع والمخططات المذكورة، القائمة بذاتها، والتي اعتبرت "نماذج مهمّة لمساكن العمّال الصناعيين" و"أجدد تعبيرات عن الحداثة"، تضمّنت إلى جانب الوحدات السكنية، مختلف المرافق الحديثة، كالمطاعم والمستشفيات المركزية، والأسواق، والمقاهي، وسينما في الهواء الطلق، ودور الرعاية، والملاعب الرياضية، والحمّامات، ومراكز غسل الثياب بواسطة غسالات أوتوماتيكية.[٨] وبحلول سنة ١٩٥٠، كانت اثنتان وعشرون شركة أخرى قد أنشأت مساكن لعمّالها وموظفي إداراتها.[٩] إضافة إلى هذا، فقد كان هناك أيضاً بعض الجهود التي بذلتها البلديات لإسكان الموظفين الحكوميين. في هذا الإطار، وفي سنة ١٩٤٧، قامت دائرة الشؤون البلدية (التابعة آنذاك لوزارة الداخلية) بإطلاق مخطط إنشاء ٦ آلاف وحدة سكنية للعمّال المرتبطين بالمعامل التابعة للحكومة في القاهرة، وقد استندت تلك المشاريع إلى تصاميم وضعها علي المليجي مسعود، بصفته رئيس مكتب التخطيط العمراني في الدائرة (مصلحةُ الشؤون البلدية). وهدف ذلك المشروع إلى تخفيف اكتظاظ الأحياء المزدحمة بالسكان حيث تقع تلك المعامل (حي بولاق)، وتوفير مساكن آمنة من الناحية الصحيّة للعمّال متوسطي الدخل، في منطقة إمبابا، القريبة من النيل. وفي سنة ١٩٥٠ بُني بنجاح ١١٠٠ شقة في مساكن متلاصقة، وفق النموذج البريطاني الذي هو عبارة عن رتل مبانٍ مؤلفة من طابقين، وتلتصق الجهة الخلفية لكلّ رتلٍ بخلفية رتل مبانٍ آخر موجّه نحو الجهة المعاكسة، هذا إضافة إلى وحدات سكنية شبه منفصلة، ذات واجهات من حجر وطوب، وتشطيبات نهائية وطينة جبسيّة لتجاوز سمة الرتابة.[١٠]

وفي خطّ موازٍ جرى وضع تصوّر لمخطط أكبر. إذ في سنة ١٩٤٩، وافق مجلس الوزراء على تخصيص المزيد من أراضي الدولة لمساكن ميسّرة تُبنى للموظفين الحكوميين في جوار القاهرة، بمنطقة حلوان (في الجنوب)، وحلمية الزيتون (في الشمال الشرقي)، على مساحات كانت في الأساس، سنة ١٩٣٨، قد خصصت للتطوير الصناعي.[١١] بيد أن مسعى إسكان موظفي الخدمة المَدنيّة والقوى العاملة الصناعية لم يغطِّ سوى جزءٍ مما كان مطلوباً. ومقابل مضيّ الإصلاحيين الاجتماعيين بإعلاء أصواتهم أكثر في أعوام الثلاثينيات، انتقلت مسائل تنظيف العشوائيات وتوفير مساكن أفضل من الناحية الصحيّة في المناطق المدينية والريفية، لتحتل موقعاً متصدّراً ضمن الدعاوى الإصلاحية. وفي ذلك الوقت كانت الشريحة الأكبر من المجتمع المصري (٧٥ في المئة سنة ١٩٢٧) تعيش في الأرياف والصعيد في ظروف بائسة. وقد جرى آنذاك تطوير العديد من المبادرات لتوفير بُنى الصرف الصحّي في القرى المصرية. وفي سنة ١٩٣٣ أقرّت قواعد تنظيمية للتنمية، كما جرى إنشاء عدد قليل من القرى النموذجية بمبادرات من ملاك أراضٍ تقدميين، حيث نُشرت التصاميم المقترحة لتلك القرى في مطبوعات ومعارض صناعيّة. كذلك، في سنة ١٩٣٩، تأسست وزارة الشؤون الاجتماعية، وضمت دائرة مخصصة لقضايا الفلاحين (عُرفت بمصلحة الفلاح) عملت على تحفيز بناء المزيد من القرى النموذجية. وكان في السياق عينه أن بدأ حسن فتحي بإجراء اختباراته على عمارة الطوب الطيني لقرية نموذجية في بهتيم (١٩٤٠)، معتمداً طرق البناء بالطوب التي ظهرت في الولايات المتحدة، ومعتبراً ذلك تجربة أولية لبناء صيغة اجتماعية - سكنية مكتفية ذاتياً، هي قرية القرنة الجديدة (١٩٤٧-١٩٥٣). وفي الفترة عينها شرع كل من عالم الاجتماع أحمد حسين (١٩٠٢-١٩٨٤)، والمعماري والمُخطط محمود رياض، في العمل على وضع تصاميم لمخطّطٍ يهدف إلى تأمين المساكن لذوي الدخل المحدود.

جهود متضافرة: التعاون بين أحمد حسين ومحمود رياض

كان محمود رياض، الإصلاحي الاجتماعي الملتزم، قد تلقى تعليمه في مجال الاقتصاد الزراعي بجامعة برلين، وحاز شهادة الدكتوراه سنة ١٩٢٧. وخلال تدريسه في جامعة القاهرة إثر عودته من ألمانيا، ساهم سنة ١٩٣٧ في تأسيس "الجمعية المصرية للدراسات الاجتماعية"، التي كان هدفها الأول تطبيق مشاريع نموذجية بغية إيجاد السبل المُثلى للإصلاح الاجتماعي. وضغطت هذه الرابطة من أجل تأسيس هيئة حكومية يمكنها "التعامل مع مختلف المسائل الاجتماعية والعمّالية في المدن والأرياف المصرية

١ وفق جانيت أبو لغد، في كتابها:
Janet Abu Lughod, Cairo. *The 1001 Years of the City Victorious*, Princeton University Press, 1971, 231.

٢ أنظر مرسيدس فوليه:
"Réforme sociale et habitat populaire: Acteurs et formes (1848–1964)," in *Entre réforme sociale et mouvement national: Identité et modernisation en Égypte (1882–1962)*, ed. Alain Roussillon, Cairo: CEDEJ, 1995, 379–410
(النسخة العربية في: "مصر والعالم العربي"، عدد ٤، ١٩٩٥: ٩-٥٤).

٣ يحيى شوكت:
Yahia Shawkat, *Egypt's Housing Crisis: The Shaping of Urban Space*, Cairo: AUC Press, 2020, chapters 4 and 5.

٤ م. فوليه:
Mercedes Volait, "The Early Steps of a 'Romantic' in Liberal Egypt," in *Hassan Fathy: An Architectural Life*, ed. Leila El-Wakil, Cairo: AUC, 2018, 64–77.

٥ (Riad) اخترت اعتماد الاسم بالإنجليزية كما ورد في كتابات محمود رياض.

٦ هاسويل:
C. R. J. Haswell, "Town-Planning and Housing in Cairo," *Garden Cities and Town Planning: A Journal of Housing, Town Planning and Civic Improvements* 11 (1921): 256–58.

٧ يمكن مراجعة التقرير السنوي لوزارة الأشغال العامة (القاهرة، ١٩٢٢-١٩٢٣): ١٩-٢١
Annual Report of the Ministry of Public Works (Cairo), 1922/23, pp. 19–21.
أيضاً يمكن مراجعة م. صبري محبوب بك:
M. Sabry Mahboub Bey, "Cairo: Some Notes on Its History, Characteristics and Town Plan," *Journal of the Town Planning Institute* XXI (1934–35): 288–302.

٨ "مدينة العمال بالمحلة الكبرى"، مجلة المهندسين ٤، عدد ١١ (نوفمبر ١٩٤٨): ٣٦-٤٠.

٩ وزارة الشؤون الاجتماعية، "الرعاية الاجتماعية في مصر" (القاهرة، ١٩٥٠): ٦٦.

١٠ حسين محمد ماجد:
Hussein Mohammed Maged, "The Development and Economics of Low Cost Housing for Middle Class People in Egypt" (MA thesis, London: Bartlett, 1953): 87–90;
علي المليجي مسعود، "المسكن الصحي من الناحية التخطيطية والاقتصادية"، مجلة "العمارة"، العدد ٦/٥ (١٩٤٧): ١٧-٣٥.

9

GARDEN SUBURBS
CAIRO, EGYPT, 1940s–1950s

ARCHITECT:
MAHMOUD RIAD

المعماري:
محمود رياض

الضواحي الحدائقية
القاهرة، مصر، بين الأربعينيات
والخمسينيات

2.14– Remnants of one of the initial communal gardens at Helwan al-Gadida, 2021.

٢،١٤– بقايا من إحدى الحدائق المشتركة في حلوان الجديدة، ٢٠٢١.

DESIGNING MODERNITY

ARCHITECTURE IN THE ARAB WORLD 1945–1973

العمارة في العالم العربي
١٩٤٥ - ١٩٧٣

صوغ الحداثة

7

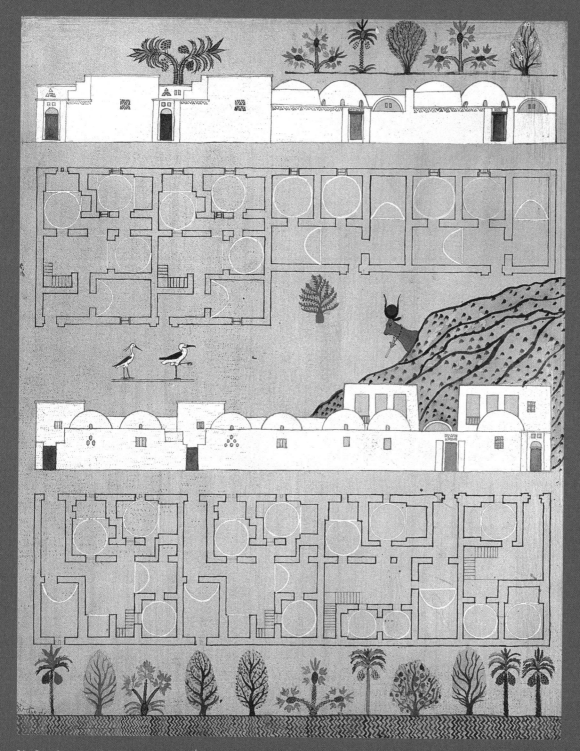

3.1– Gouache representing, in plan and elevation, a street in New Gourna, a village placed under the blessing of Hator and decorated with local trees.

٣,١– لوحة غواش تضمّ مسطحاً وواجهة، تظهر شارعاً في القرنة الجديدة، البلدة التي أقيمت بمباركة "هاتور" وزيّنت بأنواع الشجر المحلّي.

A Vision of Self-building

Leïla el-Wakil

Addressing New Gourna, Hassan Fathy's iconic model village, in the context of a general study of modern Arab architecture seems a bit at odds, as Fathy is generally classified as a New Traditionalist, calling for a return to traditional Arab formal, typological, and constructional processes. However, it is more the Western colonial modernity imported into Egypt that he blames and considers inappropriate to the place. His original theory around the concept of Arab contemporaneity (as he prefers to say),[1] to which he makes a contribution with his work, is based on the idea of a reconnection with the architectural traditions of Egypt and the Arab world before international influence, especially the heavy industrial technology associated with the Modern Movement. According to this approach, the intrusion of an exogenous modernity interrupted the normal course of architectural development in the Arab world. To remedy this, Fathy proposes, through his work, to produce a contemporary "Arab" architecture based on a detailed knowledge of sources, history, building archeology, traditional technologies and local know-how. Reclaiming Egyptian roots or even inventing these roots will be the driving force of his career.

Fathy's incredible fame came from the story of New Gourna (1945–1952), a model village built on the West bank of Luxor. The project partly realized and contested and the publication that resulted, *Construire avec le peuple. Histoire d'un village d'Egypte, Gourna*[2] (translated into English as *Architecture for the Poor. An Experiment in rural Egypt*)[3] together constitute an unparalleled saga in the history of world architecture. Countless articles, memos, and interviews written by Fathy and others provide an account of New Gourna at the time and immediately after its construction. More than twenty years elapsed between the *in situ* experience and the book, which has been revised several times by many hands. The young British architect Christopher Scott, the British writer and critic Raymond Mortimer, and the Egyptian sociologist Nawal Hassan successively assisted Fathy in this collective writing enterprise, which became an incredible bestseller translated into several languages and whose impact has been considerable.[4]

The Preparatory Experiments of New Gourna

During the interwar years Fathy was drawn into the Egyptian intelligentsia's movement to reflect on the "reform of the Egyptian countryside" [islah al-rif al-misri], a seminal question of national identity, which is the subject of the first *Speech from the Throne* delivered by King Farouk in May 1936. Artists and intellectuals take up the theme of the *fellah*, and the Higher School of Fine Arts in Cairo in which Fathy teaches is the probable laboratory of reflection around this subject.

The constitution of a national identity in the newly independent Egypt during the 1930s and 1940s involved land reform: the improvement of the living conditions of the *fellah* mobilized more than ever the large land-owners and the royal family; the themes of the farm and the model village become a priority social subject that both distinguishes Egypt from and brings Egypt closer to Europe, the latter seeking to improve working conditions through the many experiences of model housing that revolve around the theme of workers' cities (*Siedlungen*). Many associations are created within civil society to improve the lot of the peasant. Ahmad Hussein (1902–1984) invented the slogan, "work with people, rather than for people," a slogan that for Fathy will bear fruit as we know from the pilot experience of New Gourna. These agronomists and / or wealthy landowners eager to establish model farms were the sponsors for whom Fathy designed model farm projects from the early 1940s, the preparatory designs for the New Gourna project.

Several pilot projects were implemented in the early 1940s, both in Lower and Upper Egypt. In order to give shape to these model farms and villages, many architects and engineers set to work on the issue. The Peasant Department (Maslahit al Fellah) of the Ministry of Social Affairs made various proposals for model housing. Many experiments were carried out, such as this public initiative, led by the architect-engineer Tawfiq Ahmed Abdel-Gawad of the Department of Rural Affairs (1939–1943) in al-Marg (1941). Sayyid Karim, a leading figure in modern Egyptian architecture, director and co-publisher of *Al-Emara*, devoted an issue of the magazine to the concept of the model village (1941), for which he proposed a theoretical project. The director

1　For more extensive information concerning the career and ideas of Hassan Fathy, see Hassan *Fathy: An Architectural Life*, ed. Leïla el-Wakil, Cairo: AUC Press, 2018.
2　Hassan Fathy, *Construire avec le peuple: Histoire d'un village d'Egypte, Gourna*, Paris: Sindbad, 1971.
3　Hassan Fathy, *Architecture for the Poor: An Experiment in Rural Egypt*, Chicago: The University of Chicago Press, 1973.
4　The first French edition was in 1970, followed by four further editions through 1999. The first English edition was in 1973, followed by several further editions: an Italian Edition in 1986 (revised), German edition in 1987, Spanish edition in 1982, and a Portuguese edition in 2009.

of the Wadi Kom Ombo Society, Dr. Yahia al-Alayli, entrusted him in 1943–1944 with the realization of a model *esba* for his own land in Ras al-Khalig.

The architect is greatly enriched by exchanges with these reformers, agronomists or landowners, eager to establish model farms and ready to attempt new typological and technical experiments. The architectural reforms are intended to improve the living conditions of the peasant. Serious weight is given to the hygiene and educational matters by the elites, who are aware of the need to address the local traditions of the villagers. Fathy's sociological and ethnological concerns, which he does not deny, feed into the architectural design.

In this context filled with sense of competition, Fathy obstinately seeks for economic, cultural and bioclimatic reasons to revive the traditional material of the raw earth. After the first, slightly inconclusive technical tests of the Abu Ragab farm for the Bahtim experiment of the Royal Society of Agriculture (1940), he refined his technology with the help of the know-how of Nubian stonemasons. In the Esbat el Basri farm (1945), he uses the proven technique of the mud brick as it has been passed down from generation to generation in the Aswan region. Built in 40 days, this last construction comprising two large rooms covered with a dome around a patio gave entire satisfaction. These and other experiences were to serve as both a calling card and a test bed for New Gourna.

The Original Project

When Fathy was commissioned by French archaeologist Etienne Drioton, director of the Department of Antiquities, to design the model village of New Gourna, he was at the peak of his career. A respected professor at the Cairo School of Fine Arts and an architect lauded by the social elite, he forged a new specialty in rural architecture. His mission is to propose a new home environment for the seven thousand inhabitants of Old Gourna who are going to be dislodged from their ancient village located on the hill above the Valley of the Nobles, because they are accused of damaging the pharaonic tombs by stealing the contents under their feet. A new flat land of fifty acres, surrounded by dikes and donated by Boulos Hanna Pacha, was found at some distance from the Old Gourna and it is there that Fathy was asked to draw the master plan of the model village. He will strive to put into practice all that he has learned from his previous experiences in rural housing.

To approach New Gourna it is appropriate to look first at the urban concept. Sociological and practical data determined the choice of compartmentalizing the village into four distinct districts according to the four tribes or *badanas* that occupied the Old Gourna. The four main sections are divided by roads that are at least ten meters wide, probably intended to be shaded by eucalyptus or palm trees that unfortunately were never planted. A maze of small secondary streets, no more than six meters wide, linking the semi-opened courtyards of the groups of houses, are meant to protect the *badanas*' privacy and discourage outsiders from venturing in.

Driven by a picturesque esthetic, influenced by Camillo Sitte and models of garden cities by Ebezener Howard, Fathy aimed to create a village with a complex layout, which gives the impression of having benefited from time as an additional building material. The deliberately irregular fabric of the village, halfway between a grid and a radial-concentric plan, demands an imaginative response and a rich and varied architecture. Fathy wants to avoid the repetition of a single house design and the monotony that would result. Moreover, this semi-introverted plan has the added virtue of avoiding the straight lines of the grid, which would have led out of the village into the fields, and of adopting more psychologically comfortable curves that lead back to the village, thus reinforcing the idea of community.

Entirely dependent on the rectangular plot of land available, Gourna's urbanistic and architectural solutions have nothing to do with what an Egyptian village was like at the time, i.e., a hodgepodge of randomly placed mud huts and palm trees. Fathy draws from a vast repertoire of international models and makes the most of modern facilities. For example, the presence of a small railroad station allows for commercial transportation and determines the location of the market and the main entrance to the village, a monumental gateway specifically designed for visitors and tourists. From this gate, the main road crosses the village to a small artificial lake surrounded by a park at the other end. Halfway along this southeast/northwest spine is the main square, intersecting at right angles with a wide perpendicular street leading southwest/northeast.

New Gourna is thus articulated around this vast square of indeterminate shape, a sort of agora, on which the various public or institutional buildings of the village are located: mosque, khan, theater, mayor's house and permanent exhibition hall for handicrafts. The other numerous public buildings are scattered in the village, accessible by the main arteries: the boys' school in the north near the artificial lake and its park, the girls' school a little further east, the trade school near the market to promote sales, the small Coptic church in the south, the hammam, the dispensary and the police station in the north.

Public Buildings

Planned for more than 20,000 inhabitants, New Gourna was equipped with religious, educational, cultural, and commercial facilities. Some of these public buildings were grouped around or near the central square (mosque, crafts khan, theater), while others were spread around the periphery of the village.

The intention was to build at the same time a mosque and a Coptic church to cater for the two religions then with a strong presence in Upper Egypt. Whereas the Coptic church was never built, the mosque was the subject of much attention from Fathy. He was inspired by models of village mosques in Upper Egypt, notably by reproducing the picturesque exterior staircase leading to the minaret. The four *iwan*s representing the four Quranic schools are articulated around a shaded patio; the side of the *quibla* (niche in the wall indicating the direction of Mecca) is preceded by a space covered by a domed structure. Fathy integrates into the program the indispensable ablutions room and a *madyafa* (guest room) whose social role is primordial in a village. An essential and symbolic monument, the mosque has continued to be maintained by the community of the faithful.

Opposite the mosque, and highly visible, is the craftsmen's market or khan where the *Gournis* could display and sell their handicrafts to visitors and tourists. The domed ogival portico of the khan faces the mosque. Very prominent among public buildings, it represents an economic and educational pole of great importance, in which the craftsmen of the village would teach their craft knowledge to apprentices and how to value their production.

The beautiful boys' school, an emblematic masterpiece demolished in 1981, was built to the north of the village, as was the girls' school a little further away. The domed and vaulted large and homely classrooms were arranged on either side of a narrow, paved courtyard planted with trees. Large ogival windows provided perhaps a little too much light for such a southern region. A natural ventilation system with windcatcher was planned to lower the temperature by 10 degrees inside the classrooms. The main courtyard, with a portico, served as a school yard where boys in djellabas could be seen playing. Unfortunately, all the schools were demolished and replaced by new ones in the 1980s.

In addition to the three schools that point to the importance for Fathy of education and the transmission of knowledge, there was a theater, "between a Greek theater and an Elizabethan theater," connected to a festive esplanade, and also intended for didactic purposes, for example to stage the Bilharzia drama written by Fathy to inform the population about the dangers of this serious illness. This theater is a *unicum* in an Egyptian village, where popular theater is something that is spontaneously improvised in the street. It should have served as a conservatory for the folkloric, musical, and lyrical traditions of Nubia that were threatened with oblivion and also to instill a vein of intangible creativity. It should, moreover, have made it possible to introduce the seventh art to the village, since a cinematographic projection booth was to be inserted into the back wall of the stage.

In the south of the village, near the railroad stop, Fathy places the market for food and cattle. He planned a vast esplanade shaded by eucalyptus trees with troughs where the animals could eat and quench their thirst. At the entrance is the café, the place par excellence for commercial transactions. A structure forming an arcade of parabolic arches was intended to provide shade for merchants' stalls. This stunningly modern building is ventilated by cloisters in various geometric designs.

Houses for the People

Given the small amount of land available, Fathy decided to group the houses together, making them contiguous and giving them two floors at most. The patio houses are grouped in more or less complex blocks, delimiting semi-open courtyards, a plan that avoids the systematic symmetry and repetition that Fathy considers detrimental to human development. Different types of houses are planned to meet the variety of needs of the families identified in the Old Gourna and to avoid the repetition of a uniform architectural type. They are of different sizes and include vaulted rooms and a *qa'a* with a dome and an alcove (*iwan*), most often articulated around the inner courtyard and the open-air staircase. The same architectural and constructional details can be seen in each of them, aiming to ensure formal diversity, environmental control, and affordable construction costs. In a very modest way, Fathy takes up the typological elements he identified as belonging to the Arab architectural tradition. Stables for goats or *gamousas* have been placed inside the house, in accordance with the custom in the Egyptian villages. The elevations of the different streets found in Fathy's archives show a refined architectural language with simple geometric forms, playing on the solid facades, the curves of the arches and domes, and the geometric patterning of the screen elements.

The domestic functions and facilities (cooking, washing, laundry, latrines) are grouped around the inner courtyard, which has a loggia where the family can sit. At the bottom is a guest room and at the top are the family bedrooms, each in the shape of a *qa'a* with a dome on the central square and vaults on the side alcoves. The alcove houses the bed, a niche allows storage, and the center of the room is left free.

The Return to a Traditional Material, the Mud Brick

As we have seen, New Gourna is the result of technological, typological, and formal experiments carried out by Fathy during the previous decade in the field of rural housing, from his work for Esbat el Basri, the technological masterpiece after the model farms of Lower Egypt, via the experimental farms of Fayoum.

Totally free to create the design for New Gourna, the architect develops his own method dictated by the priority concern of economy. He advocates a return to the traditional technology of raw brick, convinced that it is the best solution for the poor. Raw earth costs nothing, is readily available, and can be shaped with a wooden frame. It is a kind of degree zero of technology, available to anyone. After several attempts he rediscovers the ancestral technology of the mud brick still in use in Gharb Aswan after the rebuilding of the village following the construction of the "Great Aswan Dam" (1934). There masons are still capable of building mud brick arches and domes. Fathy therefore appropriated the ancestral technique to produce his experimental rural buildings. For New Gourna he decided to bring masons from Aswan to reintroduce the technology of the Nubian vault in Luxor and teach it to the Gournis so that they could build their houses themselves.

Economic constraints and environmental concerns mainly dictate this conscious use of mud brick; Fathy goes so far as to imagine an architecture that will be implemented by the inhabitants themselves, bypassing the Western process of architectural production and its prohibitive costs. A master plan, a range of architectural typologies, and masons to reteach the inhabitants a simple skill: New Gourna is to be the ultimate illustration of self-help, a social utopia that Fathy fiercely defends throughout his career.

This total technology does not require any other material. Wood, which is particularly expensive in Egypt, can be avoided. Once the wooden frames eliminated, Fathy goes to the end of the possible process with the raw earth and proposes to cover the spaces with vaults and domes. In particular, Fathy details in his book the technology of Nubian vault construction, a parabolic vault of mud brick whose ancestral technology survives thanks to the Aswani masons. This vernacular know-how is a kind of miracle of frugal technology that can be implemented with limited materials and manpower: mud bricks, a few boards, and two masons. The simplest raw brick domes are generally built on pendentives or squinches that redeem the square plan. The ways of covering the spaces determine the dimensions of the rooms: the possibilities of the mud brick which allows for vault spans of about three meters and domes of about five meters in diameter. If one needs to cover a larger space, it is necessary to resort to fired brick, as Fathy did for the large dome of the mosque.

For all the buildings Fathy adopts a mixed technique that places the raw earth brick on a few courses of cut stone. The structure is then coated with an earthen plaster that erases the somewhat rough aspect of the material to leave only the clear and geometric interplay of volumes accentuated by the cast of shadows. Surprisingly, the spirit of purity and simplicity of the forms is close to that of the Modern Movement as it is manifested in the West. And if the Nubian vault recalls the parabolic vaults of the Western engineers, the dome on the other hand, by opposing the flat roof of the Modern Movement, is the signature that underlines the traditional *qa'a* of the Arab–Muslim world.

The material tradition, the spiritual heritage, the genius of the place, the sociological investigation, are, according to Fathy, the ingredients from which to build a contemporary model village, avoiding the violent inadequacy of modern industrialized technology. Created by the architect, but realized by its inhabitants, this village

75 NEW GOURNA VILLAGE
EGYPT, 1945–1952
ARCHITECT:
HASSAN FATHY
المعماري:
حسن فتحي
بلدة القرنة الجديدة
مصر، ١٩٤٥ - ١٩٥٢

will seem to have arisen naturally and spontaneously from the ground, like the local growth of the date palm. In a slogan that will resonate in the decades to come, Fathy forges the important and hence updatable—in our era of sustainable development—concept of "appropriate technology," around which an institute of the same name would crystallize in 1976.

Reception

New Gourna was only partially realized. The reasons for this are several: bureaucratic inertia, the reluctance of the Gournis, and an underground boycott by the heavy technology lobby. Hence, as it was originally conceived, the initial project was much more ambitious. In 1947, the village under construction was sabotaged. Intentional damage to the dykes that held back the water of the Nile floods saw the village inundated, causing damage to the mud structures. Fathy hurried by the overnight train from Cairo to Luxor to see the damage, which was considerable and brought the construction to a halt. The reason usually given to explain this attack is that the Gournis, out of superstition, refused to settle in houses whose domes made them look like graves.

Other hypotheses can be put forward. The Gournis, like the peasants of Egypt with their Baladi taste, had no esteem for the ancestral material that was mud brick and that reminded them both of their modest peasant origins and the "Middle Ages." Moreover, they probably did not wish to leave the Old Gourna located near the Valley of the Nobles, which was a source of profit due to the illicit trade in pharaonic objects. And isn't it quite possible that certain lobbies for Western heavy technology would have been very happy to see an end to this incredible experiment?

The flood marked the termination and the political abandonment of the project. The business turned into a fiasco and threw Fathy into a dead end. The critical weight of Fathi Ghanim's 1959 novel *The Mountain* (*Al Gabal*), which appeared immediately after Fathy had left Egypt for Athens and was later brought to the screen, certainly served to reinforce negative views of New Gourna in Egypt. In the early narrative of the New Gourna story, Ghanim paints a ruthless portrait of a Westernized orientalist architect—intended to represent Fathy—who seeks to impose on the Gournis a way of life that they don't want. Ghanim notably stigmatizes the use of the dome, a synonym for mortuary architecture, in domestic buildings, and shows how little the engineer brought from Cairo understood the users' mentality.

Of all the criticisms of New Gourna, the comparison of the village houses to funerary architecture still remains today the most indelible within a superstitious society.

In *Architecture for the Poor* Fathy describes the flooding caused by the Gournis in 1947, the lasting damage done to the constructions, and the political abandonment of the project. In 1949 he wrote a letter to the dean of the School of Fine Arts in Cairo, asking him to arrange collaboration with the students to complete the village, since the local workforce had left the site. Countless documents in Arabic refer to endless attempts to find a new direction and a new use: tourism seemed a plausible solution, with New Gourna either being transformed into a touristic village or becoming part of a wider program, such as the Nile Festival Village. After the founding of the Institute of Appropriate Technology (1976), the idea of making it into an international laboratory for the practice of mudbrick architecture took hold.

Nevertheless, the story of New Gourna continues in the hope of saving the remnants of this exceptional unfinished experiment. An association created in Geneva, Save the Heritage of Hassan Fathy, managed to alert UNESCO (2008) which organized in 2011 jointly with the World Monuments Fund, a conference on site with several experts. Unfortunately, this beautiful momentum was interrupted by the Tahrir Square revolution of 2012. But since 2017 the Tarek Waly Center has taken charge, tasked with the "rehabilitation of the center of New Gourna village—Luxor." Work is going ahead on the public monuments located around the square, especially the khan and the mosque.

Epilogue

New Gourna was only partially realized for the aforementioned reasons of bureaucratic inertia, the reluctance of the Gournis, and an underground boycott by the heavy tech lobby. And, as said, the initial project was much more ambitious. This quarter of the built village, with its vaults and its mud domes generating a very particular architecture, in its volumetric perfection and its spatial refinement, and which one can still experience by visiting the monuments and houses, for example the interior of the Mayor's House, has only recently been considered by critics for what it is, a contemporary heritage. Using ancestral construction techniques still surviving in Nubia, and whose rebirth in the spirit of *Nahda*, Fathy projects himself beyond his time and invents a possible model of "contemporary" Egyptian rural architecture. This desire can be read even in the designation of the constitutive elements of the architecture: the Nubian vault, of which we know today the unrivaled fortune in the countries of West Africa (Sahel, Mali, etc.) is deliberately qualified of "parabolic" vault. Developed by generations of illiterate Nubian masons, living in isolation, this structural miracle is likely to challenge the concrete walls calculated by Western engineers.

If tradition nourishes and strengthens the creation of the model village, as Fathy was fond of pointing out with insistence, Western references and models are never far away: this creation fully reflects the richness of its inventor, and the model village is to the *fellah* of Upper Egypt what the worker city is to the European worker. A laboratory for individual and community housing, New Gourna is fully in line with the pilot experiments carried out in the 1920s by the denizens of the Modern Movement, from the *Existenzminimum* developed by the Frankfurt School to the Berlin *Siedlungen*, via the typological Weissenhof examples (1927).

Far ahead of his time and working against the current,[5] Fathy nevertheless indicated a way forward and predicted a formula for sustainable architecture that can now provide a model to address the serious climate problems we face.

3.2– The best seller *Architecture for the Poor* has been translated and republished in several languages. Here are some of the cover pages.

٣,٢– كتاب حسن فتحي واسع الانتشار "عمارة الفقراء" وقد ترجم وأعيد نشره بلغات عديدة. هنا بعض الأغلفة.

5   Among the most recent events concerning Hassan Fathy, it is worth mentioning the exhibition curated by José Tono Martinez, Hassan Fathy: a contracorriente, Madrid (January 29, 2021—May 16, 2021).

HASSAN FATHY
ARCHITECTURE FOR THE POOR
An Experiment in Rural Egypt
Architecture for the Poor
Hassan Fathy
HASSAN FATHY
ARCHITECTURE FOR THE POOR
Hassan Fathy Architecture for the Poor
ARQUITECTURA PARA OS POBRES
UMA EXPERIÊNCIA NO EGIPTO RURAL
Hassan Fathy
Hassan Fathy Construire avec le peuple
HASSAN FATHY
Construire avec le peuple
Histoire d'un village d'Égypte : Gourna
Sindbad
ACTES SUD
Hassan Fathy Construire avec le peuple
LA BIBLIOTHÈQUE ARABE
Sindbad
88 ARCH+
Natural Energy and Vernacular Architecture
Principles and Examples with Reference to Hot Arid Climates
Hassan Fathy
Hassan Fathy
COSTRUIRE CON LA GENTE
Storia di un villaggio d'Egitto: Gourna
Saggi di Architettura
Jaca Book

3.2

3.3

3.3– A view of Old Gourna, a
historical village now demolished,
and whose inhabitants were
supposed to move to New Gourna.

3.4– Participatory construction by
the inhabitants of the houses of
New Gourna illustrating the ideal of
community work put into practice
in the raw earth technology.

3.5– Completion of a domed
house in New Gourna and loading
test performed by villagers and
architects.

3.6– The ground plan of the part
of New Gourna that has been
completed.

3.7– Proposed settlement for
the village in an area between
the irrigation channels and the
artificial lake.

٣,٣– مشهد من القرنة القديمة، القرية
التاريخيّة التي أزيلت، والتي كان من المفترض
نقل سكانها إلى القرنة الجديدة.

٣,٤– صورة لسكان يتعاونون في عمليات
إنشاء بيوت القرنة الجديدة تظهر العمل
الجماعي المعتمد على تقنيّات الأرض الخام.

٣,٥– اكتمال بيت ذي قبة في القرنة الجديدة،
فيما يقوم القرويّون والمعماريّون بإختبار
التحمّل.

٣,٦– خارطة مسطّح للجزء المُنجز من القرنة
الجديدة.

٣,٧– موقع بناء مقترح للقرية في منطقة بين
أقنية الريّ والبحيرة الاصطناعية.

3.4

3.5

⁷9

NEW GOURNA VILLAGE
EGYPT, 1945–1952

ARCHITECT:
HASSAN FATHY

المعماري:
حسن فتحى

بلدة القرنة الجديدة
مصر. ١٩٤٥ – ١٩٥٢

3.6

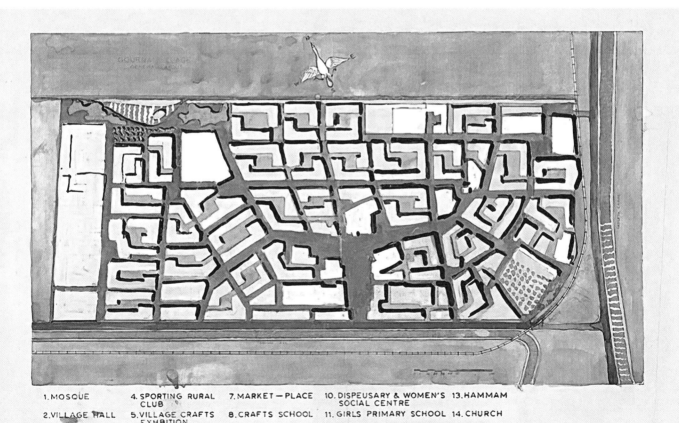

1. MOSQUE	4. SPORTING RURAL CLUB	7. MARKET – PLACE	10. DISPEUSARY & WOMEN'S SOCIAL CENTRE	13. HAMMAM
2. VILLAGE HALL	5. VILLAGE CRAFTS EXHBITION	8. CRAFTS SCHOOL	11. GIRLS PRIMARY SCHOOL	14. CHURCH
3. THEATRE	6. KHAN	9. POLICE STATION	12. BOYS PRIMARY SCHOOL	15. ARTIFICAL LAKE IN PARK

PUBLIC BUILDINGS   PRIVATE HOUSES PROJECTED   PRIVATE HOUSES BUILT

3.7

3.8

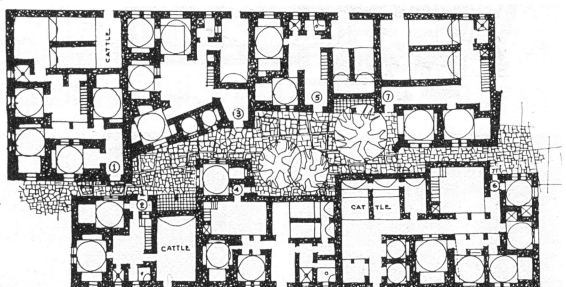

3.9

1

NEW GOURNA VILLAGE
EGYPT, 1945–1952

ARCHITECT:
HASSAN FATHY

المعماري:
حسن فتحي

بلدة القرنة الجديدة
مصر، ١٩٤٥ - ١٩٥٢

3.10

Animals drinking trough
VILLAGE FOUNTAIN
High threshold to stop the dust
D.P.C.
Trench
0 .50 1 2 3 4 5 6 M.

3.11

8– Old photograph of the urban fabric of New Gourna.
9– The articulation of the houses around alleys with chicanes was intended to discourage strangers from invading the privacy of the inhabitants.
10– Old photograph taken from the top of the minaret of the mosque towards the khan and the built-up part of the village.
11– Plan, section, and elevation of one of the fountains (madyafa) of the village.

٣,٨- صورة قديمة للنسيج الحضري في القرنة الجديدة.
٣,٩- مثّل تنسيق البيوت حول أروقة لها فواصل محاوَلةً لثني الزوّار الغرباء عن التطفّل على خصوصيّة السكّان.
٣,١٠- صورة قديمة ملتقطة من سطح مئذنة المسجد تظهر الخان والجزء المبني من القرية.
٣,١١- مسطح، مقطع، وواجهة إحدى نوافير (مضيافات) القرية.

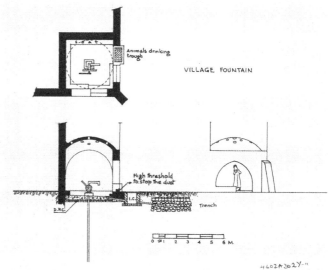

DESIGNING MODERNITY
ARCHITECTURE IN THE ARAB WORLD 1945–1973
العمارة في العالم العربي ١٩٤٥ - ١٩٧٣
صوغ الحداثة
8

3.12

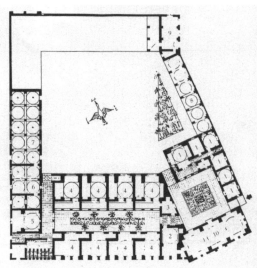

3.14

3.12– Old photograph of the arcade of the khan.
3.13– Old photograph showing the agricultural produce market and the entrance to the village flanked by the dovecote.
3.14– Plan of the New Gourna Boys School.
3.15– Recent photograph of the restored khan.

-٣ صورة قديمة لرواق الخان المقنطر.
-٣ صورة قديمة تظهر سوق المنتجات الزراعيّة ومدخل القرية وبرج الحمام.
-٣ خارطة مسطّح مدرسة الفتيان في القرنة الجديدة.
-٣ صورة حديثة للخان المرمّم.

3.13

NEW GOURNA VILLAGE
EGYPT, 1945–1952

ARCHITECT:
HASSAN FATHY

المعماري:
حسن فتحي

بلدة القرنة الجديدة
مصر، ١٩٤٥ – ١٩٥٢

3.15

3.16

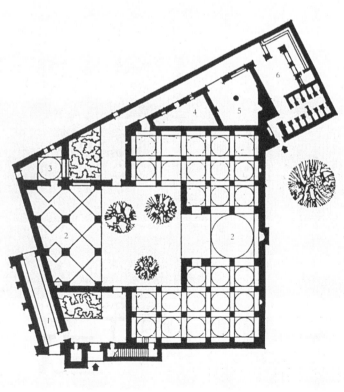

3.17

3.18

5   NEW GOURNA VILLAGE
EGYPT, 1945–1952

ARCHITECT:
HASSAN FATHY

المعماري:
حسن فتحي

بلدة القرنة الجديدة
مصر، ١٩٤٥ – ١٩٥٢

.16– Artistic drawing of the New
Gourna Mosque by Hassan Fathy.
.17– Plan of the New Gourna
Mosque.
.18– Recent photograph of the
arcades in the courtyard of the
mosque.
.19– View of the mosque and its
minaret overlooking the main
square of the village.
.20– Recent photo of the roof
and main dome of the mosque.

٣،١٦– رسم فنّي وضعه حسن فتحي لمسجد
القرنة الجديدة.
٣،١٧– خارطة مسطّح مسجد القرنة الجديدة.
٣،١٨– صورة حديثة للأروقة المقنطرة في باحة
المسجد.
٣،١٩– مشهد للمسجد ومئذنته المشرفة على
الساحة الرئيسة في القرية.
٣،٢٠– صورة حديثة لسطح المسجد وقبّته
الرئيسة.

3.19

3.20

87 NEW GOURNA VILLAGE
EGYPT, 1945–1952
ARCHITECT:
HASSAN FATHY
المعماري:
حسن فتحي
بلدة القرنة الجديدة
مصر، ١٩٤٥ – ١٩٥٢

3.21– Cross section of the theater towards the stage.
3.22– Photograph of the theater towards the stage during the recent repairs.
3.23– Recent photograph of the restored theater stage.

٣،٢١– مقطع للمسرح باتجاه منصّة العروض.
٣،٢٢– صورة للمسرح باتجاه منصّة العروض خلال عمليات الترميم في الآونة الأخيرة.
٣،٢٣– صورة التقطت حديثاً لمنصّة العروض المرمّمة.

3.22

3.23

نفسه نموذجاً مقترحاً للمعماري الريفي المصري "المعاصر". رغبته تلك يمكن قراءتها في اعتماده عناصر تأسيسية في العمارة: العقود النوبية، التي نعدّها اليوم ثروة لا تقدر بثمن في بلدان أفريقيا الغربية (الساحل، مالي، وغيرها)، والتي تعدّ عمداً عقوداً "متكافئة". إذ إن العناصر الأخيرة التي طورتها أجيال من بنائي النوبة غير المتعلّمين، الذين عاشوا معزولين في مناطقهم، هي بمثابة معجزة إنشائية قادرة بلا ريب على مضاهاة الجدران الحاملة التي جهد المهندسون الغربيون في وضع حساباتها.
بهذا يمكن القول ختاماً إنه، لو تحقق إحياء التراث أو التقليد، ومتّن ذاك الإحياء ابتكار القرية النموذجية، وفق ما حرص فتحي التشديد عليه بإلحاح، فإن الإحالات والنماذج الغربية لن تكون بعيدة أبداً: فذاك ابتكار يعكس بالتمام غنى أفكار من ابتدعه، والقرية النموذجية ستكون لفلاحي مصر العليا مُعادِلة لما هي عليه مدينة العمال، بالنسبة للعمال الأوروبيين.
فالقرنة الجديدة مختبر للإسكان الفردي والجماعي، وهي تندرج في السياق ذاته مع الاختبارات التجريبية التي قام بها في عشرينيات القرن الماضي القيّمون على "حركة الحداثة، بدءًا من اتجاه الـ"إكسيستانزمينيموم" (الحدّ الأدنى لمستوى الكفاف) الذي طورته مدرسة فرانكفورت وصولاً إلى فكرة الـ"سيدلونغين" (المستوطنات) البرلينية، مروراً بنماذج الـ"فايزنهوف" (الساحة البيضاء) النموذجية (١٩٢٧).

من هنا فإن حسن فتحي، كان سابقاً لزمنه وسابحاً عكس التيار،٥ وهو بالرغم من كل شيء حدّد سبيلاً للتقدم واستشرف معادلة للاستدامة المعمارية يمكنها حتى اليوم تقديم نموذج للتعامل مع أزمات المناخ العصيبة التي نواجهها.

3.24– Exhibition Hall, c. 1946.

٣,٢٤– قاعة المعارض، قرابة سنة ١٩٤٦.

وتبنّى فتحي، بالنسبة لجميع المباني، تقنية مُختلطة تتطلب وضع طوب الطين الخام وتثبيت قطعه فوق بضع طبقات من الحجر المقصّب. ثم يُكسى المنشأ بجبس أرضي يُخفي المظهر الخشن للمادة البنائية، فلا يظهر على (الواجهات) سوى التفاعل النقيّ والهندسيّ للأحجام الذي تبرزه امتدادات الظلال. ومن المفاجئ هنا أن روحية النقاء وبساطة الأشكال في عمارة فتحي تلك، تبدوان قريبتين مما تدعو إليه حركة الحداثة ومما ظهر من الدعوة إليها في البلدان الغربية. كذلك، وإن كانت العقود النوبيّة تذكّر بالعقود المتكافئة التي صمّمها وأنتجها المهندسون الغربيون، فإن القبّة في المقابل، وعبر رفضها واستبعادها للسقف المسطّح الذي دعت إليه حركة الحداثة، تمثّل العلامة التي تُبرز "القاعة" التقليدية في عمائر العالم العربي والإسلامي.

بحسب فتحي، فإن المادة التقليدية، والتراث الروحي، وعبقرية المكان، وعمليات الاستبيان السوسيولوجية، تشكّل المكونات التي يمكن عبرها بناء قرية نموذجية معاصرة مع تجنّب القصور البالغ الذي تتسم به التكنولوجيا الصناعية الحديثة. وبالتالي فإن القرنة الجديدة التي ابتكرها معماري، وبناها سكانها، ستبدو وقد نهضت من الأرض على نحو طبيعي وتلقائي، مثلما تنهض نخلة زرعها فلاح. وفي الشعار الذي سيتردد صداه في عقود السنوات التي تلت، يشير فتحي إلى الأهمية والقابلية التعديلية التي يتسم بها التطوير المستدام في حقبتنا الراهنة - أي مفهوم "التكنولوجيا الملائمة"، الذي سيتبلور حوله في العام ١٩٧٦، معهد متخصص.

ردود الفعل على القرنة الجديدة

لم تُنجز القرنة الجديدة إلا جزئياً. وترتبط الأسباب بأمور مثل البيروقراطية، وممانعة أهل القرنة وإحجامهم، إضافة إلى المقاطعة الخفية التي تعرّض لها المشروع من قبل "لوبي" (جماعات الضغط) المتعاملين بالتكنولوجيا الصناعية الثقيلة. كذلك فإن المشروع الأساس، كما جرى تصوّره في الأصل، كان أكثر طموحاً. وفي العام ١٩٤٧ تعرضت القرية التي كانت قيد الإنشاء، لعملية تخريب. وأدت الأضرار التي لحقت بالحواجز والسدود التي تحمي القرية من فيضان النيل، إلى إغراق القرنة الجديدة. وتضررت المنشآت الطينية. وهرع فتحي مستقلاً قطار الليل من القاهرة إلى الأقصر لمعاينة الأضرار التي كانت كبيرة، وأدّت إلى تعطيل عمليات الإنشاء. وتشير ا لأسباب التي تُطرح في العادة لتفسير ذاك التخريب إلى أن أهل القرنة، وبناءً على معتقدات محلية خرافية، لم يشاؤوا السكن في بيوت تجعلها قبابها أشبه بقبور.

ثمة فرضية أخرى قد تضاف إلى هذا التفسير. إذ إن أهل القرنة، مثلهم مثل باقي فلاحي مصر بمزاجهم البلدي، لم يكنّوا احتراماً وتقديراً لمادة الطوب الطيني البنائية التي اعتمدها الأسلاف، والتي ذكّرتهم بأصولهم الفلاحية المتواضعة وبـ"القرون الوسطى". كذلك فإنهم على الأرجح، لم يرغبوا بمغادرة القرنة القديمة الواقعة قرب وادي الملوك، والتي مثّلت لهم مصدر رزق عبر التجارة غير المشروعة بالقطع الأثرية الفرعونية. وألم يكن محتملاً هنا أن تكون مجموعات ضغط (لوبيات) مُحددة في أوساط شركات التكنولوجيا الغربية الحديثة قد شعرت بالارتياح لرؤية نهاية ذاك الاختبار المذهل؟

مثّل الفيضان نهايةً للمشروع وتخلياً سياسياً عنه. فالمشروع إثر الفيضان مني بخيبة كبيرة، ووضع فتحي أمام أفق مسدود. في هذا الإطار فإن رواية "الجبل"، للكاتب فتحي غانم، التي نُشرت سنة ١٩٥٩ مباشرة إثر مغادرة حسن فتحي مصر إلى أثينا، وبرزت فيما بعد، ساهمت بالتأكيد في تعزيز المواقف السلبية في مصر تجاه القرنة الجديدة. ففي مطلع قصة القرنة الجديدة في تلك المروية، يبني غانم شخصية معماري فظّ، استشراقية وتغريبية - يرمز بها إلى حسن فتحي - تسعى إلى أن تفرض على أهل القرنة نمط حياة لا يريدونه. ويقوم غانم على نحو لافت في وصم استخدام القبة في سياق الأبنية المحليّة كرمزٍ للعمارة الجنائزية. كما يشير إلى ضآلة فهم المهندس الذي استُحضر من القاهرة، عقلية من سيسكن عمائره. إلى اليوم، ومن بين كل النقد الذي وجه إلى القرنة الجديدة، يبقى تنسيب بيوت القرية إلى "العمارة الجنائزية" بمثابة النقد الأقوى أثراً في أوساط مجتمع يؤمن بالمعتقدات الخرافية.

في كتابه "عمارة الفقراء"، يتناول حسن فتحي الفيضان الذي تسبب به أهل القرنة سنة ١٩٤٧. كما يصف الأضرار العميقة التي لحقت بالمنشآت، والانفضاض السياسي عن المشروع. وفي سنة ١٩٤٩ كتب فتحي رسالة إلى عميد مدرسة الفنون الجميلة في القاهرة، يسأله فيها تنظيم صيغة تعاون بينه (فتحي) وبين الطلاب لإكمال مشروع القرنة الجديدة، كون الأيدي العاملة من أبناء القرية غادرت الموقع. وثمة وثائق لا تحصى باللغة العربية تشير إلى محاولات كثيرة هدفت إلى اعتماد توجّه واستخدام جديدين للمشروع. وقد بدا التوجه السياحي في هذا السياق احتمالاً مقبولاً، حيث يتم تحويل القرنة الجديدة إلى قرية سياحية أو إدراجها ضمن برنامج أوسع، فتكون "قرية لمهرجانات النيل". وبعد تأسيس "معهد التكنولوجيا الملائمة"، تصدّرت فكرة تحويل القرية إلى مختبر دولي لعمارة الطوب الطيني وتقنياتها.

إلا أن قصة القرنة الجديدة مع ذلك تستمر، وتبني آمالاً لحفظ آثار وبقايا هذه التجربة الاستثنائية غير المكتملة. وقد تمكنت جمعية تأسست في جنيف بهذا السياق، هدفها الحفاظ على تراث حسن فتحي، من إخطار منظمة "اليونسكو" (٢٠٠٨) بالأمر، فقامت المنظمة الدولية في سنة ٢٠١١ وبالتعاون مع "الصندوق العالمي للآثار"، بتنظيم مؤتمر في موقع القرية بمشاركة عدد من الخبراء. لكن للأسف، توقفت تلك الحماسة الجميلة بفعل أحداث ثورة ساحة التحرير سنة ٢٠١٢. غير أنّ "مركز طارق والي"، ومنذ سنة ٢٠١٧، أخذ الأمر على عاتقه، متولياً مهام "إعادة تأهيل مركز قرية القرنة الجديدة - الأقصر". وتجري الأعمال راهناً لتأهيل الصروح والمباني العامّة الموجودة حول ساحة القرية، خصوصاً الخان والمسجد.

ختام

القرنة الجديدة لم تتحقق سوى جزئياً لأسباب ذكرناها آنفاً، تتمثّل بالبيروقراطية، وتلكؤ أهل القرنة، والمقاطعة الخفية للمشروع التي مارستها "لوبيات" شركات صناعة التكنولوجيا الثقيلة. كذلك فإن المشروع، كما سلف القول، كان أكثر طموحاً بكثير مما تحقق، لأن القطاع المبني من القرية، بقناطره وقبابه الطينية، ولّد عمارة بالغة الخصوصية من ناحية كمال أحجامها ونقاء ودقة فضاءاتها ومساحاتها. وهذه كلّها أمور يمكننا معاينتها واختبارها إلى الآن. إن قمنا بزيارة تلك الصروح والبيوت، ومن ضمنها الفضاء الداخلي لدار العمدة الذي لم يُدرجه النقاد كتراثٍ معاصر إلّا في الآونة الأخيرة. كذلك، ما زال استخدام تقنيات الإنشاء التقليدية، أو التقنيات التي اعتمدها الأسلاف، مستمراً في منطقة النوبة. وكان فتحي من خلال إحياء تلك التقنيات بروحية النهضة، متجاوزاً زمنه وابتكاراته، قدّم

٥ من بين المناسبات والأنشطة الأحدث التي تناولت فتحي، يجدر ذكر المعرض الذي نسقه خوسي تونو مارتينيز، بعنوان "حسن فتحي: تيّار"، مدريد (٢٩ كانون الثاني ٢٠٢١ - ١٦ أيّار ٢٠٢١)

في هذا الإطار، وإضافة إلى المدارس الثلاث التي تُبين مدى أهمية التربية ونشر المعرفة بالنسبة لفتحي، كان هناك المسرح، الذي يتراوح "بين المسرح الإغريقي والمسرح الإليزابيثي" (أي يستلهم مفهوم المسرح في الثقافتين المذكورتين)، والمتّصل بباحة احتفالية، والمؤدّي أيضًا أدواراً إرشادية، كعرض مسرحية الـ "بلهارسيا" التي كتبها فتحي لتوعية السكان على مخاطر ذاك المرض الجدّي. فكرة المسرح هذه كانت معروفة في القرى المصرية، إذ تُعد المسرحيات الشعبية من الظواهر المرتجلة تلقائياً في الشوارع و(الحارات). وكان ينبغي أن يكون ذلك المسرح معهداً للتقاليد الفولكلورية والموسيقية والغنائية النوبيّة المهددة بالاندثار، ويساهم في إيجاد فضاء للإبداع المعنوي. وكان ينبغي له أيضاً أن يتيح دخول الفن السابع إلى القرية، إذ كان يُنتظر تجهيز الجدار الخلفي في المسرح بحجرة عرض سينمائية. وفي جنوب القرية، قرب محطة القطار، حدد فتحي موقع سوق الطعام والماشية. وخطط لإقامة باحة كبيرة تظلّلها أشجار الكينا تحتوي مساحات لرعي الحيوانات وإطفاء ظمئها. وعند مدخل السوق مقهى، يشكل بالدرجة الأولى مكاناً للتبادلات والمداولات التجارية. وأيضاً ثمة منشأ يُشكل رواقاً تعلوه الأقواس (القناطر) المظللة، التي تؤمّن التظليل لأكشاك الباعة والتجار. وقد جرت تهوئة ذاك المبنى الحديث المذهل، بصوامع متعددة الأشكال الهندسية.

مساكن للشعب

إن توفّر مساحة صغيرة من الأرض مخصصة للمشروع، جعل فتحي يُقرر تجميع وحدات المساكن في كتلة واحدة. فجعل المنازل متلاصقة ومنحها طابقين كأقصى حد. أما البيوت ذات الفناء فقد نسَّقت ضمن ما يحاكي، إلى حد ما، كتل مجمّعات، تحاذي فناءات مفتوحة جزئيّاً، في مخطط يتجنّب التوازي المنهجي والتكرار اللذين يعتبرهما فتحي مُعيقين للتطور البشري. وبالتالي فقد صمّمت أنماط مختلفة من البيوت تستجيب للحاجات المتعددة للعائلات، وهي حاجات استُوحيت من تجربة القرنة القديمة. كما اعتمد ذاك التصميم لتلافي ظاهرة التكرار المقترِنة بالنمط المعماري الموحّد. وجاءت تلك البيوت بأحجام مختلفة، وتضمّنت حجرات أقبية وقاعة مقبّبة (تعلوها قبة) وإيواناً، قائماً في معظم الأحيان حول الفناء الداخلي ومطلع الدرج (السلّم) المفتوح. ويمكن معاينة التفاصيل المعمارية والإنشائية ذاتها في كل واحد من البيوت، بهدف ضمان التنوع الشكلّي، والتحكم بالبيئة وتكاليف البناء المُيسّرة. وقام فتحي، بأسلوب متواضع وبسيط، بانتقاء العناصر والأنماط التي حدّد انتماءها إلى التراث المعماري العربي. وعلى هذا المنوال، جعل حظائر الماعز والجواميس (الأبقار) ضمن البيت، تماشياً مع العادات في القرى المصرية. وتُظهر واجهات الشوارع المختلفة التي عُثر عليها في محفوظات وأرشيف فتحي، لغةً معمارية صقيلة تتميز بأشكال هندسية بسيطة، تتوزع على الواجهات الصلبة، وبمنحنيات القناطر والأقواس والقباب، وزخارف المخرمات.

كذلك، في السياق التصميمي ذاته، وزّع فتحي الوظائف والوحدات الخدماتية المنزليّة (أقسام الطهو، والغسيل، والتنظيف، والمراحيض) حول الفناء الداخلي الذي يضم "مجلساً" (لوجيا) مخصصاً لجلوس العائلة. في الأسفل غرفة للضيوف، وفي الأعلى غرف نوم العائلة، كل واحدة منها على شكل قاعة تعلوها قبة في منتصف المربع، وعقود فوق الإيوانات الجانبية. والإيوان يضم السرير ومكاناً يتيح خزن الأغراض، أمّا مركز الغرفة فقد ترك خالياً.

العودة إلى المادة التقليدية: الطوب الطيني

كما سبق وأشرنا، تمثّل القرنة الجديدة ثمرة اختبارات تقنية، ونمطية، ومنهجية في مجال الإسكان الريفي، أجراها فتحي على مدى العقد السابق لظهورها إبان عمله في مشروع "عزبة البصري"، الذي يُعد تحفة تقنية بعد المزارع النموذجية بمنطقة مصر السفلى (الدلتا)، عبر المزارع الاختبارية في الفيوم. وقام المعماري الذي تمتع بالحرية المطلقة في ابتكار وتصميم القرنة الجديدة، بتطوير منهجه الخاص، تماشياً مع أولوية الهمّ الاقتصادي. وقد أيّد فتحي العودة إلى التقنية التقليدية في البناء بالطوب الخام، مقتنعاً بأنها تمثل الحلّ البنائي الأمثل بالنسبة للفقراء. فمادّة الطين الخام لا تكلّف شيئاً، وهي جاهزة ومتوفرة، ويمكن صبّها وتشكيلها بواسطة قوالب خشبيّة. كما أنها نوع من "درجة الصفر" في التكنولوجيا، ومتوفرة لأيّ كان. وبعد العديد من المحاولات، عاود فتحي اكتشاف تقنية الأسلاف في البناء بالطوب الطيني، التقنية التي ما زالت معتمدة في غرب أسوان بعد إعادة بناء القرية المذكورة، إثر التعلية الثانية لسدّ أسوان (١٩٣٤). فالبناؤون هناك ما زالوا قادرين على تشييد العقود والقناطر والقباب بواسطة الطوب الطيني. لذا قام فتحي باعتماد تقنية الأسلاف تلك، لإنشاء مبانيه الريفية الاختبارية. في هذا السياق، ومن أجل القرنة الجديدة، قرر استحضار بنّائين من أسوان لإعادة تطبيق تقنيات بناء الأقبية والعقود والقناطر النوبية في الأقصر، وتعليم تلك التقنيات لأبناء القرنة كي يتسنّى لهم بناء بيوتهم بأيديهم.

وتساهم الصعوبات الاقتصادية والهموم البيئية بالدرجة الأولى في فرض ذاك الاستخدام المدروس للطوب الطيني. ويمضي فتحي بعيداً في هذا الجانب كي يتخيّل عمارة ينشئها السكّان بأنفسهم، متجاوزين الأنساق الغربية وأكلافها الباهظة في إنتاج العمارة. وبحسبه، فإن ما يلزم هنا لن يتعدى مخططاً توجيهياً، ومجموعة من الأنماط المعمارية، وبنائين لإعادة تعليم السكان المهارات البسيطة، وستكون القرنة الجديدة مثالاً خالصاً على نظام العونة (الاعتماد المتبادل ما بين الأهالي)، وتمثّل يوتوبيا اجتماعية دافع عنها فتحي بشراسة طيلة مساره المهني.

فتلك التقنية الشاملة لا تتطلب أي مادّة أخرى دخيلة. وفي هذا الإطار يمكن تجنّب الخشب، المُكلف في مصر على نحو خاص. وما إن تم الاستغناء عن القوالب الخشبية، مضى فتحي إلى أقصى العمليّة الممكنة مع الطين الخام، مقترحاً تغطية الفضاءات بالقناطر والقباب. ويفصّل فتحي بالتحديد، في كتابه، تقنية بناء العقد أو القبو النوبي، العقد المكافئ المبني بالطوب الطيني، والذي بقيت تقنيات الأسلاف في بنائه حيّة بفضل بنّائي أسوان. وتعد تلك المهارات المحلية بمثابة معجزة من ناحية التقنيات التقشفية التي يمكن اعتمادها بمواد وأيدٍ عاملة محدودة. فالأمر لا يستلزم سوى الطوب الطيني، وبعض الألواح، وبنّاءين اثنين. وقباب الطوب الطيني الخام الأبسط، تُبنى عموماً على حنيّات ركنية عند زوايا مسطح المربع. وتُسهم طرق سقف الفضاءات وتغطيتها في تحديد أبعاد الغرف ومقاساتها؛ كما أن احتمالات الطوب الطيني تسمح باتساع القناطر لنحو ثلاثة أمتار، والقباب لنحو خمسة أمتار للقطر. وإذا احتاج المرء تغطية مساحة كبيرة، من الضروري في هذه الحالة اللجوء إلى الطوب المشوي، على ما فعل فتحي بالنسبة لقبة المسجد الكبيرة.

المشروع الأصل

عندما قام عالم الآثار الفرنسي إتيان دريتون، مدير دائرة التراث، بتكليف حسن فتحي بتصميم قرية "القرنة الجديدة النموذجية"، كان الأخير في ذروة تجربته. وهو، من موقعه كأستاذ مرموق في المدرسة الفنون الجميلة العليا في القاهرة، وباعتباره معمارياً حظي بتقدير أوساط النخبة الاجتماعية، عمل على صياغة اختصاص جديد متمحورٍ حول العمارة الريفية. وتمثلت مهمته (التي كلفه بها دريتون) بتقديم اقتراح بيئة سكنية جديدة لسكان القرنة القديمة البالغ تعدادهم ٧ آلاف نسمة، والذين سيُبعَدون من قريتهم القديمة الواقعة على تلة فوق وادي الملوك، إثر اتهامهم بتخريب القبور الفرعونية وسرقة محتوياتها. أما أرض المشروع الجديد التي طلب من فتحي وضع مخطط توجيهي لقرية نموذجية عليها، فكانت عبارة عن منطقة مسطحة محاطة بالسدود، تبلغ مساحتها خمسين هكتاراً، وتقع عند مسافة قريبة من القرنة القديمة، تبرّع بها بولس حنا باشا. وسيسعى فتحي جاهداً في المشروع كي يطبّق كل ما تعلمه من تجاربه واختباراته السابقة في مشاريع المساكن الريفية.

لمقاربة مشروع القرنة الجديدة، من الملائم أولاً الاطلاع على التصوّر الحضري. إذ إن المعطيات السوسيولوجية والعملانية أملت خيار تقسيم القرية إلى أربع مناطق مختلفة، بحسب العشائر (البدنة) الأربع التي سكنت القرنة القديمة. وقُسمت القطاعات الرئيسة الأربعة بطرق يبلغ عرض واحدتها عشرة أمتار على الأقل، كان مُزمعاً تظليلها على الأرجح بأشجار الكينا والنخيل، التي، للأسف، لم تزرع أبداً. متاهة أخرى من الشوارع الفرعية الصغيرة، لا يزيد عرض واحدها على الستة أمتار، وتصل ما بين الباحات المكشوفة جزئياً لبيوت الحارات، وضعت للحفاظ على خصوصية العشائر، والحؤول دون تسلل الغرباء.

مدفوعاً بجماليات موقع المشروع، ومتأثراً بكاميلو سيتي ونماذج المدن الحدائقية (الجاردن سيتي) التي وضعها إيبزينير هوارد، سعى فتحي إلى ابتكار قرية وفق تخطيط مُركّب، وهو الأمر الذي يوحي باستفادته من الزمن كمادة بنائية إضافية. ونسيج القرية ذاك، غير المنتظم والعشوائي عمداً، والواقع في موقع وسط بين المخطط الشبكي والمخطط الإشعاعي، يتطلب استجابة إبداعية وعمارة غنية ومتنوعة. وأراد فتحي تلافي تكرار تصميم البيت الموحّد، والرتابة التي قد تنتج من ذلك. إلى هذا، اتسم المخطط شبه الانطوائي (المتوجه إلى الداخل) بميزات إضافية متمثلة بتجنّب الخطوط الشبكية المستقيمة، التي كان من شأنها تشتيت القرية في الحقول، وقد اعتمد خطوطاً منحنية أسلم على الصعيد النفسي، تقود إياباً إلى القرية، وتعزّز بالتالي فكرة الجماعة.

وباستنادها كلياً إلى المساحة المستطيلة للأرض المتاحة للمشروع، جاءت الحلول الحضرية والمعمارية المعتمدة في القرنة الجديدة من دون أدنى صلة بشكل القرية المصرية ونمطها في ذلك الزمن، والتي كانت خليطاً عشوائياً من أكواخ الطين وشجر النخيل. وقد استمد فتحي أفكاره وطريقته من مخزون هائل من النماذج العمرانية الدولية ومشاريع المنشآت الأكثر حداثة. مثال على ذلك، فإن وجود محطة قطار صغيرة يتيح المواصلات التجارية ويُحدد موقعي السوق ومدخل القرية الأساسي، الذي هو عبارة عن بوابة صرحية مُصممة خصيصاً للزوار والسياح. ومن تلك البوابة يشقّ القرية طريق رئيس نحو بحيرة اصطناعية صغيرة يحيطها متنزّه من الجهة المقابلة. وفي منتصف ذاك العمود الفقري الممتد نحو الجنوب الشرقي والشمال الغربي، تقوم الساحة الرئيسة، متقاطعة بزوايا قائمة مع شارع متعامد عريض يمتد من الجهتين إلى الجنوب الغربي والشمال الشرقي. بهذا تكون القرنة الجديدة قد صممت حول تلك الساحة الفسيحة ذات الشكل غير المُحدد، والأشبه بـ"أغورا" تحيطها مبان رسمية وعامة عديدة تخدم القرية، مثل المسجد، والخان، والمسرح، ودار العمدة، وقاعة معارض دائمة للحرف اليدوية. أما المباني الرسمية الكثيرة الأخرى، كمدرسة الصبيان في الشمال قرب البحيرة الاصطناعية ومتنزهها، ومدرسة البنات الأبعد قليلاً نحو الشرق، ومدرسة التجارة قرب السوق والهادفة إلى تعزيز الحركة التجارية، والكنيسة القبطية الصغيرة في الجنوب، والحمّام، والمستوصف، ومركز الشرطة في الشمال، فتتوزع جميعها في أنحاء القرية، ويمكن الوصول إليها عبر الطرق الرئيسة.

المباني العامّة

القرنة الجديدة التي صمّمت لإسكان أكثر من ٢٠ ألف نسمة، جُهزت بمرافق ومبان دينية وتربوية وثقافية وتجارية عديدة. وتركّز بعض تلك المباني (المسجد، وخان الحرف، والمسرح) حول الساحة الرئيسة، فيما توزّع بعضها الآخر في أنحاء البلدة الطرفية. والهدف في البداية كان بناء مسجد وكنيسة قبطية لتلبية حاجات أبناء الديانتين الإسلامية والمسيحية، الحاضرتين بقوة آنذاك في مناطق صعيد مص. وفيما لم يجرِ أبداً بناء الكنيسة القبطية، حظي المسجد باهتمام كبير من قبل فتحي. وقد تأثر الأخير بنماذج جوامع القرى في صعيد مص، خصوصاً من ناحية إعادة إنتاج السُلّم، أو الدرج، الصاعد إلى المئذنة، والذي يمثل عنصراً خارجياً بارزاً في مباني الجوامع. وصمّمت الأواوين، التي تمثل المدارس القرآنية الأربع، حول فناء ظليل. كما مُهد لوجهة القبلة (اتجاه مكة المكرّمة) بفضاء يعلوه منشأ مُقبّب. كذلك قام فتحي، ضمن نسقه التصميمي ذاك، بإدماج حجرات الوضوء التي لا غنى عنها، ومضافة يُعدّ دورها الاجتماعي في القرى أساسياً. وحظي المسجد، هذا الصرح الرمزي والمحوري، باهتمام ورعاية مستمرّين من قبل أوساط المؤمنين.

وأُقيم قبالة المسجد، منشأٌ بارز جداً، هو سوق الحرفيين، أو الخان، حيث يمكن لأهل القرنة الجديدة عرض منتجاتهم الحرفية وبيعها للزوار والسياح. كما أُقيم رواق السوق، المقبب بسقف بيضوي الشكل، مواجه للمسجد. والمنشأ المذكور، ذو الأهمية الخاصة بين مختلف المباني العامة، يمثل قطباً اقتصادياً وتربوياً بالغ الأهمية، حيث يقوم حرفيو البلدة بتعليم المتدربين والتلاميذ أصول حرفتهم والطرق المناسبة للتعامل مع نتاجاتهم. من ناحية أخرى، فإن المبنى الجميل لمدرسة الصبيان الذي مثّل تحفة معمارية رمزية وأزيل سنة ١٩٨١، كان أنشئ إلى شمال القرية، إضافة إلى مدرسة البنات الواقعة بعده. ونُسّقت الصفوف الحميمة والفسيحة، المقببة السقوف، حول جهتي فناء ضيق مرصوف ومزروع بالأشجار. وأتاحت نوافذ بيضوية ضخمة دخول الضوء، ربما بمقدار يفوق المطلوب في تلك المنطقة الجنوبية. وجرى تصميم نظام تهوئة طبيعية مُزوّد بملاقف هواء بغية تخفيض الحرارة بمعدل ١٠ درجات مئوية داخل الصفوف. أما الفناء الرئيس ورواقه، فقد أدّيا وظيفة باحة المدرسة، حيث يمكن معاينة الصبيان الذين يرتدون الجلّابيات، يلعبون هناك. لكن للأسف جرى هدم كل المدارس، واستبدلت بمدارس جديدة في أعوام الثمانينيات.

رؤية للبناء الذاتي

ليلى الوكيل

ينطوي تناول القرنة الجديدة في سياق دراسة عامة حول العمارة العربية الحديثة، على مفارقة، إذ إن هذه البلدة المصرية تمثّل قرية حسن فتحي النموذجية الأيقونية. ويعدّ فتحي عموماً تقليدياً جديداً نظراً إلى دعوته للعودة إلى الأساليب والأنماط العربية التقليدية في عمليات البناء. إلا أن اللوم الأكبر الذي يوجّهه فتحي في هذا السياق، يقع على عاتق الحداثة الغربية الاستعمارية التي استوردت إلى مصر، والتي يعتبرها غير ملائمة للمكان. وتستند نظريته الأصلية المتعلّقة بمفهوم "المعاصرة العربية" (كما يفضل القول)،[1] والتي يطبّقها في أعماله، إلى فكرة إعادة الوصل مع تقاليد مصر والعالم العربي المعمارية، تلك التقاليد السابقة على التأثير العالمي، المتمثل خصوصاً بالتكنولوجيا الصناعية "الثقيلة" (أي المعتمدة على الآلات)، المرتبطة بحركة الحداثة. ووفق مقاربة فتحي هذه، فإن اقتحام الحداثة الدخيلة أدّى إلى قطع المسار الطبيعي لتطور العمارة في العالم العربي. ولمعالجة الأمر، من خلال عمله، اقترح فتحي إنتاج عمارة "عربية" معاصرة تستند إلى معرفة تفصيلية بالمصادر، والتاريخ، والآثار العمرانية، والتقنيات التقليدية، والمهارة اليدوية المحلية. وقد شكل هاجس الوصل مع الجذور المصرية، أو حتى ابتكارها، دافعاً محفزاً في تجربته.

ذاعت شهرة حسن فتحي المذهلة بفضل قصة القرنة الجديدة (١٩٤٥–١٩٥٢)، القرية النموذجية التي بُنيت على ضفة الأقصر الغربية. والمشروع المُحقق فقط جزئياً، كما السجال حوله، والكتاب الشهير الذي أثمره، بعنوان *Construire avec le peuple. Histoire d'un village d'Egypte, Gourna*[2] (*Architecture for the Poor. An Experiment in Rural Egypt*)،[3] ساهمت معاً في تأليف سردية لا مثيل لها في تاريخ العمارة العالمية. وقد جاءت مقالات ومذكرات كثيرة كتبها فتحي وآخرون، ومقابلات أجريت معه، لتقدم قصة القرنة الجديدة أثناء بنائها وبعده مباشرة. وفَصَل بين المشروع المحقّق في الموقع وبين الكتاب، أكثر من عشرين سنة، كما جرت مراجعة الكتاب المذكور مرات عدة من قبل أشخاص كثيرين. وعمل المعماري البريطاني الشاب كريستوفر سكوت، والكاتب والناقد البريطاني ريموند مورتايمر، وباحثة علم الاجتماع المصرية نوال حسن، على معاونة فتحي بنجاح في سياق التأليف الجماعي والمشترك للكتاب، الذي حقق انتشاراً منقطع النظير وتُرجم إلى لغات عدة. كما كان له وقع وتأثير كبيرين.[4]

التجارب التمهيدية للقرنة الجديدة

انخرط حسن فتحي في السنوات الفاصلة بين الحربين العالميتين الأولى والثانية في الحركة الثقافية في مصر، ساعياً إلى التفكير في سبل "إصلاح الريف المصري"، المسألة الأساسية في مسار بناء الهويّة الوطنية، التي كانت عنوان أول "خطاب للعرش" ألقاه الملك فاروق في شهر مايو (أيار) ١٩٣٦. وتبنى الفنانون والمثقفون المصريون موضوعة "الفلاح" أو "الفلاحين". ومثلت المدرسة العليا للفنون الجميلة في القاهرة، التي يُدرّس فيها فتحي، مختبراً متوقعاً للتفكير والتأمل في تلك الموضوعة.

وتضمن بناء هوية وطنية في مصر، المستقلة حديثاً في عقدي الثلاثينيات والأربعينيات من القرن الماضي، إجراء عملية إصلاح زراعي (وإعادة توزيع الأراضي والملكيات الزراعية). بالتالي فقد استقطبت فكرة تحسين ظروف معيشة الفلاحين، أكثر من أيّ وقت مضى، شريحة الملّاكين الواسعة، وأوساط الأسرة الملكية. كما باتت موضوعتا "المزرعة" و"القرية النموذجية" من أولويات المسائل الاجتماعية المطروحة التي تميز مصر وتقربها في الوقت عينه من أوروبا، الأخيرة الساعية إلى تحسين ظروف العمل من خلال العديد من تجارب المساكن النموذجية المتمحورة حول فكرة "مدن العمال" (سيدلونجين). وقد تأسّست روابط وهيئات عديدة ضمن المجتمع المدني هدفت إلى تحسين أحوال الفلاحين. وابتكر أحمد حسين (١٩٠٢–١٩٨٤) شعار "إعمل مع الناس، ولا تعمل عندهم"، وهو شعار سيُتمر عند حسن فتحي، كما ظهر، في التحضير لمشروع القرنة الجديدة. وكان المهندسون الزراعيون، وملاك الأراضي الكبار، ممن تبنوا ذاك الشعار وتحمسوا لفكرة إقامة المزارع النموذجية، بمثابة العرابين الذين ضَمم لهم فتحي مشاريع المزارع النموذجية منذ مطلع الأربعينيات، حيث مثّلت تصاميمه تلك تمهيداً لمشروع القرنة الجديدة.

وفي مطلع الأربعينيات نفّذت مشاريع تمهيدية عديدة في مناطق مصر العليا ومصر السفلى (منطقة الدلتا). وشرع العديد من المعماريين والمهندسين في العمل على مسألة المزارع والقرى النموذجية كي يبلوروا لها أشكالاً وتصاميم. في هذا الإطار، تقدمت "مصلحة الفلاح" التابعة لوزارة الشؤون الاجتماعية المصرية، بالعديد من اقتراحات المساكن النموذجية. وأجري العديد من الاختبارات، منها المبادرة العامة في منطقة المرج (١٩٤١) التي قام بها المعماري المهندس توفيق أحمد عبد الجواد من مصلحة الشؤون الريفية (١٩٣٩–١٩٤٣). كما قام سيد عبد الكريم، الشخصية البارزة في حركة الحداثة المعمارية المصرية، ومدير مجلة "العمارة" وأحد ناشريها، بتخصيص عدد من هذه المجلة لفكرة "القرية النموذجية" (١٩٤١)، وقدم في هذا السياق مشروعاً نظرياً. كذلك، فإن الدكتور يحيى العلايلي، مدير شركة وادي كوم أمبو (لاستصلاح الأراضي)، كان بين السنتين ١٩٤٣ و١٩٤٤ قد عهد إلى سيد كريم وضع نموذج لـ"عزبة" (أرض زراعية كبيرة غالباً ما تضم مبنى أو أكثر) بأرضه في رأس الخليج.

ويستفيد المعماري ويثرى كثيراً في هذا الإطار من تبادل الأفكار والرؤى، بينه وبين أولئك الإصلاحيين، والمهندسين الزراعيين، وملاك الأراضي، التائقين إلى تأسيس مزارع نموذجية، والمستعدين للقيام باختبارات تتعلق بالأنماط والتقنيات الجديدة. ويرمي الإصلاحيون المعماريون إلى تحسين ظروف حياة الفلاحين. كما تعطى أهمية كبرى لمسائل النظافة والتربية والتعليم من قبل أوساط النخبة، الذين يعُون حاجة التعامل مع تقاليد أهالي الريف المحلية. من هنا فإن شواغل فتحي السوسيولوجية والإثنولوجية صبّت في تصاميمه المعمارية.

وفتحي، المُفعم بحسّ المنافسة آنذاك، سعى بعناد إلى تقديم ذرائع اقتصادية وثقافية ومناخية – بيولوجية تسوّغ إحياء المادة (البنائية) التقليدية المستخرجة من التربة، أو الطين الخام. وبعد اختبارات تقنية أولى غير مُقنعة إلى حد ما، أُجريت في مزرعة أبو رجب ضمن تجربة الجمعية الزراعية الملكية في بهتيم (١٩٤٠)، قام بصقل وتحسين تقنياته، مستفيداً من خبرات قصّابي الحجارة النوبيين. وفي مشروع مزرعة "عزبة البصري" (١٩٤٥) اعتمد تقنية الطوب الطيني المشهود لها كما كانت تُستخدم من جيل إلى جيل في منطقة أسوان. هذا المشروع الأخير، الذي بُني في غضون ٤٠ يوماً وتألّف من حجرتين كبيرتين تغطيهما قبّة حول فناء، قوبل بترحيب تام. إنّ المشاريع المذكورة وغيرها من التجارب جاءت لتمثل دعوة ومهد اختبار لمشروع القرنة الجديدة، على حدّ سواء.

١ للتوسع في المعلومات المتعلقة بتجربة وأفكار حسن فتحي يمكن مراجعة: *Hassan Fathy: An Architectural Life*, ed. Leïla el-Wakil, Cairo: AUC Press, 2018.

2 Hassan Fathy, *Construire avec le peuple: Histoire d'un village d'Egypte, Gourna*, Paris: Sindbad, 1971.

3 Hassan Fathy, *Architecture for the Poor: An Experiment in Rural Egypt*, Chicago: The University of Chicago Press, 1973.

٤ صدرت الطبعة الفرنسية الأولى سنة ١٩٧٠ وتبعها حتى سنة ١٩٩٩ أربع طبعات إضافية. الطبعة الإنكليزية الأولى سنة ١٩٧٣ تبعها طبعات عديدة، كما صدرت الطبعة الإيطالية سنة ١٩٨٦ بتحرير جديد، وصدرت الطبعة الألمانية سنة ١٩٨٧، والإسبانية سنة ١٩٨٢، والبرتغالية سنة ٢٠٠٩.

93

NEW GOURNA VILLAGE
EGYPT, 1945–1952

ARCHITECT:
HASSAN FATHY

المعماري:
حسن فتحي

بلدة القرنة الجديدة
مصر، ١٩٤٥ – ١٩٥٢

3.25– A courtyard shed in one of
the houses, New Gourna, 1983.

٣.٢٥– فناء في أحد البيوت، القرنة الجديدة،
١٩٨٣.

4.1– General view of Model 33 blocks along Mustafa Nahas Street.

٤-١ مشهد عام لمباني النموذج ٣٣ في امتداد شارع مصطفى النحاس.

NASR CITY
HOUSING MODEL 33
CAIRO, EGYPT, 1959–1960

ARCHITECT:
SAYED KARIM

المعماري:
سيد كريم

النموذج ٣٣ في مدينة نصر
القاهرة، مصر، ١٩٥٩ – ١٩٦٠

Mohamed Elshahed

Raising the Middle Class

A brochure produced by the Nasr City Organization (*Mu'assasat Madinat Nasr*) in 1959 advertises a newly built extension to Cairo. The brochure, partially printed in turquoise green and showing the boomerang-shaped logo for Nasr City, is unmistakably 1950s in its esthetic. The image on the front shows the master plan of Nasr City or Madinat Nasr.[1] Below that is the tagline, "City of the Revolution." At the bottom of the same page, the Nasr City Organization, a branch of the General Egyptian Authority for Housing and Development responsible for the realization and management of Madinat Nasr, extends a "hearty welcome to all." Inside the three-leaf brochure, a bright yellow background frames a composition of two images and a brief text. One image depicts an enlarged reproduction of the master plan from the front page; the other is of an architectural model of three residential buildings. The plan of Madinat Nasr is centered on a stadium with a series of building clusters composed of freestanding towers. The architectural model presents three H-shaped housing blocks arranged diagonally on top of a shared podium. The text above this image announces, "Nasr City: offering services, expecting no profits," and claims to be "laid out according to the latest theories of city planning." The back of the brochure depicts the three initial structures: the military parade grandstand, Cairo Stadium, and a casino. In the center of the turquoise side of the brochure (which becomes the back when the brochure is closed) is an image of a proposed monument to the Unknown Soldier. The city symbolized the promise of better housing, more industry, and tangible progress. It was the city of the revolution conceived and planned around the same time as other modernist cities whose creation was a facet of national politics such as India's Chandigarh and Brazil's Brasilia.[2] Nasr city was to be the *magnum opus* of architect Sayed Karim and was to serve as visible and spatial evidence of the progress achieved under the revolutionary political leadership.

A protest movement against the monarchy and colonialism started in 1948, the year architect Sayed Karim built his villa in Maadi. An American-backed *coup d'état* in 1952 put an end to the movement, deposed the king and heralded the beginning of an era of independence. During the events leading to the coup, Karim's office in downtown Cairo caught fire amid the arson of January 25 of that year which targeted British and foreign-owned buildings and businesses. There were many casualties, including Karim's office. Karim had been developing urban plans for cities across the region since the end of World War II. However, amid the political chaos in Egypt at the time, he did not find a patron, namely the state, to back the development of one of his plans in Egypt. The political change brought on by the coup allowed Karim to begin a new relationship with the state by providing his services to a variety of state projects such as Culture Palaces commissioned by the ministry of culture, or housing and urban plans such as Nasr City. The idea for the modernist desert city was already in place by 1953.

In 1959 Nasr City was established by presidential decree and was promoted as the "City of the Revolution." The project was envisioned as a model for desert expansion that includes government buildings, and a wide variety of housing typologies to counter the housing crisis. Organized as a grid of superblocks, each with green spaces and social services at the center, the implementation of the project was slow and costly. Nasr City's original housing options ranged from large high-density high-rises, such as Model 33 buildings, to small low-rise units and individual villas.

Apartments originally built for rent remained empty and by the 1970s the entire economic model of the project was oriented towards homeownership, abandoning the façade of socialist development propped up for the first decade of the project's life. The liberalization of the economic structure governing the project allowed investors to enter the scene by buying plots of land for private developments. The original plans and building models were abandoned and caps on building heights were overlooked. Today, Nasr City is a district of greater Cairo with no autonomy, most of its buildings erected after the 1980s; many smaller buildings completed in the 60s and 70s were replaced one or more times in the few short decades since the "city" was founded as the value of real estate continues to rise. It is largely a middle- and upper-middle class area with a plethora of shopping malls and a high rate of car ownership. Electric trams, whose network was expanded from Heliopolis to Nasr City in the 1960s to facilitate connectivity, were taken out of service entirely in 2014.

Karim envisioned that the city would serve only middle-income residents and that it would not contain any social housing. The revolution was to create the

1 Nasr City is known locally by its Arabic name, Madinat Nasr. The brochure is written in English.
2 Vikramaditya Prakash, *Chandigarh's Le Corbusier: The Struggle for Modernity in Postcolonial India*, Seattle: Washington University Press, 2002. James Holston, *The Modernist City: An Anthropological Critique of Brasilia*, Chicago: The University of Chicago Press, 1989.

largest expansion of Cairo built at one time since the nineteenth century. It was to serve middle-class employees of the state. Karim's narrative reveals the ways in which the urban expansion of Cairo that came to represent the revolutionary age was the outcome of a presidential dictate and an architect's ability to charm the political leadership. However, Karim's proposal was not revolutionary in its socio-economic approach either to urbanism or to housing. Nor did it depart esthetically or architecturally from existing practice in Egypt prior to the 1952 *coup d'état*.

Sayed Karim (1911–2005) was born into an affluent land-owning family from the Delta region. His father, Ibrahim Fahmy Karim Pasha, held several public offices in the 1920s including Minister of Public Works and Minister of Water Resources, among others. Karim graduated from Cairo University's School of Architecture in 1933. As Egyptian universities did not offer graduate degrees in architecture, aspiring architects pursuing further studies often traveled to Europe and occasionally the US for graduate studies or apprenticeship. Karim arrived at ETH Zurich in 1933 to study for a master's degree. Europe was not a hospitable environment for Karim, with the rise of the Nazis next door in Germany and the advent of fascism in Italy to the south. Karim spent the first year, at his father's expense, studying at ETH without earning degree points simply to prove to administrators that he, being Egyptian, was capable of completing studies at the institution. Eventually he not only completed a master's degree but also a PhD in 1938, becoming the first Arab architect to be awarded a doctorate. Also in 1938, upon his return to Cairo, he established his architectural practice and began teaching at Cairo University, which was then in the grip of conservative British teachers and administrators. In 1939 he established *Al-Emara*, the world's first Arabic-language architectural journal focused on contemporary practice in Egypt.

Conceptually, Karim did not express his architectural ideas in terms of style—this was not part of his intellectual concerns. Rather, his ideas developed around a materialist understanding of architecture, historically and in the present. Buildings, regardless of time and place, are the result of a set of conditions, but they are primarily the result of the physics of the material used and the level of knowhow and methods of construction. With this lens, the increasing availability of concrete around the globe under a variety of conditions will

inevitably produce similar architectural forms with slight variations depending on location. While this could be read as an argument for an international style, Karim was instead arguing for a national architecture that makes the most of the ubiquity of concrete to confront colonial conservatism in architecture, which produced few and expensive structures.

Karim had worked tirelessly for over a decade on various plans for "functional cities," with visions for cities such as Damascus and Baghdad, however, many of these were never fully realized. The design of Madinat Nasr was born out of this period of producing schematic urban plans often without the request of a patron. While implementation officially started in 1959, the vision had already been crystallized by 1953, only a year after the *coup d'état* that transformed Egypt's political life. By this period Karim had developed a set of elements that compose a modern urban environment including a variety of housing typologies. In the years after the end of World War II Karim had written publicly lamenting the minimal damage done to Cairo during the war. He looked to the opportunities made available to European architects and planners for the reconstruction of war-damaged cities. Karim did not have such opportunities, thus, planning a city for a yet unspecified desert location was his way to imagine an urban future for Cairo after the war. Gamal Abdel Nasser was impressed with Karim's presentation of Madinat Nasr.[3] Presidential Decree No. 815/1959 established the Madinat Nasr Foundation [*Mu'assasat Madinat Nasr bel 'Abbasiyya*] as a separate legal entity. Work began immediately to develop Karim's design and translate it into reality. Karim became the architect of the state and of the future, the architect of the city of the revolution.[3]

The objectives of the newly established Madinat Nasr Foundation (later transformed into a public sector company by Presidential Decree No. 2908/1964) were as follows: to provide a new urban model for desert expansion; to alleviate the housing crisis (it would eventually mostly attract the middle class) and population density in central Cairo; to provide new governmental headquarters (Presidential Decree No. 616/1962 ordered the transfer of state institutions that were previously renting office space in residential areas to new buildings in Madinat Nasr); to provide housing for government employees at the various ministries to be relocated to Madinat Nasr; to provide serviced residential areas for rental and ownership; to expand

3 Mohamed Hamed, *Egypt Builds*,
Cairo: 1963, 48.

7

NASR CITY
HOUSING MODEL 33
CAIRO, EGYPT, 1959–1960

ARCHITECT:
SAYED KARIM

المعماري:
سيد كريم

النموذج ٣٣ في مدينة نصر
القاهرة، مصر، ١٩٥٩ – ١٩٦٠.

infrastructure into desert lands in order to be sold "at a fair price" for private development; to connect Heliopolis to the center of Cairo via new roads and public transport options (at the time, only a single road linked Heliopolis to the rest of Cairo).[4]

Madinat Nasr was envisioned as a practical utopia that would respond to urban demands. It included services that were present in some urban centers but which had not been implemented as part of a comprehensive urban project built from a tabula rasa. Such services included police stations, an ambulance and fire department, a network of busses that would link the various residential cells as well as connect the rest of Madinat Nasr. Modern infrastructure such as sewage plants, electricity generation, and provision of drinking water were to be available to all units regardless of income level. The new city was positioned east of the 'Abbasiyya district, where military barracks were located, and south of the suburban enclave of Heliopolis. A large part of the land was owned by the military. In published images and texts, Madinat Nasr bore the hallmarks of a functionalist city and a "rationalized" modernist utopia, or as close to that vision as it was possible to manifest in the context of 1950s Cairo. It was composed of nine zones: the Olympic zone; the international exhibition zone; housing for athletes (which connected the Olympic zone and a commercial zone); the university area (which included an expansion of Ain Shams University and a new campus for Azhar University); the governmental zone (with new headquarters for various state institutions and ministries); the military zone (including a military parade ground and a monument to the Unknown Soldier); the tourist zone (located on higher ground with parks and panoramic views over the city); the medical zone; and the residential areas (consisting of independent residential super-blocks with their own commercial, medical and cultural services).[5]

The residential cells included multiple forms of dwelling, ranging from individual houses or villas to collective villa towers and high-density apartment towers. This design strategy of mixed apartment types reflecting mixed income levels departs from contemporary late modernist state housing developments such as the French *banlieue*.[6] The individual housing units were placed in the interior of the residential cells and surrounded by medium height collective villas. High-density apartment towers, such as Model 33, were built in clusters separated by open spaces. Each

residential cell was served by elementary schools built within a 500-meter radius of any apartment tower, while kindergartens were available within a 250-meter radius. High schools were positioned within 900 meters of any tower. Markets were placed in the center of each cell, ensuring that all ten thousand inhabitants would have access to a community market. Cultural centers were placed in every third cell, which would serve every thirty thousand inhabitants. The plans for Madinat Nasr included two cultural centers, which were meant to act as nodes of sociability. Each cultural center consisted of a cinema, a theater, a library, and a social club.[7]

Housing Models

A team of architects led by Sayed Karim designed the city's various building prototypes: schools, residential buildings, government headquarters, cultural centers, and commercial facilities. Architects participating in the architectural design included Ali Labib Gabr, Mahmoud al-Hakim, Awad Kamel, Ahmed Sharmi, Mohamed Ahmed Azmi, and Taher al-Goweini. Despite the well-known names of Karim and Gabr, the team was dominated by a new generation of lesser-known architects. The design was carried out under the government-run General Foundation of Housing and Development [*al-mu'assasa al-'amma li-l-iskan wa-l-ta'mir*]. The team's first assignment, which would act as the testing ground for the architectural models to be implemented in Madinat Nasr, was to design a series of residential blocks in the district of Agouza in Giza. The development was meant to house the employees of the state's media services (television and radio). Sayed Karim led the design for the Agouza "colony" for 1,200 families, or roughly 6,000 inhabitants.[8]

Model 33 is perhaps the best-known example of Sayed Karim's ideas about mass housing and his interest in high-rise construction. Five side-by-side buildings following the typology are located along Mustafa Nahas Street in District 7 of Nasr City, one of today's Cairo's boroughs. The blocks are set back from the street with green areas, envisioned as gardens, surrounding the bases of the blocks. These areas currently suffer from poor maintenance and several plots have been repurposed as plant nurseries. Each block consists of three connected sections. In plan the design displays characteristics of metabolism, the Japanese architectural movement that creates megastructures with modular elements connected in a fashion inspired by organic

4 Fahim, *Madinat Nasr*, 4.
5 Phase one of the plan included all of the above zones; the second phase consisted only of residential super-blocks.
6 Kenny Cupers, *The Social Project: Housing Postwar France*, Minneapolis: University of Minnesota Press, 2014.
7 Hamed, *Misr tabni*, 53.
8 Ibid., 57.

biological growth. The three sections that compose each building are shaped like a three-pointed star, with three arms extending from a central circulation core. While the ten-story Model 33 is comprised of three of these sections, in theory more can be added creating a meandering vertical city.

The blocks are lifted on pilotis, particularly in areas that allow for passage through the site, where in some cases building entrances are tucked away. Lifting the buildings at several points along the ground floor plan maintains visual and spatial continuity of the gardens across the site. Users have modified this feature as shops currently enclose some of these areas under the blocks. Each of the building entrances leads to a spacious hexagonal hall with a main stair enclosed with concrete breeze blocks; an emergency stair and two elevators are also incorporated into this vertical circulation core. A hexagonal atrium rises the entire height of the building in the center of the circulation core. Each floor gives access to six apartments, with their doors arranged in three pairs. With six apartments on each floor in each of the building's three sections, the total number of apartments per floor is eighteen and each building contains one hundred and eighty apartments. The apartments are carefully designed with little wasted space and they are available in two-bedroom and three-bedroom options. Living and sleeping rooms are placed along the building's outer walls with windows or balconies, while service rooms are along the inner cores of the building ventilated by airshafts.

The exterior of the building is designed with crisp lines, ribbon-like surfaces, rectilinear articulations, alternating window placement, and stacks of deep corner balconies. A thin concrete shading element supported by slender columns traces the perimeter of the building along the roof, which was designed to function as a communal roof garden.

National Modernity by Consumerism

These new residential complexes, like the architecture built by the state, became symbols of national modernity. Buying a refrigerator from the state-owned Ideal Company, a state-manufactured Nasr car and a Madinat Nasr apartment were forms of consumer nationalism.[9] Madinat Nasr and the other housing projects that catered for middle-income families provided a market for new domestic products. The state had begun experimenting with manufacturing home appliances since the early 50s, but by the end of the decade, several new brands were introduced and factories were established to manufacture the appliances of Egypt's new homes. Refrigerators, washing machines, vacuum cleaners, gas stoves, and kitchen furniture were among the most advertised items produced by national companies.[10] In addition, the state flirted with the idea of manufacturing an Egyptian car for the middle-class family living in the new city of Madinat Nasr who did not want to rely on public transport to access the center of Cairo. These new industries were directly linked to the ubiquity of new housing designed with efficient square footage and where modern appliances were essential.[11]

The model of the ultra-modern home was one in which the ideal family could afford national appliances and locally designed furniture. The living space was centered on a television set. The national newspaper *Al-Ahram* featured an illustration of such an ideal modern Egyptian dwelling in a contest where readers were asked to identify which household items were nationally made.[12]" The house featured a well-appointed living room with a radio, television, air conditioner, and tape recorder, a fully equipped kitchen with a semiautomatic washing machine, refrigerator, gas stove, electric iron, and vacuum cleaner, and even a garage with a car."[13] The text accompanying the *Al-Ahram* illustration tied the image of modern domestic life to development and national progress by asserting, "the ten years since the revolution have brought great development in Egyptian industries and their ability to satisfy the needs of every citizen. The flag of Egyptian industry flies today in every dwelling … in the bedroom, in the living room, in the kitchen, in the bathroom, and in the garden."[14] While such an image of domestic modern life was depicted as evidence of national development, it was an image familiar in other national contexts around the world during this period. The vacuum cleaner, the television set and other features of the modern dwelling afforded by post-war technological advancement and economy in the 1950s signified national progress in places as diverse as the United States, the Soviet Union, Turkey and Japan.[15] The dwelling, or the interior of the mass-produced housing architecture commissioned by the state, was at once national in its symbolism and international in its design.

9 The consumption of branded goods mass produced by the Egyptian state was one of the prominent features of 1950s state capitalism and not unique to Egypt during that decade. See, for example, Greg Castillo, *Cold War on the Home Front: The Soft Power of Midcentury Design* (Minneapolis: University of Minnesota Press, 2010); Cupers, *The Social Project*.

10 See Laura Bier, *Revolutionary Womanhood: Feminisms, Modernity, and the State in Nasser's Egypt*, Stanford: Stanford University Press, 2011, 84.

11 For economic history during the Nasser years, see Charles Issawi, *Egypt in Revolution: An Economic Analysis*, New York: Oxford University Press, 1963; Robert Mabro and Samir Radwan, *The Industrialization of Egypt, 1939–1973: Policy and Performance*, Oxford: Clarendon Press, 1976; John Waterbury, *The Egypt of Nasser and Sadat: The Political Economy of Two Regimes*, Princeton: Princeton University Press, 1983; Dalia Wahdan, "Planning Imploded: Case of Nasser's Physical Planning," *Economic and Political Weekly* 42, no. 22 (2007): 2099–2107.

12 Anonymous, "Know the Products of your Country," *Al-Ahram*, August 6, 1962.

13 Bier, *Revolutionary Womanhood*, 84.

14 Ibid.

15 G. Castillo, *Cold War on the Home Front: The Soft Power of Midcentury Design*, Minneapolis: University of Minnesota Press, 2010.

9

NASR CITY
HOUSING MODEL 33
CAIRO, EGYPT, 1959–1960

ARCHITECT:
SAYED KARIM

المعماري:
سيد كريم

النموذج ٣٣ في مدينة نصر
القاهرة. مصر. ١٩٥٩ – ١٩٦٠

Conclusion

Madinat Nasr was ultimately a new district, but it never evolved into the promised new capital city. The district still relied on its connection to the existing historic capital. Although some governmental offices moved to Nasr City, the major symbols of state power such as the parliament remained in the downtown area. While it was presented as "the city of the revolution," Nasr City was neither a Chandigarh nor a Brasilia. It lacked the designed symbolism of a new post-colonial power. It was a practical urban expansion and a much-needed increase in Cairo's housing capacity, however it was not housing affordable to the poor majority. The development was not an exhibition of national power by design. There were no grandiose national monuments, government buildings or expansive urban vistas to represent the new national identity. Nasr City was new yet familiar. Its newness was represented by the scale of its construction, not in the language of its design.

Construction of the new district/city was slow. In 1966, seven years after the presidential decree for the establishment of Madinat Nasr, it was still discussed in the press as a plan rather than as a reality.[16] In addition to its slow construction, families and workers were reluctant to move because of its distance from the center of the city and the lack of effective transport networks. Furthermore, the city's lack of low-income housing forbade the majority from moving there. While some rental units were available at Nasr City, the majority of this urban expansion was planned for homeownership, which made this new housing stock financially accessible to fewer residents. The policy of homeownership required a 20% down payment (about 500 Egyptian pounds) and a life insurance policy to guarantee monthly payments (about 15 Egyptian pounds) over twenty years. Different unions and cooperatives organized meetings and conferences with city planners to negotiate a more accessible policy.[17] These planners included Karim as well as state officials such as 'Abd al-Latif al-Baghdadi, who was Minister of Planning at the time, and Mohamed Abu Nasir, who was Minister of Municipal and Rural Affairs. Military officers, in uniform, delivered presentations to workers' unions in an attempt to attract potential residents to the new city, but with little success.

The five Model 33 blocks were constructed in the first phase of building housing sectors in Nasr City. Around the time of or shortly after their completion, Karim's relationship with the state had reached an end. Abruptly and with little warning, amid a wave of sequestration by the state, Karim was dismissed from state contracts, his offices in Cairo and across the region were closed and their contents confiscated, hence the difficult state of archival research on the architect and his work. Furthermore, Karim was put under house arrest in his villa in the suburb of Maadi in Cairo, and, with few exceptions his assets were sequestered. His career was mysteriously cut short. The potential for his efforts to reimagine the housing block for Egyptian cities, and to participate in the planning and designing of postcolonial Cairo were not realized. Housing Model 33 are among a variety of high-density housing blocks constructed by Karim from the mid-1950s to the mid-1960s. Many of these constructed models were modifications to original designs that often included shared areas and podiums connected to several towers. Such elements were edited out, often for economic reasons. Despite this, Karim's blocks, including those in Madinat Nasr represent the beginnings of an architectural legacy that was cut short due to politics, namely the oppressive policies that were presented to the public at the time as part of decolonizing the country. In reality, the postcolonial state proved equally colonial, by controlling labor unions, silencing dissent voices, putting feminists, intellectuals and professional practitioners such as Karim under house arrest and confiscating the assets of the moneyed class only to liquidate them a decade later under policies of economic liberalization shaped by Milton Friedman and the Chicago Boys. The optimistic post-World War II years that brought Karim to regional prominence and allowed him to produce his many built and unbuilt schemes had collapsed within little more than a decade from the *coup* that had trumpeted the end of colonialism. Nasr City was a vision born out of one political and cultural moment, and its piecemeal construction was carried out during an opposing political and cultural moment in which contractors not architects took the lead and in which profit not social ideals shaped the architecture of the area. In old age, Karim lamented to the press the *ad hoc* fate of what he imagined as a new urban model for Egypt.

16   There are many articles in the press from 1966 about Madinat Nasr and its status. See, for example, S. Hammam, "Madinat Nasr, Will it Solve the Crisis?," in *Bina' al-Watan*, January 1, 1966, 51.
17   Housing cooperatives were encouraged by the government in order to stimulate housing construction. Keith Wheelock writes: "By December, 1953, fifteen societies, including one

army officers' and one police officers' cooperative, had been registered with the Ministry of Social Affairs. Members were required to make a down payment of 40%, and the government guaranteed the rest; a total of 1.5 million pounds at 3% was made available for a twenty-year period. In addition, more than 1 million pounds was obtained from the Civil Servants Insurance and Pensions Fund

in an effort to meet the demands of housing cooperatives, but by 1956, the entire sum had been spent, primarily in the Cairo area, and only seventeen of the ninety-seven existing cooperatives had been serviced." Wheelock continues, "Instead of financing low-cost dwellings, the Ministry of Social Affairs generally had sponsored luxury cooperative housing; at one cooperative along the

Pyramids Road, a loan of 3,000 pounds was provided for each apartment, while the owner, on the average, paid another 2,000." Keith Wheelock, *Nasser's New Egypt: A Critical Analysis*, New York: Frederick A. Praeger Publishers, 1960, 124.

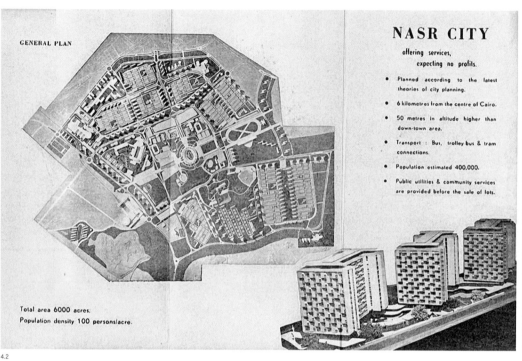

GENERAL PLAN

NASR CITY

offering services,
expecting no profits.

- Planned according to the latest theories of city planning.
- 6 kilometres from the centre of Cairo.
- 50 metres in altitude higher than down-town area.
- Transport : Bus, trolley bus & tram connections.
- Population estimated 400,000.
- Public utilities & community services are provided before the sale of lots.

Total area 6000 acres.
Population density 100 persons/acre.

Nasr City

City of the Revolution

*Nasr City Organisation.
a branch of the General Egyptian Authority for Housing & Development.*

Extends a hearty welcome to all

4.2

4.3

NASR CITY
HOUSING MODEL 33
CAIRO, EGYPT, 1959–1960

ARCHITECT:
SAYED KARIM

المعماري:
سيد كريم

النموذج ٣٣ في مدينة نصر
القاهرة، مصر، ١٩٥٩ - ١٩٦٠

.2– Nasr City promotional
brochure, 1959.
.3– One of five Model 33 blocks
photographed at the end of
construction, 1960.
.4– Architect and planner Sayed
Karim standing over a model of his
original vision for Nasr City, 1959.
.5– Advertisement for Nasr City
targeting middle class families
and promising "true happiness,
complete enjoyment, and new life."

٤,٢– الكتيب الترويجي لمدينة نصر، ١٩٥٩.
٤,٣– أحد الأنماط الخمسة من مباني النموذج
٣٣ وقد التقطت الصورة عند اكتمال عمليات
الإنشاء، ١٩٦٠.
٤,٤– المعماري والمخطط سيّد كريم في صورة مع
مجسّم لرؤيته الأولى لمدينة نصر، ١٩٥٩.
٤,٥– إعلان لمدينة نصر يستهدف عائلات
الطبقة الاجتماعية الوسطى ويعد بـ"سعادة
حقيقيّة، ومتعة كاملة، وحياة جديدة".

4.4

4.5

4.6

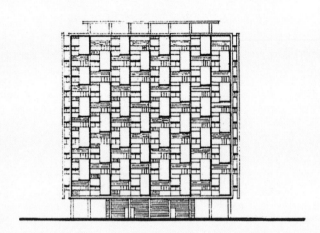

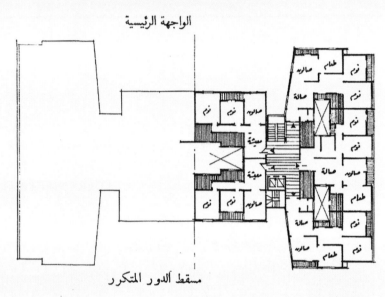

الواجهة الرئيسية

مسقط الدور المتكرر

NASR CITY
HOUSING MODEL 33
CAIRO, EGYPT, 1959–1960

ARCHITECT:
SAYED KARIM

المعماري:
سيد كريم

النموذج ٣٣ في مدينة نصر
القاهرة، مصر، ١٩٥٩ – ١٩٦٠

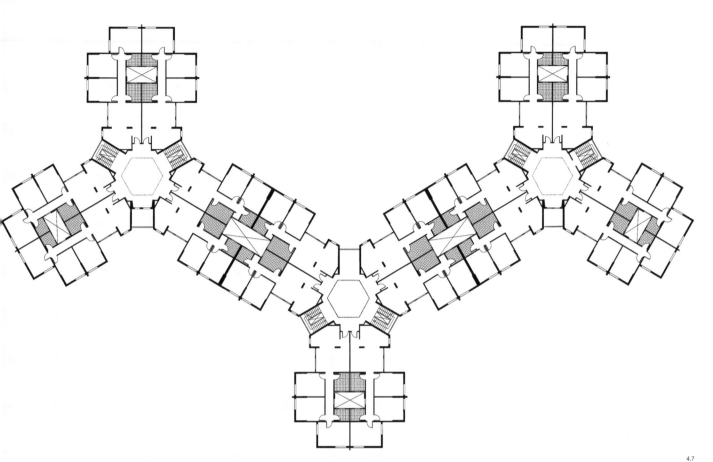

4.7

4.8

لاتنقلوا مبانى الوزارات إلى مدينة نصر!

4.9

المعنى الوحيد لهذا الاتجاه:

فقدان التخطيط العام لمدينة القاهرة

وتأزم مشكلة المواصلات

شركة مدينة نصر للاسكان والتعمير احدى شركات المؤسسة المصرية العامة للاسكان والتعمير

تقدم فرصة جديدة لامتلاك مسكن باحدث عمارات مدينة نصر وباعلى موقع بالمنطقة الاولى .

شقق بعمارات ارتفاعها ١٠ ادوار

٣ غرف وصالة

٤ غرف وصالة

وبالمنطقة السابعة اهدأ مناطق الاسكان ـ شقق جميلة بعمارات صغيرة ارتفاعها ٤ أدوار على أعمدة والدور شقتان .

٣ غرف وصالة بمبلغ ٢٤٢٠ جنيها

٤ غرف وصالة بمبلغ ٣٣٠٥ جنيهات

حدائق جميلة منشأة تحت العمارات .

يدفع مقدما ١٠٪ من الثمن الاجمالى والباقى على ٢٠ عاما بفائدة ٣٪ .

التسليم فى الحال . للاستعلام وتقديم الطلبات بالشركة بشارع يوسف عباس بمدينة نصر .

تليفون : ٨٣٥٥٤٤

4.10

«العشوائية» تهاجم مدينة نصر!

كرية: شركات البناء اختارت التوسع الرأسى واخترقت قواعد التخطيط العمرانى!

4.11

نصر.. أول مدينة كاملة تقام فى القاهرة

جاردن سيتى جديدة .. فى العباسية

دار الآثار ومتحف السكة الحديد والمجمعات الحكومية تنتقل الى المدينة الجديدة

المكان الذى يقام عليه سوق القاهرة الدولى القادم اسمه مدينة نصر . . ستقام فوق المكان الذى تشغله معسكرات القوات المسلحة الان فى العباسية . . ستكون المدينة امتدادا عمرانيا للقاهرة نحو الصحراء . . انها أول مرة تضاف فيها الى القاهرة مدينة كاملة دفعة واحدة . . ان التخطيط الذى وضع للمدينة تخطيط كامل . . لقد اعد لها عدد كبير من المشروعات . . مدارس ومجمعات حكومية وعمارات سكنية . . وفيلات . . سيقام ايضا مركز ثقافى تجارى ضخم واستاد فى وسط المدينة . . ستتسع المدينة فى المستقبل وتتصل بضواحى القاهرة .

4.12

4.13

105

NASR CITY
HOUSING MODEL 33
CAIRO, EGYPT, 1959–1960

ARCHITECT:
SAYED KARIM

المعماري:
سيد كريم

النموذج ٣٣ في مدينة نصر
القاهرة، مصر، ١٩٥٩ – ١٩٦٠

4.9– "Do not move ministry
buildings to Nasr City!," critique
by architect Abdelbaqi Ibrahim
published in al Ahram newspaper
in February 1961, regarding the
urban disorientation created
by bifurcating the city into two
centers, one in the existing city
around Tahrir Square, and another
in Nasr City.

4.10– Nasr Housing advertisements
in TV and Radio magazine, special
issue from 1969 on Egypt and
the world, showcasing national
progress in a variety of sectors,
including construction. The
advert includes an image of
Model 33 block at the top and lists
apartments on offer as three and
four bedroom apartments with
sale prices listed as 2420 and 3305
Egyptian pounds, respectively.
Purchase requires 10% down
payment with the rest paid over
twenty years with 3% interest.

4.11– "Randomness attacks Nasr
City!," interview with Sayed Karim
published in al Ahram in 1993 in
which he reflects on the fate of the
city he envisioned 50 years before.

4.12– "Nasr City, first complete
city to be built in Cairo," report
in al Ahram magazine detailing
the original vision of the project
including garden city residential
areas, sports city and stadium,
museums, and railway access.

4.13– Military parade in Nasr City
circa 1965 with housing blocks in
the background, including Karim's
Model 15 blocks to the left.

4.14– Al-Emara issue 3–4, 1952.

4.15– Al-Emara issue 1–2, 1948.

On pages 106–107:

4.16– General view of Model 33
blocks along Mustafa Nahas
Street.

٤،٩– "لا تنقلوا مباني الوزارات إلى مدينة نصر!".
هكذا كتب الناقد المعماري عبد الباقي ابراهيم
في جريدة الأهرام في شهر شباط (فبراير)
١٩٦١، نظراً للارتباك الذي وَلده خلق مركزين
للمدينة، أحدهما في المدينة القائمة حول
ميدان التحرير، وآخر في مدينة نصر.

٤،١٠– إعلانات مساكن مدينة نصر في مجلة
التلفزيون والإذاعة، في عدد خاص من سنة
١٩٦٩ موضوعه مصر والعالم، وتُظهِر هذه
الإعلانات التطوّر الحاصل في قطاعات
مختلفة، من بينها قطاع البناء. وتتضمن
الإعلانات صورة متصدّرة مبنى النموذج ٣٣
وتحتها لائحة بالشقق المتوفّرة ذات غرف
النوم الثلاث والأربع وبأسعار تتراوح بين ٢٤٢٠
و٣٣٠٥ جنيهات مصرية، تباعاً. وتتضمّنت
عملية الشراء تسديد ١٠ في المئة من سعر
الشقة كدفعة مسبقة، فيما تقسَّط الدفعات
المتبقّية على مدى ٢٠ عاماً بفائدة ٣ في المئة.

٤،١١– "العشوائية تهاجم مدينة نصر!" مقابلة
مع سيّد كريم نشرتها جريدة الأهرام سنة
١٩٩٣ تحدّث فيها عن مصير المدينة التي وضع
رؤيتها قبل ٥٠ سنة.

٤،١٢– "نصر، أوّل مدينة كاملة تبنى في
القاهرة"، تحقيق في مجلة الأهرام يستعرض
تفصيلياً الرؤية الأولى للمشروع التي تتضمن
مناطق المدينة الحدائقيّة السكنيّة، والمدينة
الرياضيّة والملعب، والمتاحف، ومحطات
القطار.

٤،١٣– استعراض عسكري في مدينة نصر قرابة
سنة ١٩٦٥، وتبدو في الخلفية المباني السكنيّة،
من ضمنها إلى اليسار مباني النموذج ١٥ التي
صمَّمها كريم.

٤،١٤– العدد ٣–٤ من مجلة "العمارة"، ١٩٥٢.

٤،١٥– العدد ١–٢ من مجلة "العمارة"، ١٩٤٨.

على الصفحتين ١٠٦ – ١٠٧:

٤،١٦– مشهد عام لأبنية النموذج ٣٣ على طول
شارع مصطفى النحاس.

4.14

4.15

المركز الأردنى الرئيسى
لتركيب الشعر الطبيعى
IBRAHIM ZAGHLAWAN
RAZAN ELMOGHRABI
015 555 509 59
012 708 988 68

NASR CITY
HOUSING MODEL 33
CAIRO, EGYPT, 1959–1960

ARCHITECT:
SAYED KARIM

المعماري:
سيد كريم

النموذج ٣٣ في مدينة نصر
القاهرة، مصر، ١٩٥٩ – ١٩٦٠

4.16

4.17

4.17– Each Model 33 block is divided into three sections, each with an entrance and circulation separate from the other two. While some of the entrance areas are accessed from the outside of the block, others are tucked into the area beneath the building. Entrance areas were designed with planters and with use of a variety of materials, including polished concrete, cement tiles, wood mosaic tiles, and stone. These original materials were replaced in subsequent renovations by the housing authority over the decades.

٤,١٧– جُعل كل مبنى من مباني النموذج ٣٣ في ثلاثة أقسام، كل منها له مدخل خاص وحركة مستقلة. وفيما يمكن الوصول إلى بعض المداخل من خارج المبنى، جاء بعضها الآخر متموضعاً في مساحة تحت المبنى. وقد صمّمت مساحات المداخل لتضم أحواض نباتات واستخدمت فيها مواد متنوعة، كالخرسانة المصقولة، وبلاطات الإسمنت، وأرضيات الموزاييك الخشبيّة والحجر الصخري. وقامت سلطات الإسكان باستبدال تلك المواد إثر عمليات ترميم متعاقبة للأبنية على مدى عقود.

NASR CITY
HOUSING MODEL 33
CAIRO, EGYPT, 1959–1960
ARCHITECT:
SAYED KARIM
المعماري:
سيد كريم
النموذج ٣٣ في مدينة نصر
القاهرة، مصر، ١٩٥٩ - ١٩٦٠

المنزلية الحديثة كي تمثّل دليلاً على التطور الوطني الحاصل في مصر تحديداً، إلا أنها كانت صورة مألوفة ضمن سياقات وطنية أخرى حول العالم في تلك الفترة. إذ إن أجهزة مثل المكنسة الكهربائية، والتلفزيون، وغيرهما من عناصر المسكن الحديث وتجهيزاته التي أتاحتها التطوّرات التكنولوجية والاقتصادية بعد الحرب في حقبة الخمسينيات، أشارت إلى التطوّر الوطني في بلدان عديدة، كالولايات المتحدة، والاتحاد السوفياتي، وتركيا، واليابان.[١٥] فالمسكن، أو دواخل البيوت ومحتويات الوحدات المعمارية السكنية المبنية على نطاق واسع والممولة من قبل الدولة، مثّلت آنذاك تعبيرات وطنيّة، من ناحية رمزيتها وتصاميمها الدوليّة على حد سواء.

خلاصة

كانت مدينة نصر نطاقاً جديداً بالكامل، بيد أنها لم تتمكن أبداً من أن تصبح عاصمة جديدة موعودة. فهي منطقة ما زالت تعتمد على ارتباطها بالعاصمة التاريخية الموجودة قبلها. وعلى الرغم من انتقال بعض المباني الحكومية إلى هذه المدينة المستجدّة، إلا أن الرموز الأساسية لسلطة الدولة، مثل البرلمان، بقيت في منطقة وسط البلد. وفيما اعتبرت مدينة نصر "مدينة للثورة"، غير أنها لم تماثل لا تشانديغاره (الهنديّة) ولا برازيليا (البرازيليّة). إذ إنها افتقرت إلى رمزية مُصمَمة لسلطةٍ جديدة ما بعد كولونيالية.

لم تكن مدينة نصر أكثر من تمدد حضري عملانيّ، وزيادة في القدرة الإسكانية للقاهرة تلحّ الحاجة إليها، على الرغم من أنّها لم تمثّل للفقراء الذين يشكلون الأغلبية الشعبية نطاقاً متاحاً للسكن. كما أن المشروع من ناحية تصميمه لم يشكل معرضاً، أو بالأحرى استعراضاً، للسلطة الوطنية. إذ إنّه لم يتضمن صروحاً وطنية مهيبة، ولا مباني حكومية، ولا مجالات مدينية رحبة تمثّل الهوية الوطنية الجديدة وتُعبّر عنها. فهي كانت جديدة بالفعل، لكن معهودة. جِدّتها تلك عُبّر عنها من خلال حجم عمليات إنشائها، لا عبر لغة تصميمها.

واتسمت عمليات إنشاء المدينة/المنطقة الجديدة، بالبطء. إذ في سنة ١٩٦٦، بعد سبع سنوات من صدور المرسوم الرئاسي الذي قامت على أساسه مدينة نصر، كانت الصحافة ما زالت تناقشها باعتبارها مخططاً، وليس واقعاً.[١٦] كذلك، وإضافة إلى بطء عمليات الإنشاء، فإن العائلات والعمّال بدوا عازفين عن الانتقال إلى المدينة، جرّاء بُعدها عن وسط القاهرة وبسبب الافتقار إلى شبكة مواصلات فعّالة. كما جاء غياب مساكن لذوي الدخل المحدود في مدينة نصر ليمنع أبناء الأكثرية الشعبية من الانتقال والسكن فيها. وعلى الرغم من توفّر بعض الوحدات السكنية للإيجار، إلا أن النسبة الأكبر من هذا التوسع الحضري كان أعدّ للاستملاك، الأمر الذي جعل المساكن الجديدة متاحة مادياً لعدد أقل من الناس. وتطلّبت سياسة الاستملاك المذكورة تسديد ٢٠ في المئة من قيمة الوحدة السكنية كدفعة أولى (أي نحو ٥٠٠ جنيه مصري)، وبوليصة تأمين على الحياة لضمان الأقساط الشهرية (نحو ١٥ جنيهاً مصرياً) على مدى أكثر من عشرين سنة. وقام العديد من الاتحادات النقابيّة والتعاونيات بتنظيم اجتماعات ومؤتمرات مع مخططي المدينة للتفاوض، بغية وضع سياسات أكثر يسراً وانفتاحاً.[١٧] وكان من بين أولئك المخططين سيد كريم نفسه، إضافة إلى مسؤولين حكوميين أمثال عبد اللطيف البغدادي، وزير التخطيط في ذلك الوقت، ومحمد أبو ناصر، وزير شؤون البلديات والريف. كذلك قام ضباط من الجيش، ضمن خدمتهم، بإلقاء محاضرات للاتحادات العمّالية في مسعى لاستمالة سكان محتملين للقدوم إلى المدينة. إلّا أن ذلك لم يحقق نجاحاً كبيراً.

بنيت مجمعات "النموذج ٣٣" الخمسة ضمن المرحلة الأولى من عمليات إنشاء القطاعات السكنية في مدينة نصر. وقبيل الانتهاء من إنشائها، أو بعده بقليل، بلغت علاقة سيد كريم مع الدولة خاتمتها. إذ على نحو مفاجئ ومن دون إنذار تقريباً، وفي خضم موجة من التسريح والفصل التي قامت بها الدولة بحق المتعاملين معها، استُبعد كريم من العقود الحكومية، وأغلقت مكاتبه في القاهرة وباقي المناطق، وصودرت محتوياتها. وهذا يُوضح سبب صعوبة إجراء بحث أرشيفي متعلّق بهذا المعماري وأعماله. كذلك وضع سيد كريم في الإقامة الجبرية في دارته بضاحية المعادي القاهرية، كما وضعت اليد على ممتلكاته، عدا بعض الاستثناءات القليلة. وهكذا، بهذا الغموض، بُترت مسيرته المهنية وانتهت، فلم تُبصر النور أيّ من احتمالات الجهود التي بذلها لتخيّل أبنية ومجمعات سكن في المدن المصرية، وللمشاركة في تخطيط وتصميم القاهرة ما بعد الاستعمار.

مساكن "النموذج ٣٣" هي من بين تشكيلة مجمّعات سكن عالي الكثافة، بناها كريم منذ أواسط الخمسينيات حتى أواسط الستينيات. واقتضى الكثير من هذه النماذج المبنيّة تعديلات أدخلت على التصاميم الأصلية، تعلّقت في الغالب بالمساحات المشتركة، والمنصّات المتّصلة بأبراج عدّة. وغالباً ما جرى تعديل تلك العناصر لأسباب اقتصادية. لكن على الرغم من هذا، فإن مجمّعات كريم وأبنيته، من ضمنها تلك الموجودة في مدينة نصر، تمثّل مطلع إرث معماري تعرّض للبتر لأسبابٍ سياسية، وبالتحديد لأسباب سياسيّة قمعيّة، سُوّغت للجمهور آنذاك باعتبارها جزءاً من عملية إنهاء الاستعمار واجتثاثه من البلاد. إلا أن دولة ما بعد الاستعمار تلك، أثبتت في الواقع أنها لا تقلّ استعمارية، من ناحية التحكّم بالنقابات العمّالية، وإسكات المعارضين، وفرض الإقامة الجبرية على النسويّات، والمثقفين، والاختصاصيين المهنيين، أمثال كريم، ومصادرة ممتلكات الطبقة الميسورة، فقط بغية تصفيتها بعد عقدٍ من السنوات وفق مبدأ الليبرالية الاقتصادية الذي سنّه ميلتون فريدمان وجماعة "شيكاغو بويز" (تلامذة "مدرسة شيكاغو"). وبعد سنواتٍ زادت على العقد قليلاً إثر الانقلاب الذي رفع شعارات إنهاء الاستعمار، انهارت حقبة التفاؤل التي حلت عقب الحرب العالمية الثانية، تلك الحقبة التي منحت كريم موقعه البارز في الإقليم، وأتاحت له خلق مشاريعه المبنيّة وغير المبنيّة. مدينة نصر مثلت الرؤية التي ولدت في كنف لحظةٍ سياسية وثقافية، وقد أجريت عمليات إنشائها المتجزّأة والمتقطعة في ظل لحظة سياسية وثقافية متعارضة. إذ إن المقاولين وليس المعماريين هم من قادوا عمليات الإنشاء تلك. والغايات الربحية، وليس القيم الاجتماعية، هي من شكّل عمارة المنطقة. وكريم، الطاعن في السنّ وفي آخر أيّام حياته، رثا، في كلام مع الصحافة، ذاك المصير المبتور لما سبق وتخيّله نموذجاً حضرياً جديداً لمصر.

15 G. Castillo, *Cold War on the Home Front: The Soft Power of Midcentury Design*, Minneapolis: University of Minnesota Press, 2010.

١٦ هناك الكثير من المقالات الصحافية في سنة ١٩٦٦ التي تتناول "مدينة نصر" ووضعيتها. يمكن الاطلاع مثلاً على مقالة لـ س. همام، بعنوان "مدينة نصر، هل تحل الأزمة؟"، "بناء الوطن"، ١ يناير (كانون الثاني)، ١٩٦٦: ٥١.

١٧ تلقت تعاونيات الإسكان تشجيعاً من قبل الحكومة بغية تحفيز بناء المساكن. وعن هذا الأمر يكتب كيث ويلوك إنه "في ديسمبر، ١٩٥٣، سُجلت في وزارة الشؤون الاجتماعية خمس عشرة جمعية، منها تعاونية ضباط الجيش وتعاونية ضباط الشرطة. وكان يطلب من الأعضاء تسديد دفعة مقدمة بمقدار ٤٠ في المئة، فيما تتكفل الحكومة بتسديد القيمة المتبقية؛ وقد أمن مبلغًا إجمالياً بقيمة ١،٥ مليون جنيه مصري بفائدة ٣ في المئة على مدى عشرين سنة. إضافة إلى هذا جرى الحصول على أكثر من مليون جنيه مصري من تأمين الخدمة المدنية وصندوق التقاعد في سياق جهود تلبية طلبات تعاونيات الإسكان، لكن مع حلول سنة ١٩٥٦، كان إجمالي المبلغ ذاك قد أنفق، ضمن منطقة القاهرة في الدرجة الأولى، ولم تلبِّ طلبات سوى سبع عشرة جمعية تعاونية من أصل الجمعيات السبع والتسعين الموجودة". يتابع ويلوك "بدل تمويل مساكن لمحدودي الدخل، قامت وزارة الشؤون الاجتماعية عموماً برعاية مساكن تعاونية فخمة؛ وفي إحدى تلك التعاونيات بمحاذاة شارع الهرم، قُدم قرض بقيمة ٣ آلاف جنيه مصري لكل شقة، فيما سدّد المالك الـ٢٠٠٠ جنيه المتبقية، كمعدل وسطي". Keith Wheelock, *Nasser's New Egypt: A Critical Analysis*, New York: Frederick A. Praeger Publishers, 1960, 124.

كذلك خُصّص مركز ثقافي لكل ثلاثة أحياء، يقدم خدماته لكلّ ثلاثين ألف نسمة من السكان. وقد تضمّن مُخطط مدينة نصر مركزين ثقافيين يهدفان إلى تنشيط التفاعل الاجتماعي. وضمّ كل مركز ثقافي صالة سينما، ومسرحاً، ومكتبة، ونادياً اجتماعياً.[٧]

نماذج المساكن

قام فريق يترأسه سيد كريم بتصميم نماذج وأنماط الأبنية المختلفة لمدينة نصر: المدارس، المباني السكنية، مراكز المؤسسات الحكومية، المراكز الثقافية، والمرافق والأقسام التجارية. وكان من بين المعماريين المشاركين في وضع التصاميم كلّ من علي لبيب جبر، ومحمود الحكيم، وعوض كامل، وأحمد الشارمي، ومحمد أحمد عزمي، وطاهر الجويني. وعلى الرغم من شهرة كريم وجبر، إلا أن جيلاً جديداً من المعماريين الأقل شهرة تصدّروا الفريق. ونُفذت أعمال التصميم بإشراف "المؤسسة العامة للإسكان والتعمير" التابعة للحكومة. وكانت المهمّة الأولى التي أوكلت إلى الفريق، تصميم سلسلة من المجمّعات السكنية في منطقة العجوزة في الجيزة، تمثّل اختباراً لنماذج معمارية تُطبّق في مدينة نصر. وخُصص المشروع لإسكان موظفي المؤسسات الإعلامية الرسمية (الإذاعة والتلفزيون). وترأس سيد كريم مهام تصميم "مستعمرة" العجوزة التي تستوعب ١٢٠٠ عائلة، أو قرابة ٦ آلاف نسمة.[٨]

ويعد النموذج ٣٣ المثال الأفضل ربما لأفكار سيد كريم المتعلقة بالإسكان الشامل وميله إلى اعتماد المباني المرتفعة. في هذا الإطار، وبناءً على ذاك النمط، أقيمت خمسة أبنية، جنباً إلى جنب، بمحاذاة شارع مصطفى النحاس بالمنطقة السابعة في مدينة نصر، التي تمثّل اليوم أحد أحياء القاهرة. وتراجعت تلك الأبنية عن الشارع بمساحات خضراء، أُريد منها أن تكون حدائق محيطة بقواعد المباني. وتعاني هذه المساحات اليوم من الإهمال وسوء الصيانة. كما جرى تعديل استخدام بعضها، فغدا مشاتل نباتات. ويتألف كل بناء من ثلاثة أقسام متّصلة. ويُظهر التصميم في المسطّح خصائصَ وسمات "العمارة الاستقلابية" (الميتابوليزم)، الحركة المعمارية اليابانية التي تخلق مباني ضخمة تتضمن عناصر نموذجية مرنة، تترابط على نحوٍ مُستلهم من النمو البيولوجي العضوي. وجُعلت الأقسام الثلاثة التي تؤلّف كلّ مبنى على شكل نجمة ثلاثية، تمتدّ أضلاعها الثلاثة من مركز محوري دائري. وفيما يتألف النموذج ٣٣ ذو الطبقات العشر من ثلاثةٍ من تلك الأقسام، إلا أنّه يمكن نظرياً إضافة المزيد منها، الأمر الذي يشكل مدينة عمودية متعرّجة.

وتُرفع كتل الأبنية على أعمدة حاملة، تحديداً في الأماكن التي تتيح المرور عبر الموقع، وقد جرى في بعض الحالات إبعاد مداخل البنايات عن تلك الأماكن. ويأتي رفع المباني على أعمدة في أماكن عدّة على طول مسطح الطابق الأرضي ليؤمّن التتابع البصري والمكاني للحدائق عبر مساحة الأرض. وقام مستخدمو تلك المباني بتعديل هذه الخاصيّة، إذ باتت المحال والمتاجر راهناً تُغلِق بعض تلك المساحات الموجودة تحت الأبنية. ويُفضي كلّ مدخل من مداخل البنايات إلى قاعة سُداسية الأضلاع تَضمّ سُلّماً (درجاً) محاطاً بجدار مبنيّ من حجارة خرسانية مفرّغة. وثمة أيضاً سُلّم طوارئ ومصعدان. ويتيح كلّ طابق الدخول إلى ستّ شقق، نُسقت أبواب مداخلها في ثلاث مجموعات ثنائيّة. ومع وجود الشقق الستّ في كل طابق من طوابق الأقسام الثلاثة لكلّ مبنى، فإن العدد الإجمالي للشقق في كل طابقٍ يبلغ ثماني عشرة شقّة، وكل بناية تضمّ مئة وثمانين شقّة. وقد صُممت تلك الشقق بحرص وانتباه، بحيث لا يتبدّد الكثير من المساحة. كما توفّرت شقق بغرفتي نوم، وأخرى بثلاث غرف. ووضعت غرف المعيشة والنوم خلف جدران واجهات الأبنية، وزُودت بنوافذ وشرفات. أمّا غرف الخدمات، فقد جُعلت قريبة من النواة الداخلية لكلّ مبنى، وتمّت تهوئتها بواسطة المناور.

يتميز تصميم الواجهات الخارجية بالخطوط المستقيمة، اسطح بارزة، والشرفات التي صممت في زوايا المبنى. وأحيطت حافة سطح البناء بعنصر تظليل خرساني رقيق، مدعوم بأعمدة نحيفة، صُمّم كي يكون حديقة على السطح لسكان البناية.

حداثة استهلاكية وطنية

كحال العمارة التي تبنيها الدولة، غدت هذه المجمعات السكنية رموزاً ونماذج للحداثة الوطنية. وفي السياق عينه، فإن أموراً مثل شراء براد من شركة "إيديال" التي تملكها الدولة، وسيارة "نصر" محليّة الصنع، وشقة في مدينة نصر، صارت شكلاً من أشكال الاستهلاك الوطني.[٩] إذ إن مدينة نصر آنذاك وغيرها من مشاريع الإسكان التي لبّت حاجات عوائل متوسطة الدخل، أوجدت سوقاً للمنتجات الوطنية الجديدة. وكانت الدولة في هذا الإطار، منذ مطلع الخمسينيات، بدأت الاختبار في تصنيع الأجهزة والأدوات المنزلية. ومع نهاية ذلك العقد جرى تقديم العديد من الماركات المحلية الجديدة، كما أُسِست مصانع لإنتاج تجهيزات المنازل الجديدة في مصر. برّادات، وغسّالات، ومكانس كهربائية، وأفران غاز، ومفروشات مطبخية، كانت من بين أكثر المنتجات التي جرى الترويج لها والتي صنعتها الشركات الوطنية.[١٠] كذلك فإن الدولة دغدغت مشاعر الناس بفكرة تصنيع سيارة مصرية لعائلات الطبقة الوسطى الذين يعيشون في مدينة نصر الجديدة ممن لا يودون الاعتماد على النقل المشترك للذهاب إلى وسط القاهرة. وقد ارتبطت هذه الصناعات الجديدة في الحقيقة، وعلى نحو مباشر، بوجود المساكن الجديدة وشيوعها، تلك المساكن المُصممة وفق مخططات هندسية فعّالة، والتي يلحّ فيها وجود تجهيزات حديثة.[١١]

وبدا نموذج المسكن فائق الحداثة ذاك، نموذجاً يمكن للعائلة المثاليّة التي تقطنه أن توفّر لنفسها فيه تجهيزات وأدوات منزليّة وطنية الصنع، ومفروشات مُصممة محليّاً. وتمحورت مساحة غرفة المعيشة في ذلك المسكن الحديث حول موقع جهاز التلفزيون. ونشرت آنذاك صحيفة "الأهرام" الوطنية صورة تبيّن ذاك البيت المصري الحديث، في إطار مسابقة طلبت فيها من قرائها معرفة وتحديد أيّ من الأدوات والتجهيزات المنزلية مصنوع محلياً.[١٢] و"ضمّ البيت غرفة معيشة حسنة التجهيز، فيها راديو وتلفزيون ومكيف هواء ومسجّلة ومطبخ كامل التجهيز، وفيه غسالة نصف أوتوماتيكية، وبرّاد، وفرن غاز، ومكواة كهربائية، ومكنسة كهربائية. كما ضم البيت مرآباً للسيارة".[١٣] والنص المرفق بالصورة في صحيفة "الأهرام" ربط صورة الحياة المنزلية الحديثة تلك بالتطوّر والتقدّم الوطنيين، حين أكد أن "السنوات العشر التي تلت الثورة أدت إلى تطوّر عظيم في الصناعات المصرية وفي قدرتها على تلبية متطلبات كل مواطن. إذ إن راية الصناعة المصرية اليوم ترفرف في كل دار ... في غرف النوم، وغرف المعيشة، في المطابخ، والحمامات، والحدائق".[١٤] وفيما جاءت صورة الحياة

٧ حامد، "مصر تبني": ٥٣.

٨ نفس المصدر السابق.

٩ استهلاك السلع والمصنوعات التي أنتجتها بكثافة الدولة المصرية مثّل أحد أبرز ظواهر رأسمالية الدولة في حقبة الخمسينيات، وهذه الظاهرة آنذاك لم تكن محصورة بمصر فقط. للاطلاع أكثر عن الموضوع يمكن مراجعة كريغ كاستيلو في كتابه:
Greg Castillo, *Cold War on the Home Front: The Soft Power of Midcentury Design* (Minneapolis: University of Minnesota Press, 2010);
وكيني كوبرس في كتابه:
Kenny Cupers, *The Social Project*.

١٠ أنظر:
Laura Bier, *Revolutionary Womanhood: Feminisms, Modernity, and the State in Nasser's Egypt*, Stanford: Stanford University Press, 2011, 84.

١١ للاطلاع على التاريخ الاقتصادي في الحقبة الناصرية، يمكن مراجعة شارل عيسوي في كتابه:
Charles Issawi, *Egypt in Revolution: An Economic Analysis*, New York: Oxford University Press, 1963.
وروبرت مابرو وسمير رضوان في:
Robert Mabro and Samir Radwan, *The Industrialization of Egypt, 1939–1973: Policy and Performance*, Oxford: Clarendon Press, 1976.
وجون واتربري في:
John Waterbury, *The Egypt of Nasser and Sadat: The Political Economy of Two Regimes*, Princeton: Princeton University Press, 1983
وداليا وهدان في:
Dalia Wahdan, "Planning Imploded: Case of Nasser's Physical Planning," *Economic and Political Weekly* 42, no. 22 (2007): 2099–2107.

١٢ مادة غير موقعة، "أعرف منتجات بلدك"، صحيفة "الأهرام"، ٦ أغسطس (آب)، ١٩٦٢.

13 Bier, *Revolutionary Womanhood*: 84.

١٤ نفس المصدر السابق.

تمكّنه من الإثبات للإداريين ببساطة أنّه، كمصري، قادر على إتمام دراساته في ذاك المعهد. بيد أنه، في النهاية، لم ينل فقط شهادة الـ"ماستر"، بل حاز أيضاً على الدكتوراه سنة ١٩٣٨، ليغدو المعماري العربي الأول الذي يُمنح شهادة دكتوراه. كذلك، في سنة ١٩٣٨، مع عودته إلى القاهرة، شرع في ممارسة مهنة العمارة وبدأ يدرّس في جامعة القاهرة التي كانت آنذاك تحت هيمنة مجموعة من الأساتذة والإداريين البريطانيين المحافظين. ثم في سنة ١٩٣٩، أسس مجلة "العمارة" لكي تهتمّ بمجريات هذه المهنة في مصر. وكانت أول مطبوعة عن العمارة باللغة العربية في العالم.

وكريم، من الناحية المفهومية، لم يعبّر عن أفكاره المعمارية لجهة الأسلوب، إذ إن هذا الأمر لم يكن جزءاً من اهتماماته الثقافية. إلا أن أفكاره تطوّرت لتتمحور حول فهمٍ ماديّ للعمارة، في السياقين التاريخي والراهن. فالمباني، وبمعزل عن المكان والزمان، تُعدّ نتيجة لمجموعة من الظروف، غير أنها في الأصل ثمرة لفيزياء المادة المستخدمة ولمستوى كفاءة التنفيذ ومناهج الإنشاء. بناءً على هذا، فإن زيادة توفّر مادة الخرسانة في أنحاء العالم، ووفق ظروف متنوعة، سوف تؤدي، لا محالة، إلى ولادة أشكال وأنماط معمارية متشابهة مع بعض التنويعات البسيطة استناداً إلى اختلافات الموقع. وعلى الرغم من أن ذلك يمكن اعتباره حجّة للأسلوب الدولي (في العمارة)، إلا أن كريم في المقابل كان يحاجج لعمارة دوليّة تستفيد إلى أقصى حدّ من الخرسانة لمقارعة النزعة الاستعمارية المحافظة في العمارة التي لم تنتج سوى منشآت قليلة ومكلفة.

وعمل كريم بلا كلل طوال أكثر من عقدٍ على إعداد مخططات لـ"مدن فعّالة" (ناجحة من الناحية الوظيفيّة)، واضعاً تصورات لمدن عدة، مثل دمشق وبغداد. لكن كثيراً من تلك المخططات والتصورات لم ينجز على نحو كامل. ومخطط مدينة نصر أبصر النور خلال هذه الفترة التي وضع فيها كريم مشاريع مخططات حضرية من دون تكليف من أحد، أو من أيّ مرجع. ومع أن تنفيذ المدينة بدأ رسمياً سنة ١٩٥٩، إلا أن مخططها كان تبلور سنة ١٩٥٣، أي بعد عام واحد فقط على ثورة يوليو التي بدّلت حياة مصر السياسية. وإبان تلك الفترة طوّر كريم مجموعة من العناصر التي تؤلف البيئة العمرانية الحديثة، من بينها تنويعة أنماط سكنية. وفي السنوات التي تلت نهاية الحرب العالمية الثانية، نشر كريم كتابات تحسّر فيها على ضآلة الأضرار التي مُنيت بها القاهرة خلال الحرب، مقارنةً بالفرص الكبيرة التي أتيحت للمعماريين والمخططين الأوروبيين، المتمثلة بإعادة بناء المدن التي دمرتها الحرب. ولأن كريم لم يحظَ بواحدة من تلك الفرص، فإن سبيله لتخيّل مستقبل حضري وعمراني للقاهرة بعد الحرب تمثّل بالتخطيط لمدينة تتمدّد نحو الصحراء، وفي موقع لم يكن قد حُدّد بعد. ومن جهته، أُعجب جمال عبد الناصر بالتقديم الذي اقترحه كريم لمدينة نصر. وصدر المرسوم الرئاسي رقم ١٩٥٩/٨١٥ الذي شرّع قيام "مؤسسة مدينة نصر بالعباسيّة" ككيان قانوني مستقل. وبدأ العمل على الفور لتطوير تصميم كريم وترجمته على أرض الواقع. وغدا كريم معماريّ الدولة والمستقبل، معماري مدينة الثورة.[٣]

وجاءت أهداف "مؤسسة مدينة نصر" (تحولت فيما بعد إلى شركة قطاع عام وفق المرسوم الرئاسي رقم ١٩٦٤/٢٩٠٨) كالآتي: تأمين نموذج إعماري جديد للتوسّع في الصحراء؛ تخفيف أزمة السكن (في النهاية وبالدرجة الأولى ستجذب أوساط الطبقة الوسطى) والازدحام السكاني في وسط القاهرة؛ تأمين مراكز جديدة لمؤسسات الدولة (المرسوم الرئاسي رقم ١٩٦٢/٦١٦ أمر بنقل مقار مؤسسات الدولة التي كانت في السابق تستأجر مباني في مناطق سكنية، إلى أبنية جديدة في مدينة نصر)؛ نقل المساكن التي تؤمّنها الدولة لموظفي عدد من وزاراتها إلى مدينة نصر؛ تأمين مناطق سكنية توفّر بيوتاً للإيجار والاستملاك؛ تمديد البنى التحتية إلى الأراضي الصحراوية وتهيئة هذه الأراضي للبيع "بأسعار مقبولة" للتطوير الخاص؛ ربط هليوبوليس بوسط القاهرة عبر طرق جديدة ووسائل نقل مشترك مختلفة (في ذلك الوقت كانت طريق واحدة فقط تربط "مصر الجديدة" بباقي أنحاء القاهرة).[٤]

وجرى تصوّر مدينة نصر كمكان مثاليّ عملانيّ يستجيب للمتطلبات الحضريّة التي تشمل خدمات كانت موجودة في بعض المراكز المدينيّة، لكنها لم تنفّذ كجزء من مشروع حضري متكامل أُنشئ من نقطة الصفر. وتضمنت تلك الخدمات مراكز للشرطة، دائرة للإسعاف والإطفاء، شبكة للباصات تربط الأحياء السكنية المختلفة بعضها بالبعض الآخر، كما باقي أنحاء مدينة نصر. كما أن مرافق البنى التحتية الحديثة، مثل محطات الصرف الصحي، وتوليد الكهرباء، ومحطات مياه الشرب، كانت ستؤمَّن لجميع أقسام المدينة وسكانها من دون تمييز بين مستويات الدخل. وتموضعت المدينة الجديدة شرق منطقة العباسية، حيث تقوم ثكنات الجيش، وجنوب ضاحية "مصر الجديدة" (هليوبوليس). ويملك الجيش معظم المساحة التي أقيم عليها المشروع. وفي صور ونصوص منشورة، أشير إلى مدينة نصر كمكان يتضمّن سمات المدينة الوظائفيّة واليوتوبيا الحداثية "الرشيدة"، أو مواصفات أخرى من هذا القبيل، تُقدم في سياق مدينة القاهرة في حقبة الخمسينيات. وقد تألّفت هذه المدينة من تسع مناطق هي: المنطقة الأولمبية؛ منطقة المعرض الدولي؛ مساكن الرياضيين (التي ربطت المنطقة الأولمبية بالمنطقة التجارية)؛ ومنطقة الجامعة (التي تضمّنت توسعاً لجامعة عين شمس وحرماً جديداً لجامعة الأزهر)؛ والمنطقة الحكومية (التي تضمّنت مراكز رئيسة جديدة لعدد من مؤسسات الدولة ووزاراتها)؛ المنطقة العسكرية (تضمّنت مساحة للعروض العسكرية ونُصُباً للجندي المجهول)؛ المنطقة السياحية (تموضعت في موقع مرتفع يضمّ متنزّهات ويطلّ على المدينة من فوق عبر مشاهد بانورامية)؛ المنطقة الطبيّة؛ والمناطق السكنية (التي تتكون من مجمعات كبرى تتمتع بخدمات تجارية وطبية وثقافية خاصة).[٥]

وضمّت الأحياء السكنية أنماطاً مختلفة من المساكن، تنوّعت بين بيوت ودارات (فيلات) خاصة، وبين أبراج دارات متعددة، وأبراج شقق ذات كثافة سكانية عالية. إن استراتيجية تصميم المساكن مختلفة الأنماط تلك، التي تعكس مستويات متعددة للدخل، اختلفت وتمايزت عن مشاريع السكن المعاصرة التي تدعمها الدولة، والتي اعتبرت آنذاك من آخر تعابير الحداثة، مثل مشاريع الضواحي الفرنسية.[٦] ووضعت وحدات البيوت المستقلّة في داخل الأحياء السكنية، وأحيطت بمبانٍ متوسطة الارتفاع، تضم دارات (فيلات) عديدة. أمّا أبراج الشقق التي تستوعب كثافة سكانية عالية، كالنموذج ٣٣، فقد بُنيت على شكل مجمّعات تفصل بينها مساحات مفتوحة. وخُصّص لكلّ حيّ سكني مدرسة ابتدائية بُنيت ضمن شعاع لا يبعد أكثر من ٥٠٠ متر عن كلّ برج سكني، فيما أُنشئت حضانات الأطفال ضمن شعاع لا يبعد أكثر من ٢٥٠ متراً من تلك الأبراج. كذلك وضعت المدارس الثانوية ضمن مسافة لا تبعد أكثر من ٩٠٠ متر من الأبراج السكنية. وأُقيمت الأسواق في وسط كلّ حيّ سكني للتأكد من أن جميع سكان الحيّ، البالغ تعدادهم عشرة آلاف نسمة، يستطيعون الوصول إلى السوق العام.

٣ محمد حامد، "مصر تبني"، القاهرة: ١٩٦٣، ٤٨.

٤ فهيم، "مدينة نصر": ٤.

٥ تضمنت المرحلة الأولى من المخطط جميع هذه المناطق المذكورة أعلاه؛ أما المرحلة الثانية فتكونت فقط من المجمعات السكنية الكبرى.

6 Kenny Cupers, *The Social Project: Housing Postwar France*, Minneapolis: University of Minnesota Press, 2014.

محمد الشاهد

طوابق عليا للطبقة الوسطى

أصدرت "مؤسسة مدينة نصر" سنة ١٩٥٩ منشوراً ترويجياً يعلن عن توسّع جديد للقاهرة شيّد حديثاً. المنشور مطبوع جزئياً بلون أخضر فيروزي ويظهر شعار "مدينة نصر" شبيه الـ"بوميرانغ"، فيستحضر بوضوح حقبة الخمسينيات وجمالياتها. وتبين الصورة على الغلاف المخطط التوجيهي لمدينة نصر.[١] وتحت الصورة جملة دعائية تقول "مدينة الثورة". وفي أسفل الصفحة عينها كُتب "مؤسسة مدينة نصر، فرع من الدائرة الرسمية المصرية للإسكان والتطوير المسؤولة عن بناء وإدارة مدينة نصر"، وقد ذُيلت تلك الجملة بـ"ترحيب حار بالجميع." وداخل المنشور المؤلف من ثلاث صفحات تُطوى على بعضها بعضاً، يُحيط إطار الخلفية، الأصفر الفاقع، بصورتين منسّقتين ونصّ قصير. وتضمّ إحدى الصورتين صيغة مكبّرة للمخطط التوجيهي الظاهر على الغلاف. أما الصورة الثانية فتضمّ نموذج تصميم معماري لثلاثة مبان سكنية. ويتركز مُخطّط مدينة نصر وسط ملعب، ويتّسم بسلسلة من كتل أبنية مؤلفة من أبراج مستقلّة مرتفعة. ويتمثل نموذج التصميم المعماري بثلاثة مجمعات سكنية على شكل حرف H اللاتيني، موزعة قطرياً في أعلى منصة مشتركة. ويُعلن النص المكتوب فوق الصورة أن "مدينة نصر: تقدّم الخدمات، ولا تبغي الربح"، كما يزعم أنها "مصممة وفق أحدث نظريات تخطيط المدن". ويضم الغلاف الخلفي للمنشور صوراً تُبيّن المنشآت الثلاثة الأولى: منصّة العروض العسكرية، استاد (ملعب) القاهرة، والكازينو. وفي منتصف الجهة الفيروزية للمنشور الترويجي (التي تغدو الغلاف الخلفي عندما تُطوى هذه المطبوعة) ثمة صورة لنُصُبٍ مقترح يرمز إلى "الجندي المجهول". وجسّدت هذه المدينة وعود تحسين السكن وزيادة التصنيع وتحقيق التقدّم. لقد بدا قيام مدينة الثورة، التي وُضع تصوّرها ومخططها تزامناً مع نشوء مدن حداثية أخرى في العالم مثل تشانديغاره في الهند، وبرازيليا في البرازيل، مُعبّراً عن أوجه السياسات الوطنية.[٢] وجاءت مدينة نصر كي تكون درّة أعمال المعماري سيد كريم، ولتُمثّل دليلاً مرئياً ومكانياً للتقدم المُحقق في كنف القيادة السياسية الثورية.

وكانت انطلقت حركة مناوئة للمَلكيّة والاستعمار بحلول سنة ١٩٤٨، وهي السنة التي بنى فيها سيد كريم دارته في المعادي. وجاء انقلاب دعمته الولايات المتحدة لينُهي تلك الحركة، ويطيح الملك، مبشراً ببداية حقبة الاستقلال. وخلال الأحداث التي قادت إلى الانقلاب، تعرّض مكتب كريم في وسط القاهرة لحريق في سياق حوادث ٢٥ يناير (كانون الثاني) في تلك السنة، واستُهدفت الأبنية والمصالح التي يملكها بريطانيون وأجانب، أدت إلى خسائر عديدة، من بينها مكتب كريم، الذي كان منذ نهاية الحرب العالمية الثانية منكبّاً على تطوير مخططات عمرانية مختلفة لمدن في المنطقة. بيد أنّه، وفي خضم الفوضى السائدة في مصر آنذاك، لم يجد الداعم الذي يطمح إليه، والمتمثّل تحديداً بالدولة، كي يدعم تطوير مخططاته في بلاد النيل. إلا أن التغيير السياسي الذي أحدثه الانقلاب أتاح لكريم الشروع في علاقة جديدة مع الدولة، تمثلت في قيامه بتقديم خدماته للعديد من المشاريع العامّة، كـ"قصور الثقافة" التي أطلقتها وزارة الثقافة، أو مشاريع وخطط التمدين مثل مدينة نصر. وفي هذا السياق، فإن فكرته لإنشاء مدينة حديثة في الصحراء كانت مطروحة منذ سنة ١٩٥٣.

تأسست مدينة نصر سنة ١٩٥٩ وفق مرسوم رئاسي، وجرى الإعلان عنها باعتبارها "مدينة الثورة". وقد جرى تصوّر المشروع كنموذج عمراني لتمدّدٍ في الصحراء، يضمّ مبانيَ حكومية وتشكيلة واسعة من أنماط المباني لمواجهة أزمة السكن. إلا أن المشروع، الذي نُسّق كشبكة من المجمّعات العملاقة يتمتّع كل واحد منها بمساحات خضراء ومركز للخدمات الاجتماعية، جاء بطيئاً من الناحية التنفيذية، ومُكلفاً. وتراوحت خيارات أنماط المباني الأساسية في مدينة نصر بين مبانٍ ضخمة مرتفعة ذات كثافة سكانية عالية، مثل مباني النموذج ٣٣، وبين وحدات سكن خفيضة ودارات (فيلات) مستقلّة.

وفي هذا الإطار، فإن الشقق المبنية أصلاً كي تعرض للإيجار، بقيت فارغة. ومع حلول عقد السبعينيات جرى توجيه النموذج الاقتصادي الكامل للمشروع نحو نموذج تملّك البيوت، فتمّ التخلي عن شعار التطوير الاشتراكي الذي ساد طوال العقد الأول من حياة ذاك المشروع. وجاء تحرير النسق الاقتصادي الذي يحكم مدينة نصر كي يتيح للمستثمرين الدخول في المشهد عبر شراء قطع أراضٍ للتطوير الخاص. كذلك، جرى التخلّي عن المخططات والنماذج الأولى للأبنية، والتغاضي عن تجاوزات الحدود الموضوعة لارتفاعات المباني. وتعدّ اليوم مدينة نصر منطقة ضمن القاهرة الكبرى لا تتمتّع بأيّ استقلالية، وقد أنشئ معظم أبنيتها بعد الثمانينيات. كما أن العديد من مبانيها الأصغر حجماً، المنشأة في الستينيات والسبعينيات، جرى استبدالها مرّة أو أكثر خلال العقود القليلة التي تلت تأسيس "المدينة"، على وقْع الارتفاع المستمر في قيمة العقارات. وهي عموماً منطقة سكنية للطبقة الوسطى، والطبقة الوسطى العليا، وتضم عدداً كبيراً من مراكز التسوّق (المولات)، كما ترتفع فيها نسبة مالكي السيارات. كذلك، فإن الـ"ترامات" الكهربائية التي وُسّعت شبكتها في الستينيات كي تمتد من "مصر الجديدة" إلى مدينة نصر وتُعزّز الترابط المدينيّ، وضعت خارج الخدمة نهائياً سنة ٢٠١٤.

وارتأى كريم أن المدينة (مدينة نصر) ستخدم الطبقة الوسطى حصراً، ولن تضم أيّ مساكن شعبية. وكان على الثورة خلق أكبر تمدد للقاهرة يبنى دفعة واحدة منذ القرن التاسع عشر. وكان عليها أيضاً الاستجابة لمتطلبات موظفي الدولة من أوساط الطبقة الوسطى. وتُبيّن لنا قصّة سيد كريم هذه، كيف أن التوسّع العمراني للقاهرة الذي مثّل حقبة الثورة، جاء ثمرة لإملاء رئاسي وقدرةِ معماري في التأثير على القيادة السياسية. لكن في المقابل، فإن مقترحات كريم لم تكن ثوريةً في مقارباتها الاجتماعية - الاقتصادية، من الناحيتين الحضريّة والإسكانية. كما أنها جمالياً أو معمارياً لم تبتعد حتى عن الممارسات التي كانت موجودة في مصر قبل انقلاب سنة ١٩٥٢.

ولد سيّد كريم (١٩١١-٢٠٠٥) لعائلة ثرية من مالكي الأراضي تتحدّر من منطقة الدلتا. وشغل والده إبراهيم فهمي كريم باشا عدّة مسؤوليات رسمية في حقبة العشرينيات، من بينها منصبا وزير الأشغال العامة ووزير المصادر المائية، وغيرها من المسؤوليات. تخرّج كريم في كليّة العمارة بجامعة القاهرة سنة ١٩٣٣. ولأن الجامعات المصرية لم تكن تمنح طلابها شهادات تخرّج في العمارة، كان المعماريون الطموحون يتابعون دراساتهم في الخارج، فيسافرون في الغالب إلى أوروبا، وأحياناً إلى الولايات المتحدة، لتحصيل شهادات التخرّج أو للتدرب واكتساب الخبرة. في هذا السياق، وصل كريم إلى "المعهد الفدرالي للتكنولوجيا - إي تي إتش - في زيورخ" سنة ١٩٣٣ لمتابعة الدراسة ونيل شهادة الـ"ماستر". ولم تمثّل أوروبا لكريم آنذاك بيئة متسامحة، إذ كانت النازية والفاشية في حالة صعود بألمانيا وإيطاليا، جارتي سويسرا من الشمال والجنوب. وقضى كريم سنته الأولى هناك على نفقة والده، فدرس في الـ"إي تي أتش" من دون الحصول على علامات شهادة

١ المنشور باللغة الإنجليزية.

2 Vikramaditya Prakash, *Chandigarh's Le Corbusier: The Struggle for Modernity in Postcolonial India*, Seattle: Washington University Press, 2002. James Holston, *The Modernist City: An Anthropological Critique of Brasilia*, Chicago: The University of Chicago Press, 1989.

NASR CITY
HOUSING MODEL 33
CAIRO, EGYPT, 1959–1960

ARCHITECT:
SAYED KARIM

المعماري:
سيد كريم

النموذج ٣٣ في مدينة نصر
القاهرة، مصر، ١٩٥٩ - ١٩٦٠

4.18– Facade of Model 33 block with brise-soleil marking the vertical circulation of the main stairs above each of the three entrances for each block. Architectural features to note include shading devices and geometric articulation of the façade, interplay of protruding and recessed balconies, and later alterations by residents, including the closure of balconies and changing of original wooden shuttered windows with aluminum sliding panels.

٤,١٨- واجهة مبنى النموذج ٣٣ بحواجب الشمس التي تُعيّن الحركة العموديّة للأدراج الرئيسة فوق كل مدخل من المداخل الثلاثة لكلّ بناء. وتضمّنت السمات المعماريّة عناصر تظليل وخطوط هندسيّة ، وقد تداخلت فيها أو برزت منها الشرفات. وفيما بعد، جاءت التغييرات التي أجراها السكان لتتضمن إغلاق الشرفات وتبديل حواجب النوافذ الخشبيّة الأصليّة بنوافذ ألمنيوم جرّارة.

مصر

النموذج ٣٣ في مدينة نصر
القاهرة ١٩٥٩ - ١٩٦٠
المعماري: سيّد كريم

بلدة القرنة الجديدة
١٩٤٥ - ١٩٥٢
المعماري: حسن فتحي

الضواحي الحدائقيّة
القاهرة بين الأربعينيّات والخمسينيّات
المعماري: محمود رياض

Mahmoud Riad's Garden Suburbs.

الضواحي الحدائقية لمحمود رياض.

Hassan Fathy's New Gourna Village.

ة القرنة الجديدة لحسن فتحي.

ayed Karim's Nasr City Model 33. النموذج ٣٣ في مدينة نصر لسيّد كريم.

Lebanon

Electricité du Liban Headquarters

Beirut 1964–1971

Architect: CETA (Aractingi, Neema, Conan and Nassar)

.1– View of the southern façade showing the distinctive brise-soleil and what used to be a garden errace on the second floor.

٥,١- الواجهة الجنوبية وتظهر في الصورة كاسرات الشمس يتوسّطها طابق الشرفة الحدائقية المعدّل.

5.2– EDL from An-Nahr Street, 1971.

٥،٢– مقرّ مؤسسة كهرباء لبنان كما يبدو من شارع النهر، ١٩٧١.

ELECTRICITÉ DU LIBAN
HEADQUARTERS
BEIRUT, LEBANON, 1964–1971

ARCHITECT:
CETA (ARACTINGI, NEEMA,
CONAN AND NASSAR)

المعماري:
مجموعة "سيتا" (عرقتنجي.
نعمة، كونان، ونصّار)

المقرّ الرئيس لمؤسسة
كهرباء لبنان
بيروت، لبنان، ١٩٦٤ – ١٩٧١

George Arbid

Hope on the Horizon

The Electricité du Liban Headquarters is a surviving witness to the heroic era of Lebanon's modernization, which had moved ahead steadily since the country gained independence in 1943. Development planning reached its peak with the presidency of Fouad Chehab (1958–64), who committed to building modern state institutions and implementing social and administrative reforms. Along with electricity sector, administrative buildings, public education buildings, infrastructure, roads were built and water, and other sectors were improved. Following the fast growth of the Electricité du Liban, the need arose for the reorganization of its services.[1] In order to perform well, the need to locate in a single headquarters a number of offices scattered across the capital became inevitable. It was under the presidency of Chehab's successor Charles Hélou (1964–70) that the EDL was built, with his term practically framing the construction of the building from inception to realization.

In November 1964, an ambitious national competition for the design of the Electricité du Liban headquarters in Beirut was launched. Twelve projects were presented, and the first prize went to the scheme proposed by CETA, a team of architects and engineers.[2] The design addressed all the expectations of the ambitious endeavour stated in the distributed brief: "In alignment with the technical progress achieved, the headquarters are expected to provide sufficient space, representative of the growing importance of public service on the national level." The brief also called for a human-centred perspective, not only improving the working condition of the EDL staff, but also addressing the urban community of the neighbourhood. Requirements included a green outdoor space and an uninterrupted view toward the sea from An-Nahr Street. Finally, the design of the complex was expected, with its architectural quality, to epitomize "the aesthetic expression of modern Lebanon."[3]

Indeed, the CETA winning scheme met all the requirements and the building lived long enough to embody the fulfilment of the competition goals and witness the last years of the post-independence golden age of modern Lebanon. It stands today as a survivor that bears the painful marks of the steady disintegration of the state, vitiated by wars, conflictual interests, clientelism, corruption, dysfunction and incompetence.

The seeds of disintegration were in fact planted at the same time as the genesis of the EDL project. Two months before the launching of the EDL competition, on September 11, 1964, the Arab League held its second summit in Alexandria, Egypt. For political historians and analysts, this event is considered to have been a trigger of the political developments that followed, having a significant impact on the region and the course of its history since the creation of Israel in 1948. It was at this summit that, following the creation of the Palestine Liberation Organization, the war of June 1967 with Israel started to loom on the horizon. The rest is history: the Cairo Accord of 1969, the Lebanese civil war (1975–90), and all that followed contributed to the dissolution of the Lebanese dream.

The Period

The post-independence years had seen favorable circumstances positively impacting all aspects of Lebanese life. The relative political stability supported a booming economy, which was further served by the unrest in the surrounding countries. As a result of the loss of the port of Haifa, the port of Beirut became for a long time the unrivaled entry gate on the eastern Mediterranean. The relocation of foreign companies to Beirut, the investments following the oil boom in the Gulf, and the unbridled liberal economy favored growth and development.[4] The predisposing factors also encompassed the readiness of the professionals, engineers and architects, who had first organized themselves in an association in 1934 and then, in 1951, created the Order of Engineers and Architects. In fact, the organization of the profession started before specialization was established in educational institutions. For a long time, engineers and architects were registered at the Order of Engineers and Architects under the practice they chose to pursue, not their actual degree or training. What they had been trained for did not matter. What mattered was the label they wanted to be registered under. This had a long-lasting effect on architecture culture in Lebanon.

Competing educational institutions – foreign at first, then local beginning in the mid-1940s – nurtured the profession with a variety of channels of specialization. At first, the building practice was mostly in the hands of engineers trained abroad or locally at the (French)

1   Among the ambitious projects carried out by the authorities, electricity services were high on the expenditure list in the five-year economic plans of Chehab and Hélou. For the expenditure tables of the two plans, see Lebanon, Decree no. 7277 from August 7, 1961, appearing in the *Official Gazette* no. 36 and *al-Hayat* daily, November 19, 1965. For a critical account, see N. Raphaeli, "Development Planning: Lebanon," *The*

Western Political Quarterly 20, No. 3 (September 1967): 714–728.
2   The jury was composed of renowned local and international figures: Lebanese engineers and architects Joseph Naggear, Carlo Mobayed (EDL director), Mitri Nammar, Amine Bizri, and Raymond Ghosn, and internationally acclaimed architects Gio Ponti and William Dunkel. The results were announced on April 12, 1965, and the project was built

between 1967 and 1971.
3   *Electricité du Liban: Statistiques et Résultats Techniques*, Electricité du Liban, 1969.
4   Reacting to the new situation, the authorities put into effect several economic measures. Between 1948 and 1952, the country's exchange system was liberalized, allowing capital to move freely. In 1949 the Monetary Law was promulgated, initiating an official

gold-buying policy and strengthening the currency. Moreover, liberated from the short-lived customs union with Syria in March 1950, the Lebanese economy was able to develop freely.
5   The Ecole Française d'Ingénieurs de Beyrouth (EFIB) would later be renamed Ecole Supérieure d'Ingénieurs de Beyrouth (ESIB).

DESIGNING MODERNITY

ARCHITECTURE IN THE ARAB
WORLD 1945–1973

العمارة في العالم العربي
١٩٧٣ – ١٩٤٠

صوغ الحداثة

120

Université Saint-Joseph[5] or at the (American) Syrian Protestant College, later renamed American University of Beirut. Even though both provided courses in architecture and delivered degrees with a sub-specialty in architecture, it was only when the first school of Architecture opened at the Académie Libanaise des Beaux-Arts (ALBA) in 1943 that degrees in Architecture were awarded, with the first class graduating in 1948.[6] Therefore, for a long time, the constructive practice of the pioneers was put at the service of rigorous building. This would have a positive effect on the design and building process of the EDL headquarters, as both engineers and architects constituted the CETA team.

A Time of Creative Experimentation

The corollary of the political stability, economic prosperity and openness that flourished in the 1950s and 1960s was a general cultural desire for modernity articulated in modern architecture. Forward-looking architectural aspirations were found across the board, in the private sector and in government-sponsored buildings. Institutions such as the Muslim Makassed, with progressive school designs, and the Maronite Patriarchate, with the competition for the Harissa Basilica, contributed to physically shape the modern face of the country. Rashid Beydoun entrusted Addor et Julliard with the design of the Starco, leading the way to other private developers such as Lucienne Sabbag who would assign the design of the Sabbag Center to Alvar Aalto and Alfred Roth. In these circumstances, collaboration between foreign architects and highly qualified Lebanese professionals provided the country with what best fitted its needs.

Similarly, through the various administrative bodies of the public sector, the Government either gave commissions directly to architects, or, more frequently, launched national or international competitions. While the Conseil Exécutif des Grands Projets commissioned Oscar Niemeyer for the Rashid Karameh International Fair in Tripoli, most other public projects such as schools, telephone and telegraph exchanges, the Cité Sportive, Casino du Liban, the Chamber of Commerce and Industry, the radio broadcasting headquarters, Télé Liban, and Tobacco Régies were the subject of competitions. With ministries in the capital, and courthouses and serails (regional administrative buildings) across

Lebanon, the authority of the state was given a modern physical presence.[7] The Directorate of Building, and various autonomous institutions, such as the Office de l'Electricité du Liban, played a major role in many cases, fostering an attitude of openness toward progressive design ideas with instrumental persons at their head.[8] At the Electricité du Liban, the ambition to have distinguished designs applied not only to headquarters, but also encompassed technical buildings such as power plants and transformer stations, with the best examples being the ones in Hamra and Hazmieh designed by Karol Schayer and Wassek Adib.[9]

Equally important for the general climate of the competitions' juries, was the endorsement of modern architecture by the older generation of engineers and architects, such as Ilyas Murr and Bahjat Abdulnour, as well as by the intermediate generation, comprised of Farid Trad, Fayez Ahdab, and Antoine Tabet, and by the younger generation, including Assem Salam, Raymond Ghosn and others. Regardless of their differing backgrounds and aesthetic preferences, they endorsed modern architecture as a common denominator. In the bustling 1950s and 1960s, no "battle of the styles" seems to have occurred. Rather, it was a time of creative experimentation and intellectual challenge in which architects, mostly young graduates, competed constantly, forming and dissolving teams according to the programs and to the circumstances of the commissions.

CETA

Collaborations on competitions were an occasion for many teams to consolidate their partnership and develop successful practices in a relatively short time. Such was the case of the designers of the EDL, who had decided, in 1962, to officially unite and form the Centre d'Etudes Techniques et Architecturales (CETA), following their winning of the Cité Gouvernementale competition.[10] The team, composed of Jacques Aractingi, Joseph Nassar and Pierre Neema, was rejoined by French architect Jean-Noël Conan. In the same year, they also won competition entries for technical schools in several regions.[11] Though relatively young —in their early 30s— the protagonists rapidly earned a well-deserved recognition. Probably more than for any other commission, they owed their reputation to the design of the Maison de l'Artisan (1963) destined to exhibit

6   The Académie was officially founded on March 15, 1943, by Alexis Boutros (1911–1978), a 1933 graduate in engineering from the EFIB, and a 1943 graduate from the same school in industrial engineering.
7   See Republic of Lebanon, *Ma Tuhaqqiquhu Mudiriyat Al-Mabani*, [The current achievements of the Directorate of Building], Beirut: AlMatabe' Al-Ahliya Allubnaniyah, November 22, 1965.

8   The role of insiders in the administration, such as architect Mitri Nammar at the Directorate of Building and at the General Directorate of Planning, was crucial. Although he had graduated in architecture from ALBA in 1948 and had his own practice, Nammar's career was mainly in the administration. A key figure during the Chehab regime, he was instrumental in promoting quality architecture, as he initiated numerous

commissions to talented architects, often by competition.
9   Engineers Carlo Mobayed and Pedro Khoury at EDL had a role in pushing for distinguished designs. They also advised on construction methods and execution.
10   Though the government allocated a large budget for the project and heavily promoted it, the Governmental City remained in the drawers except for one building, the Ministry of Post and

Telegraph.
11   Following a competition for the design of several technical and professional schools in 1962, the team of Neema & Aractingi were announced as co-winners with the team of Bonfils & Geammal. They decided not to collaborate, but rather to share the work. This is how Bonfils-Geammal went on to design the schools in Bint Jbeil and Ajaltoun, and Neema-Aractingi the ones

craft products on a beautiful site by the sea. Their stunning proposal, a T-shaped "Miesian" glass box, ensured maximum transparency on all sides. In order to give the building a "character of Lebanese inspiration," as requested by the brief, they supported the flat roof with posts made of four square steel columns that spread diagonally to meet their counterparts, thus, virtually forming the skeleton of a groined vault.[12] As an answer to a delicate program with a need for attention to representation, the commissioner —the CEGP— saw in this project "a clever evocation of tradition."[13] With a slight suggestion of the familiar arch, the team resolved the paradox of compliance with the wishes of the CEGP to have a "Lebanese" building, while also allowing for maximum transparency, lightness and polyvalence of exhibition space – all modernist attributes.[14]

The Team Members

Pierre Neema (1931–2015) was born in Egypt and joined the Ecole des Beaux-Arts in Paris graduating with a degree in Architecture in 1958. There, he followed the Leconte-Pontremoli atelier, which he did not consider to be sufficiently progressive. Along with his classmates, he was looking at the highly publicized work of Le Corbusier and the seductive projects of Niemeyer in Brazil "for his creative inspiration, plasticity, and sense of space."[15] Already during his university years and following graduation, Neema acquired a solid professional training at the office of Pierre Fournier, Architecte Général de la Ville de Paris. In 1961, he was invited to join the office of Bahij Makdisi in Beirut where he met architect Antoine Chamaa. Together with Saba Khouzam, they participated in competitions, managing to obtain a 3rd prize for the Tobacco Régie in Bikfaya, an encouraging result for a first competition. Neema was the co-founder of the Association Jeune Architecture, a short-lived activist group.

Jacques Aractingi (1932–2016) graduated in civil engineering from ESIB, Beirut in 1954. He went to Paris in 1956 to train at the office of engineer Vladimir Bodiansky whom, he admits, had a great influence on him, blurring the boundary between engineering and architecture, and leading him into a career in architectural design. Upon his return to Beirut, he partnered with Joseph Nassar (1931–2009) an ESIB engineer-architect graduate of 1953 who ended up practicing only

as a structural designer. Before teaming up with Neema and founding CETA, they produced remarkable buildings together, including Villa de Bono in Souk El Gharb in 1960 and Télé-Liban in Hazmieh in 1961.[16]

The fourth protagonist of the CETA team, Jean-Noël Conan (born 1926), a French architecture graduate of the Beaux-Arts in Paris, was invited by his friend Pierre Neema to contribute to the development of the project for the Governmental City in Bir Hassan.[17] He stayed only 4 years in the country, mostly working in the office, while Neema and Aractingi dealt with the administrative bodies such as the Directorate of Building, the "Conseil Exécutif des Grands Projets" and the Electricité du Liban.

The Competition

When the EDL Headquarters national competition was launched on November 22, 1964, all the conditions were in place for a successful operation and outcome. The Office de l'Electricité du Liban had acquired a solid reputation of professionalism. Notwithstanding how fierce earlier competitions were in Lebanon, architects agree that, with a few exceptions, most were handled fairly. Furthermore, many admit that competitions gave them the opportunity to prove their abilities and launch their careers.[18] Given these attractive conditions, architects were highly motivated to participate in the EDL competition. Along with CETA, others who participated include Pierre El Khoury, Assem Salam, Kazim Kenan and Henri Eddé.

The project presented by Pierre El Khoury and Assem Salam was a series of "corn on the cob" structures probably intended to offer a variety of views from the site towards the sea on the northern side, and the city and mountains in the distance on the other sides. The offices were arranged in clusters around vertical circulation cores. The team had just designed the Lebanese Pavilion at the New York fair, which was also based on the idea of a conglomerate of units. Soon after, El Khoury took a similar formal attitude in his design for the British Bank Building in the city center.

Henri Eddé located the main building on the eastern side of the plot, thus leaving the western side with a sea-view. Composed of a play of horizontal and vertical

in Machghara, Hermel, Hammana, and Zghorta.
12   Originally planned in concrete, the arches were executed in steel, a more feasible solution proposed by the contractor, engineer Panay Akl. A blacksmith from Tripoli executed the remarkably well-done steelwork, and the low parts of the steel columns were filled with concrete. This make-shift solution is representative of the resourcefulness

that was at play in order to realize the modernist vision of the architects.
13   According to Conan, the structural idea for this project came from a project he designed in 1956/57, a technical school for handicapped children in Garches, near Paris. On the Maison de l'Artisan, see Al-Mouhandess 6 (January 1966): 26.
14   After the war of 1975–90, the Maison de l'Artisan was recycled into

a "one thousand and one night" restaurant with a shameless intervention that falsified its modern nature. It is now corseted in an orientalist dress that affected the interior and replaced the glass façade with a wall of concrete blocks rendered with an adobe finish. The elegant virtual vaults suggested by the structural skeleton were filled with fake plaster vaults.
15   Interviews with Pierre Neema,

August 1997 (tape-recorded), and May 2012.
16   After the dissolution of CETA in December 1972, Aractingi left the country for a career in Saudi Arabia, Abu Dhabi, Houston, Texas and France, under the name of DOM Sarl. As for Nassar, he worked in Lebanon with ELKA, a contracting company. Correspondence with Jacques Aractingi in 2001, and interview with Joseph Nassar, February 8, 2002.

volumes, the façades display the ordered and gridded approach encompassing both the plan and elevation dear to the architect and applied in several office buildings he designed. The visual documents in the architect's archive show the kind of bricolage that was necessary in rendering the most faithful representation of the design. In some pictures, taken during photo sessions of the model, one sees collaborators holding a limbo background with ship silhouettes made of cardboard.

Kazim Kenan's proposal is the closest to the winning scheme. It has a large high building facing An-Naher Street, resting on a "galette," a sort of pedestal mediating the difference of levels between the upper and lower streets adjoining the site. A recess wraps all around the building at mid-height. Taken from the northern side, the perspective shows a glass façade flanked by two side walls, with two volumes cascading towards the North.

The winning scheme

The winning scheme designed by CETA was certainly sensitive to the context, judiciously responding to most requirements of the brief. Acting as an urban public space, a sunken piazza reached by a ramp/stair on An-Naher Street provides access to the large public hall where people would pay their bills. By locating the bulky hall at a lower level and lifting the 14-story building above the ground with spectacular porticos, the architects provided an uninterrupted sea view. Technical services and workshops are placed on the northern side of the plot, at the foot of the structure under the main street level with easy access from the side and from Charles Hélou Avenue below. Here, the architects devised a flat building pierced from above with courtyards and skylights. The competition drawings were very powerful.[19] Neema admits that a line must have played in their favor, namely the horizon line drawn in the stunning perspective rendering and on the main street elevation. Although the argument is well taken, there was of course more to the project than just a line; there was hope on the horizon.

Project delay: native versus foreign architects

The competition entry was scrupulously precise and rational, preparing for a smooth development of the project from the onset. However, the project was interrupted for nine months; delaying construction to 1967. As the team embarked on detailing the design in preparation for the execution, CETA was surprised by a lawsuit filed by Henri Eddé, a competitor. The invoked reason was that the name of Conan, a French architect, was listed along with the others on the competition drawings.[20]

Foreign architects had acted in the local scene since the early 20th century, invigorated by the French Mandate starting in 1920. The list includes Antoine Cavro, Michel Ecochard, Jacques Marmey, Karol Schayer and Anthony Irving to name a few. Architects, archaeologists, engineers and planners, some acting as civil servants, had their share of work. Whether influenced by the French rationalist school, applying Le Corbusier's credo, or coming from different backgrounds, Anglo-Saxon or other, they marked the Lebanese scene. Two years before the EDL competition, in 1962, the Lebanese Government solicited Brazilian architect Oscar Niemeyer, by then a world-famous figure, to contribute to the modern face of Lebanon with the design of the Tripoli Permanent International Fair.[21] However universally acclaimed, Niemeyer was not unanimously welcomed. Planner and writer Saba Shiber was the most vehement, arguing: "as long as significant pieces of work are not entrusted to native designers, native designers will never flower."[22] In his blistering article, Shiber failed to admit that many of the good examples of architecture of the time were actually designed by collaborative teams, the peculiarity of the Lebanese case being precisely that each of the collaborators had something essential to contribute. The best example of this kind of model is the Maurice Hindié and André Wogenscky partnership that stemmed from their collaboration on the competition of the Roumieh prison. The two went on to produce landmarks of modern architecture, namely the Ministry of Defense and the Centre Saint Charles that housed the Holiday Inn Hotel. As for the erection of the EDL headquarters, it resumed its course in 1967 at a remarkable pace and the staff started moving into the 36,000 square meters building after only 30 months, with a total cost of 8 million Lebanese Pounds.[23]

17   After four very productive years with CETA from October 1962 to October 1966, Conan left for Damascus, where he stayed for more than ten years, teaching at the Faculté des Beaux-Arts and acting as consultant for the French in building. Conan made the trip to Lebanon many times through 1975 to instruct diploma students at the Académie Libanaise des Beaux-Arts. He later

worked in Saudi Arabia for seven years then retired in France. Interview with Jean-Noël Conan in Paris, June 2000.
18   The history of architectural competitions in Lebanon is a topic of research that needs to be addressed. The opportunities that were given to architects in the 1950s and 1960s to contribute in shaping modern Lebanon with competitive ideas hardly exist

today. The authorities do not seem to follow the progressive ideals of the Chamoun, Chehab, and Hélou regimes. The scarcity of competitions since the 1970s cannot be attributed to the war that ravaged the country between 1975 and 1990, because the building activity did not cease considerably during that period.
19   The drawings are at the Arab

Center for Architecture, Pierre Neema Collection.
20   Conan's name disappeared from the design drawings produced in 1966, therefore resolving the legal issue.
21   Later renamed Rachid Karameh International Fair.
22   Saba Shiber, "After Oscar Who?," article written on July 29, 1962. It reappeared in *Recent Arab City Growth*

ELECTRICITÉ DU LIBAN
HEADQUARTERS
BEIRUT, LEBANON, 1964–1971

ARCHITECT:
CETA (ARACTINGI, NEEMA,
CONAN AND NASSAR)

المعماري:
مجموعة "سيتا" (عرقتنجي،
نعمة، كونان، ونصّار)

المقرّ الرئيس لمؤسسة
كهرباء لبنان
بيروت، لبنان، ١٩٦٤ – ١٩٧١

A modern construction paragon

Undoubtedly, the construction of the EDL headquarters represented the maturing of a process of modernization of the building industry lead by such firms as Etablissements Derviche Haddad founded in 1890. When the first cement factory opened in 1931, after a period of importation, concrete became the favoured material of pioneers such as Antoine Tabet. The latter extensively used the "béton brut" or fair-faced reinforced concrete and other exposed cement finishes, in line with his admiration for the work of Auguste Perret, with whom he trained in Paris. Imbued with progressive political ideas, Tabet advocated for the civic role and responsibility of the engineer and architect. His writings exude a sense of activism transcending the profession itself. In an address in 1942, on the verge of Lebanon's Independence, he draws a parallel between the engineering/building profession and the "Building of the Nation."[24]

Indeed, Lebanon's presence among 22 founding nations at the first congress of the Union Internationale des Architectes held in Lausanne in 1948, confirms the country's ambition and its determination to modernize. Tabet intervened there in favour of extending the concern for the industrialization of building to a world scale. While Alfred Roth, the Swiss delegate, was reticent, Tabet maintained that the matter had already been discussed one year earlier, at the Third Congress of Arab Engineers and Architects held in Damascus in 1947. He suggested that local and regional groups should be constituted in order to study local materials, optimizing and standardizing the building process in order to lower building costs. According to Tabet, architects were not using to the limit that which industrial progress was capable of providing. He contended that the architect should not refrain from using prefabricated elements.[25]

In this regard, the Electricité du Liban building stands as a paragon of the application of advanced techniques of concrete prefabrication, pre-casting, and pre-stressing. The desire to ensure support for a 14 by 14 meter space called for a creative building system that went beyond conventional ones. The adopted solution was one of pre-stressed and precast beams, which allowed for both economy and speed of execution. Pre-stressing cables were supposed to be placed in situ between precast U-shaped elements before the concrete ribs

were poured. However, the inventive contractor Louis Cordahi conceived, with the firm of Derviche Haddad and engineer Noël Abouhamad (the national expert on pre-stressing), a relatively light solution for bearing elements of 2.3 tons, half the weight of the traditional system.[26] This also had a beneficial reduction in crane expenses. Furthermore, pre-stressing in the factory allowed timesaving as each storey necessitated only 8 hours for the positioning of the beams, and one week for finishing a whole floor area of 830 square meters including partition walls.

The I-shaped concrete beams spanning 14 meters have a height of 49 centimeters and are placed at 1.2 meter from axis to axis. They are surmounted by a lightly reinforced 6 centimeters thick slab. At the supports on both sides, cap bars bedded in the slab ensured a liaison between the beams, rendering them continuous. The 780 beams were produced at a rate of 5 beams per day, and steam curing happened through the night, ensuring that the pre-stressing could take place by morning with twenty 5 millimeter wires. Prefabrication was also used in the production of the concrete sunscreens covering an area of 2,700 square meters. Made of 10 different modules assembled together on site, they were executed at a remarkably fast pace, in only 45 days. The elegance of these "brises-soleil" is achieved with a trifling thickness of concrete components reduced to six centimeters.[27]

Design features

The protective veil hanging at a distance from the southern façade constitutes a major design feature, endowing the building with sun-protection and elegance. On the first floor, the screens are disposed asymmetrically, echoing the leisure activities behind, namely the lounge and restaurant, while on the upper floors the screens follow a repetitive pattern granting offices appropriate light. By exposing the main body of the building to the South and North, the architects took full advantage of the ideal orientation avoiding East and West sun exposure, with those sides being reduced to closed walls. Furthermore, with this disposition, the prevailing southwestern breeze traversing the building would ensure natural ventilation. On the other hand, the northern side facing the Charles Hélou rapid road, offers a flat façade reduced to horizontal bands of concrete and glass and remains un-exposed to sunrays.

(articles by Shiber in Lebanese and Kuwaiti Press, 1959–1967), Kuwait: Kuwait Govt. Print. Press, 1969. The intervention of famous architects in various countries is a polemical matter. Ironically, when the Brazilian government decided to build Brasilia in 1955, Le Corbusier offered his services and a strong campaign was launched by the Brazilian architects in opposition to the invitation, pushing for a competition among Brazilians only. These architects won that battle and Costa won the competition. See Fernando Lara, "Popular Modernism, An Analysis of the Acceptance of Modern Architecture in 1950s Brazil," PhD dissertation, University of Michigan, 2001.
23   L'Orient, Beirut daily, June 22, 1970.
24   Antoine Tabet, "Mihnati wa atha-ruha fee bina' al-umma" [My profession and its impact on the building of the nation], lecture addressed through a radio program at Radio-Orient featuring Lebanese intellectuals, Al-Tareeq 1 (1942): 7–9.
25   Rapport Final du Premier Congrès de l'Union Internationale des Architectes, Lausanne, 28 juin–1 juillet 1948. Lausanne: Librairie de l'Université, 1949, 131.
26   See Al-Mouhandess 16 (October 1969): 39–43.
27   The span and weight turned out to be larger than the bearing capacity of the six-cm thick horizontal elements, which bent slightly.

Another distinguished feature of the design is the open garden terrace nestled between the first floor and the rest of the building. Along with the sunken piazza serving the main street, the garden terrace is an opportunity to engage with the site and context and provides an outdoor sitting space as an extension of the restaurant/lounge located below. The fact that this full floor is open on both sides ensures porosity. It is an elevated horizontal counterpart of the sunken piazza and the courtyards in the rear that both act as vertical downward extensions. The context was not only addressed from outside. A pristine glass cage, jutting out from the main façade and running from the ground floor up to the roof, endows the landings of stairs and elevators with a panoramic view to the heritage neighborhood of Mar Mkhayel and the bustling city beyond. Along with glass, grey cement exposed concrete is the main material; these are paired with white cement for some lateral brises-soleil, as well as bush-hammered plaster and white mosaic tiles.[28] A rich play of materials is also found in the water basins and fountains of the sunken piazza.[29]

A modular design following a grid of 1.2 meters governs the structure, space partitioning, and façade openings over the 14 floors above ground and the 3 main floors under the Al-Naher street level.[30] The grid allows for extremely versatile partitioning, accommodating all room size requirements and space allocations. The project also accounted for flexible open space left without partitions for later use. Furthermore, a potential extension of the building to the East and West sides beyond the side walls was planned, should the need arise. The design easily adapted safety codes, given Conan's earlier experience with codes in the design of Paris Police Prefecture Buildings.

Epilogue: hope on the horizon?

The destiny of the EDL building is aligned with the destiny of the country. It came into being during a heyday of openness, optimism and experimentation. However, as the project was seeing the light, symptoms of political malaise were already showing in the last days of President Hélou's regime (1964–1970).

Recently, on August 4, 2020, a large explosion of ammonium nitrate illegally stored at the Beirut Port, blew up a significant part of the city causing death and desolation. The EDL headquarters was severely hit as it directly faces the port. Although the structure is safe, demonstrating the soundness of its design and construction, it will take some time before the building recovers its grandeur, given the current condition of the country. Degradation has been steady since the mid-1970s. Whereas the institution and its growth program were the result of a clear vision for development and modernization, now there is hardly electricity in the country.

The building demonstrated the possibility of delicately integrating a large modern structure in a heritage neighborhood. However, heritage buildings and quarters are currently subjected to demolition and disfigurement. Many years ago, air conditioning units invaded the façades of the building, several materials were replaced, and the large hall was refurbished with no attention to the building's character. The modular extensions planned on the East and West sides were never implemented. Rather, the distinctive garden terrace of the 2nd floor was closed and used. In recent years, a fence was added to forbid public access to the piazza, thus significantly altering the public component of the project.

Rightly a successful culmination of the architecture quality of the 1950s and 1960s in Lebanon that started to fade since the 1970s, the EDL headquarters carries the scars of the country's decline and current decay. Urgent action is needed to redress the situation. For what it represents, the EDL might, again, lead the way. It starts with listing the building on the heritage inventory,[31] and ensuring that any renovation and future works are subjected to informed scrutiny. Renovation should happen with concern for period materials and details. Major actions include stripping back the second-floor garden terrace and opening the piazza to the public. In order for all of that to happen, a recovery of more than a building and the institution behind it is necessary; it is the recovery of the country that is needed. Maybe then, there would be hope on the horizon again.

---

28   Materials are indicated on the elevations, drawing A206, Electricité du Liban archives.
29   An ambitious sculpture is found in the original drawings. It is unclear what it represents—most likely the mast of a ship. Furthermore, a caption mentions a permanent exhibition at the core of the sculpture.
30   In the competition entry, the grid was a multiple of one meter. During project development, it became a multiple of 1.2 meters.
31   It is now possible with the new law that takes modern heritage into consideration.

ELECTRICITÉ DU LIBAN
HEADQUARTERS
BEIRUT, LEBANON, 1964–1971

ARCHITECT:
CETA (ARACTINGI, NEEMA,
CONAN AND NASSAR)

المعماري:
مجموعة "سيتا" (عرقتنجي،
نعمة، كونان، ونصّار)

المقرّ الرئيس لمؤسسة
كهرباء لبنان
بيروت، لبنان، ١٩٦٤ – ١٩٧١

.3– Architects and engineers
of the CETA team with their
collaborators in front of a model
of the Governmental City project
in 1962.
.4– Photograph of the EDL model,
taken from the northeastern
side with the technical spaces
cascading towards the North.

٥،٣– معماريو ومهندسو فريق "سيتا" مع
المتعاونين معهم أمام نموذج لمشروع المدينة
الحكومية سنة ١٩٦٢.
٥،٤– صورة للمجسّم من الجهة الشمالية
الشرقية، وتبدو المساحات التقنية متعاقبة
نحو الشمال.

5.3

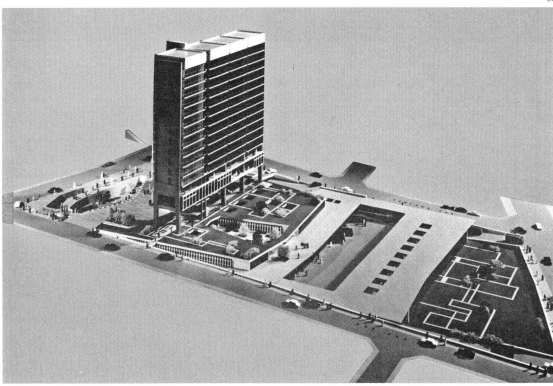

5.4

5.5– Competition entry by Pierre
El Khoury and Assem Salam.
5.6– Competition entry by Kazim
Kenan.
5.7– Competition entry by Henri
Eddé.
5.8– Rendering of the winning
entry by CETA with the sunken
piazza adjoining An-Nahr Street.
The horizon line is seen across
the *pilotis*.

٥٫٥– تصميم فريق بيار الخوري وعاصم
سلام المشارك في المسابقة.
٥٫٦– تصميم كاظم كنعان المشارك في
المسابقة.
٥٫٧– تصميم هنري إده المشارك في المسابقة.
٥٫٨– رسم المشروع الفائز الذي صمّمه
فريق "سيتا" وتبدو فيه الساحة الغائرة
مجاورة لشارع النهر. كما يبدو خط الأفق
عبر الأعمدة الحاملة.

CONCOURS
DU SIEGE
CENTRAL planche n° 10
PERSPECTIVES
SCHEMATIQUES

5.6

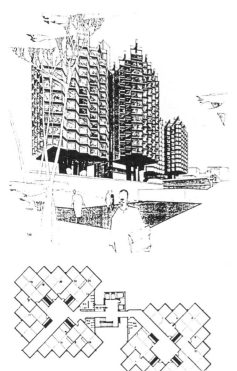

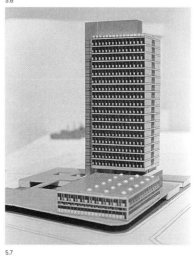

5.5

5.7

ELECTRICITÉ DU LIBAN
HEADQUARTERS
BEIRUT, LEBANON, 1964–1971

ARCHITECT:
CETA (ARACTINGI, NEEMA,
CONAN AND NASSAR)

المعماري:
مجموعة "سيتا" (عرقتنجي،
نعمة، كونان، ونصّار)

المقرّ الرئيس لمؤسسة
كهرباء لبنان
بيروت، لبنان، ١٩٦٤ – ١٩٧١

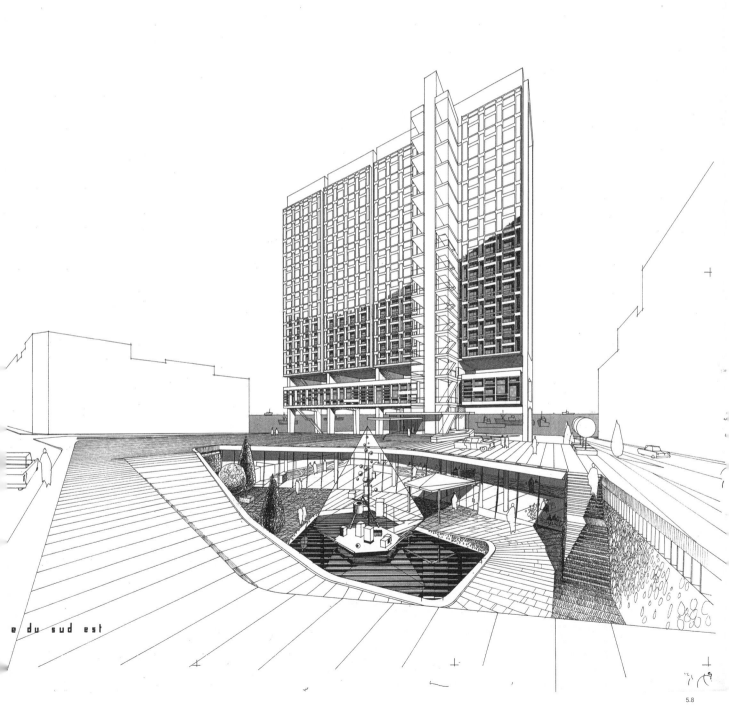

e du sud est

5.8

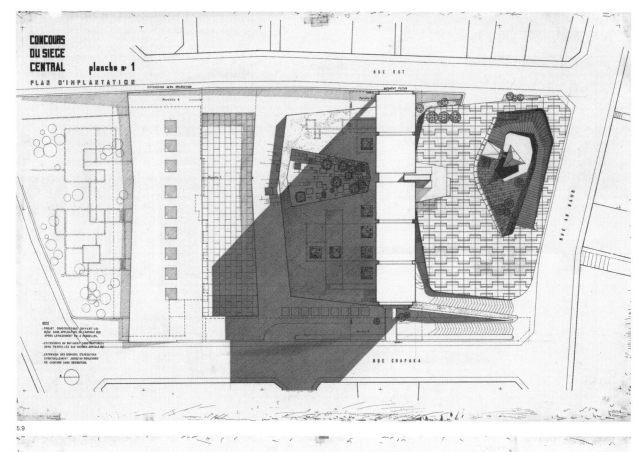

CONCOURS DU SIEGE CENTRAL
planche n° 1
PLAN D'IMPLANTATION
RUE EST
RUE CHAFAKA
RUE AN NAHR
5.9

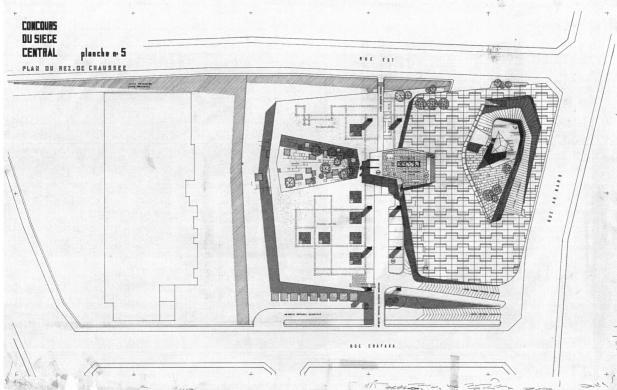

CONCOURS DU SIEGE CENTRAL
planche n° 5
PLAN DU REZ-DE CHAUSSEE
RUE EST
RUE CHAFAKA
RUE AN NAHR
5.10

HEADQUARTERS
BEIRUT, LEBANON, 1964–1971

ARCHITECT:
CETA (ARACTINGI, NEEMA,
CONAN AND NASSAR)

المعماري:
مجموعة "سيتا" (عرقتنجي،
نعمة، كونان، ونصّار)

المقرّ الرئيس لمؤسسة
كهرباء لبنان
بيروت، لبنان، ١٩٦٤ - ١٩٧١

9– Mass Plan.
10– Upper Ground Floor Plan at main street level.
11– North-South Section showing most components of the project: the sunken piazza to the right, the pilotis providing a view towards the sea, the elevated garden and the technical spaces cascading to the North.
12– Details of the *brise-soleil*.

٥٫٩– خريطة المسطح العام.
٥٫١٠– خريطة الطابق الأرضي العلوي بمستوى الشارع العام.
٥٫١١– مقطع شمالي - جنوبي يظهر معظم مكوّنات وعناصر المشروع: الساحة الغائرة إلى اليمين، الأعمدة الحاملة التي تؤمّن مشهد البحر، الحديقة المعلّقة في الطابق الثاني والمساحات التقنية المتعاقبة نحو الشمال.
٥٫١٢– رسم تفصيلي لحاجبات الشمس.

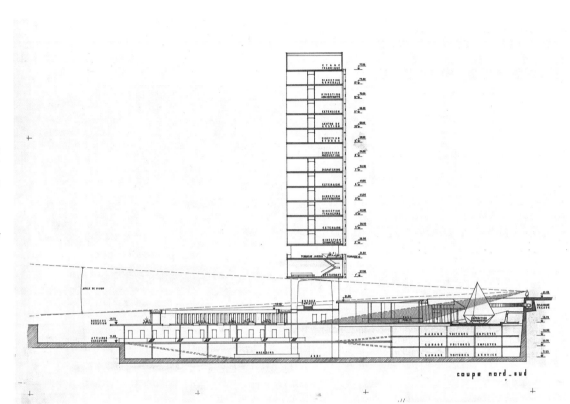

5.11

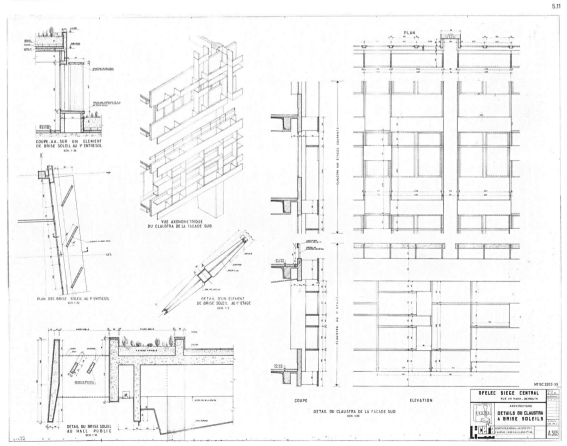

ARCHITECTURE

5.12

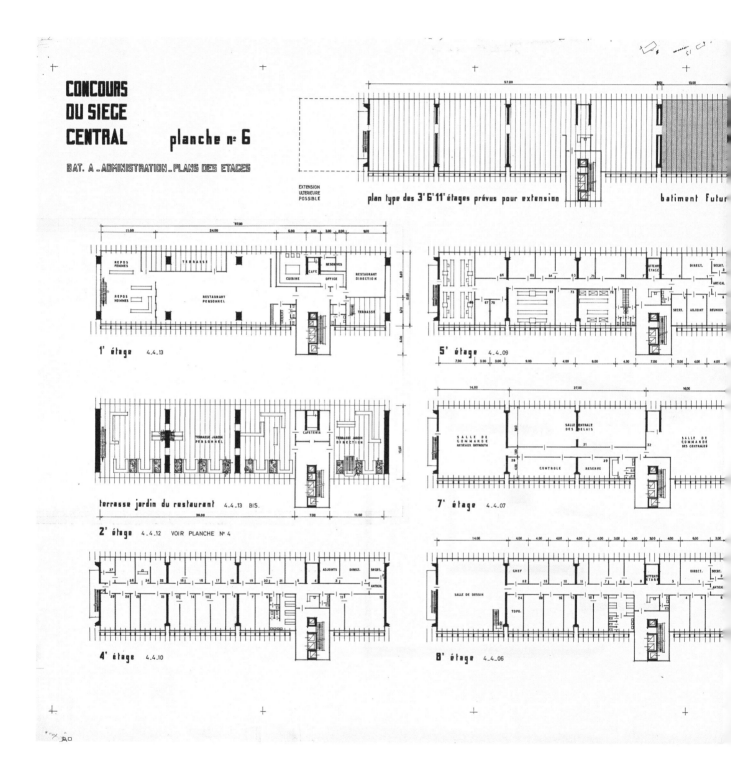

5.13– Floor plans showing the flexibility of the various layouts.

٥,١٣– خرائط الطوابق المتعددة التي تُظهر
مرونة التصاميم والمخططات المختلفة.

1

HEADQUARTERS
BEIRUT, LEBANON, 1964–1971

ARCHITECT:
CETA (ARACTINGI, NEEMA,
CONAN AND NASSAR)

المعماري:
مجموعة "سيتا" (عرقتنجي،
نعمة، كونان، ونصّار)

المقرّ الرئيس لمؤسسة
كهرباء لبنان
بيروت، لبنان، ١٩٦٤ - ١٩٧١

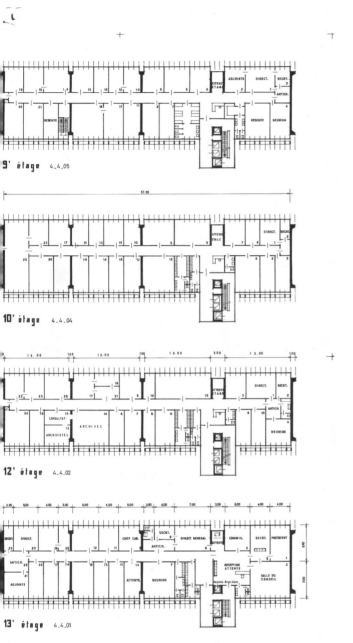

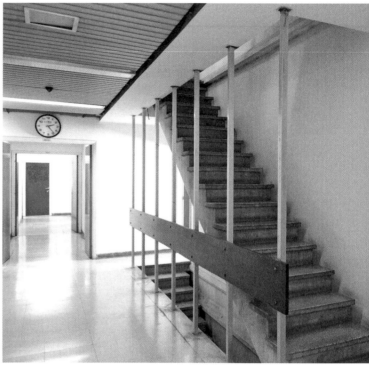

5.14

5.15

5.14– Interior view of the stairs and corridor.
5.15– View from the elevator landing towards the Southwest showing the heritage neighborhood of Mar Mkhayel.

٥،١٤– مشهد داخلي للأدراج والرواق.
٥،١٥– مشهد من ردهة المصعد نحو الجنوب الغربي يظهر حيّ مار مخايل ذا الطابع التراثي.

5.16

5.17

5.16– Light wells to the lower technical floor.
5.17– Sunken level and stair leadin
to the main street.
5.18– Speleologists helping with th
removal of hazardous wreckage.
5.19– Damage due to the port explosion of August 4, 2020.
5.20– Apocalyptic scene from the 7th floor showing the port and grain silos.

٥- مناور للطابق التقني السفلي.
٥- المستوى الغائر في المشروع والدرج الذي
قود إلى الشارع العام.
٥- مستكشفو الكهوف الذين استقدموا
لمساهمة في إزالة الركام الخطر بعد انفجار
رفأ بيروت.
٥- أضرار خلّفها انفجار المرفأ في ٤ آب
أغسطس) ٢٠٢٠.
٥- مشهد قيامي من الطابق السابع يظهر
لرفأ وإهراءات القمح.

ELECTRICITÉ DU LIBAN
HEADQUARTERS
BEIRUT, LEBANON, 1964–1971

ARCHITECT:
CETA (ARACTINGI, NEEMA,
CONAN AND NASSAR)

المعماري:
مجموعة "سيتا" (عرقتنجي،
نعمة، كونان، ونصّار)

المقرّ الرئيس لمؤسسة
كهرباء لبنان
بيروت، لبنان، ١٩٦٤ – ١٩٧١

5.18

5.19

5.20

المواجهة لأوتوستراد شارل الحلو، في المقابل، واجهة مُسطّحة، مُختصرةً في أحزمة أفقية من الخرسانة والزجاج، وغير معرضة لأشعة الشمس.

أمّا السِمة المتميّزة الأخرى في التصميم فتمثّلت بالشرفة الحدائقية المفتوحة، الواقعة بين الطابق الأول وبقية البناء. إذ مع الساحة الغائرة التي تخدم الشارع الرئيس، أتاحت الشرفة الحدائقية تلك فرصةً لإقامةِ علاقةٍ مع الموقع ومحيطه، كما كوّنت فسحةً خارجية مفتوحة للتواجد والجلوس تشكّل تكملة للمطعم/وردهة الجلوس، المُتموضعين تحتها. كذلك، شكّل واقع انفتاح هذا الطابق برمته من الجهتين، ضمانةً لسهولة النفاذ إليه. وقامت مساحة أفقية مرفوعة، بدت نظيراً لكُلٍّ من الساحة السفلية الغائرة والباحات في الجهة الخلفية، لتمثّل تمدداً عمودياً نحو الأسفل. على أن التعاطي مع المكان لم يُعالَج فقط من الخارج. فجاء قفصٌ زجاجي نقيٌّ بارزاً من الواجهة الرئيسة للمبنى، وممتداً من الطابق الأرضي صعوداً نحو السطح، فمَنح بسطات الدرج والمصاعد مشهداً بانورامياً لحيّ مار مخايل التراثي، والمدينة الصاخبة خلفه. وإلى الزجاج، قام الإسمنت الرمادي بإظهار الخرسانة كمادة أساسية مُعتمَدةٍ في المشروع. كما أن الزجاج والخرسانة اقترنا بإسمنت أبيضٍ استخدم لبعض "كاسرات أشعة الشمس" الأفقية، إضافة إلى مادة الورقة المدقوقة، وبلاط الفسيفساء.[٢٨] وثمّة، إضافة إلى هذا كلّه، تنويعة غنية من المواد في بِركِ المياه والنوافير الموجودة في الساحة الغائرة.[٢٩]

يتّبع التصميم شبكة بمقاس ١،٢ متر، تحكم الإنشاء، والجدران الفاصلة، وفتحات الواجهات على مدى الطبقات الـ ١٤ فوق الأرض، والطوابق الأساسية الثلاثة تحت مستوى شارع النهر.[٣٠] وتتيح الشبكة تقسيماً بالغ المرونة، فتستوعب حيزات مكانية وغرفاً وحجرات بمختلف الأحجام والمساحات. كما أبقى المشروع، لاستخداماتٍ لاحقة، فضاءً مفتوحاً مرناً من دون فواصل. وجرى أيضاً التخطيط لتوسّع محتمل للمبنى، إذا اقتضت الحاجة، يتجاوز الجدران عند أطراف الموقع، إلى الجهتين الشرقية والغربية. هذا وقد طابَقَ المشروع قواعد السلامة العامّة المُعتمدة، بناءً على خبرة كونان السابقة في التعامل مع تلك القواعد ضمن تصميم "مباني شرطة محافظة باريس".

خاتمة: بارقة أمل في الأفق؟

يتماشى مصير مبنى مؤسسة كهرباء لبنان مع مصير البلد برُمّته. فهو قام في عزّ أيام الانفتاح والتفاؤل والاختبارات. غير أن عوارض الاعتلال السياسي كانت سلفاً آخذة في التبدّي في أواخر عهد الرئيس شارل الحلو (١٩٦٤-١٩٧٠)، فيما كان مشروع البناء يُبصر النور.

وفي الآونة الأخيرة، في يوم ٤ آب (أغسطس) ٢٠٢٠، وقع انفجار هائل سببته كميات من نيترات الأمونيوم كانت مخزنة بطريقة غير شرعية في مرفأ بيروت، فعصف بجزء كبير من المدينة مُوقِعاً الموت والدمار. وقد تعرّض المقرّ الرئيس لمؤسسة كهرباء لبنان لأضرار بالغة كونه يقع مباشرة قبالة المرفأ. وعلى الرغم من بقاء هيكل البناء سالماً، مُظهراً متانة تصميمه وإنشائه، فإن استعادة المبنى ألَقَه ستتطلب بعض الوقت، نظراً لحالة البلد الراهنة. إذ إن مظاهر الترهل كانت تسير باطّراد منذ أواسط السبعينيات. وفيما مثلت مؤسسة كهرباء لبنان في السابق، وبرنامج نموها آنذاك، ثمرةَ رؤيةٍ واضحة في التطوير والتحديث، يكاد البلد اليوم يُحرم كليّاً من الكهرباء.

عبّر مبنى مؤسسة كهرباء لبنان عن إمكانية إدماج حاذق لمُنشأٍ حداثيّ ضخمٍ في حيّ تراثيّ. بيد أن الأبنية والأحياء التراثية تتعرض راهناً للهدم والتشويه. فقبل سنوات عديدة غَزَت وحدات تكييف الهواء واجهات المبنى، وجرى استبدال العديد من المواد المستخدمة في الأصل بموادّ أخرى، كما جُددت القاعة الأساسية الكبيرة من دون اكتراثٍ لشخصية المبنى. كذلك فإن أفكار التوسّع المرن، المُخططة نحو الشرق والغرب، لم تُطبّق أبداً. أمّا الذي جرى، بدل هذا، فتمثّل بإغلاق الشرفة الحدائقية المتميّزة في الطابق الثاني، واستخدامها كفضاء داخلي. وفي السنوات القليلة الماضية تمّ بناء سور لمنع الناس من الدخول إلى الساحة الأساسية، الأمر الذي أدى إلى تبديل الطابع العمومي للمشروع بدرجة كبيرة.

مبنى مؤسسة كهرباء لبنان، الذي يُمثّل بحقٍّ تتويجاً لجودة العِمارة في لبنان الخمسينيات والستينيات، تلك الجودة الآخذة بالتلاشي منذ السبعينيات، يحمل جروح تدهور البلد وتحلّله الراهن. المطلوب إزاءه اليوم عمل عاجل بغية إصلاح الحال. فهذا المبنى، نظراً لما يمثله، قد يقودنا مرة أخرى وينير لنا الطريق. العمل العاجل يبدأ في إدراج مبنى مؤسسة كهرباء لبنان ضمن لائحة جرد المباني التراثية.[٣١] إضافة إلى ضمانة خضوع كل ترميم وأعمال مستقبليّة فيه، لتدقيقٍ مُستنِير. كما على الترميم أن يحصل مع الانتباه إلى تفاصيلِ وموادّ الحقبة التي أنشئ فيها المبنى. وتتضمّن الخطوات الأساسية في هذا الاتجاه إعادة شرفة الطابق الثاني الحدائقية إلى حالتها الأصلية، ومعاودة فتحِ الساحة الأساسية أمام عموم الناس. على أنّ ما نحتاجه اليوم كي يحصل كل ذلك، في الحقيقة، هو تعافٍ أشمل يتجاوز تعافي بناءٍ واحدٍ ومؤسسةٍ تقف خلفه. إنه تعافي بلدٍ بأكمله. حينها، ربما، يلوح من جديد أملٌ في الأفق.

٢٨ المواد مُبيّنة على الواجهات، اللوحة أ٢٠٦، أرشيف مؤسسة كهرباء لبنان.

٢٩ هناك منحوتة طموحة يمكن رؤيتها في رسومات المشروع الأصلية. من غير الواضح إلى ماذا ترمز؛ لكن يرجح أنها تمثل سارية سفينة.

٣٠ في الخرائط المقدمة للمسابقة كانت الشبكة الخطية بمقياس متر واحد. وخلال مرحلة تطوير المشروع غدت الشبكة بمقياس ١،٢ متر.

٣١ الأمر ممكن الآن بفضل القانون الجديد الذي يهتم أيضاً بالإرث المعماري الحديث.

العقلانيّة الفرنسية، مُطبّقين مبادئ لوكوربوزييه في أعمالهم، أم لهم خلفيات ثقافية مختلفة، أنغلوساكسونية مثلاً أو غير ذلك، فإنهم في نهاية المطاف تركوا بصمة عميقة في المشهد العمراني اللبناني. إذ قبل سنتين من مسابقة المقرّ الرئيس لمؤسسة كهرباء لبنان، قامت الحكومة اللبنانية سنة ١٩٦٢ بالتماس المعماري البرازيلي أوسكار نيماير، الذي كان آنذاك شخصيّة عالميّة شهيرة، للمساهمة في بلورة ملامح وجه لبنان الحديث عبر تصميم "المعرض الدولي الدائم في طرابلس".[٢١] لكن نيماير، على الرغم من شهرته العالميّة، لم يحظَ بترحيب إجماعي. وكان المُخطّط الحضري والكاتب سابا شبر، الأعنف في هذا الإطار، إذ كتب مُساجلاً: "طالما لا تُعهد المشاريع المهمّة لمُصممين (معماريين) محلّيين، فإن الأخيرين لن يُزهِروا أبداً."[٢٢] بيد أن شبر في مقالته العنيفة تلك فشِل في الإقرار بأن نماذج جيدة كثيرة من العمارة آنذاك، صُممت في الواقع من قبل فرقٍ متعاونة. وقد تميّزت الحالة اللبنانية تحديداً في هذا الإطار بأن كلّ واحدٍ من أولئك المتعاونين كان لديه أمر جوهري مُهم يُساهم فيه. والمثال الأفضل في هذا الجانب، هو الشراكة التي قامت بين موريس هنديه وأندريه فوغينسكي، منبثقةً من تعاونهما ضمن مسابقة تصميم سجن رومية. وقد مضى هذان الشريكان قُدُماً في إنتاج معالم معمارية حديثة بارزة، منها تحديداً مبنى وزارة الدفاع، و"مركز سان شارل" الذي ضمّ فندق الـ "هوليداي إن". وفي العودة إلى المقرّ الرئيس لمؤسسة كهرباء لبنان ومسألة تنفيذ بنائه، فقد عادت أعمال الإنشاء واستؤنفت سنة ١٩٦٧ بإيقاع متسارع لافت، وأخذ موظفو المؤسسة بعد ٣٠ شهراً فقط من بداية أعمال الإنشاء، في الانتقال إلى المبنى الذي تبلغ مساحته ٣٦ ألف متر مربع، والذي بلغت تكاليف إنشائه الإجمالية ٨ ملايين ليرة لبنانية.[٢٣]

مثال الإنشاء الحديث

مثّلت أعمال إنشاء المقرّ الرئيس لمؤسسة كهرباء لبنان، من دون شكّ، نضوجاً لعمليّة تحديث قطاع البناء التي قادتها شركات مثل "مؤسسة درويش حدّاد" القائمة منذ سنة ١٨٩٠. وحين افتتح أوّل مصنع للإسمنت في لبنان سنة ١٩٣١، بعد فترة اعتمدت على الاستيراد، غدت الخرسانة المادة المفضلة لمعماريين روّاد أمثال أنطوان تابت. وقد قام الأخير على نطاق واسع باستخدام "الخرسانة الخام" وغيرها من المواد الإسمنتية الظاهرة، وذلك توازياً مع تقديره لأعمال أوغوست بيريه وتأثره بها، إذ إنه كان تدرّب في باريس مع هذا المعماري الفرنسي. وتابت، الذي كان مُشبعاً بالأفكار السياسية التقدميّة، دعا إلى تحلّي المهندس والمعماري بالمسؤوليّة، وإلى اضطلاعهما بدورٍ اجتماعي. وقد حفلت كتاباته بنَفَسٍ نضالي، حيث دعا إلى السموّ بالمهنة وتنزيهها. وفي محاضرة ألقاها سنة ١٩٤٢، قبيل الاستقلال اللبناني، عقد تابت مقارنة بين مهنة الهندسة، وبين مهام "بناء الأمّة".[٢٤]

إلى ذلك، فإن حضور لبنان بين الأمم الـ ٢٢ المؤسِسة في المؤتمر الأوّل لـ"الاتحاد الدولي للمعماريين" المُنعقد في لوزان سنة ١٩٤٨، يؤكّد طموح البلد في التحديث، وتصميمه عليه. وكان لتابت في ذاك المؤتمر مداخلة دعا فيها إلى التوسّع في طرح المسائل والمخاوف المتعلّقة بالتحوّل الصناعي في قطاع البناء على مستوى العالم. وفيما أبدى المندوب السويسري ألفريد روث، تحفّظه في هذا الإطار، تابع تابت ليُشير إلى أن المسألة كانت قد نوقشت سلفاً قبل سنةٍ في "المؤتمر الثالث للمهندسين والمعماريين العرب" المُنعقد في دمشق سنة ١٩٤٧. واقترح تابت في السياق أن يُصار إلى تأسيس الفرق والمجموعات الوطنيّة والإقليمية، بغية القيام بدراسة المواد المحليّة، وتحسين عمليات الإنشاء، ووضع المعايير لها بهدف تقليص تكاليف البناء. ووفق تابت، فإن المعماريين ما كانوا يستخدمون أقصى ما أتاحه التقدّم الصناعي. فذكر أنّ على المعماري ألّا يَمتنِع عن استخدام العناصر مُسبقة الصُنع.[٢٥]

من هنا، فإن مبنى مؤسسة كهرباء لبنان يشكّل مثالاً على عمليات تطبيق التقنيات المتطوّرة للخرسانة مُسبقة الصنع، والخرسانة مسبقة الصبّ والإجهاد. وقد جاءت الرغبة لضمان تدعيم فسحة مساحتها ١٤ × ١٤ متراً، لتستدعي خَلق نظام إنشاء تجاوز الأنظمة التقليديّة المعروفة آنذاك. وكان الحلّ المقترح في هذا الإطار عبارة عن جسور مُسبقة الصبّ والإجهاد، أتاحت، في آنٍ واحد، عملية تنفيذ سريعة وغير مكلفة. وكان يفترض موضعة "أسلاك الإجهاد المُسبق" في موقع البناء بين عناصر مُسبقة الصبّ على شكل حرف U اللاتيني، وذلك قبل صب الأضلاع الخرسانية. غير أن المقاول المُبتكر لويس قرداحي قام، مع "مؤسسة درويش حدّاد" والمهندس نويل أبو حمد (اللبناني الخبير في تقنيات الإجهاد المُسبق)، بتصميم حلٍّ لعناصر تدعيميّة أخفّ وزناً نسبياً، زنتها ٢،٣ طنّاً، أي نصف زنة النظام التقليدي.[٢٦] وقد ساهم ذاك التصميم أيضاً في تقليص مُربِح بأكلاف الرافعات. إلى ذلك، أتاحت عمليات الإجهاد المسبق للخرسانة في المصنع، فرصةً توفير الوقت، إذ لم تتطلب إجراءات موضعة الجسور في كلّ طابق من طوابق البناء أكثر من ثماني ساعات، فيما تطلّب إنجاز طابقٍ كامل بمساحة ٨٣٠ متراً مربعاً، مع الجدران الفاصلة، أسبوعاً واحداً فقط. والجسور الخرسانية التي على شكل حرف I اللاتيني، الممتدة على مساحة ١٤ متراً، بلغ ارتفاعها ٤٩ سنتيمتراً، وقد وُضع كُلّ واحد منها على مسافة ١،٢ متر بين محورٍ وآخر. وقد جعلت (تلك الجسور) تحت لوحٍ خرسانة خفيفة التدعيم بسماكة ٦ سنتيمترات. وعند الركائز من الجهتين، زُرعت في اللوح قضبان ذات أغطية، ضمنت الصِلة بين الجسور، وجعلتها متتابعة. وتمّ إنتاج الجسور المذكورة بمعدّل ٥ جسور في اليوم، فيما جرت ليلاً معالجتها بالبخار، لضمان أن يحصل الإجهاد المسبق مع حلول الصباح، باستخدام عشرين سلكٍ معدني بسماكة ٥ مليمترات. كذلك جرى اعتماد التصنيع المُسبق لإنتاج ألواح كاسرات أشعة الشمس التي تغطّي مساحة ٢٧٠٠ متر مربع. وصنعت الواقيات المذكورة من ١٠ قوالب مختلفة جُمعت في موقع البناء، وقد أنجزت بسرعة لافتة، خلال ٤٥ يوماً، لا أكثر. وجاءت "كاسرات أشعة الشمس" تلك، على مقدار بالغ من الأناقة بفضل الألواح الخرسانية الرقيقة، التي قُلصت سماكاتها كي تبلغ ستة سنتيمترات.[٢٧]

سمات التصميم

ومثّل الحاجب الواقي، المعلّق على مسافة من الواجهة الجنوبية، ملمحاً تصميمياً أساسياً، فأضفى الأناقة على المبنى، متيحاً له حمايةً من أشعة الشمس. وفي الطابق الأول من البناء، نُسّقت العناصر الحاجبة على نحوٍ غير متناظر، لتُوحي بالأنشطة الترفيهية القائمة خلفها؛ تحديداً ردهة الاستراحة والمطعم. فيما اتّبعت تلك الشاشات في الطوابق العلوية نسقاً تكرارياً، وأتاحت للمكاتب ما يكفي من ضوء النهار. ومن خلال كشف الهيكل الأساسي للمبنى من جهتي الجنوب والشمال، استغل المعماريون على نحو كامل ذاك التوجيه المثالي، فتلافوا التعرّض للشمس من الشرق والغرب، واختصروا واجهتي المبنى من الجهتين المذكورتين، بجدران مغلقة. إضافة إلى هذا، وبفضل ترتيبهم ذاك، فإن نسائم الهواء الجنوبية الغربية التي تلفح المبنى وتخترقه، ضمنت له التهوئة الطبيعيّة. وتبدو جهة المبنى الشمالية

٢١ سُمي فيما بعد "معرض رشيد كرامي الدولي".

٢٢ سابا شبر، "بعد أوسكار من؟" مقالة مكتوبة في ٢٩ تموز (يوليو) ١٩٦٢. عادت ونُشرت في "التطورات الأحدث في المدينة العربية" (مقالات كتبها شبر في الصحافة اللبنانية والكويتية ١٩٥٩–١٩٦٧)، الكويت: منشورات الدولة الكويتية، ١٩٦٩. ويعد حضور وتدخل مشاهير المعماريين في دول عديدة مسألة إشكالية. إذ للمفارقة، عندما قررت الحكومة البرازيلية بناء مدينة برازيليا سنة 1900، قام لوكوربوزييه بعرض خدماته، وأطلقت في المقابل حملة ضده من قبل المعماريين البرازيليين، الذين ضغطوا من أجل تنظيم مسابقة يشترك فيها المعماريون البرازيليون حصراً. وقد انتصروا في تلك المعركة وفاز كوستا في المسابقة. أنظر:
Fernando Lara, "Popular Modernism, An Analysis of the Acceptance of Modern Architecture in 1950s Brazil," PhD dissertation, University of Michigan, 2001.

٢٣ جريدة "لوريان" اليومية، بيروت، ٢٢ تموز (يوليو) ١٩٧٠.

٢٤ أنطوان تابت، "مهنتي وأثرها في بناء الأمّة"، محاضرة قدّمها عبر برنامج إذاعي لـ "راديو الشرق" مخاطباً بها المثقفين اللبنانيين، مجلة "الطريق"، المجلد ١، ١٩٤٢: ٧–٩.

25 *Rapport Final du Premier Congrès de l'Union Internationale des Architectes*, Lausanne, 28 juin–1 juillet 1948. Lausanne: Librairie de l'Université, 1949: 131.

٢٦ أنظر: مجلة "المهندس"، ١٦، تشرين الأول (أكتوبر) ١٩٦٩: ٣٩–٤٣.

٢٧ وقد ظهر أن اتساع ووزن تلك الألواح أكبر ن قدرة تحمل العناصر الأفقية ذات سماكة الـ ٦ سنتيمترات والمنحنية قليلاً.

النهاية على التصميم الإنشائي. وقبل ائتلاف عرقتنجي مع نعمة واشتراكهما في تأسيس فريق "سيتا"، فقد سبق وحققا معاً العديد من الأبنية المتميّزة، من بينها "فيلا دي بونو" في سوق الغرب سنة ١٩٦٠ ومبنى تلفزيون لبنان في الحازمية سنة ١٩٦١.[١٦]

بالنسبة للعضو الرابع في فريق "سيتا"، جان نويل كونان (مولود سنة ١٩٢٦)، فهو معماري فرنسي تخرّج في "مدرسة الفنون الجميلة" في باريس، وقد دعاه صديقه بيار نعمة للمساهمة في تطوير مشروع المدينة الحكومية بمنطقة بئر حسن.[١٧] بقي كونان في لبنان لأربع سنوات فقط، حيث عمل معظم الوقت في المكتب، فيما تولّى نعمة وعرقتنجي التعامل مع الجهات الإدارية، مثل "مديرية المباني" و"مجلس تنفيذ المشاريع الكبرى" ومؤسسة كهرباء لبنان.

المسابقة

حين أُعلن عن مسابقة تصميم المقرّ الرئيس لمؤسسة كهرباء لبنان في ٢٢ تشرين الثاني (نوفمبر) سنة ١٩٦٤، كانت جميع الظروف متوفّرة لقيام عملية تنافسيّة ناجحة، تثمر نتائج لا تقلّ نجاحاً. كذلك فإن مؤسسة كهرباء لبنان كانت اكتسبت آنذاك سمعة طيبة من ناحية الكفاءة المهنيّة. وبصرف النظر عن الحدّة التي وسمت المسابقات المعمارية الأولى في لبنان، فإن هناك توافقاً بين المعماريين على أن أكثرية المسابقات، ما عدا استثناءات قليلة، جرى التعامل معها بإنصاف. إلى ذلك، يقرّ كثيرون أيضاً بأن المسابقات منحتهم فرصاً لإثبات قدراتهم، والانطلاق بتجاربهم المهنية.[١٨] وقد بدا المعماريون، بناءً على تلك الظروف المغرية، شديدي الحماسة والاندفاع للمشاركة في مسابقة تصميم المقرّ الرئيس لمؤسسة كهرباء لبنان. وكان من بين المشاركين في المسابقة المذكورة، إلى جانب "سيتا"، كُلّ من بيار الخوري، وعاصم سلام، وكاظم كنعان، وهنري إدّه.

مثّل المشروع الذي قدّمه بيار الخوري وعاصم سلام سلسلة منشآتٍ على شكل "عرانيس ذرة"، قُصد بها على الأرجح إتاحة تنويعة مشهدية من موقع المقرّ إلى البحر، في الجهة الشماليّة، ومن الموقع إلى المدينة والجبال الظاهرة من بعيد، في الجهات الأخرى. ونُسّقت المكاتب ضمن تكتلات حول نُوًى للحركة العمودية. وكان الفريق المذكور قد أنجز لتوّه تصميم الجناح اللبناني في "معرض نيويورك الدولي"، ذاك الجناح الذي استند أيضاً إلى فكرة وحدات مُتكتّلة. بعد ذلك بوقت قصير، قام الخوري باعتماد فكرة تصميمية مشابهة لما ورد في رسمه لمبنى البنك البريطاني في وسط بيروت.

أمّا هنري إدّه، المشارك في المسابقة أيضاً، فقد مَوضَع المبنى الرئيس في جهة الموقع الشرقية، تاركاً بذلك الجهة الغربية مفتوحة على مشهد البحر. وجاءت واجهاته، المؤلفة من تنويعة أحجام أفقية وعموديّة، لتُظهر مقاربته الشَبكيّة والمنتظمة، المُتضمنةَ المُسطّح والواجهة، وهي مقاربة مُحببة بالنسبة إليه طَبّقها في العديد من أبنية المكاتب التي صمّمها. وتُبيّن الوثائق البصريّة، في أرشيف هذا المعماري، ذاك الضرب من الـ"تركيب" (بريكولاج) الذي كان ضرورياً لإظهار التصميم وتقديم تمثيله الأدق. وفي بعض الصور التي التقطت خلال جلسات تصوير خاصّة لنموذج المُخطط، يمكننا معاينة معاونين للمعماري، يحملون لوحةً خَلفية استيهامية، مصنوعة من ورق مُقوى، وتُظهر أطياف سفنٍ ومراكب.

في المقابل، جاء اقتراح كاظم كنعان ليُشكّل المنافس الأقرب للتصميم الفائز. وقد ضم مُخطط كنعان بناءً ضخماً مُرتفعاً يواجه شارع النهر، وينهض على قاعدة تعالج مستويات الارتفاع المتفاوتة، بين الشارعين العُلوي والسفلي المتاخمين للموقع (من الجنوب والشمال). وفي منتصف البناء فُرجَةٌ تلتفّ حوله من كل الجهات. ويُظهر منظور البناء، من جهة الشمال، واجهة زجاجية محاطة من الجهتين بجدارين، وحجمين متعاقبين، مُتّجهين إلى الشمال.

المُخطَطُ الفائز

ممّا لا شكّ فيه، جاء المُخطَطُ الفائز الذي صمّمه فريق "سيتا" مراعياً تماماً لموقع المشروع ومحيطه، فاستجاب بحكمة لمعظم متطلّبات موجز المسابقة. الساحة الغائرة التي كان يمكن بلوغها عبر درج/ممرّ يبدأ من شارع النهر، والتي أدّت وظيفة ساحة عامّة مدينية، أتاحت الدخول إلى قاعة عامّة كبيرة حيث يمكن للمواطنين تسديد فواتير اشتراكاتهم. وعبر مَوضَعة القاعة الكبرى في مستوى خفيض، ورفع المبنى المؤلف من ١٤ طابقاً عن الأرض وحَمله على أعمدة فوق أروقة فسيحة، أتاح المعماريون مشهداً بحرياً متكاملاً ومن دون أيّ عائق. كما جرى مَوضَعة أقسام الخدمات الفنيّة والمحترفات والمشاغل في جهة الموقع الشمالية، عند قاعدة المُنشأ تحت مستوى الشارع الرئيس، حيث يمكن الدخول إليها بسهولة من ذلك الطرف، ومن جادة شارل حلو تحته. وهنا، ابتكر المعماريون مبنى مُسطّحاً، مُثقباً من الأعلى بالباحات والمناور. وقد جاءت رسومات ذاك المُخطط، المُقدّمة للمسابقة، مؤثرةً وشديدة الوقع.[١٩] ويقرّ نعمة في هذا السياق بأنّ ثمة خطأً ضمن مقترح فريقه، لا بدّ أن يكون قد لعِب لمصلحتهم، وهو يتمثّل تحديداً بخطّ الأفق المرسوم في لوحة المنظور المذهلة، والظاهر في الواجهة المقابلة للشارع الرئيس العام. لكن، على الرغم من وجاهة هذا الرأي، فإن المشروع مثّل بالتأكيد أكثر بكثير من مجرّد خطّ مؤثّر؛ فذاك كان خطأ جسّد المشروع ومثّل بارقة أملٍ تلوح في الأفق.

تأخير المشروع: إشكالية جنسية المعماري

بدا المُخطَطُ الفائز في المسابقة بالغ الدقّة والعقلانية، ممهداً منذ البداية لعملية تنفيذ سلسة للمشروع. بيد أن هذا الأخير تعرّض للتعطيل على مدى أشهر تسعة، ما أرجأ عمليات الإنشاء إلى سنة ١٩٦٧. ومع شروع أعضاء فريق "سيتا" في إعداد خرائط ورسومات تفصيليّة لتصميمهم تحضيراً لأعمال التنفيذ، فوجئوا بدعوى قضائية مرفوعةٍ ضدّهم تقدّم بها منافسهم في المسابقة، هنري إدّه. والسبب الذي استندت إليه الدعوى تمثّل بأن اسم كونان، المعماري الفرنسي، كان وَرد، في الرسومات المُقدّمة للمسابقة، بين أسماء المعماريين الآخرين.[٢٠]

في الواقع كان المعماريون الأجانب حاضرين ضمن المشهد المحليّ منذ مطلع القرن العشرين، لاسيما منذ الانتداب الفرنسي ابتداءً من سنة ١٩٢٠. وتتضمن لائحة أولئك المعماريين كُلّاً من أنطوان كافرو، وميشال إيكوشار، وجاك مارمي، وكارول شاير، وأنطوني إيرفينغ، إضافة إلى كثيرين غيرهم. إذ كان شارك في المشاريع والأعمال القائمة، على الساحة المحليّة، معماريّون، وباحثو آثار، ومهندسون، ومخطّطون، عمل العديد منهم كموظفين في القطاع العام والخدمة المدنيّة. وسواء كان هؤلاء متأثرين بالمدرسة

١٤ بعد الحرب (١٩٧٥ – ١٩٩٠) جرت عملية إعادة تدوير لـ "بيت الحرفي" فحُوّل إلى مطعم من "أجواء ألف ليلة وليلة"، وأُخضِع لتدخلات معيبة شوهت طابعه الحداثي. وقد ألبس المبنى الآن رداءً استشراقياً أثّر على فضائه الداخلي، فاستبدلت واجهاته الزجاجية بجدران خرسانية مُلست بطبقة من الطوب. كما جرى حجب القناطر الرشيقة الخفيفة التي اقترنت بهيكله الإنشائي الأول، وأخفيت خلف عقود جبس تزيينية.

١٥ مقابلات مع بيار نعمة، آب (أغسطس) ١٩٩٧ (مواد مسجّلة على شرائط كاسيت)، وأيار (مايو) ٢٠١٢.

١٦ بعد حلّ فريق "سيتا" في كانون الأول (ديسمبر) ١٩٧٢، غادر عرقتنجي البلد للعمل تحت اسم "دوم" في أمكنة عديدة، هي: السعودية، أبو ظبي، هيوستن (تكساس)، وفرنسا. أما نصار فقد بقي في لبنان وعمل مع شركة "إلكا" للمقاولات. المصدر: مراسلات مع جاك عرقتنجي سنة ٢٠٠١، ومقابلة مع جوزيف نصار، في ٨ شباط (فبراير)، ٢٠٠٢.

١٧ بعد أربع سنوات مثمرة جداً مع "سيتا"، من تشرين الأول (أكتوبر) ١٩٦٢ إلى تشرين الأول (أكتوبر) ١٩٦٦، غادر كونان إلى دمشق التي بقي فيها أكثر من عشر سنوات، حيث علّم في كلية الفنون الجميلة وعمل مستشاراً للفرنسيين في شؤون البناء. وزار كونان لبنان مرات عديدة حتى سنة ١٩٧٥، وذلك بهدف توجيه طلاب الدبلوم في "الأكاديمية اللبنانية للفنون الجميلة" (الألبا). ثم عمل فيما بعد بالمملكة العربية السعودية طوال سبعة أعوام قبل أن يتقاعد في فرنسا. مقابلة مع جان نويل كونان في باريس، حزيران (يونيو) ٢٠٠٠.

١٨ يمثل تاريخ المسابقات المعمارية في لبنان موضوعاً للبحث ينبغي معالجته. إذ إن الفرص التي منحت للمعماريين في الخمسينيات والستينيات للمساهمة في صوغ لبنان الحديث والخوض في أفكار تنافسية، هي فرص نادرة في الوقت الراهن. فالسلطات الحالية لا تنتهج على ما يبدو الأفكار والمثاليات التقدمية التي سادت خلال فترات رئاسة شمعون وشهاب والحلو. وضآلة المسابقات منذ أعوام السبعينيات لا يمكن عزوها إلى الحرب التي عصفت بالبلاد بين ١٩٧٥ و١٩٩٠، لأن حركة البناء لم تتوقف وظلت ناشطة على نحو لافت خلال تلك الفترة.

١٩ الرسومات موجودة في "المركز العربي للعمارة"، مجموعة بيار نعمة.

٢٠ اسم كونان اختفى من رسومات التصميم التي نفذت سنة ١٩٦٦، الأمر الذي حلّ المشكلة القانونية.

المقرّ الرئيس لمؤسسة كهرباء لبنان، بيروت، لبنان، ١٩٦٤ – ١٩٧١

المعماري: مجموعة "سيتا" (عرقتنجي، نعمة، كونان، ونصّار)

ARCHITECT: CETA (ARACTINGI, NEEMA, CONAN AND NASSAR)

ELECTRICITÉ DU LIBAN HEADQUARTERS BEIRUT, LEBANON, 1964–1971

القطاع الخاص، أمثال لوسيان صباغ، للقيام بأمر مشابه، إذ بادرت الأخيرة إلى تكليف كلّ من ألفار آلتو وألفريد روث بتصميم مبنى "مركز صبّاغ". وفي هذه الحالات، جاء التعاون بين معماريين أجانب، ومهنيين لبنانيين كفوئين، ليساهم في مدّ البلد باحتياجاته على المستوى الأمثل.

وعلى نحو مُشابِه، قامت الحكومة اللبنانية، عبر الهيئات الإدارية المختلفة في القطاع العام، إمّا بمنح تكليفات مباشرة لمعماريين، أو بإطلاق مسابقات معمارية وطنيّة أو دوليّة، كما جرى غالباً. في هذا السياق، وفيما قام "مجلس تنفيذ المشاريع الكبرى" بتكليف المعماري أوسكار نيماير بتصميم "معرض رشيد كرامي الدولي" في طرابلس، جاءت أكثرية المشاريع العامة الأخرى، مثل مباني المدارس، وإدارات مصلحة الهاتف والتلغراف، والمدينة الرياضية، وكازينو لبنان، وغرفة التجارة والصناعة، والمقرّ الرئيس للإذاعة، ومبنى تلفزيون لبنان، ومباني إدارات حصر التبغ والتنباك، لتكون موضوعات لمسابقاتٍ معمارية وهندسية. ومع توزع مباني وزارات الدولة في العاصمة، ودُور القضاء والسرايات (مباني الإدارات العامة المناطقية) في أنحاء لبنان، اكتسبت سلطة الدولة حضوراً مادياً حديثاً.[٧] ولعبت في هذا الإطار "مديرية المباني"، وغيرها من المؤسسات المستقلة المختلفة، مثل مؤسسة كهرباء لبنان، وبفضل وجود أشخاص محوريين على رأسها، أدواراً أساسية في العديد من الحالات، حيث تبنّت هذه المؤسسات موقفاً منفتحاً تجاه أفكار التصميم المحدثة.[٨] وبالنسبة لمؤسسة كهرباء لبنان، فإن طموح تحقيق تصاميم معمارية مُتميزة لم يُقتصر على مبنى مقرّها الرئيس، بل شمل أيضاً مبانيها المُخصصة للاستخدامات الفنية، مثل محطات توليد الطاقة ومراكز التحويل، مع تمثّل النماذج الأفضل في هذا الإطار بتلك المباني التي أنشئت في منطقتي الحمرا والحازمية، وفق تصاميم وضعها كُلٌ مِن كارول شاير وواثق أديب.[٩]

والأمر الثاني الذي لا يقلّ أهمية ضمن المناخ العام لهيئات تحكيم المسابقات، جاء مُتمثلاً باعتماد العمارة الحديثة من قبل جيل المهندسين والمعماريين الأكبر سناً، أمثال الياس المرّ وبهجت عبد النور، والجيل الوسيط المؤلف من فريد طراد، وفايز الأحدب، وأنطوان تابت، والجيل الأصغر الذي ضمّ عاصم سلام، وريمون غصن وآخرين. وبغض النظر عن خلفيات أولئك المعماريين والمهندسين الثقافية المختلفة، وخياراتهم الجمالية المتنوعة، إلّا أنهم اعتمدوا جميعاً العمارة الحديثة، التي بدت مثل قاسم مشترك في ما بينهم. وفي أعوام الخمسينيات والستينيات، الصاخبة تلك، لم يظهر أمر يشير إلى اندلاع "معركة أساليب" بين المعماريين المتنوّعين. بل على الضد من ذلك، بدت الحقبة زمناً للاختبارات الخلاقة والتحدّيات المعرفية، إذ لم يتوقف المعماريون الذين كانوا بمعظمهم متخرجين يافعين، عن التنافس، وقد أنشأوا في سياق تنافسهم الفِرقَ والمجموعات، ولم يتوانوا عن حلّها، وفق متطلبات المشاريع وظروف تكليفاتهم.

فريق "سيتا"

مثلت ظاهرة التعاون في سياق المسابقات المعمارية والهندسية مناسبة للعديد من الفرق كي تعزّز شراكاتها وتطوّر ممارسات مُثمرة، في وقت قصير نسبياً. ينطبق هذا الأمر على مصممي مقرّ مؤسسة كهرباء لبنان، الذين قرّروا سنة ١٩٦٢ أن يتوحّدوا رسميًّا ويُشكّلوا فريق "مركز الدراسات التقنية والمعمارية" (سيتا) إثر فوزهم بمسابقة المدينة الحكومية.[١٠] وضمّ فريق "سيتا" كُلًّا مِنْ جاك عرقتنجي، وجوزيف نصّار، وبيار نعمة، كما انضم إليه لاحقاً المعماري الفرنسي جان-نويل كونان. وفي السنة ذاتها فاز هذا الفريق أيضاً بمسابقة تصميم مبانٍ للمدارس المهنية والفنية في العديد من المناطق اللبنانية.[١١] وعلى الرغم من أن أفراد ذاك الفريق كانوا في أعمار شابّة نسبياً – في مطلع ثلاثينياتهم – إلّا أنهم سرعان ما كوّنوا سمعة مهنيّة طيبة يستحقونها. وعلى الأرجح ارتبطت سمعتهم الطيبة تلك بتصميمٍ واحدٍ من بين تصاميم وتكليفات عديدة قاموا بها، هو مشروع "بيت الحرفي اللبناني" (١٩٦٣) المُخصص لعرض المنتجات الحِرَفية، والقائم في موقع خلابٍ قرب البحر. وقد جاء مقترحهم التصميمي الآسر ليمثّل صندوقاً زجاجياً "ميسيّ" (من المعماري ميس فان در روه) على شكل T، فيُتيح شفافيةً قصوى من كُلّ الجهات. ولكي يمنحوا "بيت الحرفي" "طابعاً لبنانياً"، كما اشترطت دعوة المسابقة، قاموا بتدعيم السقف المُسطّح بركائز مكوّنة من أربعة أعمدة معدنية مُربعة الشكل، انتشرت قطرياً كي تلاقي نظراءها، الأمر الذي جعلها عملياً تكوّن هيكل قناطرٍ رشيقةٍ ورقيقة الإيحاء.[١٢] وبمثابة جواب على ذلك المُخطط الحسّاس الذي يحتاج إلى دقةٍ في رمزيته ، رأى صاحب التكليف – "مجلس تنفيذ المشاريع الكبرى" – أن المشروع يشكّل "استحضاراً حاذقاً للتراث".[١٣] وهكذا، من خلال اقتراح طفيف يتعلق بالقنطرة المعهودة، قام فريق "سيتا" في حلّ معضلة تمثلت بالاستجابة لرغبة "مجلس تنفيذ المشاريع الكبرى" بالحصول على بناء "لبناني"، مقابل إتاحة أقصى قدر ممكن من الشفافية والخِفّة والتعددية في مناحي الاستخدام، التي ينبغي أن يتحلّى بها كلّ فضاء عرض – وهذه الخصائص الأخيرة جميعها من سمات الحداثة.[١٤]

أعضاء فريق "سيتا"

ولد بيار نعمة (١٩٣١–٢٠١٥) في مصر والتحق بمدرسة الفنون الجميلة في باريس، حيث تخرّج بشهادة في العمارة سنة ١٩٥٨. وفي العاصمة الفرنسية انضم إلى محترف "لوكونت-بونتريمولي"، الذي لم يكن يعتبره مُحترفاً تقدمياً على نحو كافٍ. وكان نعمة، كحال طلاب صفه، يتطلع إلى أعمال لوكوربوزييه الشهيرة، ومشاريع نيماير المُغوِية في البرازيل، كمصادر "للإلهام الإبداعي، والمرونة، والإحساس بالمكان".[١٥] وخلال سنوات دراسته في الجامعة وبعد تخرّجه، كان نعمة اكتسب تدريباً مهنياً متيناً في مكتب بيار فورنييه، المعماري الرئيس لمدينة باريس. وفي سنة ١٩٦١، دُعي للانضمام إلى مكتب بهيج مقدسي في بيروت، حيث التقى المعماري أنطوان شمعة. ومع سابا خزام، راح الفريق يشارك في المسابقات المعمارية، وتمكن من إحراز المركز الثالث في مسابقة تصميم مركز "ريجي التبغ" في بكفيا، الفوز الذي مثل لهم بداية مشجعة، كون المسابقة كانت الأولى التي يشتركون فيها. كذلك شارك نعمة في تأسيس "رابطة العمارة الفنية"، المجموعة الناشطة التي لم تعمّر طويلاً.

أمّا جاك عرقتنجي (١٩٣٢–٢٠١٦) فقد تخرّج باختصاص الهندسة المدنية في المعهد الفرنسي للهندسة في بيروت سنة ١٩٥٤. وسافر عرقتنجي إلى باريس سنة ١٩٥٦ للتدرّب في مكتب المهندس فلاديمير بوديانسكي، الذي، كما أقرّ، كان له تأثير كبير عليه من ناحية طمس الخط الفاصل بين الهندسة والعمارة، وعَبْر دفعه نحو امتهان التصميم المعماري. ومع عودته إلى بيروت، عمل بالشراكة مع جوزيف نصار (١٩٣١–٢٠٠٩)، المهندس – المعماري المتخرّج في المعهد الفرنسي للهندسة في بيروت سنة ١٩٥٣ والذي اقتُصر عمله في

٧ أنظر: الجمهورية اللبنانية، "ما تحققه مديرية المباني"، بيروت: المطابع الأهلية اللبنانية، ٢٢ تشرين الثاني (نوفمبر) ١٩٦٥.

٨ دور أشخاص محددين داخل الإدارات، مثل المعماري متري النمار في "مديرية المباني" وفي "المديرية العامة للتنظيم المدني"، كان أساسياً. إذ على الرغم من تخرجه معمارياً في جامعة الـ "ألبا" سنة ١٩٤٨ وامتلاكه مكتباً خاصاً للمهنة، إلا أن تجربة النمار كانت في الإدارات العامة بالدرجة الأولى. فقد كان شخصية أساسية خلال الحقبة الشهابية، كما لعب دوراً فعالاً في التشجيع على العمارة ذات المستوى الرفيع، حيث بادر في عدد كبير من التكليفات لمعماريين جديرين، وفي أغلب الأحيان عبر مسابقات معمارية.

٩ لعب كل من المهندسين كارلو مبيض وبيترو خوري في مؤسسة كهرباء لبنان دوراً في دعم التصاميم متميّزة. كما قدّما المشورة في أعمال الإنشاء وسبل التنفيذ.

١٠ على الرغم من تخصيص الحكومة ميزانية ضخمة للمشروع وقيامها بالترويج له على نحو واسع، إلا أن مشروع "المدينة الحكومية" هذا بقي في الأدراج، باستثناء مبنى واحد، أي مبنى "وزارة البريد والبرق".

١١ بعد مسابقة تصميم العديد من المدارس التقنية والمهنية سنة ١٩٦٢، أعلن عن تقاسم المرتبة الأولى بين فريقي "نعمة وعرقتنجي" و"بونفيس وجمّال". إلّا أن الفريقين المذكورين قررا عدم التعاون، بل اقتسام الأعمال. وهكذا قام فريق "بونفيس وجمّال" بتصميم مدرستي بنت جبيل وعجلتون، فيما صمّم فريق "نعمة وعرقتنجي" مدارس في مشغرة والهرمل وحمّانا وزغرتا.

١٢ القناطر، التي صممت في الأساس لتكون من الخرسانة، نفّذت فيما بعد من المعدن، الأمر الذي مثّل حلاً أيسر اقترحه المقاول المهندس باناي عقل. وقام حداد من طرابلس بتنفيذ أشغال الحديد التي بدت متقنة على نحو لافت، وجرى حشو الأجزاء السفلى من الأعمدة المعدنية بمادة الخرسانة. وقد جاء ذاك الحل البديل ليمثل البراعة وسعة الحيلة المعتمدتين بغية تحقيق الرؤى الحداثية التي وضعها المعماريون.

١٣ بحسب كونان، جاءت الفكرة الإنشائية لهذا المشروع من مشروع صممه بين العامين ١٩٥٦ و١٩٥٧، وهو مدرسة فنية للأطفال المعوّقين في غارش، قرب باريس. عن بيت الحرفي يمكن العودة إلى مجلة "المهندس"، ٦، كانون الثاني (يناير) ١٩٦٦: ٢٦.

بارقة أمل في الأفق

جورج عربيد

يُمثّلُ المَقرّ الرئيس لمؤسسة كهرباء لبنان شاهداً ما زال حيّاً على مرحلة جريئة في حقبة تحديث الكيان اللبناني، تلك الحقبة التي انطلقت ومضت قُدُماً منذ نيل البلد استقلاله سنة ١٩٤٣. وبلغت خطط التطوير والتنمية ذروتها مع رئاسة فؤاد شهاب (١٩٥٨-١٩٦٤)، الذي التزم بناء مؤسسات حديثة للدولة، وتطبيق إصلاحات اجتماعية وإدارية. وقد جرى في السياق، إلى جانب تطوير قطاع الكهرباء، إنشاء مبانٍ إدارية وأخرى مُخصصة للتعليم الرسمي، وإنجاز بُنى تحتية وطُرق، فيما شهد قطاع المياه، وغيره من القطاعات، تحسينات ملحوظة. واقتضت الحاجة، على أثر النمو السريع الذي حققته مؤسسة كهرباء لبنان، القيام بتنظيم ومَأسَسة خدماتها.[1] وبهدف تحسين الأداء الخدماتي العام، غدت الحاجة ملحّة إلى إنشاء مبنى رئيسٍ واحد يحتضن عددًا من مكاتب المصلحة وفروعها التي كانت موزعة في مناطق مختلفة ضمن العاصمة. وجاء في هذا الإطار أمر إنشاء مقرّ لمؤسسة كهرباء لبنان خلال عهد شارل حلو (١٩٦٤-١٩٧٠)، الرئيس الذي خلف فؤاد شهاب. إذ في عهد حلو ذاك جرى عملياً إنجاز المبنى، بدءًا من مرحلة تصوّره والتخطيط له، وصولاً إلى عملية تنفيذه على أرض الواقع.

وأُعلن في شهر تشرين الثاني (نوفمبر) ١٩٦٤ عن مسابقة وطنية طموحة لتصميم مقرٍّ لمؤسسة كهرباء لبنان في بيروت. تقدّم إلى المسابقة اثنا عشر مشروعاً، وذهبت الجائزة الأولى إلى التصميم الذي اقترحه فريق "سيتا"، المؤلّف من معماريين ومهندسين.[2] وراعى التصميم الفائز جميع التطلّعات والمقترحات المتعلقة بالخطة الطموحة، الواردة في ملخّص الإعلان عن المسابقة، الذي جاء فيه: "تماشياً مع التطوّرات التقنية الحاصلة، ينبغي من المَقرّ الرئيس (لمؤسسة كهرباء لبنان) أن يحوي فضاءً مناسباً يعكس الأهمية المتزايدة للخدمات العامّة على المستوى الوطني". كما دعا الملخّص إلى اعتماد رؤية ترتكز على البعد الإنساني، فلا تقوم فقط بتحسين ظروف عمل موظفي مؤسسة كهرباء لبنان، بل تراعي أيضاً المجتمع والنسيج المدينيّ للحيّ الذي سيُنشأ فيه المبنى. وقد تضمّنت شروط المشروع ومتطلباته تأمين مساحة خارجية خضراء، ومنظر للبحر من شارع النهر يكون منظراً متكاملاً وغير متقطّع. وأخيراً، اشتُرط على تصميم المجمّع، إضافة إلى الجودة المعمارية، أن "يبرز الطابع الجميل للبنان الحديث".[3]

وبالفعل جاء المشروع الفائز، الذي قدّمه فريق "سيتا"، مستوفياً بتصميمه جميع الشروط الموضوعة. وقد عاش المبنى عمراً وافياً ليجسّد أهداف المسابقة ويطبّقها على أرض الواقع، ولكي يشهد، فيما بعد، آخر سنوات العصر الذهبي اللبناني في حقبة ما بعد الاستقلال. واليوم، يقف المبنى ناجياً من الموت، حاملاً علامات مؤلمة من الدوّامة المستمرة لظاهرة تحلّل الدولة، وقد شوّهته الحروب وتضارب المصالح، ومظاهر الزبائنية والفساد والعجز والقصور، المستشرية. بيد أن بذور الانحلال في الواقع كانت قد زرعت في وقت زامن بداية مشروع مقرّ مؤسسة كهرباء لبنان. إذ قبل شهرين من إعلان مسابقة تصميم المبنى، في ١١ أيلول (سبتمبر) ١٩٦٤، عَقدت جامعة الدول العربية قمتها الثانية في مدينة الإسكندرية، في مصر. وتلك واقعة مثّلت، بالنسبة للمؤرخين والمُحلّلين السياسيين، نقطة انطلاق للتطوّرات والأحداث السياسيّة التي حلّت فيما بعد، وكان لها تأثيرات مهمّة على المنطقة ومسار تاريخها منذ قيام دولة إسرائيل سنة ١٩٤٨. فمع تلك القمّة العربية بالذات، وفي أعقاب تأسيس "منظمة التحرير الفلسطينيّة"، راحت تلوح في الأفق بوادر حرب حزيران مع إسرائيل سنة ١٩٦٧. تتمّة القصّة معروفة: "اتفاقية القاهرة" سنة ١٩٦٩، الحرب الأهليّة في لبنان (١٩٧٥-١٩٩٠). وكلّ ما أعقب ذلك ساهم بدوره في إنهاء الحلم اللبناني.

الحقبة الزمنية

شهدت سنوات ما بعد الاستقلال في لبنان ظروفاً مؤاتية أثرت إيجابياً في مختلف نواحي الحياة اللبنانية. وأسهم الاستقرار السياسي النسبي في تعزيز الاقتصاد المزدهر، الذي استفاد أيضاً من أجواء عدم الاستقرار السائدة في بلدان مجاورة. وإثر خسارة مرفأ حيفا، غدا مرفأ بيروت، على مدى فترة طويلة، بوابة دخول إلى شرق المتوسط لا منافس لها. كذلك، جاءت وقائع مثل انتقال الشركات الأجنبية إلى بيروت، والاستثمارات التي أعقبت الطفرة النفطيّة في منطقة الخليج، والاقتصاد الليبرالي الجامح في لبنان، لتُسهم في دفع النمو والتطوير.[4] ثمّ إن تلك العوامل المهيّئة للاندفاعة اللبنانية شملت أيضاً جهوزية الروّاد المهنيين من مهندسين ومعماريين، الذين قاموا بدايةً، سنة ١٩٣٤، بتنظيم أنفسهم ضمن رابطة خاصّة، ليُطلقوا فيما بعد، سنة ١٩٥١، "نقابة المهندسين والمعماريين". على أن تنظيم المهنة، في الحقيقة، كان بدأ قبل تأسيس التخصّص الهندسي والمعماري في المعاهد التعليمية والجامعات. إذ إن المهندسين والمعماريين، وعلى مدى فترة طويلة، كانوا مُسجّلين في "نقابة المهندسين والمعماريين" استناداً إلى التجربة المهنيّة التي اختاروا ممارستها، وليس إلى شهاداتهم الفعليّة، العلميّة أو التدريبيّة. فالأمر الذي تدرّبوا عليه لم يكن مهمّاً في هذا الجانب. بل ما كان مهمّاً تمثّل بالصفة التي أرادوا تسجيل أسمائهم تحت خانتها. وذاك الأمر كان له تأثير مديد على ثقافة العمارة في لبنان.

وقامت معاهد تعليمية متنافسة (أجنبية في البداية، قبل إطلاق المعاهد الوطنية في منتصف الأربعينيّات) برعاية المهنة وتعزيزها من خلال وصلها بقنوات تخصصيّة متعددة. وكانت مهنة البناء بدايةً في أيدي المهندسين بالدرجة الأولى، ممن تدربوا في الخارج، أو محليّاً في جامعة القديس يوسف (الفرنسية)،[5] أو الكليّة السوريّة البروتستانتيّة (الأميركية)، التي سميت فيما بعد بالجامعة الأميركية في بيروت. وعلى الرغم من قيام هاتين الجامعتين بتوفير صفوف لاختصاص العمارة ومنح شهادات "تخصّص فرعي" في العمارة، إلا أن شهادات العمارة الناجزة لم تُمنح وتتكرس إلّا مع انطلاق أول مدرسة معمارية ضمن الأكاديمية اللبنانية للفنون الجميلة (ألبا) سنة ١٩٤٣، التي تخرّج طلاب أوّل دفعة عمارة فيها سنة ١٩٤٨.[6] من هنا، فإن ممارسات البناء التي حققها الرواد كانت قد ساهمت، وعلى مدى فترة طويلة، في إنتاج عمارة رصينة. وذاك سينعكس تأثيراً إيجابياً على عمليات تصميم وبناء المقرّ الرئيس لمؤسسة كهرباء لبنان. إذ إن فريق "سيتا" تكوّن من مهندسين ومعماريين، على حدّ سواء.

مرحلة التجريب الخلّاق

النتيجة الطبيعية لمظاهر الاستقرار السياسي والازدهار الاقتصادي والانفتاح، التي سادت في أعوام الخمسينيات والستينيات، تمثّلت بميلٍ ثقافي عام للتحديث، وتجسّد ذاك بالعمارة الحديثة. وكان يمكن رصد الطموحات المعمارية ذات المنحى التقدميّ في مختلف القطاعات، في القطاع الخاص كما في المباني التي أنشأتها أو رعت بناءها الدولة. وقامت مؤسسات مثل "جمعية المقاصد الخيريّة الإسلامية"، عبر التصاميم التقدميّة لمباني مدارسها، و"البطريركية المارونيّة"، من خلال المسابقة المعمارية التي أطلقتها لتصميم "بازيليك حريصا"، بالمساهمة في بلورة وجه البلد الحديث. كذلك عهِد رشيد بيضون إلى "آدور وجوليارد" وضع تصميم لمبنى "ستاركو"، ممهداً الطريق لمستثمرين عقاريين آخرين من

١ بين المشاريع الطموحة التي طرحتها السلطات، احتلت الخدمات الكهربائية مركزاً متقدماً في لائحة الإنفاق الحكومي العام في خطة السنوات الخمس الاقتصادية للرئيسين فؤاد شهاب وشارل حلو. للاطلاع على لوائح الإنفاق لهاتين الخطتين يمكن مراجعة: لبنان، المرسوم رقم ٧٢٧٧ الصادر في ٧ آب (أغسطس)، ١٩٦١، والمنشور في العدد ٣٦ من الجريدة الرسمية وفي جريدة "الحياة" اليومية، ١٩ تشرين الثاني (نوفمبر)، ١٩٦٥. للاطلاع على مراجعة نقدية للخطتين المذكورتين، يمكن العودة إلى: N. Raphaeli, "Development Planning: Lebanon," *The Western Political Quarterly*, Vol. 20, No. 3 (Sep., 1967): 714–728.

٢ تألّفت لجنة التحكيم من شخصيّات محليّة وعالميّة، هي: المهندسون والمعماريّون اللبنانيّون جوزف نجّار، كارلو مبيّض (مدير مؤسسة كهرباء لبنان)، متري النمّار، أمين البزري، وريمون غصن، والمعماريّان العالميين جيو بونتي ووليم دونكل. أعلنت نتائج المسابقة في ١٢ نيسان (أبريل) ١٩٦٥، ونُفّذ المشروع الفائز خلال الأعوام ١٩٦٧ و١٩٧٠ و١٩٧١.

٣ مؤسسة كهرباء لبنان، إحصاءات ونتائج تقنية. مؤسسة كهرباء لبنان، ١٩٦٩. *Electricité du Liban, Statistiques et Résultats Techniques*. Electricité du Liban, 1969.

٤ للتعامل مع الأوضاع الجديدة، وضعت السلطات اللبنانية حيّز التنفيذ العديد من التدابير الاقتصادية. وقد جرى بين العامين ١٩٤٨ و١٩٥٢، تحرير نظام التبادل في البلاد، الأمر الذي حرر حركة رؤوس الأموال. وفي سنة ١٩٤٩، جرى إصدار "القانون النقدي"، مطلقاً سياسة رسمية لشراء الذهب وتدعيم العملة. إلى ذلك، فإن الاقتصاد اللبناني الذي تحرر في آذار (مارس) ١٩٥٠ من شراكة "الاتحاد الجمركي" التي لم تدم طويلاً مع سوريا، تمكن من التطوّر من دون عوائق.

٥ "المعهد الفرنسي للهندسة في بيروت" (إيفيب) تحوّل اسمها فيما بعد إلى "مَعْهَد الهَنْدَسة العالي في بَيروت" (إيسيب).

٦ تأسّست "الأكاديمية" رسمياً في ١٥ آذار (مارس) ١٩٤٣ على يد أليكسي بطرس (١٩١١-١٩٧٨)، الذي تخرج مهندساً في الـ"إيفيب" سنة ١٩٣٣، ومهندساً صناعياً في المدرسة عينها سنة ١٩٤٣.

ELECTRICITÉ DU LIBAN
HEADQUARTERS
BEIRUT, LEBANON, 1964–1971

ARCHITECT:
CETA (ARACTINGI, NEEMA,
CONAN AND NASSAR)

المعماري:
مجموعة "سيتا" (عرقتنجي،
نعمة، كونان، ونصّار)

المقرّ الرئيس لمؤسسة
كهرباء لبنان
بيروت، لبنان، ١٩٦٤ – ١٩٧١

5.21– The sunken level and the
public hall, 1971, note the absence
of fence at street level.

٥٫٢١– المستوى الغائر والقاعة العامة، ١٩٧١،
ويمكن ملاحظة غياب السياج في مستوى
الشارع.

لبنان

المقرّ الرئيس لمؤسسة كهرباء لبنان

بيروت ١٩٦٤ - ١٩٧١

المعماري: مجموعة "سيتا"
(عرقتنجي، نعمة، كونان، ونصّار)

5.22- The sunken level and the main entrance on An-Nahr Street, 2017.

٥،٢٢- المستوى الغائر والمدخل الرئيس في شارع النهر، ٢٠١٧.

KUWAIT

National Museum

Kuwait City 1960–1983

Architect: Michel Ecochard

1– Interior courtyard after
enovation by PACE, 2020.

٦,١– الفناء المركزي بعد أعمال ترميم نفذها
مكتب "بايس"، ٢٠٢٠.

6.2– Al-Sabah Collection display
at the KNM, 1983.

٦٫٢ – مجموعة آل الصباح معروضة في متحف
الكويت الوطني، ١٩٨٣.

NATIONAL MUSEUM
KUWAIT, 1960–1983
ARCHITECT:
MICHEL ECOCHARD
المعماري:
ميشال إيكوشار
المتحف الوطني
الكويت، ١٩٦٠ - ١٩٨٣

Sara Saragoça

Cultural Nation Building

Introduction

A new country's ambition to build a landmark that performs a function and fulfills a need became a major task within the decolonization process in the Arab world. Its impact on international architectural production by the mid twentieth century is still unclear. The making of the Kuwait National Museum (KNM) is a contribution to both: to the understanding of the methodologies and processes behind the construction of a new national landmark, and to the role of a building program in the dominant discourses of modernization and international knowledge transfer.

The KNM, along with several other national museums in the Middle East, was established and built under the auspices of UNESCO programs for education and culture. These programs attempted to enforce continuity between "the new" and the inherited, and to use the museum as a tool to foster social cohesion, to re-establish lost origins, and to address other cultural influences. According to Fradier, the "cultural centers, typical twentieth-century institutions," were born from within "Man's search for unity."[1]

In Kuwait's case the project duration, from 1957 to this day, is particularly relevant to understand not only the architectural and cultural phenomenon but also the project and process of nation-building itself. This period would eventually prove the most relevant to the country's recent history. The unprecedented array of actors, challenges, and events, between pre-oil traditional society and the country's later modernization and urban development, was followed by the acceptance of "ultramodernity," as defined by Al-Nakib.[2] Nevertheless, the aspiration of an "imagined political community" is still a project under construction, as well as the KNM itself which is presently undergoing extensive renovation after being destroyed during the Iraqi invasion of 1990.[3] Al-Ragam stated that the museum was a political instrument in terms of the national project through its role in supporting the construction of the country's national heritage in the Pan-Arab ideological context. During the 1960s, this approach was fundamental to preserve the population's traditions and their own sovereignty, which was threatened by powerful neighbors.[4]

The search for and discovery of oil between 1938 and 1946, prior to the Berlin-to-Baghdad railway project, were important to preserve Kuwait's strategic autonomy under foreign protection.[5] The Anglo-Turkish Agreement of 1913, preceded by the protectorate agreement with Britain in 1899, had been equally important diplomatic achievements in respect of the country's autonomy.[6] The nation building started immediately after the first oil exports under the influence of foreign powers; and attracted many others who were looking for new opportunities. The realization of his ambition to build a modern city was assigned by the ruler Sheikh Abdullah Al-Salem Al-Sabah (1895–1965) to the British Political Agency in 1951 after the successful foundation of Ahmadi, the first "oil town" in the country.[7] It was an experience "whose enterprise and environment will be a model for the whole Middle East in the years to come...with the best living conditions for all classes of people."[8] In 1952, the new plan for Kuwait City designed by Minoprio, Spencely and Mc Farlane was approved and its implementation based on a modern road grid was started. The old city was transformed into a demolition yard, a situation far removed from the desired ideal of a modern Arab capital. In 1957 when the KNM project was assigned, the implications of a new plan, which made a *tabula rasa* of the native building and urban fabric, were already well known. The museum was understood as part of the country's modern enterprise, but the importance of rescuing and preserving the legacy of the past was critical.

Building a National Museum: Sélim Abdulhak's Cultural Mission and the Competition

Following World War II, the United Nations through UNESCO acknowledged the importance of culture as the tool to redevelop the post-colonial territories and recognize and showcase indigenous values and traditions that had been forced underground for centuries. UN assistance to the new countries was supported by the employment of several regional experts who became major contributors to this cultural policy. In the Middle East, one of the earliest UNESCO initiatives was in Syria, providing archaeological support for the expansion of the National Museum of Damascus in 1952. The task was implemented under the aegis of the Department of Antiquities and Museums of Syria, at that time directed by Sélim Abdulhak (1913–1992), himself an archaeologist.[9]

1 Georges Fradier, "The Georges Pompidou National Centre for Art and Culture," *Museum*, vol. XXX, no. 2 (1978): 77.
2 Farah Al-Nakib, "Modernity and the Arab Gulf States: The Politics of Heritage, Memory, and Forgetting," in *Routledge Handbook of Persian Gulf Politics*, ed. Mehran Kamrava, London and NY, Routledge, 2020, 57–82.
3 Benedict Anderson, *Imagined Communities: Reflections on the Origin and Spread of Nationalism*, London and New York: Verso, 1983.
4 Asseel Al-Ragam, "The Politics of Representation: The Kuwait National Museum and Processes of Cultural Production," *International Journal of Heritage Studies* 20, no. 6 (2013): 3–4, doi.org/10.1080/13527258.2013.834838.
5 Ricardo Camacho, Dalal Musaed Alsayer, and Sara Saragoça, *Pan-Arab Modernism 1968–2018: The History of Architectural Practice in The Middle East*, New York and Barcelona: Actar, 2021, 136–39.
6 Mary Ann Tetreault, "Autonomy, Necessity, and the Small State: Ruling Kuwait in the Twentieth Century," *International Organization* 45, no. 4 (1991): 565–91, http://www.jstor.org/stable/2706948.
7 For more, see Reem Alissa, "Building for Oil: Corporate Colonialism, Nationalism and Urban Modernity in Ahmadi, 1946–1992," PhD diss., University of California, Berkeley, 2012.
8 Preliminary report on development of Kuwait State presented to ruler of Kuwait by the British Political Agency in Kuwait, February 1952, FO 1016/217, TNA, London.

Abdulhak was the prime determinant of the country's cultural initiative, promoting archaeological excavations throughout the country with national and foreign scientific resources, that brought him international acclaim, in particular for his contribution to UNESCO's diplomatic consultancies, like the one in Kuwait, when it was still a British protectorate. In December 1959, through the Director-General of Education Abdul Aziz Hussein, Kuwait asked UNESCO to formulate a strategic vision and programmatic framework for the country's policies in education and culture, and so to provide assistance for the implementation of the new "Museum for the Kuwait Arab World,"[10] at the time located at the Sheikh's Khaz'l "diwan" without a coherent articulation of values, uniqueness, and national narratives.[11] To accomplish such ambition, UNESCO sent the influential Syrian expert to coordinate the project. The project acquired political significance with the approval of "The Declaration on the Granting of Independence to Colonial Countries and Peoples" at the UN General Assembly of December 1960, which led to Kuwait's independence the following year.

Abdulhak's innovative preliminary program was based on three points: the origins of Arab culture; the ecological significance of man; and the historical creations of man together with the way of life in the Arabian Peninsula.[12] Adhering to this preliminary agenda, from December 9, 1959 to March 15, 1960, he designed the specifications for the architectural competition for the museum.[13] The briefing organized it in thematic areas—"Land of Kuwait," "Man of Kuwait," and "Kuwait of Today and Tomorrow," with the inclusion of a Planetarium, in addition to a Cultural section.[14] This ambitious and detailed program revealed a focus on awareness and education through the principle of the "global museum," and was intended to be a view of the region's society and culture, its ecology (geology, flora, and fauna), and the country's present and future (oil, science, and urbanization).[15]

Such an approach was based on the assumption that combining scientific and cultural agendas was the foundation for educational knowledge, rather than the prevailing narrative of national pride and historical symbolism. Following his first report, the Syrian archaeologist continued for some time to personally assist the Kuwait government, along with other experts such as Georges Henri Rivière (1897–1985), who presented

two reports in the early 1970s on behalf of ICOM.[16] The concept expressed in Abdulhak's document was embraced by the new State of Kuwait and constituted a truly innovative approach to museum conceptualization at the time.

The Architectural Competition of 1960

Following the expert's report, who established the building and museological preliminary programs, a restricted-entry architectural competition was announced in 1960, under the patronage of the International Union of Architects (UIA) and organized by UNESCO, which was to see four carefully crafted proposals out of six invited architects from all around the world.[17] The new museum, to be located on the sea front and within the cultural district defined by the 1952 Master Plan, was expected to adopt the report's recommendations. Architecture was acknowledged as a significant contribution to culture production.

Of the six invited architects, four submitted proposals: the Croat Zdravko Bregovac (1924–1998), the Swede Hans Asplund (1921–1994), the Brazilian Affonso Eduardo Reidy (1909–1964), and the Frenchman Michel Ecochard (1905–1985).

The content of the four proposals confirmed several of the designers' lack of familiarity with the country, its local influences, and the existing material and technological limitations. According to the archival material available, it became obvious that none of the architects involved was familiar with Kuwait or, in the cases of Reidy and Asplund, had ever visited the region. In the absence of specialized literature or a building and material inventory of the region, the UNESCO competition brief was therefore the only material to inform a perception of the site conditions and the local environment and its historical contexts.

The Brazilian architect, originally from a postcolonial territory, was by then totally involved in the international scene and his work had already garnered international acclaim, especially with the completion of the MAM Museum of Modern Art in Rio de Janeiro in 1958[18], where, shortly after, the UNESCO Regional Seminar titled "The Role of Museums in Education," took place.[19] Reidy's entry to the KNM competition offered a free plan approach to the 1 million sq. meter flat land, with

9   Sélim Abdulhak, considered one of the most promising of Syrian youth, received a governmental scholarship in the late 1930s to undertake university studies in France, where he collected several diplomas: a degree in letters from the Sorbonne (1941); a doctorate in letters from the University of Paris (1943); and a diploma from the Institute of Art and Archaeology (1944) and from

the Urban Planning Institute (1945), both from the University of Paris. Upon his return to Syria in 1945, he was appointed curator of the National Museum of Damascus (1945–1950), and soon thereafter director general of antiquities and museums of Syria (1950–1964). In 1965 was appointed UNESCO's head of the Section of Monuments and Museums. He was also chief editor of

the bilingual journal *Archaeological Annals of Syria*. For more, information, see Samir Abdulac, "Sélim Abdulhak (1913–1992): From Syrian Antiquities to World Heritage, Part 1: Elements of a Professional Biography," August 2012.
10   Stephen Gardiner, *Kuwait the Making of a City*, Harlow: Longman, 1983: 55.
11   The KNM was first established in

December 31, 1957, at the Sheikh's Khaz'l 'diwan' in Dasman, the first foreign embassy established in 1916 under the late ruler of Muhammerah, an Arab sheikhdom in the eastern extreme of the river's confluence of the Shatt al-Arab, in nowadays Iran. At the time, the need for exhibition objects gave rise to the first archaeological expedition in Failaka island. For more

scattered buildings connected by covered passages and a system of lakes, structured by the landscape design of Roberto Burle Marx (1909–1994), and a museographic proposal by the Botanic and Natural History expert Luiz Emygdio de Mello Filho (1913–2002).

This intimate negotiation between buildings and landscape expressed Reidy's special interest in generating an alternative urban model to contain the museum and integrate the unfinished old town in a space reminiscent of their surroundings. A strategy with a twofold meaning, apart from the cohesion of the urban fabric, the proposal searched for the integration of the building function within the community and the country's territory. To bind these two strands, the aesthetic sense of Burle Marx's artificially constructed nature, present in his built work, filled the void and dry space with lush gardens, waterspouts, trees, and ancient fountains. The Planetarium was conceived as an independent half-buried building, "only its dome would emerge above the ground level, offering the observer a sight of a big shell resting on the lake."[20]

Educated under his father Gunnar Asplund (1885–1940), an architect celebrated the world over for his unique approach to landscape among the "functionalists," the young Swedish architect Hans Karl Asplund, a graduate of 1947 who interned at the UN architecture department in New York, was eventually the least prepared of all the architects invited to submit entries.[21] The Swedish architect's design was notable for its perception of landscape as a major design methodology, but otherwise provided a more conservative, enclosed, and historicist building concept. For Asplund the landscape was a static concrete element and an aesthetic object of reference and representation, rather than a multifunctional and organic system inspiring the future. Contrary to all the other proposals, the main museum program was centered in one noble building placed in the middle of the large plot. The landscape surrounding this "palace," comprised a holistic representation of the world's ecosystem that included steppe, savannah, desert, mountain, and forest, inhabited by wild animals. Similar to the Indo-Persian *Charbagh* four-fold gardens, the building form was organized as a four-leaf clover. The suggested monumentality of the volumetric composition was determined by the pure geometry but also through the formal control of moments such as the entrance procession along the main axis.

Zdravko Bregovac was a Croatian architect with a busy early practice,[22] successfully shaped by numerous commissions of hospitality and museum design. In 1954, together with Vjenceslav Richter (1917–2002), he undertook the project for the Museum of the City of Belgrade; two years later they were awarded first prize in the UNESCO competition for the National Museum of Aleppo. Nevertheless, Bregovac pursued the Kuwaiti project as a solo practice.

Bregovac's entry reflected "a project whose scope surpassed all of the museums he designed up until then."[23] The proposal consisted of a complex of buildings, planned around a large central patio, interconnected by covered passages, that was accessible to visitors by a frontal square at the former Shuwaikh road (currently Arabian Gulf St.). According to the architect, the project aimed for "a contemporary and peaceful architectonic expression without any strange peculiarities."[24] Awarded second place, there are many points of similarity between Bregovac's proposal and Ecochard's winning design.

Today it is still unclear whether the remaining two invited architects, Sayed Karim and Ignazio Gardella (1905–1999), were to submit their proposals. Contrary to Gardella, the invitation to Karim, as the only Arab architect among the participants, was not a surprise. By that time he was the leading designer in the region and quite familiar to Kuwait. Karim's unlikely submission of the museum tender can be connected to his fall from political favor in the early 1960s, when Nasser's regime deprived him of his architectural office and practically ended his career.[25]

The Kuwait National Museum by Michel Ecochard

The competition jury selected Michel Ecochard's proposal, referred to by the architect as the preview of "the most modern museum in the world."[26] Ecochard was a French architect, exposed for many years to colonial territories in the Middle East and Africa, who had been commissioned to design several works through the UN, among them the Museum of Mohenjo Daro in Pakistan.[27] Such experience and social connections eventually gave him the advantage over the remaining competitors.

information, see Flemming Højlund, *The Danish Archaeological Expedition to Kuwait 1958–1963: A Glimpse into the Archives of Moesgård Museum*, Kuwait and Denmark: The National Council of Culture, Arts and Letters and Moesgård Museum, 2008.
12   UNESCO, Technical Report, FMR/CC/CH/81/235 (FIT), Paris: UNESCO, May 26, 1981: 15.

13   Sélim Abdulhak, *Concours International Restreint D'Architecture Pour La Construction Du Musée National de Koweit*: 2.
14   Michel Ecochard, "Plans for a National Museum in Kuwait," *Museum*, vol. XXVII, no. 3 (1964): 147.
15   Abdulac, "Sélim Abdulhak (1913–1992)."
16   Georges Henri Rivière was one of

the most highly recognized museologists in France. With Hugues de Varine, he co-invented the concept of "ecomuseum," which gave rise to new types of museums. From 1948 to 1965 he served as director of ICOM, to which he returned as permanent advisor in 1968. Between 1970 and 1971 he produced two reports for Kuwait National Museum.
17   Abdulac, "Sélim Abdulhak (1913–

1992)." In 1952 the UIA was granted consultative status with UNESCO.
18   Philip Goodwin, *Brazil Builds: Architecture New and Old 1652–1942*, New York: Museum of Modern Art, MoMA, 1943, 7; Nabil Bonduki, *Affonso Eduardo Reidy: Arquitetos brasileiros = Brazilian Architects*, Lisbon: Editorial Blau, 2000, 23.

Known as a "qualified" expert in the region, he had largely invested in a network of institutions which took the role of many of the new regional governments in such projects. With the demise of the French colonial enterprise, Ecochard had returned to France but continued to develop his own projects in the Gulf, including not only the KNM but also others in Iran, Bahrain, and Oman.

The "house of culture," conceptually proposed by Ecochard's entry to KNM, was envisioned as a translation of the Arab courtyard, or *sahn*, arranged in a general module of four meters: four identical two-story pavilions lined with red brick and covered by folded plated roofs, linked by suspended concrete passages, and arranged around a central patio covered by a three-dimensional tetrahedral structure, which also included outside exhibit areas.[28]

The strategy based on courtyard building morphology determined the optimal configuration in terms of the building's thermal performance, improved by "a large 'parasol' in three-dimensional framework which must cover gardens and buildings in order to create a micro-climate on all the installations."[29] The large structure, conceived initially as a floating canopy raised 28 meters from the ground above the complex, was later girded and constrained to the patio area. The strong response to the climate evident in the architectural expression was also visible in the building facades with the use of bricks as an excellent temperature regulator, a protection against sand, and a relevant link to local material culture.[30]

Additionally, as per the project's drawing "leading principle," the separated volumes, implemented through a modular system of cast-in-situ concrete units, to be constructed with their own entrances, generated the "possibility of construction in stages keeping the same principle of circulation."[31] This would allow visitors several circulation options knowing that the exhibition themes were already on display in separate buildings. Such a conceptualization broke with the usual parameters of the museum tour as also with a linear historical narrative.[32]

The final project presented substantial differences from the competition entry that was more in line with the architect's modernist ideas. During the long process of the project's implementation, which only got underway in 1977 (the same year Ecochard closed his office), architectural adaptions were necessary, since "the constitution of the collections, their presentation and the management of the museum were not yet seriously discussed."[33] The proposed aquarium, which had been intended to allow visitors to experience marine life even beneath their feet, was removed from the project, as were the zoological and botanical parks that could be visited aboard a train covered with glass.[34] The Planetarium, formerly embedded in one of the volumes, was later isolated and the main entrance initially proposed on the water front was relocated toward the east side.

Without a local consultant or temporary office—Ecochard was traveling back and forth to Kuwait—upgradings and other technical specifications were developed in Paris until the mid-1970s by a team that included Abdulhak's son, Samir Abdulac.[35] Ecochard's design suggested the visitor's immersion in the building and material culture while exposure to the climate and to the site's panoramic views over the old town and sea could provide architecture with an active role. In his proposal, architecture pursues the sense of continuity made of an identity eventually more related to the environment experience than to the history of artifacts and formal events. The building discourse was explored as an interplay between modern western technology and the environmental realities of the Middle East.

Between 1977 and 1981, under the tutelage of the Ministry of Information and supported by a large amount of oil revenues benefiting from the 1972 OAPEC oil embargo, Ecochard finally assisted in the KNM's construction. It was an achievement by the renowned French architect that went completely unnoticed in France, even twenty years after its inception.[36] In 1983, in tandem with the museum's inauguration, Ecochard was awarded the Aga Khan Architecture prize for the restoration of the Azem Palace in Damascus, Syria. But more salient than his architectural projects, he played a crucial role while performing a new design practice, that of an expert who operated in a wide geographic and

19   *The Role of Museums in Education – Unesco Regional Seminar, Museu de Arte Moderna, Rio de Janeiro, 1958*, Museum, vol. XII, no. 4 (1959).
20   A. E. Reidy, Competition brief, 1960.
21   Malcolm Woollen, *Erik Gunnar Asplund: Landscapes and Buildings*, London and New York: Routledge, 2019.
22   By that time Croatia was one of the republics that made up the Socialist Federal Republic of Yugoslavia, which had dissolved in 1992.

23   Ivana Nikšić Olujić, *Zdravko Bregovac: Arhiv arhitekta = Architect's Archives*, exhibition catalogue, ed. Andrija Mutnjaković, Zagreb: Croatian Museum of Architecture, 2015, 24.
24   Zdravko Bregovac, Competition brief, 1960.
25   Mohamed Elshahed, "Modernist Indignation: A Cairo Observer Exhibition," Cairo Observer catalogue, November 2018.
26   J. M., "Un architecte français va

construire le musée national de Koweït," *Le Monde*, January 20, 1961.
27   Ecochard wielded great influence over urban planning in developing countries such as in Lebanon, in Syria as architectural adviser to the government and director of the Service d'Urbanisme (1932–1944), and in Morocco as head of the Planning Department (1947–1953). He also developed some museum projects such as The National Museum of Damascus, in collaboration with

the archaeologist Henri Seyrig, and the Antioch Museum in Hatay, Turkey, when it was still part of Syria. See Mathilde Dion, "Notices biographiques d'architectes français," Paris: IFA/ Archives d'architecture du xxe siècle, 1991, 2 vol. (rapport dactyl. pour la dir. du Patrimoine): 9.
28   Michel Ecochard, "National Museum of Kuwait," in *Places of Public Gathering in Islam*, ed. Linda Safran, Philadelphia: Aga Khan Award for

‪9‬

NATIONAL MUSEUM
KUWAIT, 1960–1983

ARCHITECT:
MICHEL ECOCHARD

المعماري:
ميشال إيكوشار

المتحف الوطني
الكويت، ١٩٦٠ – ١٩٨٣

cultural environment, exploring new methodologies as an urban planner, architect, and archaeologist engaging with local decision makers, designers, and constructors, a role that shifted the social and political scope of the architect.[37]

The project development for the KNM, from the preliminary reports and the design competition and including negotiations with institutions and private collectors, under Ecochard's modern premises transformed national aspirations into a building that served in unprecedented fashion as an incubator for modern architecture in the region but never stood out as the nation's landmark.

Identity and the Private Collection of Dar al-Athar al-Islamiyyah

The awarded proposal was only completed in 1981, having been under construction for four years. This lengthy process can be understood by the complex built environment which took hold of the country. From the design contest in 1960, Kuwait became a test-bed for competing models of modernization developed by others, from acclaimed foreign masters to freshly graduated Arab architects, trained in European and American schools. There was a new framework which served as context for the massive development of new buildings and town planning schemes. Some of these, including KNM, were developed under the auspices of newly established institutions which were guided and supported by foreign agencies, first the British Building Research Station, and later the World Bank, the United Nations, and the ICOM. These played a crucial role in promoting exchange of design knowledge and models that set the context for some of the most popular typological conventions of modern architecture in the region such as the "mat-building."

During the period in which the KNM competition was held, major advances were underway with large infrastructural projects and the construction of hundreds of schools that were fundamental as social and urban organizers.[38] Moreover, the contribution of western designers suffered a reverse once the Kuwaiti–British clientele relationship declined and Sheikh Fahad Al-Salem imposed a new regional agenda in the selection of consultants, which led to multiple public contracts being awarded to Arab architects, such as the Egyptian

architect Sayed Karim (1911–2005), the Lebanese Sami Abdel Baqi (1921–2017), and the Palestinian urban planner Saba George Shiber (1923–1967), who arrived in Kuwait in 1960. The latter became known for his strong criticism of the western architects in the region, referring to them as "flying consultants."[39] As for Karim, he was included in the KNM competition and was commissioned to design several other works; by then he had gained a high profile among British architects: "As you know, Sayed Karim seems to be getting most of the architectural work in Kuwait at the present time, and I doubt if he is bound by any professional rules. It may be, however, that the Germans or Italians, say, have similar scruples to yourselves. We shall be glad of your views on this when next you write."[40]

Eager to recover the sense of local identity, all projects and plans in progress or under construction were suspended and reviewed during this period. However, the Kuwait National Museum was able to start on its long journey. Once KNM was built, there came a recognition of the absence of local technical expertise. Consequently, the International Council of Museums (ICOM), on behalf of the UNESCO supervisory body, was asked to conduct an "Assessment of Technical Assistance and Plan of Action." Twenty years after the initial program, it was mandatory to rethink the initial museological strategy based on the inclusion of privately owned collections.[41] Even though the institutional goals were that of "...illustrating and preserving Kuwait heritage for the Kuwaitis ...and promote national patriotism,"[42] the introduction of the ruling family's private collection led the KNM to distance itself from the initial program, while embracing a less nationalistic discourse, as recollected by Sheikha Hussa al-Sabah: "Sheikh Nasser's collection was built with the dual purpose of bringing the objects back to the region of their origin and protecting and preserving them as well the stories they told. Simultaneously with the development of the Kuwait National Museum, both Sheikh Nasser and I realized that the objects deserved a wider audience. We agreed that these art objects were not ordinary possessions, to acquire, admire and use as a topic of after dinner conversation: they had a greater function to play in life. We see these objects as tangible aesthetic manifestations of a culture and a repository of the artistic history of a civilization."[43]

Architecture, 1980: 100.
29   "Un grand 'parasol' en charpente tridimensionnelle qui doit couvrir jardins et bâtiments afin de créer un micro-climat sur l'ensemble des installations." "Concours pour le musée national du Kuwait. Premier Prix: Michel Ecochard," L'Architecture d'aujourd'hui XXV, no. 96 (June/July 1961).
30   This new climatic and culturally responsive approach within architecture was widely disseminated by the

Architectural Association through Fry and Jane Drew's Department of Tropical Architecture, which became a think-tank for building knowledge related to interventions in hot climates contexts from 1954 onwards.
31   Michel Ecochard competition entry, AR-02-05-17-02, Funds Michel Ecochard (1905–1985), SIAF/Cité de l'architecture et du patrimoine/Archives d'architecture du XXe siècle.
32   Al-Ragam, "The Politics of

Representation," 8.
33   Abdulac, "Sélim Abdulhak (1913–1992)."
34   J. M., "Un architecte français va construire le musée national de Koweït," Le Monde, January 20, 1961.
35   Samir Abdulac, email to author, April 2, 2021.
36   Vincent Bradel, "Michel Ecochard, 1905–1985," [Rapport de recherche] 490/88, Ministère de l'équipement, du logement, de l'aménagement du

territoire et des transports/Bureau de la recherche architecturale (BRA); Institut français d'architecture, 1988, ffhal-01902588f: 34.
37   Tom Avermaete, "Framing the Afropolis: Michel Ecochard and the African City for the Greatest Number," OASE 82 (2010): 77. https://www.oasejournal.nl/en/Issues/82/FramingTheAfropolis.
38   Camacho, Alsayer, Saragoça, Pan-Arab Modernism 1968–2018, 150.

The new museum's inauguration in February 1983 was mostly celebrated as an opportunity to display the private Islamic art collection of Sheikh Nasser Sabah al-Ahmad al-Sabah and his wife, Sheikha Hussa Sabah al-Salem al-Sabah. The ruling family couple had collected in the space of a few years an impressive number of manuscripts, scientific instruments, carpets, jewelry, ceramics, metalwork, wood and glass objects, representative of every period, region, and style over 1,400 years of history.[44] "We received building three, nine months before the opening and we managed, with the help of experts from the Metropolitan Museum of Art in New York (MET), to curate, mount, and install a little over 2000 objects in such remarkable time."[45]

Under the name *Dar al-Athar al-Islamiyyah* (DAI), the permanent exhibition collection was curated by Marilyn Jenkins-Madina, Associate Curator of Islamic Art at the MET, and opened "for hundreds of guests" during "five days of festivities and Kuwaiti hospitality on a grand scale."[46] After the Iraqi invasion in 1991, which led to serious damage and looting, what remained of the collection was transferred to the old American hospital, renamed Amricani Cultural Centre, and the couple engaged in an international call to recover the lost artifacts. That search led to an impressive recognition of the importance and worth of the collection worldwide and of the DAI as the country's main cultural organization.

The KNM of Today and Tomorrow

The long narrative of KNM project development (1957–1983), together with the terrible damage caused by the invasion and the apparent forgetfulness of the following years, led the museum to fall into a state of hibernation. In 2014, at the 14th International Architecture Exhibition of the Venice Biennale, the KNM was brought back as a metaphor and spatial concept where architecture and the visual arts met with a consciously empty space, framed by Ecochard's architectural drawings that could be perceived as a figurative demonstration of a society struggling to coherently articulate its own history.

Indeed, the entire process of implementation of the KNM was based on a major shift in the position of architecture in culture and its relationship with Kuwait's identity as well as cultural policies in a search *to acquire*

modernity.[47] By then the museum's condition suggested partial abandonment after years of war damage. The museum had partially reopened in 2002 with thematic exhibitions on daily life during Kuwait's pre-oil era and a small room with archaeological artifacts poorly curated and catalogued, in two of the four pavilions.

These exhibitions were even further removed from the initial concept: a new style of museum that is no shrine to house exclusively antique artifacts, but is rather an instrument for bringing education and culture to the citizens of Kuwait.[48]

In fact, the KNM is a glimmer of a working method that accompanied the country's modernization from the early days until the present, based on acquiring external outsourcing discourses and strategies that prove difficult to manage by local entities, and to fulfill native aspirations. The complexity of the social and political protocols, as described in "Monologues with Bureaucracy," that halt ambitions and the development of an articulated cultural discourse, are a reflection of the problems that result from a process of swift modernization, not only at the physical level but also in respect of social dynamics.[49]

Architecture became the framework and the main element which supported the new "Man of Kuwait."[50] However, the result of an unacknowledged process of production, unaware of the real needs, converted many of these buildings into useless structures or left them in an ongoing state of "under construction." Presently, the KNM is again under construction, in a process led by the government agency the National Council of Culture, Arts and Letters (NCCAL) and the ruling family collection holder DAI supported once more by UNESCO. The new project by the local consultant PACE[51] encompasses the existing four pavilions and the central courtyard but partially neglects the building's original materiality by introducing stone and decorative glass, as well as fitting round metal covers to the aerial connection bridges or simply replacing them by new volumes.[52] The end user's intent, according to PACE, was to rearrange the buildings as a single unit.[53] A project that can be understood more as a process of beautification than an act of restoration. An intervention that complied with the need for more space within contemporary aesthetics but wasn't sensitive enough to the historic nature of the building.

39 Saba George Shiber, *The Kuwait Urbanization, Documentation, Analysis, Critique*, Kuwait: Government Printing Press, 1964: 375.
40 Letter presented to the Commercial Section-Political Agency in Kuwait by D. W. Atkin (principal at Tripe&Wakeham), February 29, 1956, FO 1016/514 Arabian Gulf Digital Archive, https://www.agda.ae/en/catalogue/tna/fo/1016/514/n/155 (last accessed December 19, 2021).

41 Ibid., 70.
42 Princely Decree of February 1978.
43 Sheikha Hussa Sabah al-Salem al-Sabah, email to author, November 24, 2020.
44 Marilyn Jenkins ed., *Islamic Art in the Kuwait National Museum: The al-Sabah Collection*, London: Philip Wilson Publishers for Sotheby Publications, 1983. Exhibition catalogue published on the occasion of the KNM opening.

45 Sheikha Hussa Sabah al-Salem al-Sabah, email to author, November 24, 2020.
46 Sheila R. Canby, Review of "Marilyn Jenkins, ed. Islamic Art in the Kuwait National Museum: The al-Sabah Collection," *Middle East Studies Association Bulletin* 17, no. 2 (1983): 188–89.
47 Kuwait's pavilion at the 14th Venice International Architecture Biennale,

responding to the exhibition curator Rem Koolhaas's retrospective topic on Absorbing Modernity from 1914 to 2014.
48 Ecochard, "Plans for a National Museum in Kuwait": 147.
49 Dana Aljouder, "Administration and Cultural Section: Monologues with Bureaucracy," *Acquiring Modernity*, ed. Noura Alsager, Kuwait: National Council for Culture, Arts and Letters, 2014, 10–12.

For instance, the projected role of the internal court-yard is still unknown, while in the past it was envisioned as public space.[54] The newly fenced project did not establish relations with the adjacent *Sadu House* and *Bait Al Bader*, both pre-oil and cultural houses, neither did it seek to restore the main access from the north as envisioned in Ecochard's initial proposal. Nevertheless, considering the local resistance to preservation as was once again borne out by the recent demolition of *Al-Sawaber* (2019) and the Chamber of Commerce (2014), the recent approach to KNM reconstruction has the merit of unprecedented achievement in Kuwait.[55] Aware of the importance of Ecochard's work, it was "ensured that preserving his design was an important aspect of the rehabilitation after the Iraqi invasion."[56] In a region where new museums are being used as upper-class cultural-touristic attractions such as the Louvre Abu Dhabi (2017) or the National Museum of Qatar (2019), in Kuwait the museum continues its unique trajectory in an attempt to assert itself nationally.

The National Museum never imposed itself as a state representation, and over time fell into oblivion, unlike other contemporary large structures that aside from their function or use became national landmarks, such as the National Assembly designed by Jørn Utzon, or the iconic Kuwaiti water reservoirs developed in joint venture between the Swedish architects Malene Bjørn and Sune Lindström. Eventually, the success of these might be in expressing a clear reinterpretation of vernacular elements such as the *Bait Shaar* (Bedouin tent) and minarets, while Ecochard's museum pursued the building instrumentalization instead of its historical meaning, form, or iconicity. Sélim Abdulhak's initial concept, which established the museum as an educational and cultural platform for the country, was never fully achieved, replaced almost exclusively by a showcase of archaeological pieces lacking content, in parallel with one of the best private collections of Islamic art in the world. Two different approaches in the same museum, which continues to aspire to be a national symbol.

PROJECT DATA

1960, Competition entry.
Author: Michel Ecochard.
Collaborator: Pierre Lajus. Engineer:
M. Bodiansky.[57]

1962–64, Project development.
Author: Michel Ecochard.
Collaborators: André de Villedary,
Pierre Saddy, Jean-Loius Boubert,
Zygmunt Soltan. Engineers:
Chatzidakis, Desbois, Masey
Trouvier.

1975, Working Drawings.
Author: Michel Ecochard.
Collaborators: Samir Abdulac,
Sophie Couvrat, Francine Chawaf,
Anne Benton, Philippe Blanchard.[58]

1977–1981, Construction.
Client: Ministry of Public Works.
Contractor: Ateeqy T.&E. Enterprise

1983, Inauguration.

50   Sara Saragoça, "The Man of Kuwait: Other Modernities," *Acquiring Modernity*, ed. Noura Alsager, Kuwait: National Council for Culture, Arts and Letters, 2014, 17–19.
51   The Pan Arab Consulting Engineers (PACE) was founded in 1968 by the Kuwaitis Hamid Shuaib, Sabah Al-Rayes, and the Palestinian-American Charles Haddad. Today is still one of the largest architecture and engineer offices in the region, currently directed by Tarek Shuaib, son of Hamid Shuaib.
52   PACE project number 01849, commissioned in 2001.
53   Moheb Younan, Pace Resident Engineer at KNM.
54   KNM's glory days were lived between 1983 and 1989, when an enthusiastically reception for the Prince and Princess of Wales, Charles and Diana, was held in a courtyard covered with tapestries and filed with dance and music.
55   Al-Sawaber Housing Complex (1977–89) by Arthur Erickson. The demolition of the former building of Chamber of Commerce & Industry (1964–1966), designed by the Lebanese office Dar Al-Handasah, motivated the first ever public demonstration to save a modernist building.
56   Sheikha Hussa Sabah al-Salem al-Sabah, email to author, November 24, 2020.
57   J. M., "Un architecte français."
58   Samir Abdulac, email to author, April 5, 2021.

6.3

6.3– The Kuwait National Museum
      at Sheikh Khaz'l Palace.
6.4– Marilyn Jenkins (left) with
      Sheikha Hussa al-Sabah at the
      KNM opening, 1983.
6.5– Al-Sabah Collection display
      at the KNM, 1983.

٦– متحف الكويت الوطني في قصر الشيخ
     خزعل.
٦– مارلين جينكيز (إلى اليسار) مع الشيخة
     حصة الصباح في افتتاح متحف الكويت
     الوطني، ١٩٨٣.
٦– مجموعة آل الصباح معروضة في متحف
     الكويت الوطني، ١٩٨٣.

6.4

153 NATIONAL MUSEUM
KUWAIT, 1960–1983
ARCHITECT:
MICHEL ECOCHARD
المعماري:
ميشال إيكوشار
المتحف الوطني
الكويت، ١٩٦٠ - ١٩٨٣

6.5

6.6

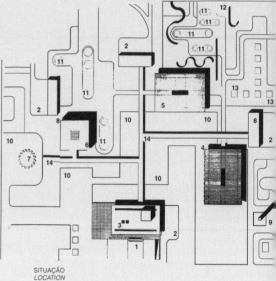

6.7

SITUAÇÃO
LOCATION

1. Entrada	1. *Entrance*
2. Estacionamento	2. *Parking lot*
3. Setor cultural e administrativo	3. *Cultural and administrative sector*
4. Setor Terra do Kuwait	4. *Department of Land*
5. Setor Homem do Kuwait	5. *Department of Man*
6. Setor Kuwait de	6. *Department of Today's and*
Hoje e de Amanhã	*Tomorrow's Kuwait*
7. Planetário	7. *Planetarium*
8. Escritórios, laboratórios e depósito	8. *Offices, laboratories and deposit*
9. Caixa d'água	9. *Water tank*
10. Lago	10. *Lake*
11. Canteiros	11. *Flower beds*
12. Jardins	12. *Gardens*
13. Reconstruções de antigas fontes	13. *Reconstructions of ancient founta*
14. Passagens cobertas	14. *Covered passages*

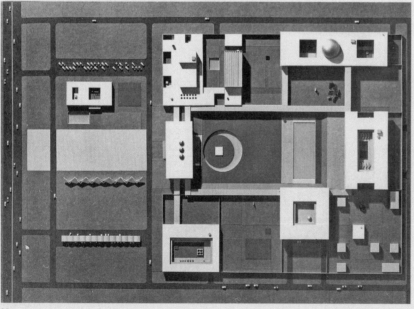

6.8

6.6– Master Plan of the Kuwait
National Museum, Competition
entry by Hans Asplund, 1960. 4th
Prize.
6.7– Master Plan of the Kuwait
National Museum, Competition
entry by Affonso Reidy 1960. 3rd
Prize.
6.8– Model of the Kuwait National
Museum, Competition entry by
Zdravko Bregovac, 1960. 2nd Prize.
6.9– Sélim Abdulhak (left) in a
meeting with Georges Henri
Rivière (right) at ICOM, undated.
6.10– Model of Kuwait National
Museum, competition entry by
Michel Ecochard, 1960.

٦,٦–　المخطط العام لمتحف الكويت الوطني،
مشروع هانس أسبلوند المقدّم للمسابقة
سنة ١٩٦٠. جائزة المرتبة الرابعة.
٦,٧–　المخطط الأساسي لمتحف الكويت الوطني«
مشروع أفونسو ريدي المقدّم للمسابقة سنة
١٩٦٠. جائزة المرتبة الثالثة.
٦,٨–　نموذج لمتحف الكويت الوطني، مشروع
زدرافكو بريغوفاتش المقدّم للمسابقة سنة
١٩٦٠. جائزة المرتبة الثانية.
٦,٩–　سليم عبد الحق (إلى اليسار) في اجتماع
مع جورج هنري ريفيير (إلى اليمين) في "إيكوم"
صورة غير مؤرخة.
٦,١٠–　مجسّم لمتحف الكويت الوطني، مشروع
ميشال إيكوشار المقدّم للمسابقة سنة ١٩٦٠.

6.9

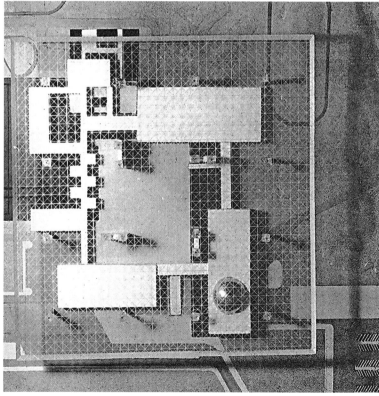

6.10

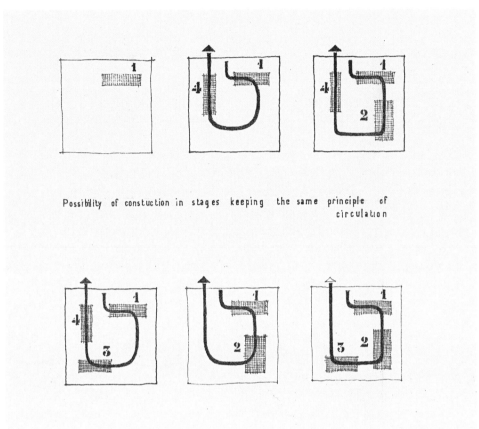

1
2
Possibility of constuction in stages keeping the same principle of circulation

6.11.1

PROTECTION AGAINST SUN AND SAND

6.11.2

6.11– Leading Principle of Kuwait National Museum, competition entry by Michel Ecochard, 1960.
1) Stages of construction keeping the same principle of circulation.
2) Protection against sun and sand
3) Variation of lighting and views.
6.12– Isometric study of Kuwait National Museum, Michel Ecochard.

٦,١– المبدأ الأساسي لمتحف الكويت الوطني، مشروع ميشال إيكوشار المقدّم للمسابقة سنة ١٩٦٠.
١) تحتفظ مراحل الإنشاء بمبدأ الحركة ذاته.
٢) حماية من الشمس والرمل.
٣) تنوّع في الإضاءة والمناظر.
٦,١– دراسة إيزومترية (متساوية الأبعاد) لمتحف الكويت الوطني، ميشال إيكوشار.

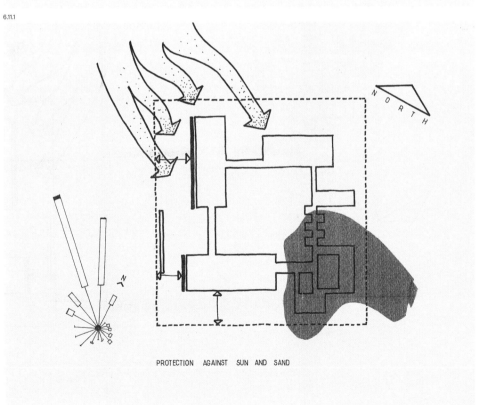

On pages 158–159:
6.13– North Façade of Kuwait National Museum, working drawings, Michel Ecochard, 1963.
6.14– North Façade of Kuwait National Museum, competition entry, Michel Ecochard, 1960.

لى الصفحتين ١٥٨–١٥٩:
٦,١– الواجهة الشمالية لمتحف الكويت الوطني، رسومات، ميشال إيكوشار، ١٩٦٣.
٦,١– الواجهة الشمالية لمتحف الكويت الوطني، مشروع ميشال إيكوشار المقدّم للمسابقة سنة ١٩٦٠.

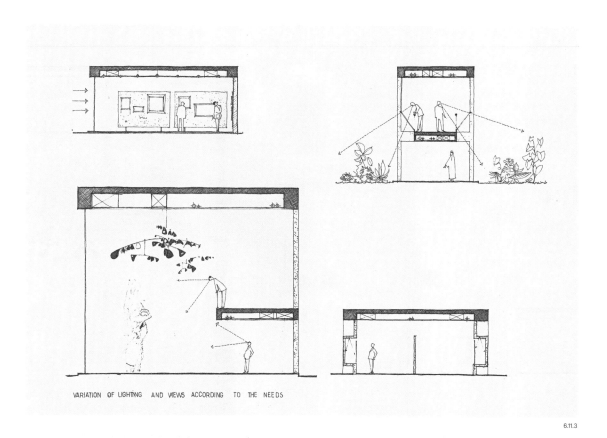

VARIATION OF LIGHTING AND VIEWS ACCORDING TO THE NEEDS

6.11.3

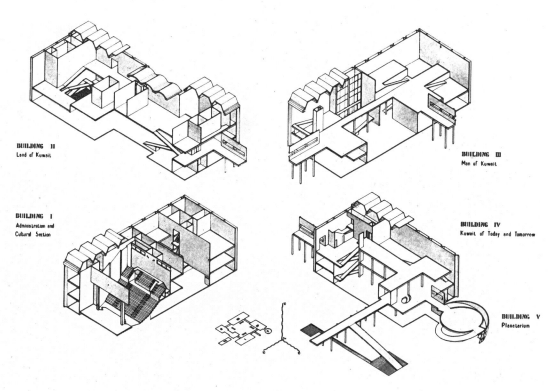

BUILDING II
Land of Kuwait

BUILDING III
Man of Kuwait

BUILDING I
Administration and
Cultural Section

BUILDING IV
Kuwait of Today and Tomorrow

BUILDING V
Planetarium

6.12

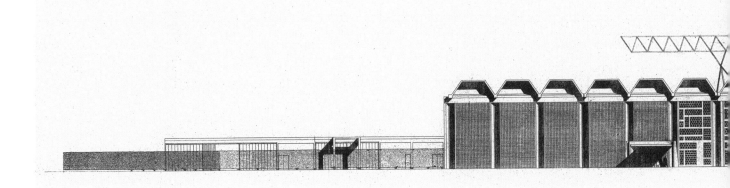

6.13

_15_

FACADE NORD

ECHELLE 1/200

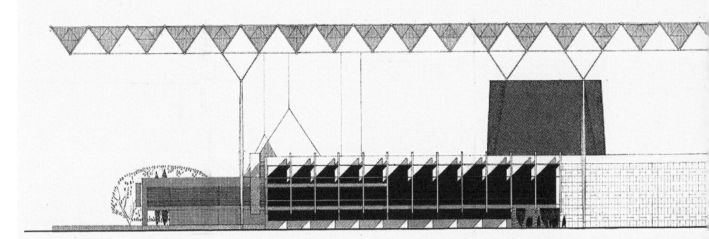

NORTH   CULTURAL SECTION AND ADMINISTRATION

entrance

6.14

59

NATIONAL MUSEUM
KUWAIT, 1960–1983

ARCHITECT:
MICHEL ECOCHARD

المعماري:
ميشال إيكوشار

المتحف الوطني
الكويت، ١٩٦٠ – ١٩٨٣

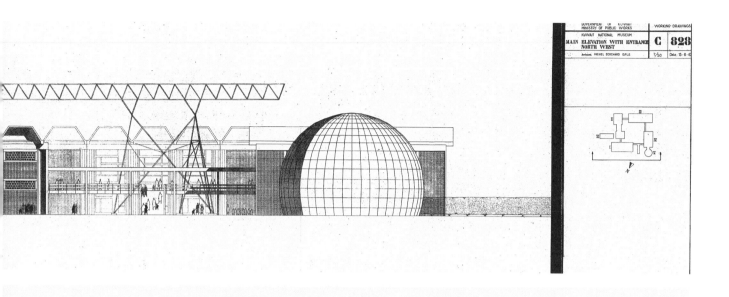

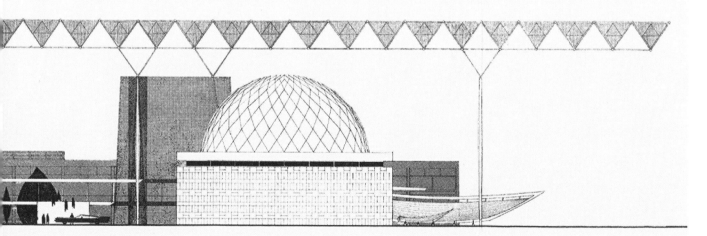

main entrance

KUWAIT OF TODAY AND TOMORROW

DESIGNING MODERNITY

ARCHITECTURE IN THE ARAB
WORLD 1945–1973

العمارة في العالم العربي
1945–1973

صوغ الحداثة   160

6.15– The Kuwait National Museum
after completion.

٦.١٥– متحف الكويت الوطني بعد اكتمال
إنشائه.

مع ذلك، وإزاء التحرّكات المحلّيّة الداعيّة إلى الترميم وإعادة الأصل من جديد إلى ما كان عليه، والتي تجلّت وتأكّدت في الآونة الأخيرة اعتراضاً على هدم "الصوابر" (٢٠١٩) و"غرفة التجارة" (٢٠١٤)، فإن المقاربة المستجدّة لعمليّة إعادة إعمار متحف الكويت الوطني اكتسبت ميزة الإنجاز غير المسبوق في البلاد.[٥٥] وإدراكاً لأهميّة عمل إيكوشار، جاء المقترح المتعلق بإحياء مشروع المتحف "مؤكداً أن المحافظة على تصميم [ذاك المعماري] تمثل جانباً مهمّاً من عملية الإحياء بعد الاجتياح العراقي".[٥٦] وفي منطقة تستخدم فيها المتاحف كنقاط جذب سياحيّة – ثقافيّة للطبقة الاجتماعية الميسورة، كما هو الحال مع "اللوفر أبو ظبي" (٢٠١٧) و"متحف قطر الوطني" (٢٠١٩)، يستأنف المتحف في الكويت مساره الفريد بمحاولة توكيد موقعه على الصعيد الوطني.

إن متحف الكويت الوطني لم يفرض نفسه مرّة ممثلاً للدولة كي يغرق مع مرور الزمن في غياهب النسيان، على نقيض منشآت معاصرة ضخمة أخرى قامت، إلى جانب وظيفتها أو مناحي استخداماتها الأولى، بالتحول إلى علامات عمرانية وطنيّة، مثل مبنى "مجلس الأمة" الكويتي الذي صمّمه يورن أوتسون، أو "أبراج الكويت" الأيقونيّة التي هي خزانات لحفظ المياه صُمّمت ونفّذت بتعاون بين المعماريين السويديين ماليني بيورن وسوني ليندستروم. لكن في نهاية المطاف يبقى نجاح هذين المبنيين المذكورين متمثّلاً بتعبيرهما عن عملية إعادة تأويل جليّة لعناصر محليّة، مثل "بيت الشعر" (الخيمة البدويّة) والمآذن. فيما سعى متحف إيكوشار إلى طرح دور فعال للعمارة بدل الجري خلف معانيها وأنماطها ورمزيتها التاريخيّة. لكنّ فكرة سليم عبد الحق الأولى، التي قام المتحف على أساسها كمنبر للتعليم والثقافة في البلاد، لم تتحقق بالكامل أبداً، واستُبدلت، على نحو حصري تقريباً، بعرض قطع أثريّة تفتقر إلى السياق، بموازاة واحدة من أفضل مجموعات الفنّ الإسلامي الخاصّة في العالم. وهذا يجسّد مقاربتين مختلفتين في متحف واحد، ما زال يطمح لأن يكون رمزاً وطنياً.

معلومات عن المشروع

١٩٦٠، المشروع الفائز بالمسابقة.
المُصمم: ميشال إيكوشار.
مشارك: بيار لاجوس. مهندس: م. بوديانسكي.[٥٧]

١٩٦٢ – ١٩٦٤، تطوير المشروع.
المصمم: ميشال إيكوشار.
مشاركون: أندريه دو فيليداري، بيار سادي، جان لويس بوبير، زيغمونت سلطان. مهندسون: شاتزيداكيس، ديبوا، ماسي تروفيير.

١٩٧٥، تنفيذ الرسومات.
المُصمم: ميشال إيكوشار.
مشاركون: سمير عبد الحق، صوفي كوفرا، فرانسين شواف، آنا بينتون، فيليب بلانشار.[٥٨]

١٩٧٧ – ١٩٨١، أعمال الإنشاء.
المُوكِّل: وزارة الأشغال العامّة.
المتعهّد: "شركة عتيقي ت. و إ.".

١٩٨٣، الافتتاح.

٥٥ مجمّع "الصوابر" السكني (١٩٧٧ – ١٩٨٩) لآرثر إريكسون؛ هدم مبنى المقرّ السابق لغرفة التجارة والصناعة (١٩٦٤ – ١٩٦٦) الذي صمّمه المكتب المعماري اللبناني "دار الهندسة"، أطلقا أوّل الاعتراضات العامّة الداعية إلى الحفاظ على المباني الحداثيّة في الكويت.

٥٦ رسالة إلكترونيّة بعثتها الشيخة حصّة صباح السالم الصباح للمؤلفة في ٢٤ تشرين الثاني (نوفمبر) ٢٠٢٠.

57 J. M., “Un architecte français.”

٥٨ سمير عبد الحق، في رسالة إلكترونية للمؤلفة، ٥ نيسان (أبريل)، ٢٠٢١

وأنا، إلى أن القطع تستحق العرض أمام جمهور أوسع. وتوافقنا على أن هذه القطع الفنيّة ليست أغراضاً عادية للاقتناء والإعجاب والاستخدام كموضوعات للمسامرة بعد العشاءات، بل لها أدوار أكبر تؤدّيها في الحياة. نحن نرى هذه القطع تعبيرات جماليّة ملموسة عن ثقافة كاملة، وودائع من تاريخ حضارة فنّي".[٤٣]

وكاد الاحتفاء بافتتاح المتحف في شباط (فبراير) ١٩٨٣ أن يكون احتفاءً بفرصة عرض مجموعة الفن الإسلامي الخاصّة التي يملكها الشيخ ناصر صباح الأحمد الصباح وزوجته الشيخة حصّة صباح السالم الصباح. فالزوجان كانا اقتنيا خلال سنوات قليلة عدداً كبيراً من المخطوطات، والأدوات العلميّة، وقطع السجّاد، والمجوهرات، والسيراميك، والأغراض المعدنيّة والخشبيّة والبلوريّة، التي تمثّل كلّ الحقب والمناطق والأساليب على مدى أكثر من ١٤٠٠ عام.[٤٤] "استلمنا المبنى الثالث قبل تسعة أشهر من موعد الافتتاح. وبمساعدة خبراء من [متحف متروبوليتان للفنون في نيويورك]، تمكّنّا خلال هذه الفترة القصيرة من تنسيق وإعداد وتجهيز أكثر من ٢٠٠٠ قطعة للعرض".[٤٥]

وتحت عنوان "دار الآثار الإسلاميّة"، قامت مارلين جينكينز – مادينا، قيّمة الفن الإسلامي المساعدة في متحف الميتروبوليتان، بتنسيق مجموعة المعرض الدائمة. وقد افتتح المعرض لـ"مئة شخصيّة مدعوّة" حضرت "خمسة أيّام من الاحتفالات وأجواء كرم الضيافة الكويتيّة المُقامة على نطاق واسع".[٤٦] وبعد الاجتياح العراقي سنة ١٩٩١، الذي أدى إلى أضرار كبيرة وعمليات نهب واسعة، جرى نقل ما تبقّى من المجموعة إلى المستشفى الأميركي القديم، الذي بُدل اسمه إلى "المركز الأمريكاني الثقافي"، وانخرط الزوجان في حملة دوليّة لاستعادة القطع المنهوبة والضائعة. على أن البحث قاد في النهاية إلى اعتراف دوليّ مثير للإعجاب بأهميّة المجموعة وقيمتها وبموقع "دار الآثار الإسلاميّة" كمؤسسة ثقافيّة رئيسة في البلاد.

متحف الكويت الوطني اليوم وغداً

القصة المديدة لمشروع متحف الكويت الوطني وعمليّة إنشائه (١٩٥٧ – ١٩٨٣)، معطوفة على الأضرار الرهيبة التي سبّبها له الاجتياح، وحالة النسيان التي لفّته في السنوات التي تلت، كلّها أمور قادت المتحف إلى حالة من السُّبات. وفي سنة ٢٠١٤، ضمن الدورة الرابعة عشرة لـ"المعرض الدولي للعمارة" في بينالي البندقيّة، جرت استعادة متحف الكويت الوطني كرمز وفكرة مكانيّة، حيث التقت العمارة والفنون البصريّة في فضاء صُممّ ليكون خالياً، فأطّر برسومات إيكوشار المعمارية التي يمكن اعتبارها تلميحات بصريّة لمجتمع يكافح بغية صوغ سرديّة تاريخه على نحو متّسق.

وفي الحقيقة، فإن عمليّة تأسيس متحف الكويت الوطني برمّتها كانت استندت إلى تحوّل أساسي في موقع العمارة بالثقافة وعلاقتها بهويّة الكويت وبالسياسات الثقافيّة في إطار السعي لـ"تحصيل الحداثة".[٤٧] وكانت حالة المتحف حتى ذلك الحين تشير إلى واقع إهمال جزئي بعد سنوات من الأضرار التي أنزلتها الحرب. إذ إن المتحف كان أعيد افتتاحه جزئياً سنة ٢٠٠٢، فانعقدت في جناحين فقط من أجنحته الأربعة معارض متمحورة حول موضوعات تتعلّق بحياة الناس اليومية في الكويت قبل حقبة النفط. كما خصّصت صالة صغيرة لعرض قطع أثريّة تفتقر إلى التنسيق والكتيبات الشارحة. على أن المعارض تلك ازدادت ابتعاداً حتى من الفكرة الأساسيّة للمشروع: متحف بنمط حديث، لا يمثّل صرحاً مخصصاً لعرض القطع الأثريّة، بل يجسّد وسيلة تتيح العلم والثقافة لمواطني الكويت.[٤٨]

لكن متحف الكويت الوطني في الحقيقة يمثّل بارقة لمنهجٍ في العمل رافق مرحلة تحديث البلاد منذ مطلعها حتى وقتنا الراهن، وقد استند ذاك المنهج إلى تحصيل المفاهيم والاستراتيجيات من مصادر خارجية، والاستعانة بهذه الأخيرة حين يصعب على الكيانات المحليّة التعامل مع تلك الاستراتيجيات. والهدف من ذلك كلّه كان تحقيق الطموحات الوطنيّة. كما أن شدّة تشابكات المراسم أو البروتوكولات الاجتماعيّة والسياسيّة، على ما وُصفت في "مناجاة البيرقراطيّة"، وهي تشابكات عطّلت طموحات وأعاقت تطوّر خطاب ثقافي واضح، تشكّل انعكاساً للمشكلات الناتجة من عمليّة تحديث سريعة، ليس على المستوى المادي وحسب، بل أيضاً من ناحية الديناميّات الاجتماعيّة.[٤٩]

وقد غدت العمارة في السياق، النطاق والعنصر الأساسيين اللذين عزّزا "إنسان الكويت"[٥٠] الجديد. إلا أن حاصل عمليات الإنتاج غير المتنوّرة والغافلة عن الحاجات الحقيقيّة، أدّى إلى تحويل العديد من هذه المباني إلى هياكل لا طائل منها، أو إلى تركها في حالة "قيد إنشاء" مستمرة. متحف الكويت الوطني اليوم يقف مرّة أخرى في حالة "قيد إنشاء"، ضمن عمليّة تدعمها اليونسكو أيضاً، وتقودها مؤسسة "المجلس الوطني للثقافة والفنون والآداب" الحكوميّة، ومؤسسة "دار الآثار الإسلاميّة" التي تحتضن مجموعة العائلة الحاكمة.[٥١] ويشمل المشروع الجديد، الذي يتولاه "المكتب العربي للاستشارات الهندسيّة"، الأجنحة الأربعة الموجودة والفناء المركزي. بيد أنّ القيّمين على المشروع يتجاهلون نوعيّة المواد المستخدمة في الأصل. ويتجسّد التجاهل المذكور باعتماد الحجر الصخري والزجاج التجميليّ، إضافة إلى أغطية معدنيّة دائريّة للجسور المعلقّة في الهواء، التي تربط بين الأجنحة، أو بالميل التبسيطي السريع لاستبدالها بهياكل جديدة.[٥٢] وبحسب "المكتب العربي للاستشارات الهندسيّة"، فإن هدف المستخدِم النهائي للمشروع يتمثّل بإعادة تنسيق المباني ككيان واحد.[٥٣] وهذا يمكن فهمه على أنّه عمليّة تجميليّة أكثر من كونه مشروع ترميم. إنّها تدخّلات تستدعيها الحاجة إلى المزيد من المساحة، وهي تتّبع أنماط الجماليّات المعاصرة من دون الانتباه بما يكفي لطبيعة المبنى التاريخيّة. إذ إن الوظيفة المطلوبة من الباحة الداخليّة، مثلاً، ما زالت غير معروفة، بينما كانت الباحة في الماضي مصمّمة كفضاء عامّ.[٥٤] كما أن المشروع الجديد، المسوَّر، لم يقم علاقات مع جمعيّة "بيت السدو" و"بيت البدر" المجاورين، وهما داران ثقافيان من عمارة الكويت ما قبل حقبة النفط. كذلك لم يسعَ القيّمون على المشروع إلى ترميم المدخل الرئيس من الجهة الشماليّة، وفق الاقتراح الأساسي الذي وضعه إيكوشار.

٤٣ رسالة إلكترونيّة وجهتها الشيخة حصّة صباح السالم الصباح للمؤلفة في ٢٤ تشرين الثاني (نوفمبر) ٢٠٢٠.

44 Marlyn Jenkins ed., *Islamic art in the Kuwait National Museum: the al-Sabah collection*, London: Philip Wilson Publishers for Sotheby Publications, 1983. Exhibition catalogue published on the occasion of the KNM opening.

٤٥ رسالة إلكترونيّة بعثتها الشيخة حصّة صباح السالم الصباح للمؤلفة في ٢٤ تشرين الثاني (نوفمبر) ٢٠٢٠.

46 Sheila R. Canby, Marilyn Jenkins, ed. "Islamic Art in the Kuwait National Museum: The al-Sabah Collection. London: Sotheby Publications," *Middle East Studies Association Bulletin* 17, no. 2 (1983): 188–89. doi:10.1017/S0026318400013286.

٤٧ جواب من جناح الكويت في الدورة الـ ١٤ لـ"بينالي البندقيّة الدولي للعمارة"، على الموضوع الاستعادي الذي طرحه قيّم المعرض، ريم كولهاس، بعنوان "استيعاب الحداثة من ١٩١٤ حتى ٢٠١٤".

48 Ecochard, "Plans for a national museum in Kuwait": 147.

49 Dana Aljouder, "Administration and Cultural Section – Monologues with Bureaucracy," *Acquiring Modernity*, ed. Noura Alsager, Kuwait: National Council for Culture, Arts and Letters, 2014, 10–12.

50 Sara Saragoça, "The Man of Kuwait- Other Modernities," *Accquiring Modernity*, ed. Noura Alsager (Kuwait: National Council for Culture, Arts and Letters, 2014): 17–19.

٥١ أسس "المكتب العربي للاستشارات الهندسيّة" سنة ١٩٦٨ على يد الكويتيين حامد شعيب وصباح الريس والفلسطيني الأميركي شارل حداد. وما زال هذا المكتب إلى اليوم واحداً من أكبر مكاتب العمارة والهندسة في المنطقة، ويتولّى إدارته راهناً طارق شعيب، ابن حامد شعيب.

٥٢ مشروع "المكتب العربي للاستشارات الهندسيّة" الرقم ١٨٤٩٠، لُزم سنة ٢٠٠١.

٥٣ مهيب يونان، مهندس المساكن في "المكتب العربي للاستشارات الهندسية" الذي يشرف على مشروع "متحف الكويت الوطني".

٥٤ الفترة الذهبيّة لـ"متحف الكويت الوطني" كانت بين ١٩٨٣ و١٩٨٩. وفي هذه السنة الأخيرة أقيم حفل استقبال كبير لأمير وأميرة ويلز، تشارلز وديانا، وعقد الحفل في الباحة الداخلية التي ازدانت بالمنسوجات وامتلأت بالرقص والموسيقى.

وحتى منتصف السبعينيّات كانت التحسينات والتعديلات على المشروع وغيرها من المعالجات التقنيّة، تُطوَّر حصراً في باريس على يد فريق من الاختصاصيين ضمّ ابن عبد الحق، سمير عبد الحق،[٣٥] من دون أن يصار إلى افتتاح مكتب استشاري أو هندسي مؤقّت في الكويت – كان إيكوشار في تلك الأثناء دائم التنقّل بين الكويت وخارجها.

وقد اقترح تصميم إيكوشار إدخال الزائر في المبنى وفي "ثقافة" موادِه، بموازاة التعرّض للأجواء المناخيّة ومعاينة مشاهد الموقع البانوراميّة التي تضمّ البلدة القديمة والبحر، التي تساهم في مدّ العمارة بدور حيويّ فعّال. وتتميّز العمارة، وفق اقتراح إيكوشار، بحسّ استمراريّ يقوم في النهاية على هويّة ترتبط بالحالة البيئيّة أكثر من ارتباطها بتاريخ القطع الأثريّة والأحداث الرسميّة. ومنطق البناء ذاك نُظر إليه باعتباره تفاعلاً بين التقنيّات الغربيّة الحديثة، وبين الوقائع البيئيّة في منطقة الشرق الأوسط.

بين العامين ١٩٧٧ و١٩٨١، وبإشراف وزارة الإعلام وتمويل من عائدات النفط الضخمة المتكوّنة جرّاء حظر "أوبك" النفطي سنة ١٩٧٢، قام إيكوشار أخيراً بالمساعدة في عمليات إنشاء متحف الكويت الوطني، ما مثّل لهذا المعماري الفرنسي المعروف إنجازاً لم يُنتبه إليه أبداً في فرنسا، حتى بعد عشرين سنة من افتتاحه.[٣٦] وفي سنة ١٩٨٣، بالتوازي مع افتتاح المتحف، مُنح إيكوشار "جائزة الآغا خان المعماريّة" تقديراً لجهوده في ترميم "قصر العظم" في دمشق، سوريا. بيد أنّ ما كان أكثر بروزاً من مشاريعه المعماريّة تلك، تمثّل بالأدوار المهمّة التي أداها بموازاة ممارساته التصميميّة الحديثة، وهي أدوار تمحورت جميعها حول دوره الأساسي كخبير عمل في نطاق جغرافيّ وثقافي واسع، مستكشفاً مناهج جديدة للتطبيق من موقعه كمخطط حضريّ ومعماريّ وباحث آثار متعاون مع صنّاع قرار ومصممين وبنّائين محليين. ويمكن القول إن الدور المحوريّ المذكور ساهم في تمديد النطاق الاجتماعي والسياسي الذي انخرط به هذا المعماري.[٣٧]

وقد أدّت تطوّرات مشروع متحف الكويت الوطني انطلاقاً من رؤية إيكوشار، وبدءًا من التقارير الأوليّة والتصميم المُقدّم للمسابقة وصولاً إلى المفاوضات مع أصحاب المجموعات أفراداً ومؤسسات، إلى تحويل تلك الطموحات الوطنية وترجمتها إلى مبنى أدى دوراً غير مسبوق كحاضن للعمارة الحديثة في المنطقة، لكن من دون أن يتحوّل قطّ إلى علامة معماريّة تُعبّر عن الأمّة.

هويّة "دار الآثار الإسلاميّة" ومجموعة مقتنياتها الخاصّة

لم يكتمل بناء المشروع المقترح الفائز بالمسابقة إلّا في سنة ١٩٨١، بعد أربعة أعوام من بداية أعمال الإنشاء. ويمكن ردّ الوقت الطويل الذي تطلبته عمليّة البناء إلى البيئة العمرانيّة المعقدة السائدة في البلاد. إذ إن الكويت، منذ مسابقة تصميم المتحف سنة ١٩٦٠، كانت قد غدت مهداً اختبارياً لأنساق تحديث متنافسة طوّرها آخرون، من معماريين أجانب كبار، إلى معماريين عرب تخرّجوا حديثاً وتدرّبوا في مدارس أوروبيّة وأميركيّة. وكان هناك إطار عملٍ جديد استخدم كسياقٍ في عمليات التطوير الواسعة لمشاريع الأبنية وأنشطة التخطيط الحضري. إذ إن تلك المشاريع، بما فيها متحف الكويت الوطني، كانت تُطوَّر تحت إشراف مؤسسات نشأت حديثاً ترعاها وتدعمها وكالات أجنبيّة، في صدارتها "محطة الأبحاث العمرانيّة البريطانيّة"، وفيما بعد "البنك الدولي"، و"الأمم المتّحدة"، و"المجلس الدولي للمتاحف" (الـ"آيكوم"). وقد لعبت تلك الوكالات دوراً أساسيّاً في تعزيز تبادل المعرفة والنماذج التصميميّة، التي حدّدت سياق بعض أكثر مواثيق الأنماط المعماريّة الحديثة شيوعاً في المنطقة، مثل نمط "البناء التعزيزي".

وخلال الفترة التي أقيمت فيها مسابقة متحف الكويت الوطني، كانت تحدث تطوّرات أساسية في إطار مشاريع البنى التحتيّة الضخمة ومشاريع إنشاء مئات المدارس التي مثّلت عناصر تنظيم مدينيّ واجتماعي.[٣٨] إلى ذلك، فإن مساهمة المصممين الأجانب أصيبت بانتكاسة حين تردّت العلاقة المصلحيّة الكويتيّة – البريطانيّة، وقام الشيخ فهد السالم بفرض أجندة إقليميّة جديدة في عمليّة اختيار المستشارين، الأمر الذي ساهم في منح العديد من عقود المشاريع العامّة إلى معماريين عرب، مثل المعماري المصري سيد كريم (١٩١١ – ٢٠٠٥)، واللبناني سامي عبد الباقي (١٩٢١ – ٢٠١٧)، والمخطط الحضري الفلسطيني سابا جورج شبر (١٩٢٣ – ١٩٦٧)، الذي وصل إلى الكويت سنة ١٩٦٠. وعُرف الأخير بمواقفه النقديّة الصارمة تجاه المعماريين الغربيين في المنطقة، إذ راح يسميهم "المستشارين الجوّالين".[٣٩] أمّا بالنسبة لسيد كريم، فقد دعي إلى مسابقة متحف الكويت الوطني وجرى تكليفه أيضاً بتصميم العديد من المشاريع الأخرى؛ فهو كان قد بات معروفاً في أوساط المعماريين البريطانيين آنذاك: "كما تعرفون، يبدو سيد كريم مستحوذاً على معظم العمل المعماري في الكويت راهناً، وأنا أشكّك بالتزامه بأيّ من القواعد المهنية. لكن، ربما يكون الألمان والإيطاليون، مثلاً، ينتهجون نفس الأسلوب الذي تنتهجونه أنتم. سنكون مسرورين بسماع وجهة نظركم في هذا الشأن حين تراسلوننا في المرة المقبلة".[٤٠]

والمشاريع والمخططات التي كانت آنذاك في طور التنفيذ والإعداد تائقةً لإحياء حسّ الهويّة المحليّة، جرى تعليقها ومراجعتها خلال هذه الفترة. إلّا أن مشروع متحف الكويت الوطني ظلّ قادراً على المضيّ في رحلته الطويلة. وحين أنشئ المتحف، جرى الانتباه إلى غياب الخبرات التقنيّة المحليّة. فتمّ على الأثر الطلب من "المجلس الدولي للمتاحف" باسم هيئة الإشراف في اليونسكو، القيام بوضع "دراسة من أجل المساعدة التقنيّة وإعداد خطّة للعمل". وبعد عشرين سنة من وضع البرنامج الأوّليّ، كان لزاماً أن تجري عمليّة إعادة نظر بالاستراتيجيّة المتحفيّة الأوليّة التي استندت إلى إدماج مجموعات المقتنيات الخاصّة.[٤١] وحتى لو كانت الأهداف المؤسساتيّة متمثّلة بـ"... حفظ التراث الكويتي وإظهاره للكويتيين ... وتعزيز الحسّ الوطني القومي"،[٤٢] فإن تقديم المجموعة الخاصّة التي تملكها العائلة الحاكمة دفع المتحف إلى النأي بنفسه عن البرنامج الأوّلي، وذلك بموازاة تبنّي دعاوى أقلّ التزاماً بالخطاب الوطني، وفق ما تذكر الشيخة حصّة الصباح: "تشكّلت مجموعة الشيخ ناصر بناءً على هدفين تمثّلا بإعادة القطع إلى مهدها في المنطقة وحمايتها وحفظها وصون القصص التي ترويها. وتزامناً مع إنشاء [متحف الكويت الوطني]، انتبهنا، الشيخ الناصر

٣٥ سمير عبد الحق في مراسلة إلكترونية مع المؤلّفة، ٢ نيسان (أبريل) ٢٠٢١.

36 Vincent Bradel, "Michel Ecochard, 1905–1985," [Rapport de recherche] 490/88, Ministère de l'équipement, du logement, de l'aménagement du territoire et des transports / Bureau de la recherche architecturale (BRA); Institut français d'architecture, 1988, ffhal-01902588f: 34.

37 Tom Avermaete, "Framing the Afropolis: Michel Ecochard and the African City for the Greatest Number," *OASE*, 82, 2010: 77. https://www.oasejournal.nl/en/Issues/82/FramingTheAfropolis.

38 Camacho, Alsayer, Saragoça, *Pan-Arab Modernism 1968–2018*: 150.

39 Saba George Shiber, *The Kuwait Urbanization, Documentation, Analysis, Critique*, Kuwait: Government Printing Press, 1964: 375.

٤٠ رسالة قدمت لـ"القسم التجاري – الوكالة السياسيّة في الكويت" كتبها د. و. آتكين (مسؤول في "ترايب وويكهام"): Feb.29, 1956, FO 1016/514 Arabian Gulf Digital Archive, https://www.agda.ae/en/catalogue/tna/fo/1016/514/n/155.

٤١ نفس المصدر السابق: ٧٠.

٤٢ المرسوم الأميري سنة ١٩٧٨.

وكان زدرافكو بريغوفاتش معمارياً كرواتياً بدأ ممارساته المهنية باكراً على نحو مكثّف،[٢٢] وقد تصدّرت ممارساته تلك بنجاحٍ تكليفات كثيرة لتصميم مرافق ضيافة ومتاحف. وفي سنة ١٩٥٤، وبالشراكة مع فينسيسلاف ريشتر (١٩١٧ – ٢٠٠٢)، قام بتولّي مشروع "متحف مدينة بلغراد". وبعد سنتين فاز المعماريّان الشريكان بالجائزة الأولى في مسابقة اليونسكو لتصميم "المتحف الوطني في حلب". لكن، بالرغم من ذلك، فإن بريغوفاتش قارب مشروع الكويت بمفرده.

وقدّم بريغوفاتش لمسابقة متحف الكويت الوطني "مشروعاً تخطّى بحجمه جميع مشاريع المتاحف التي كان قد صمّمها حتى ذلك الحين".[٢٣] وتألّف اقتراحه من مجمّع أبنية نسّقت عناصره حول باحة مركزيّة فسيحة، واتصلت ببعضها عبر ممرات مسقوفة يمكن للزوّار الوصول إليها من خلال ساحة أماميّة قائمة عند "طريق شويخ" القديم (اليوم "شارع الخليج العربي"). وقد هدف المشروع، وفق بريغوفاتش، إلى تحقيق "مظهر [معماري – تكتوني] من دون سمات غربية".[٢٤] ويمكن القول إنه على الرغم من حلول اقتراح بريغوفاتش في المركز الثاني بالمسابقة، إلّا أن هناك العديد من النقاط والعناصر المتشابهة بينه وبين تصميم إيكوشار الفائز.

أمّا من ناحية المعماريَين المتبقيين اللذين دعيا إلى المسابقة، سيد كريم وإغنازيو غارديلا (١٩٠٥ – ١٩٩٩)، فيبقى من غير الواضح إلى اليوم إن كان يُنتظر منهما في ذلك الوقت تقديم اقتراحيهما. كذلك، وعلى العكس من دعوة غارديلا، لم تكن دعوة كريم كمعماري عربي وحيد للمشاركة في المسابقة، مفاجئة. إذ إن كريم كان آنذاك المعماري الأبرز في المنطقة، وعلى دراية جيدة بأحوال الكويت. وقد يكون عدم تقديم كريم اقتراحه في مسابقة المتحف، له علاقة بوقوعه خارج دائرة الطبقة المحظيّة سياسياً في مطلع الستينيّات، حين قام نظام عبد الناصر بمصادرة مكتبه المعماري، وعملياً، إنهاء تجربته المهنيّة.[٢٥]

متحف الكويت الوطني بتصميم ميشال إيكوشار

اختارت لجنة التحكيم اقتراح ميشال إيكوشار، الذي وصفه المعماري بنفسه على أنه عرض "للمتحف الأكثر حداثة في العالم".[٢٦] وإيكوشار معماري فرنسيّ كان على صلة بمناطق النفوذ الاستعماري الفرنسي في الشرق الأوسط وأفريقيا طوال أعوام عديدة. كما جرى تكليفه من خلال منظمة الأمم المتحدة بتصميم عدد من المشاريع والمباني، من بينها "متحف موهينجو دارو في باكستان".[٢٧] وقد أكسبته خبرته وصلاته الاجتماعيّة تلك في النهاية أفضليّة على باقي المشاركين في المسابقة.

عُرف إيكوشار كـ"خبير" في مسائل المنطقة. وكان استثمر بالدرجة الأولى في شبكة من المؤسسات والمعاهد تولّت ضمن تلك المشاريع الناشئة، دور العديد من الحكومات الإقليميّة الجديدة. ومع انتهاء التجربة الاستعمارية الفرنسية عاد إيكوشار إلى فرنسا، إلّا أنه استمر في تطوير مشاريعه الخاصّة في منطقة الخليج. ولم تتضمن فقط متحف الكويت الوطني، بل أيضاً مشاريع أخرى في إيران، والبحرين، وعُمان.

وجاء تصميم "دار الثقافة"، المقترح في إطار رؤية إيكوشار بمسابقة متحف الكويت الوطني، كترجمة لفكرة البيت العربي ذي الفناء، أو "الصحن"، حيث نُسّق المشروع وفق نموذج بقياس أربعة أمتار: أربعة أجنحة متماثلة يتألّف كل منها من طابقين، مكسوة بالطوب الأحمر وتعلوها أسقف مطليّة ومثنيّة. كما تتّصل أجنحة الدار ببعضها بممرّات خرسانية مُعلّقة، إذ إنّها وزّعت حول فناء مركزي يغطيه منشأ رباعي الأسطح وثلاثي الأبعاد، ويتضمّن مساحات عرض خارجية مكشوفة.[٢٨]

وأدّت الاستراتيجيّة التصميميّة تلك، المستندة إلى مورفولوجيا المبنى ذي الفناء، إلى تحديد التشكيل الأمثل للمبنى من ناحية فعاليّته وأدائه تجاه الحرارة المرتفعة، وهو تشكيل تحسّن بـ"مظلّة ضخمة" ذات إطار ثلاثي الأبعاد ينبغي أن تغطّي الحدائق والأبنية كي تخلق مناخاً جزئياً خاصاً يحيط بمختلف أقسام المتحف".[٢٩] وقد صُمم المنشأ الكبير ذاك بدايةً كظُلّةٍ طافية ترتفع ٢٨ متراً عن مستوى الأرض فوق المجمّع، ثم جرى تحديدها واختصارها فيما بعد كي تغطّي مساحة الفناء. على أن الاستجابة القويّة هذه لعامل المناخ، المُتجليّة في المظهر المعماري للمشروع، تبدو واضحة أيضاً في واجهات المبنى من خلال استخدام الطوب، المادة المناسبة تماماً لضبط الحرارة والحماية من الرمل، والتي تشكّل إحالة قويّة إلى مواد البناء في الثقافة المحليّة.[٣٠]

إلى هذا، وبالنسبة لـ"المبدأ الأساسي" المعتمد في رسم المشروع، فإن الأحجام المنفصلة جرى تطبيقها عبر نظام معياريّ لوحدات خرسانية أُنزلت في الموقع، كي يتمّ إنشاؤها بمدخل خاصّ لكلّ منها، الأمر الذي أتاح "إمكانية البناء على مراحل مع المحافظة على مبدأ الحركيّة ذاته"[٣١] ما سيمنح الزوّار خيارات متعدّدة للحركة. علماً أن المعارض بموضوعاتها المختلفة كانت سلفاً قد أخذت تُقام في الأبنية المنفصلة ضمن مجمّع المتحف. وهذه مقاربة في الحقيقة أنجزت حالة قطعٍ مع فكرة التجوال النمطي والحركة التقليدية في المتاحف، كما قطعت أيضاً مع السرديّة الخطيّة للتاريخ.[٣٢]

على أن الصيغة الأخيرة من المشروع جاءت متضمنة فوارق جوهريّة عن الصيغة الأولى التي قدّمت في إطار المسابقة وكانت أكثر انسجاماً مع أفكار إيكوشار الحداثيّة. إذ خلال العملية المديدة لتنفيذ المشروع، التي لم تبدأ قبل العام ١٩٧٧ (في السنة ذاتها التي أغلق فيها إيكوشار مكتبه)، كان هناك ضرورة لإجراء تعديلات معمارية، كون "طبيعة المجموعات التي يملكها المتحف، وطريقة عرضها، ومسائل إدارته، لم تكن قد نوقشت على نحو جديّ بعد".[٣٣] فالأكواريوم المقترح، الذي صُمم كي يتيح للزوّار معاينة الحياة البحريّة، تحت أقدامهم حتى، حُذف من المشروع، كما حذفت المتنزّهات النباتيّة والحيوانية التي كان يمكن زيارتها بواسطة قطار مُغطّى بالزجاج.[٣٤] كذلك فإن القبّة السماويّة، التي صُمّمت في الأصل ضمن أحد مباني المجمّع، جرى فصلها فيما بعد ونُقل مدخلها الرئيس من الواجهة البحرية حيث كان في الأصل، إلى جهة المجمّع الشرقيّة.

٢٢ كانت كرواتيا في ذلك الوقت ضمن "جمهورية يوغوسلافيا الاتحاديّة الاشتراكيّة" التي تفكّكت سنة ١٩٩٢.

23 Ivana Nikšić Olujić, *Zdravko Bregovac: Arhiv arhitekta = Architect's Archives*, exhibition catalogue, ed. Andrija Mutnjaković, Zagreb: Croatian Museum of Architecture, 2015, 24.

٢٤ ملخص زدرافكو بريغوفاتش لاقتراحه في المسابقة.
Zdravko Bregovac, Competition brief, 1960.

25 Mohamed Elshahed, "Modernist Indigantion: A Cairo Observer Exhibition", Cairo Observer catalogue, November 2018.

26 J. M., "Un architecte français va construire le musée national de Koweït," *Le Monde*, January 20, 1961.

٢٧ كان لإيكوشار تأثير كبير في مجال التخطيط الحضري في بلدان نامية، مثل لبنان وسوريا، حيث عمل مستشاراً معمارياً للحكومة ومديراً لـ"مكتب الخدمات الحضرية" (١٩٣٢ – ١٩٤٤)، وفي المغرب حيث ترأس "مديرية التخطيط" (١٩٤٧ – ١٩٥٣). كما طوّر بعض مشاريع المتاحف، مثل "المتحف الوطني في دمشق" بالتعاون مع باحث الآثار هنري سيريغ، و"متحف إنطاكيا في هاتاي"، تركيا، حين كانت إنطاكيا لا تزال جزءاً من سوريا؛
Mathilde Dion, "Notices biographiques d'architectes français," Paris: IFA/Archives d'architecture du xxe siècle, 1991, 2 vol. (rapport dactyl. pour la dir. du Patrimoine): 9.

28 Michel Ecochard, "National Museum of Kuwait," in *Places of Public Gathering in Islam*, ed. Linda Safran, Philadelphia: Aga Khan Award for Architecture, 1980: 100.

29 [Un grand 'parasol' en charpente tridimensionnelle qui doit couvrir jardins et bâtiments afin de créer un micro-climat sur l'ensemble des installations]. "Concours pour le musée national du Kuwait. Premier Prix: Michel Ecochard," *L'Architecture d'aujourd'hui*, xxv, no. 96, June/July 1961.

٣٠ هذه المقاربة المعمارية الجديدة ذات البعد المناخي والصلة بالثقافات المحليّة، كانت قد انتشرت بفضل "الربطة المعماريّة" من خلال "كليّة [فراي وجاين درو] للعمارة الاستوائيّة"، والتي غدت منذ سنة ١٩٥٤ فصاعداً مؤسسة فكرية وبحثيّة تتناول مسائل البناء وتتصل بالتدخلات المعمارية في سياق المناخات الحارة.

31 Michel Ecochard competition entry, AR-02-05-17-02, Funds Michel Ecochard (1905–1985), SIAF/Cité de l'architecture et du patrimoine/Archives d'architecture du xxe siècle.

32 Al-Ragam, "The politics of representation": 8.

33 Abdulac, "Sélim Abdulhak (1913–1992)."

34 J. M., "Un architecte français va construire le musée national de Koweït," *Le Monde*, January 20, 1961.

وجاء البرنامج الأوّلي المبتكر الذي وضعه عبد الحق مستنداً إلى ثلاث نقاط: جذور الثقافة العربية؛ أهمية دور الإنسان من الناحية الإيكولوجيّة؛ وإبداعات الإنسان التاريخيّة التي تعكس نمط الحياة في شبه الجزيرة العربية.[١٢] والتزاماً بخطته الأوليّة، من ٩ كانون الأول (ديسمبر) ١٩٥٩ إلى ١٥ آذار (مارس) ١٩٦٠، قام بوضع أسس محدّدة لمسابقة تصميم المتحف.[١٣] وقد وردت تلك النقاط في دعوة المسابقة المنسّقة ضمن عناوين موضوعيّة، هي "أرض الكويت"، "إنسان الكويت"، و"كويت اليوم والغد"، وقد أُدمجت فيها القبّة السماوية، إضافة إلى قسم ثقافي.[١٤] وقد أفصح ذاك البرنامج الطموح والمفصّل عن اهتمام بالتوعيّة والتثقيف عبر مبدأ "المتحف العالمي" الذي كان هدفه تقديم رؤية عن مجتمع المنطقة وثقافتها، ولمحة عن حال المنطقة من الناحية الإيكولوجية (الجيولوجيا، والحياة النباتيّة والحيوانيّة)، ومعلومات عن راهن البلاد ومستقبلها (النفط، العلم، والتمدين).[١٥]

واستندت تلك المقاربة إلى افتراض أن دمج الأهداف العلميّة والثقافيّة يمثّل أساساً للمعرفة التربويّة، بدل اعتماد سرديّة اعتزاز وطني في إطار الرمزية التاريخيّة. ثم قام باحث الآثار السوري، شخصياً ولبعض الوقت عقب ذاك التقرير، بمتابعة التعاون مع الحكومة الكويتيّة. وشاركه تلك المهام خبراء آخرون أمثال جورج هنري ريفيير (١٨٩٧ – ١٩٨٥)، الذي قدّم في هذا الإطار تقريرين نيابة عن "المجلس الدولي للمتاحف" في مطلع عقد السبعينيّات.[١٦] والفكرة التي طُرحت في ملفّ عبد الحقّ جرى تبنّيها من قبل الدولة الكويتيّة الجديدة، وشكّلت مقاربة مبتكرة حقيقيّة هدفت إلى تحديد مفهوم المتاحف في ذلك الوقت.

المسابقة المعماريّة سنة ١٩٦٠

إثر تقرير الخبير المتخصّص الذي وضع برامج أوليّة لبناء وإدارة المتحف البيئي، جرى الإعلان في سنة ١٩٦٠ عن مسابقة معماريّة بشروط محددة، يرعاها "الاتحاد الدولي للمعماريين" وتنظّمها اليونسكو، التي كان عليها النظر في أربعة اقتراحات موضوعة بدقّة، من أصل اقتراحات تقدّم بها ستة معماريين مدعوّين من مختلف أنحاء العالم.[١٧] والمتحف الجديد، الذي سيتموضع في الواجهة البحريّة ضمن المنطقة الثقافيّة التي تحدّدت في المخطط التوجيهي سنة ١٩٥٢، كان يُفترض أن يتبنى توصيات التقرير. إذ جرى آنذاك اعتبار العمارة مساهمة مهمّة في النتاج الثقافي.

إذن، من المعماريين العالميين الستة الذين تمّت دعوتهم للمشاركة في المسابقة، تقدّم معماريون أربعة باقتراحات مشاريع، وهم: الكرواتي زدرافكو بريغوفاتش (١٩٢٤ – ١٩٩٨)، السويدي هانس آسبلوند (١٩٢١ – ١٩٩٤)، البرازيلي آفنسو إدواردو ريدي (١٩٠٩ – ١٩٦٤)، والفرنسي ميشال إيكوشار (١٩٠٥ – ١٩٨٥). وقد أثبتت مضامين المشاريع المقترحة أن معماريين عديدين من هؤلاء لم يكونوا ملمّين بحال البلد وثقافته المحليّة، وبمواد البناء المتوفّرة والعوائق التكنولوجية. كما بدا واضحاً، وفق مادة أرشيفيّة موجودة، أن لا أحد من المعماريين المشاركين كان على معرفة بالكويت. وفي حالة ريدي وآسبولد، مثلاً، فلم يسبق لهما أن زارا البلد. ومع غياب الكتابات والمؤلفات المعماريّة المتخصصة في شؤون المنطقة وعدم توفّر رصيد خاصّ متعلّق بتقنيات ومواد البناء المحليّة، فإن ملخّص مسابقة اليونسكو مثّل المادّة الوحيدة التي تقدّم فكرةً عن ظروف الموقع وبيئته وسياقاته التاريخيّة.
بالنسبة للمعماري البرازيلي (ريدي)، المتحدّر في الأصل من بلد "ما بعد استعماري"، فقد كان حينذاك حاضراً ضمن المشهد الدولي، وكانت أعماله تحظى سلفاً باستحسان عالميّ، خصوصاً مع اكتمال بناء "متحف الـ[مام] للفن الحديث في ريو دي جانيرو" سنة ١٩٥٨،[١٨] حيث انعقد بعد فترة وجيزة المؤتمر الإقليمي لليونسكو تحت عنوان "دور المتاحف في التربية والتعليم".[١٩] وقد جاء اقتراح ريدي في مسابقة متحف الكويت الوطني ليقدّم مقاربة مسطّح حرّ على الأرض المستوية التي تبلغ مساحتها ١ مليون متر مربع، وأبنية موزّعة تتّصل ببعضها عبر ممرّات مسقوفة تتخللها شبكة بحيرات منشأة وفق أسلوب روبيرتو بورل ماركس (١٩٠٩ – ١٩٩٤) في هندسة المشهد، إضافة إلى مقترح صيغة تنظيم متحفية أعدّها خبير النبات والتاريخ الطبيعي لويز إميغديو دي ميلو فيليو (١٩١٣ – ٢٠٠٢).

وعكَس التعاطي الحميم الذي اعتمده ريدي مع الأبنية والمشهد الطبيعي، اهتمامه الخاص في طرح نموذج حضريّ بديل يضمّ المتحف ويدمج البلدة القديمة غير المكتملة في إطار مساحة متكاملة تشكّل المحيط الطبيعي للمشروع. وبالتالي فإن اقتراحه المكوّن من استراتيجيّة مزدوجة، بغض النظر عن التجانس في النسيج العمراني، جاء كي يحاول دمج وظائفية مباني المتحف في نطاق المجتمع والبلاد. وبغية توحيد هذين المستويين، أتى الحسّ الجمالي لطبيعة بورل ماركس المولودة اصطناعياً، والمُعّبر عنها في أعماله المبنية، ليملأ المكان الخالي والقاحل بحدائق غنّاء ومعالم مائيّة ونوافير كلاسيكية وأشجار. وقد صُمّم مبنى "القبّة السماوية" (البلانيتاريوم) كبناء مستقلّ شبه غائر، "ولا يظهر منه فوق مستوى الأرض سوى قبّته، ما يوحي للرائي بقوقعة ضخمة طافية على سطح البحيرة".[٢٠]

أمّا المعماري السويدي الشاب هانس كارل آسبلوند، الذي تتلمذ على يد أبيه غونار آسبلوند (١٨٨٥ – ١٩٤٠)، المعماري العالمي الشهير بمقارباته الاستثنائية للمحيط الطبيعي والمشهد ضمن تيّار "الوظائفيين"، فقد تخرج سنة ١٩٤٧ وتدرّب في دائرة العمارة التابعة لمنظمة الأمم المتحدة في نيويورك. بيد أنه في نهاية المطاف كان أقلّ المعماريين الستّة المدعوين للمسابقة أهليّةً للمشاركة.[٢١] وجاء التصميم الذي قدّمه هذا المعماري متميزاً من ناحية تناوله المشهد كمنهج أساسيّ في التصميم، لكنّه في المقابل طرح فكرة مبنًى غير عصريّ وشديد المحافظة والانغلاق. إذ إن المشهد بالنسبة لآسبلوند كان عنصراً خرسانياً جامداً، وغرضاً جمالياً له مرجعيته وتمثيليّته، بدلاً من أن يكون نظاماً عضويّاً متعدد الوظائفيّة ومُلهِماً للمستقبل. وعلى عكس جميع المشاريع المقترحة الأخرى، فإن المتحف وفق اقتراح آسبلوند تركّز برمته في مبنى مهيب واحد يتموضع في وسط المساحة الكبيرة. وتألّف المشهد المحيط بذاك "القصر" من تمثيلات كليّة للنظام البيئي العالمي. وهذا تضمّن سهباً، وسهلاً عشبيّاً، وصحراء، وجبلاً، وغابة تقطنها حيوانات بريّة. وعلى نحو يحاكي الحدائق الشارباغيّة الهندو – فارسيّة ذات الجوانب الأربعة، جاء نمط البناء منتظماً بشكل ورقة برسيم رباعيّة. على أن صرحيّة التأليف الحجمي المقترحة تلك، استُمدّت من الهندسة الخالصة، وأيضاً من التحكم الشكليّ بمواضع معيّنة، مثل الموضع حيث يمتدّ المدخل على طول المحور الأساسي.

١١ أسس "متحف الكويت الوطني" بدايةً في ٣١ كانون الأول (ديسمبر) ١٩٥٧، في "ديوان" الشيخ خزعل في منطقة دسمان، السفارة الأجنبية الأولى التي تأسست سنة ١٩١٦ بإدارة حاكم المحمرة، تلك الإمارة العربية في أقصى شرق احتشاد النهر بمنطقة شطّ العرب، التي تقع اليوم ضمن الحدود الإيرانية. وقد ساهمت الحاجة لأغراض صالحة للعرض آنذاك، في قيام أول الاستكشافات الأثريّة في جزيرة فيلكا. وبين العامين ١٩٥٨ و١٩٦٣، قامت البعثة الدنماركية للتنقيب عن الآثار بالترويج لخمس مهام بطلب من مدير عام وزارة التربية في الكويت، عبد العزيز حسين (١٩٢٠ - ١٩٩٦). للمزيد عن هذا الموضوع، أنظر:
Flemming Højlund, *The Danish Archaeological Expedition to Kuwait 1958–1963 – A glimpse into the archives of Moesgård Museum*, Kuwait and Denmark: The National Council of Culture, Arts and Letters and Moesgård Museum, 2008.

١٢ التقرير التقني لمنظمة اليونسكو:
UNESCO, Technical Report, FMR/CC/CH/81/235 (FIT) (Paris: UNESCO, 26 May 1981): 15.

13 Sélim Abdulhak, *Concours International Restreint D'Architecture Pour La Construction Du Musée National de Koweit*: 2.

14 Michel Ecochard, "Plans for a National Museum in Kuwait," *Museum*, vol. XXVII, no. 3 (1964): 147.

15 Abdulac, "Sélim Abdulhak (1913–1992)."

١٦ كان جورج هنري ريفيير واحداً من أبرز خبراء المتاحف في فرنسا. وقام بالشراكة مع أوغو دو فارين بابتكار فكرة "المتحف البيئي" التي نتج منها نمط جديد من المتاحف. تولى ريفيير من سنة ١٩٤٨ حتى ١٩٦٥ إدارة "المجلس الدولي للمتاحف"، الذي عاد وشغل منصب مستشاره الدائم سنة ١٩٦٨. وقد أعدّ بين العامين ١٩٧٠ و ١٩٧١ تقريرين لصالح "متحف الكويت الوطني".

17 Abdulac, "Sélim Abdulhak (1913–1992)."

18 Philip Goodwin, *Brazil Builds: Architecture New and Old 1652–1942* (New York: Museum of Modern Art, MoMA, 1943), 7; Nabil Bonduki, Affonso Eduardo Reidy: *Arquitetos brasileiros = Brazilian Architects*, Lisbon: Editorial Blau, 2000,: 23.

19 *The Role of Museums in Education – Unesco Regional Seminar, Museu de Arte Moderna, Rio de Janeiro, 1958*, Museum, XII, no. 4, 1959.

20 A. E. Reidy, Competition brief: 1960.

21 Malcolm Woollen, *Erik Gunnar Asplund: Landscapes and Buildings*, London and New York: Routledge, 2019.

سارا ساراغوسا

بناء الأمّة ثقافيّاً"

تمهيد

تحوّل طموح الدول الناشئة حديثاً لبناء علامات معماريّة تؤدي وظائف محدّدة وتلبي حاجات ضروريّة، إلى مهام أساسيّة ضمن عملية قلع الاستعمار وتفكيكه في العالم العربي. أمّا تأثير ذلك على نتاج العمارة الدوليّ مع حلول منتصف القرن العشرين، فيبقى غير واضح إلى الآن. وقد جاءت عملية تصميم وإنشاء متحف الكويت الوطني لتشكّل مساهمة في إطارين هما: إطار فهم المناهج والعمليات الكامنة خلف مشروع بناء علامة معماريّة وطنيّة جديدة، وآخر متمثّل بدور البرامج الإعماريّة في السجلات المُهيمنة المتعلقة بمظاهر التحديث وتداول المعرفة على الصعيد الدولي.

وقد أُسس متحف الكويت الوطني وأنشئ، مثل العديد من المتاحف الوطنية الأخرى في منطقة الشرق الأوسط، بإشراف برامج منظمة "اليونسكو" للتعليم والثقافة. وحاولت تلك البرامج فرض مبدأ الاستمراريّة والتواصل بين "الجديد" والمتوارث. كما سعت إلى استخدام المتحف كأداة لتعزيز التماسك الاجتماعي، وإعادة تأسيس الأصول المفقودة، والتعامل مع التأثيرات الثقافيّة الخارجيّة. ووفق فرادير، فإن "المراكز الثقافية، التي تمثل مؤسسات القرن العشرين النموذجيّة"، ولدت من "سعي الإنسان إلى الوحدة".[1]

وفي حالة الكويت، يتّسم زمن مشروع متحف الكويت الوطني، من سنة ١٩٥٧ حتى اليوم، بأهمية خاصّة، ليس لفهم الظاهرة المعماريّة والثقافيّة وحسب، بل أيضاً لفهم مشروع وعمليّة بناء الأمّة بحدّ ذاتها. وستُثبت تلك الحقبة في نهاية المطاف أنها الأكثر أهميّة بالنسبة لتاريخ الكويت الأحدث. إذ إن مجموعة العوامل والتحدّيات والأحداث الكثيرة التي حصلت بين حقبة المجتمع الكويتي التقليدي ما قبل النفط، وبين الزمن الذي شهدت فيه البلاد لاحقاً تطورات التحديث والعمران، قد أعقبتها فترة قبول "الحداثة الفائقة" وفق تعريف النقيب.[2] بيد أن طموح تكوين "جماعة سياسية متخيّلة"، يبقى مشروعاً في طور التنفيذ، تماماً كحال متحف الكويت الوطني نفسه، الذي يشهد اليوم عمليات ترميم واسعة، بعد تعرضه للتدمير خلال الاجتياح العراقي سنة ١٩٩٠.[3] وقد أشارت أسيل الرقم إلى أن المتحف مثّل أداة سياسية ضمن المشروع الوطني، عبر دوره في دعم بناء التراث الوطني للبلاد، في سياق الفكرة العربية الجامعة. وتلك مقاربة كانت أساسيّة في حقبة الستينيّات في إطار الحفاظ على تقاليد السكان وسيادتهم، التي كانت عرضة للتهديد من قبل جيران أقوياء.[4]

وكان التنقيب عن النفط واكتشافه بين العامين ١٩٣٨ و١٩٤٦، في وقت سبق مشروع قطار برلين – بغداد، شكّلا أمرين مهمّين للحفاظ على الاستقلاليّة الاستراتيجيّة للكويت تحت حماية أجنبيّة.[5] كذلك فإنّ الاتفاقيّة البريطانيّة – التركيّة سنة ١٩١٣، وقبلها اتفاقيّة الحماية مع بريطانيا سنة ١٨٩٩، مثّلتا إنجازين دبلوماسيين متساويين من حيث الأهميّة بالنسبة إلى استقلالية الكويت.[6] وقد انطلقت عمليات بناء الأمّة في الحال تحت تأثير القوى الأجنبيّة إثر صادرات النفط الأولى، ما جعلها تجتذب قوى عديدة أخرى كانت تسعى خلف فرص جديدة. وقام حاكم الكويت الشيخ عبد الله السالم الصباح (١٨٩٥ – ١٩٦٥) بتكليف "الوكالة السياسيّة البريطانيّة" سنة ١٩٥١ لتحقيق رؤيته في بناء مدينة حديثة عقب التأسيس الناجح للأحمدي، أول "مدينة نفطيّة" في البلاد.[7] والأخيرة كانت تجربة "ستشكّل بنسقها وبيئتها نموذجاً للشرق الأوسط برمّته في السنوات التالية... مع إتاحة أفضل الظروف المعيشيّة لمختلف الطبقات الاجتماعية".[8] وبعد ذلك، في سنة ١٩٥٢، تمّت المصادقة على مخطط جديد لمدينة الكويت صمّمه مكتب "مينوبريو، سبينسلي وماكفارلين". وقد انطلقت عمليات تنفيذ المخطط مستندة إلى نسق شبكة طرق حديثة. وتحوّلت المدينة القديمة إلى مساحة للهدم، الأمر الذي أبعدها كثيراً من النموذج المرغوب المتمثّل بالتحوّل إلى عاصمة عربيّة حديثة. وفي سنة ١٩٥٧، عندما لُزّم مشروع متحف الكويت الوطني، فإن تبعات المخطط الجديد الذي مهّد الأرض بالأبنية المحليّة التقليديّة، ومحا النسيج العمراني القديم، كانت قد أضحت معروفة سلفاً. واعتبر المتحف جزءًا من مشاريع البلد الحديثة، إلا أن مهام إنقاذ إرث الماضي وصونه، مثّلت مهامّ شديدة الأهميّة.

إنشاء متحف وطني: المسابقة ورؤية سليم عبد الحق الثقافيّة

عقب انتهاء الحرب العالميّة الثانية، أقرّت الأمم المتحدة عبر منظمة "اليونسكو" بأهميّة الثقافة كأداة لإعادة تنمية البلدان التي كانت واقعة تحت الاستعمار، والاعتراف بقيم وتقاليد الأصالة المحليّة وإبرازها بعد قرون من القمع والكبت. وقد تعزّزت المساعدة التي قدّمتها الأمم المتحدة للدول الناشئة حديثاً، عبر توظيف خبراء عديدين في الشؤون الإقليميّة، غدوا مساهمين أساسيين في السياسات الثقافيّة. وفي الشرق الأوسط، فإن إحدى مبادرات منظمة "اليونسكو" الأولى تحقّقت في سوريا من خلال تقديم الدعم للاستكشافات الأثرية بغية توسعة المتحف الوطني في دمشق سنة ١٩٥٢. ونُفذت تلك المبادرة بإشراف "دائرة الآثار والمتاحف في سوريا" التي كان يرأسها آنذاك باحث الآثار سليم عبد الحق (١٩١٣ – ١٩٩٢).[9]

كان عبد الحقّ المقرّر الأوّل في مشاريع ومبادرات بلده الثقافيّة، فقام بالترويج للاستكشافات الأثريّة في أنحاء البلاد بفضل مصادر علميّة وطنيّة وأجنبيّة، ما منحه إشادة دوليّة، خصوصاً لناحية مساهمته في تقديم المشورات الدبلوماسيّة من موقعه في منظمة اليونسكو، كالمشورة التي تعلّقت بالكويت عندما كانت لا تزال تحت الحماية البريطانيّة. وفي شهر كانون الأول (ديسمبر) ١٩٥٩، ومن خلال مدير عام التعليم عبد العزيز حسين، طلبت الكويت من اليونسكو إعداد رؤية استراتيجية وإطار برنامج عمل لسياسات الكويت في التعليم والثقافة، تقوم المنظمة من خلالهما بالمساعدة في تنفيذ صيغة جديدة لـ"متحف الكويت والعالم العربي"،[10] الذي كان آنذاك يشغل "ديوان" الشيخ خزعل، ولا يقدّم صياغة متماسكة للسرديات الوطنية وللمقتنيات القيّمة والاستثنائيّة التي يضمّها.[11] ولتحقيق ذاك الطموح أرسلت اليونسكو الخبير السوري، صاحب النفوذ والتأثير، لتنسيق المشروع. وقد اكتسب هذا المشروع أهميّة سياسيّة مع إقرار الهيئة العامّة للأمم المتحدة في كانون الأوّل (ديسمبر) ١٩٦٠ "إعلان منح الاستقلال للبلدان والشعوب المستعمرة"، الذي أدّى إلى حصول الكويت على استقلالها في السنة التالية.

1 Georges Fradier, "The Georges Pompidou National Centre for Art and Culture," *Museum*, xxx, no. 2, 1978: 77.

٢ فرح النقيب:
Farah Al-Nakib, "Modernity and the Arab Gulf States: The Politics of Heritage, Memory, and Forgetting," in *Routledge Handbook of Persian Gulf Politics*, ed. Mehran Kamrava, London and NY, Routledge, 2020, 57–82.

3 Benedict Anderson, *Imagined Communities: Reflections on the Origin and Spread of Nationalism*, London and New York, Verso, 1983.

4 Asseel Al-Ragam, "The politics of representation: The Kuwait National Museum and processes of cultural production," *International Journal of Heritage Studies* 20, no.6 (2013): 3–4, https://doi.org/10.1080/13527258.2013.834838.

5 Ricardo Camacho, Dalal Musaed Alsayer, Sara Saragoça, *Pan-Arab Modernism 1968-2018: The History of Architectural Practice in The Middle East*, New York and Barcelona: Actar, 2021, 136–39.

6 Mary Ann Tetreault, "Autonomy, Necessity, and the Small State: Ruling Kuwait in the Twentieth Century," *International Organization* 45, no. 4 (1991): 565–91, http://www.jstor.org/stable/2706948.

٧ للمزيد حول الموضوع، يمكن العودة إلى:
Reem Alissa, "Building for Oil: Corporate Colonialism, Nationalism and Urban Modernity in Ahmadi, 1946–1992," PhD diss., University of California, Berkeley, 2012.

٨ تقرير أوّلي عن التنمية في دولة الكويت قدّمته "الوكالة السياسيّة البريطانيّة" في الكويت لحاكم الكويت، في شباط (فبراير) ١٩٥٢،
FO 1016/217, TNA, London.

٩ اعتبر سليم عبد الحق واحداً من أبرز الشبان السوريين الواعدين، إذ كان قد حاز في حقبة الثلاثينيات على منحة حكومية لمتابعة دراسته الجامعية في فرنسا، حيث حصل على شهادات عدّة، منها: شهادة في الآداب من جامعة السوربون (١٩٤١)؛ دكتوراه في الآداب من جامعة باريس (١٩٤٣)؛ دبلوم من معهد الفنون والآثار (١٩٤٤)؛ ودبلوم من معهد التخطيط المديني (١٩٤٥) في جامعة باريس. وفور عودته إلى سوريا سنة ١٩٤٥ جرى تعيينه قيّماً على "المتحف الوطني في دمشق" (١٩٤٥ – ١٩٥٠)، وبعدها بفترة قصيرة عيّن مديراً عاماً لمصلحة الآثار والمتاحف في سوريا (١٩٥٠ – ١٩٦٤). وفي سنة ١٩٦٥ عيّن رئيساً لقسم الصروح والمتاحف بمنظمة اليونسكو. كذلك كان رئيس تحرير مجلة "الحوليات الأثرية في سوريا" الصادرة بلغتين. للمزيد عن عبد الحق، أنظر:
Samir Abdulac, "Sélim Abdulhak (1913–1992) – From Syrian Antiquities to World Heritage- Part 1: Elements of a professional biography," August 2012.

10 Stephen Gardiner, *Kuwait the Making of a City*, Harlow: Longman, 1983, 55.

167

NATIONAL MUSEUM
KUWAIT, 1960–1983

ARCHITECT:
MICHEL ECOCHARD

المعماري:
ميشال إيكوشار

المتحف الوطني
الكويت، ١٩٦٠ – ١٩٨٣

6.16– North Façade of Kuwait
National Museum after renovation
by PACE, November 2020.

٦،١٦– الواجهة الشمالية لمتحف الكويت الوطني
بعد الترميم الذي قام به مكتب "بايس"،
تشرين الثاني (نوفمبر) ٢٠٢٠.

الكويت

متحف الكويت الوطني:
١٩٨٣ - ١٩٦٠
لميشال إيكوشار

6.17– General view of Kuwait
National Museum after renovation
by PACE, 2020.

٦، – مشهد عام لمتحف الكويت الوطني بعد
الترميم الذي قام به مكتب "بايس"، ٢٠٢٠.

PALESTINE

Al Mashrou'

Jericho, 1949–1967

Architect / Initiator: Musa Alami / Arab Development Society

1– General view of the Arab Development Society (Alami Farm), Jericho.

٧،١– مشهد عام لجمعيّة المشروع الإنشائي العربي (مزرعة العلمي)، أريحا.

7.2– Musa Alami
(May 3, 1897 – June 8, 1984).

٧,٢– موسى العلمي
(٣ آيّار ١٨٩٧ - ٨ حزيران ١٩٨٤).

AL MASHROU'
JERICHO, PALESTINE
1949–1967

ARCHITECT / INITIATOR:
MUSA ALAMI / ARAB
DEVELOPMENT SOCIETY

المعماري \ المبادر:
موسى العلمى \ جمعيّة المشروع
الإنشائى العربى

المشروع
أريحا، فلسطين، ١٩٤٩ – ١٩٦٧

The Farm as Utopian Pedagogy

Pelin Tan, Dima Yaser

Driving along Jericho to Allenby Bridge is a common experience in order to pass the checkpoint and cross the border from the occupied West Bank to Jordan. The experience of a Palestinian citizen under colonial settler conditions is very much defined by their experience of this landscape. An expanding new Jericho from its old town to neoliberal satellite towns redefines the landscape of new experimental architectural buildings. Along with these constructions and the new urban phenomena of Jericho, there is a subtle settlement of early modern architectural style that is not easy to make out, which is somehow frozen in an anachronistic time capsule on the right side of the Allenby Road. The "Musa Alami Farm", which is still a going concern, was established both as a farm and vocational school in 1949 and remains as part of an architectural heritage and a continuing discussion about modern Palestinian development of ruralism and as an alternative pedagogical experiment in agriculture for refugee orphan youth.[1] This essay introduces the history of the infrastructure through Musa Alami's endeavors for Palestinian national rural reconstruction as a modernist who was at the height of his popularity and powers during the period 1949–1967. Moreover, it aims to debate Palestinian modernism through this case study as an architectural heritage and decolonial infrastructure.

An Anachronistic Farm and Vocational School

In 1951, Lebanese writer Cecil A. Hourani, who visited the farm, described just how innovative the school was: "Perhaps the most interesting agricultural, social and educational experiment being conducted in the Middle East today is a project of the Arab Development Society near the town of Jericho on the west bank of the Jordan."[2] The aim of Musa Alami was to host and educate Palestinian orphans who were victims of the 1948 Nakba. He found land in the west bank of the Jordan valley, some 2,000 acres in extent where he settled 18 refugee families in three-and-a-half room houses.[3] The site is located in the Jordan valley with Jerusalem to the west and the river Jordan to the east, midway between the ancient town and the Allenby Bridge across the checkpoint from Jordan and seven miles north of the Dead Sea. A Palestinian nationalist politician, Musa Alami (1897–1984) was from a prominent Jerusalem family. His father had been mayor (Faidi Al Alami, 1906–1909, 1916) and the representative for the city in the Ottoman Parliament. Alami studied Law at Cambridge. He was the founder of the Arab Development Society—ADS (1945)— and established an agricultural school in Jericho in 1949.

The settlement that Hourani discovered was not only a farm but boasted architectural structures housing various facilities such as a training center, schools, dwellings, a swimming pool, and other buildings that together formed a unique example of a self-sustaining environment. He describes the buildings and their value at that time: "The building material is mud, baked in the sun to make hard bricks which provide excellent insulation against the heat. Cement, timber and plumbing material all had to be purchased at very high prices, the average cost of each house works out at JD 280 ($784). It was the building of a model town with all community facilities."[4]

Construction and the Architecture of the Farm

I said foolishly, "Have you found water?" and he simply said "Drink." So I drank, and it was sweet; and I put down the pitcher, and I felt as if I were choking, and I looked around at the others and I saw tears running down all their faces, as well as mine.[5]

Alami's initial suggestion was to pump water from the river Jordan to the site, a proposal rejected by officials. Against all opposition, he insisted on the scheme and was left with his decision to search for underground water. Based on his deep local knowledge of the geography of Jericho, he undertook the search process on his own account. Alami's concern was to settle refugees as close as possible to their former homes, and in order to delay their relocation to nearby countries, he embarked on his search for underground water and thus took the risk of building 19 houses while searching for ground water using very primitive and improvised tools. He promised the workers the ownership of the new constructions and that the houses would be theirs at no cost, yet they would earn money for building them. "Hundreds of refugees were employed in the search for water. In January 1950, water was discovered. It sparked the beginning of a dream. What was formerly classified as barren *"mawat"*[6] meaning dead, as per Ottoman land law, has become fertile land and the site for the launching of Alami's experimental farm.

1   Pelin Tan, "Musa Alami Farm an Experimental School," in *Radical Pedagogies*, ed. B. Colomina, I. G. Galán, E. Kotsioris and A. M. Meister, Cambridge, MA: MIT Press. Pelin Tan, "Felaket Sonrası Pedagojik Onarım Denemesi: Batı Şeria'da Musa Bey' in 'Vahası,'" *Arredamento, Architecture & City Journal*, Istanbul, 2020.
2   Cecil A. Hourani, "Experimental Village in the Jordan Valley," *Middle East Journal* 5, no. 4 (Autumn 1951): 497.
3   Kennett Love, "Rich Oasis Created in Jordan Valley Brightens Arab Refugees' Prospects," *New York Times*, July 6, 1953.
4   Cecil A. Hourani, "Experimental Village in the Jordan Valley," 500.
5   Geoffrey Warren Furlonge, *Palestine is My Country: The Story of Musa Alami*, New York and Washington: Praeger Publisher, 1969, 173.
6   "Mawat"—dead/barren land: vacant land such as mountains, wasteland, rocky places, stony fields, and grazing ground which is not in possession of anyone by title deed, nor assigned ab antiquo to the use of inhabitants of a town or village, and lies at such a distance from towns and villages from which a human voice cannot be heard at the nearest inhabited place. Anyone who is in need of such and can, free of charge and with official leave, plough it up gratuitously and cultivate it on the condition that the ultimate ownership (*rakaba*) shall belong to the Sultan (government/state). Article 103 of the Ottoman land code.

By the end of December 1952 there were 65 houses built plus a sewage system that met the latest public health requirements. Some of these houses were destined to be used as dwellings, others were for public use. The dwellings initially housed refugee families before taking in the orphans. ADS provided employment to almost 200 families, 25 of which were settled in the houses. The other workers were mainly from Aqabat Jaber refugee camp to the southwest of Jericho and some from Jericho proper.[7] ADS constructed 50 houses in a modern typology – with running water, showers, lavatories, and kitchens.[8]

Furlonge described the ADS as a patriarchal utopia on his visit in 1953: boys in khaki shorts, uncle Musa living in a tiny bare whitewashed room. Alami stated his intentions to build a training center for refugee girls[9] (he had planned to train and educate 250 boys and 250 girls). However, he did not have sufficient funding to build facilities for girls and, due to the country's conservative traditions, it was not possible for girls to live on ADS premises. They were to be given training in domestic skills—sewing, handicrafts, dairy and poultry farming, and would receive an elementary education. He believed in the role women played in building better families: "a new generation of farmers... must have wives of equal caliber if they are to hold to their standards and set the course for others."[10] However, faithful to his early visions of improving village life beyond ADS, Alami accepted a $500,000 Ford Foundation Grant in order to support the villages along the ceasefire line. "It was possible for girls to be taught while living at home."[11]

The training center/school, built in 1953 and funded by the Ford Foundation, is the only structure dressed in a beautiful stone facade. An arcade surrounds the balcony of the school and encloses a simple white cube which contains the library, teachers' offices, classrooms, and a basement which was used as a gymnasium and for changing rooms. The total floor area of the building including the balconies is 600 square meters. Alami esteemed education, and many of the schools that were built in the 1950s at the time were mainly dressed in stone, which explains the use of stone in this building. Although expensive and not indigenous to Jericho, the material expresses Alami's celebration of this building and the function it housed.[12] Tents for the refugees who settled on the site were also used as

schools. One of the first buildings constructed on the site incorporated traditional materials. Many of these buildings were destroyed in the 1955 riots and the 1967 war. A wood and metal workshop building was most likely constructed in the late 1950s and is a rather interesting example of Alami's experimental approach. The architect is unknown. However, the building presents an advanced structural framing at a 90-degree angle made of reinforced concrete and rotated to create the pitched roof of the workshops. It is very likely that he sought advice from engineers and experts who visited the site. The cafeteria and kitchen were built in the early 1950s, using a simple concrete post and beam construction, which was widely used in the other structures—especially for the public buildings, his house, and the teachers' dwellings. Dormitories were built in 1959 and funded by I.C.A. These were for the younger boys (boys were divided into two age groups; older boys lived in the houses). Musa Alami's house is recognizable from the door openings and partitions of the modifications that were constantly made to the building to accommodate new requirements. Furthermore, the current houses of administrative offices, also known as Aramco, were used for the logistics of the farm. The packaging and preparation of all food production for export were carried out prior to being shipped to Dhahran through Aramco.

The Premises

Through it all, emphasis is constantly on higher living standards in keeping with existing Arab rural patterns. Houses, though of improved design are built of locally-made mud bricks[13] and have cane and mud roofs.[14] Alami's aspirations for a model village were now attainable. New modern houses which he planned started to dot the barren landscape, built in traditional materials and aligned in a grid format surrounded by gardens, which were well kept by the young boys who were part of this new community-wide cooperative effort.

The experimental approach adopted by Musa Alami is evident in the way he reflected the program in his plans for the site. The program with its structured modernist perspective was expressed in the organization. The layout was planned by Musa Alami to follow a grid and divided into zones—school, dormitories, and residential units. Public space was always evident, whether in the playground surrounding the radial dormitories, the

7   Wajida Taji, virtual interview, April 25, 2021.
8   Nathan Citino, "City of the Future," in *Envisioning the Arab Future: Modernization in US-Arab Relations, 1945–1967*, Cambridge: Cambridge University Press, 2017, 108.
9   Furlonge, *Palestine is My Country*, 197.

10   Kennett Love, "Arab 'Moses' Teaches Orphans to Make Jordan Desert Bloom," *New York Times*, May 7, 1955, 3.
11   Citino, "City of the Future," 109.
12   Wajida Taji, virtual interview, April 25, 2021.
13   In an interview with Leila Chahid, she mentioned her visit with Hassan Fathy in Cairo, who had previously visited

Jericho and the ADS in specific. Fathy informed her that Alami consulted with him about local mud brick building technology.
14   Bootstrap, Arab Development Society Collection 1953.

175 AL MASHROU' JERICHO, PALESTINE 1949–1967 ARCHITECT / INITIATOR: MUSA ALAMI / ARAB DEVELOPMENT SOCIETY المعماري \ المبادر: موسى العلمي \ جمعيّة المشروع الإنشائي العربي المشروع أريحا، فلسطين، ١٩٤٩ - ١٩٦٧

school and Alami's house, or the swimming pool that creates a node in the heart of the western part of the site. All the buildings for logistic infrastructure, livestock, and the farm were situated on the other side of the residential and educational facilities which extend towards the river Jordan. Running water was installed in the houses, a clinic was established, stores for goods and machinery, a swimming pool, a cafeteria, a petrol station, workshops for carpentry, mechanics, tailoring, shoemaking, and an ice plant, and two school buildings to accommodate the 80 children were all built. Alami promoted a spirit of cooperation, democratic methods of organization, and a sense of personal responsibility. He organized the residents into small and large committees and they were given the freedom to elect leaders and spokesmen to discuss their needs and what they wished to do, or what the ADS should do for them.

In addition to Alami's knowledge, he employed the local know-how of the refugees in traditional building methodologies, in order for them to participate fully in and claim ownership of this model village. Such a utopian commune model would offer the orphans a good education and training in various skills and industries. By the end of December 1952, the model village Alami had dreamed of before the Nakba was well under way. Infrastructure now included sewage systems, electricity, buildings made from traditional mud as well as concrete, arable land sown with various crops, asphalt roads, and twenty-five wells.

The disappointing levels of funding from Arab governments forced Alami to seek out other sources of financing, leading him to petition the United States, Britain, Arab corporates, international agencies, and private philanthropists. He established offices in Britain, the United States, and Jerusalem, and was constantly traveling, fundraising for the ADS.[15] In 1953, the Ford Foundation awarded a three-year grant to ADS to make substantial improvements: the Bedouin tents and untidy huts used as classrooms and dormitories were replaced with "handsome buildings of excellent local stonework, which remain to this day a monument to the Foundation's generosity."[16]

Musa Alami's undertaking benefited from many funding bodies such as the Ford Foundation, ARAMCO[17] I.C.A. (State Department International Cooperation Administration), and the Swedish Save the Children Federation (in the 1970s and 1980s). Major buildings in the farm were constructed in the 1950s to 1960s. "A common strategy, funding bodies operated in the Middle East to invest in settlement and urban planning projects. The Ford Foundation and the United Nations as 'humanitarian aid' operated under the aegis of expert advisory boards and the social engineering consultancy of architects/designers such as Doxiadis and Fuller.[18] Architectural theorist Felicity Scott describes architecture as a political technological (techno-political) tool: "Architecture regulates socialization and the production of citizens of the country." The exponential scale of concern for environmental issues in the international architectural setting of the institutions of global capitalism, such as the Ford Foundation and the United Nations, have legitimated their relations in regions of domination.[19]

Envisioning the ADS amidst a Modernizing Arab World

The turn of the century witnessed a wave of modernization which encompassed the mechanization of agriculture and modernizing of villages. This was led primarily by private philanthropists and corporations as well as the state. Modernizing waves in the Arab World were highly influenced by the travel experiences of both Arab elites and officials, who used to travel to other Third World regions, the United States, and the Soviet Union to formulate ideas about modernization and model communities.[20]

The conditions were prepared for agricultural development in Palestine, especially given the agrarian nature of the region as a whole. The British mandate prioritized agriculture over other local industries. And there was a vision towards modernizing and improving methods of cultivation and production as the economy was highly dependent on agriculture.[21] One Jewish Iraqi philanthropist had donated money to the British government to be invested either in Palestine or Iraq, and the Kadoorie agriculture school in Tulkarem was founded in 1930, and another was constructed in the lower Galilee region for the Jewish population.

With the increasing waves of Jewish immigrants to Palestine during Ottoman rule in the early twentieth century, in addition to the dispossession inflicted on existing Palestinian villages and cities, many model

15 Wajida Taji, virtual interview, April 25, 2021.
16 Furlonge, *Palestine is My Country*, 185.
17 The Arabian-American Oil Company. It was operating and maintaining a large expatriate staff and had a pressing need for fresh produce. They had been looking into all possible sources in the Fertile Crescent and had finally come to Jericho because a high official in the company, Colonel Bill Eddy, had met Alami in the United States and was impressed by him. They found that the quality of the produce was higher than anything they had seen elsewhere. Furlonge, *Palestine is My Country*, 185.
18 Nikos Katsikis, "Two Approaches To 'World Management': C. A. Doxiadis and R. B. Fuller," in *Implosions/Explosions: Towards A Study of Planetary Urbanization*, ed. Neil Brenner, Berlin: Jovis, 2014, 481–504.
19 Felicity Scott, *Outlaw Territories: Environments of Insecurity: Architectures of Counterinsurgency*, New York: Zone Books, 2016, 18–19.
20 Citino, "City of the Future," 16.
21 *A Survey of Palestine*, vol. 1, prepared for the information of the Anglo-American inquiry committee, 1945–46, 315

communities and agricultural cooperatives were estab-lished. The residents of these agricultural communi-ties—known as Kibbutz—were strongly influenced by the revolutionary ideas current in Eastern Europe at the time and belonged to socialist movements. The Jewish community around the world donated money for land purchase in Palestine, funds which were utilized by a number of Jewish institutions that were responsible for the construction of these settlements. The establish-ment of such settlements continued during the further waves of immigration in the 1920s, 1930s, and 1940s to create commune-style living and address the lack of income and employment of the incomers, thus mandat-ing the Kibbutzim's agricultural activities.[22]

The indigenizing visions of Alami stem from his awareness of the land purchase policies in Palestine, which were paid for by the Jewish National Fund and other organizations around the world. He envisioned the Arab Development Society as a successor to the Ottoman land bank. His main purpose was to safe-guard Arab lands in Palestine, ensure the welfare of rural Palestinians, and raise the standard of living for the villagers—"fellaheen"—economically, culturally, and socially. Instead of buying land, which Alami believed did not solve the problem, the vision of ADS was the pro-tection of land through empowering the "fellaheen" and building their capacities to combat poverty and mod-ernize the rural communities by providing the necessary infrastructure to ensure the rooting of these villagers in their land.[23] The vision advocated the involvement of local committees and councils in the implementation of this project in order to promote democracy and capac-ity building so that in due course the villagers could take the lead and do things on their own.

Alami presented his ideas to the Arab League in 1944 at their preparatory conference.[24] He proposed the con-solidation of Arab funds under the Arab Development Society to combat the poverty of the rural communities and to counteract the extensive Jewish land purchase funded by the Jewish National Fund. The Arab League approved the ADS, but Alami's hopes were disappointed as the resolution issued to fund and support the ADS was not implemented. Only one of the seven Arab states, Iraq, committed to contribute to the fund for two years. After this disheartening level of support, Alami was left with a scheme to develop model villages in the

northern plains where ADS had purchased land, which was subsequently confiscated by the Israelis.

After 1948, Alami was forced to reinvent the ADS as a refugee relief organization and thus was no longer concerned with raising the standard of living for these villages as things took a very tragic turn in Palestine. ADS was now faced with the human tragedy of a whole people in all its aspects. Alami was well aware that he would not obtain any compensation for what he had lost,[25] let alone a million of his people who are now ref-ugees and look to remain in a state of exile indefinitely. Thus with despair in his heart these words rang in his ears upon his return from Beirut, "the refugees should no longer think of returning to their homes, but of mak-ing a new life elsewhere," the words of a British official in response to one question everyone asked: "When will we be able to go home?"[26] He was more than ever con-vinced that he should use all his strength, talent, and the money he still had to relieve the distress of the refu-gees and to avert the disaster inflicted on their lives. In order to build the model village, Alami asked the Trans Jordanian government for permission to access state-owned land, *Mawat*, to the west of the river Jordan.[27]

One of the most crucial issues that the ADS was con-cerned about was the presence of thousands of juve-niles among the refugees. Most of them were destitute and many were orphans who had lost all the conditions of a normal and stable life. Thus the ADS fostered the production of cultivators, "fellaheen" equipped with modern agricultural know-how and experience, who would be literate and educated, skilled craftsmen and artisans; people who can fill the current void caused by the tragic events of the Nakba. Alami thought of these men with all-round knowledge who can use their hands and brains to the best advantage. He did not look to produce a generation of white-collar young men seek-ing office jobs.[28]

Despite the opposition and difficulties that the scheme faced, Alami insisted on it. The project was opposed by several quarters for two main reasons. UNRWA and British experts expressed their concerns that the land could not be reclaimed, while on the other hand the Grand Mufti (Hajj Amin Al Husayni) and the Arab League mainly objected to the resettlement of refugees and the fear of the "loss of rights." In the early 1950s,

22   FAO Regional Office for Europe and Central Asia, *Policy Studies on Rural Transition* no. 2013–5, Agricultural coop-eratives in Israel, Gadi Rosenthal Hadas Eiges, 2013.
23   According to Alami's account, the aim was to revive the local industries, upgrade the modes of agricultural production and livestock, and pay off the debts of the villagers in order to keep the

capital in the villages and not allow it to be spent in the city. Arab Development Society 1944–1966 booklet.
24   Arab Development Society 1944–1966 booklet.
25   Alami lost his estate in Beisan, Jaffa, and Jerusalem to the Israeli occupation.
26   Furlonge, *Palestine is My Country*, 162–3.

27   https://unispal.un.org/DPA/DPR/unispal.nsf/0/BC2D58282C5C5F46852563CC0056FAA7 (last accessed December 19, 2021).
28   The Arab Development Society, Book, 1953, Palestinian Museum digital archive.

however, King Abdullah of Jordan visited the project and let Alami know that he had been misinformed about the project, and that he would fully support the project after his visit. People came from all over to see Alami's miracle in the barren landscapes of the Jordan valley. Many British and US officials supported what he had started and encouraged him to continue.[29]

Destruction, Reconstruction, and the Naksa[30]

Amidst the riots that erupted in 1955 in opposition to the proposed partnership of the Hashemite Kingdom of Jordan in the Baghdad Pact, the farm was destroyed. It was a target of the riots engulfing Jordan and of mob violence. Thousands of refugees and protestors descended on ADS, setting most of the buildings on fire while chanting anti-American slogans and carrying away all books, accounts, and documents from Alami's office.[31] This revolutionary mood in the West Bank triggered unrest among the original refugees who had settled in the ADS, causing them to leave fearing resettlement and the eventual loss of their rights of return, and it became an impediment for Alami's modernizing vision in its quest to gain legitimacy. After the attack and the political unrest in the region, Alami was again forced to seek funding and assistance from Western benefactors, who held him in high esteem and trusted him. Recourse to the "West", however, destroyed Alami's standing as a Palestinian Arab Nationalist.[32]

The Ford Foundation continued their support and helped in the reconstruction of the damaged farm. New dormitories were built in 1959, funded by I.C.A. The radially organized five rectangular prisms were simple with flush surfaces. They were aligned with the stone monument of the farm, and a sports field was enclosed between the two buildings. This modernist layout reflected the rather strict routine of the students.

The founding of Fatah[33] in 1959 instigated a more radical model for manhood, the fida'i الفدائي, or the commando, which soon emerged from the refugee camps[34]; "donning military fatigues and Palestinian Kuffiyeh—instead of suit and a red tarbush—the leaders of Fatah radically changed the way Palestinians were represented, bringing to the fore a new generation and a new image. The new revolutionary leaders were drawn from diverse class, social, religious and regional backgrounds. Significantly, many of them had lower middle class, rural or refugee camp origins." Hence a new Palestinian masculinity was defined that diverged markedly from the ADS model and the regular routine with the neat dwellings, sports fields, schoolrooms, etc. The year 1967 marked a tragic year for the ADS. The project was occupied by the Israelis in July, while Alami was in Europe purchasing new equipment. The destruction was devastating; all the wells were destroyed except for one. The tanks drove across the establishment destroying fields and crops and killing livestock, and demolishing houses and farm facilities. The damage was enormous and at first Alami was not permitted by the Israelis to come back; then he was permitted to settle in East Jerusalem. Again, he sought support from charities established by friends in the UK and US, and of course from the Ford Foundation. According to David Gilmour, who interviewed Alami in February 1979 in Jericho:

Both the farm and the school were highly successful until the Israeli invasion in 1967, when two-thirds of the land was laid waste and twenty-six of the twenty-seven wells destroyed. The Israeli army systematically smashed the irrigation system, the buildings and the well-boring machinery. Most of the land quickly reverted to desert [...]. A chunk of land was predictably wired off for "security reasons" and turned into a military camp. It is now deserted ... the Israelis refused to allow him to buy the necessary equipment either to restore the damaged wells or to drill new ones. So, he made some manual repairs to four of the least damaged wells and with these he was able to salvage a fraction of the land and keep the farm and the school functioning. [...] . [The Israelis] are now telling him that he has too much water though he has less than a fifth of what he used to have—and have warned him that they will be fixing a limit on his consumption and will be taking away the surplus for their own "projects" (i.e., their expanding settlements near Jericho).[35]

By the end of the 1960s, Alami had encountered further obstacles. Aramco had stopped buying ADS products, abruptly shifting to cheaper sources; the I.C.A. denied requests to buy refrigerated trucks and cargo planes; and applications to the World Bank were also denied.[36] Alami relied on funds from the Ford Foundation and King Hussein of Jordan. It was a difficult and

29   "I am especially impressed by the fact that the Arab Development Society began this project on its own initiative, carried it forward with its own resources and demonstrated by action and example the tremendous potentialities of self-help projects, not only in respect of the settlement of refugees but also in pointing the way toward a general improvement of village life in the Near East." George C. McGhee to Musa Alami, July 5, 1951.

30   Meaning setback or defeat, to the armies of the neighboring Arab countries, and to the Palestinians who lost all that remained of their homeland to the Israeli occupation.

31   Kennett Love, "School in Jordan, Rising from Ruin," *New York Times*, June 23, 1956, 4.

32   Citino, "City of the Future," 110.

33   The Palestinian National Liberation Movement, harakat al tahrir al falastini حركة التحرير الفلسطيني.

34   Dina Matar, *What It Means to Be Palestinians: Stories of Palestinian Peoplehood*, New York: Cambridge University Press, 2011, 89.

35   David Gilmour, *Dispossessed: The Ordeal of the Palestinians 1917–1980*, London: Sidgwick & Jackson, 1982, 128–129.

36   Citino, "City of the Future," 111.

challenging period for him. His aspirations to modernize technologies and vocational training evaporated when he was defied by international experts' skepticism and the language barrier, as well as the limitations of the know-how that couldn't make it into the basis of modernization beyond this farm.[37]

Revisiting Alami's ADS

Currently, the Musa Alami Farm functions as a dairy producer. Recently, fish farming has been introduced. People rent lots to cultivate and the school has been rehabilitated and is scheduled to reopen as a training center. The logistics/Aramco building still functions as an administrative facility. Many of the first mud houses were destroyed during the 1967 war and most of the 1950s modern-style buildings (that are an important modernist heritage) such as teachers' and workers' houses, the cafeteria, workshop buildings, a welcome building at the entrance (currently used for exhibitions and meetings) and the square-shaped empty swimming pool still exist. Alami's house, which was home to his assistants, is currently used by the board of trustees, who are considering turning it into a museum to commemorate the legacy of Musa Alami.

Alami's model farm is a rather controversial scheme. Many scholars perceive the project as a national alternative to the work of UNRWA in Palestine. They attack the notion of refugee resettlement, as has been the case early on, failing to recall Alami's original plan. Despite the controversy, this is an experiment that is worth revisiting today as a model that was once thriving as a Palestinian-led initiative to root people in their homelands. Alami's approach was grass-roots oriented: the people built the houses; he provided a productive and educational infrastructure. The scheme, with its program and infrastructure, was resilient; it was constantly modified to accommodate and assimilate new dynamics. A democratic community was underway whose student council would meet with him on a weekly basis to make decisions.[38] Alami had more of a utopian socialist vision for the establishment. He didn't house the refugees for the purpose of resettlement and remove their status as refugees. He had hoped to create a sustainable model, unlike the projects of UNRWA that were designed in the Jordan valley region specifically for the resettlement of refugees. After the riots of 1955 a large number of families had fled to Jordan fearing resettlement, and those who remained were mainly orphans. The property is registered in the name of the Foundation. Despite all the efforts by different governments to take over, the foundation remains a public asset. The legacy of Musa Alami still stands—against all the odds it remains "Al Mashrou'," which was perceived as a national and local alternative mode of production.

The project had a modernist nationalistic approach to development that cannot be labelled as alternative. Thus, Alami's intention to create an infrastructure of production as an alternative pedagogical utopia of cultivation and care for the inhabitants might be considered the project's heritage. Tamari also adds an important frame to the architectural perspective: he informs us that the Jordan valley of that time was a place of architectural experimentation for urgent housing for Palestinian communities during the 1940s–1950s. For example, Egyptian architect Hassan Fathy built a refugee housing project near Jericho in the west bank of the valley at that time. Alami's farm is a modernist utopia both in the sense of architectural heritage and of an alternative experimental school based on the cultivation of agricultural land that is under threat of colonization.

7.3– Satellite view of ADS farm and surroundings, Jericho.
7.4– Master plan of the farm indicating the existing buildings in black; the red indicates the approximate location of the mud buildings that were demolished in the 1950s.

٧- مشهد من الأقمار الاصطناعية لمزرعة جمعية المشروع الإنشائي العربي ومحيطها، ريحا.
٧- مخطط عام للمزرعة تظهر فيه باللون لأسود المباني الموجودة؛ أما اللون الأحمر فيشير إلى المواقع التقريبية لمباني الطين التي زيلت في أعوام الخمسينيات.

37 Ibid., 112.
38 Bootstrap, Arab Development Society Collection 1953.

Illustrations drawn by research assistants Ziad Abdelhalim and Hala Saif.
سومات للباحثين المساعدين زياد عبد الحليم لا سيف.

AL MASHROU'
JERICHO, PALESTINE
1949–1967

ARCHITECT / INITIATOR:
MUSA ALAMI / ARAB
DEVELOPMENT SOCIETY

المعماري \ المبادر:
موسى العلمي \ جمعيّة المشروع
الإنشائي العربي

المشروع
أريحا، فلسطين، ١٩٤٩ – ١٩٦٧

7.3

7.4

110   210

DESIGNING MODERNITY   ARCHITECTURE IN THE ARAB
WORLD 1945–1973   العمارة في العالم العربي
١٩٧٣ – ١٩٤٥   صوغ الحداثة   18

7.5

JERICHO, PALESTINE
1949–1967

ARCHITECT / INITIATOR:
MUSA ALAMI / ARAB
DEVELOPMENT SOCIETY

المعماري \ المبادر:
موسى العلمي \ جمعيّة المشروع
الإنشائي العربي

المشروع
أريحا، فلسطين، ١٩٤٩ - ١٩٦٧

5– Screenshots from a video edited by Suzanne Bosch in 2018.
6– The new type of society Alami was aspiring to develop on the farm, where community wide cooperative effort is now the controlling influence.

٧,٥- لقطات ثابتة من مقاطع فيديو صورته
سوزان بوش سنة ٢٠١٨.
٧,٦- هدف العلمي إلى إرساء جمعية من
النمط الجديد في مزرعته، حيث يكون للجهو
المشتركة التي يقوم بها القاطنون في المزرعة
التأثير الأكبر على القرارات العامة.

7.6

7.7

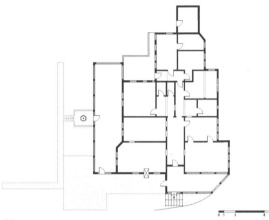

7.10

7.8

7.11

7.9

83

AL MASHROU'
JERICHO, PALESTINE
1949–1967

ARCHITECT / INITIATOR:
MUSA ALAMI / ARAB
DEVELOPMENT SOCIETY

المشروع اللامطلق:
موسى العلمي \ جمعيّة المشروع
الإنشائي العربي

المشروع
أريحا، فلسطين، ١٩٤٩ - ١٩٦٧

7– General view of Musa Alami's house on the farm.
8– Musa Alami's house rear view.
9– Musa Alami's house—view from balcony towards a fountain in the surrounding garden.
10– Musa Alami's house plan.
11– Musa Alami's interior view of the fireplace in the main living hall.
12– Wood and metal workshop building on the farm, main entrance—north elevation.
13– Wood and metal workshop building west elevation.
14– Wood and metal workshop plan.
15– Interior shot of the wood and metal workshop interior spaces, showing the roof structure.

٧،٧– مشهد عام لمنزل موسى العلمي في المزرعة.
٧،٨– لقطة تظهر الجهة الخلفيّة لمنزل موسى العلمي.
٧،٩– منزل موسى العلمي – لقطة من الشرفة تظهر نافورة مياه في الحديقة التي تحيط بالبيت.
٧،١٠– مخطط منزل موسى العلمي.
٧،١١– المدفأة في غرفة الجلوس الرئيسة بمنزل موسى العلمي.
٧،١٢– مبنى مشغل النجارة والحدادة في المزرعة، المدخل الرئيس – الواجهة الشرقية.
٧،١٣– الواجهة الغربية لمبنى مشغل النجارة والحدادة.
٧،١٤– مسطّح مشغل النجارة والحدادة.
٧،١٥– لقطة للمساحات الداخلية من مشغل النجارة والحدادة تظهر هيكل السطح.

7.12

7.13

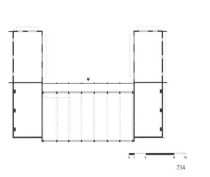

7.14

7.15

7.16

7.17

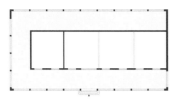

7.18

JERICHO, PALESTINE
1949–1967

ARCHITECT / INITIATOR:
MUSA ALAMI / ARAB
DEVELOPMENT SOCIETY

المعماري \ المبادر:
موسى العلمي \ جمعيّة المشروع
الإنشائي العربي

المشروع
أريحا، فلسطين، ١٩٤٩ - ١٩٦٧

.16– Training center/school.
.17– Training center/school arcade around the main spaces overlooking Musa Alami's house and the playground.
18– Training center/school plan.
19– Dormitories unit plan.
20– The radial dormitories are all connected by a continuous covered walkway.

٧,١٦- مركز/مدرسة التدريب.
٧,١٧- رواق مركز/مدرسة التدريب حول المساحات الرئيسة المطلّة على منزل موسى العلمي وعلى الملعب.
٧,١٨- خريطة مسطّح مركز/مدرسة التدريب.
٧,١٩- مخطط مبنى مهاجع الطلاب.
٧,٢٠- المهاجع الشعاعيّة جميعها متّصلة برواق مترابط ومسقوف.

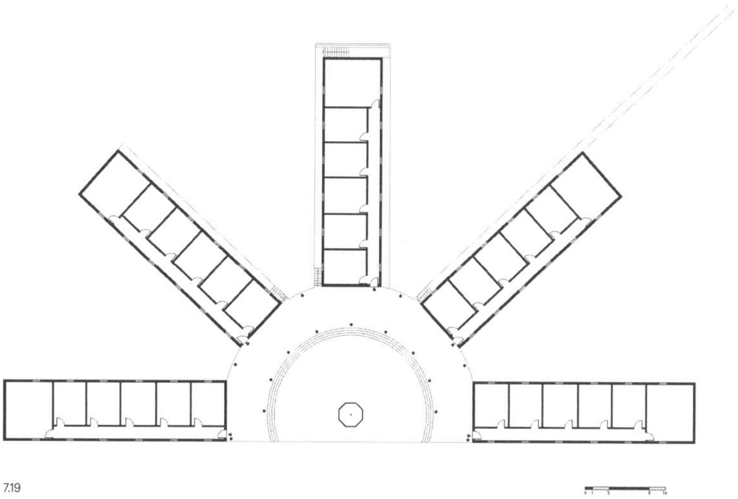

7.19

7.20.1

7.20.2

DESIGNING MODERNITY

ARCHITECTURE IN THE ARAB
WORLD 1945–1973

العمارة في العالم العربي
١٩٧٣ – ١٩٤٥

صوغ الحداثة

18

7.21

7.22

AL MASHROU'
JERICHO, PALESTINE
1949–1967

ARCHITECT / INITIATOR:
MUSA ALAMI / ARAB
DEVELOPMENT SOCIETY

المعماري \ المبادر:
موسى العلمي \ جمعيّة المشروع
الإنشائي العربي

المشروع
أريحا. فلسطين. ١٩٤٩ – ١٩٦٧

.21– Workshop buildings.
.22– Workshop buildings and
cafeteria area.
.23– Banana tree.

٧،٢١– أبنية المشاغل والورش.
٧،٢٢– ناحية مباني المشاغل والكافيتيريا.
٧،٢٣– شجرة موز.

7.23

على أن موسى العلمي في أواخر عقد الستينيات عاد وواجه عقبات إضافية. إذ قامت شركة "أرامكو" آنذاك بوقف شراء منتجات "جمعية المشروع"، وتحوّلت فجأة للشراء من مصادر أرخص؛ كذلك رفضت الـ "آي سي إي" طلبات الجمعية لشراء حافلات نقل مُبرّدة، وطائرات شحن؛ كما رفضت الطلبات المشابهة المُقدمة إلى البنك الدولي.[٣٦] ولذلك قام العلمي بالاعتماد حصراً على تمويل من "مؤسسة فورد" والملك حسين، ملك الأردن. كانت مرحلة صعبة ودقيقة بالنسبة له. إذ إن طموحاته لتحديث التكنولوجيا والتدريب المهني، تبخرت حين راح يواجه التشكيك من قبل الخبراء الدوليين، وتحدّيات العائق اللغوي، إضافة إلى محدودية الخبرات اليدوية المحلية التي لم تستطع آنذاك بلوغ معايير الحداثة الأساسية والأولية، خارج نطاق مزرعته.[٣٧]

"جمعية المشروع" من منظار جديد

مزرعة العلمي في الوقت الراهن تعمل في إنتاج الحليب والألبان والأجبان. كذلك أضيفت إليها، في الآونة الأخيرة، مزرعة أسماك. ويستأجر الناس فيها قطع أرض للزراعة. وقد جرى ترميم وتأهيل مدرستها، وتُنتظر إعادة افتتاحها لتكون مركزاً للتدريب (الزراعي المهني). وما زال مبنى اللوجستيات/ أرامكو يستخدم مقراً إدارياً. بيد أن العديد من الأبنية الأولى، التي بنيت بالطين والطوب الطيني، دُمّر خلال حرب ١٩٦٧. أما مباني النمط الحديث التي أنشئت في الخمسينيات (والتي تُعدّ إرثاً معمارياً حداثياً مهماً) مثل مساكن المعلمين والعمال، والكافيتيريا، ومباني المشاغل والمحترفات، ومبنى المدخل والاستقبال (الذي يستخدم راهناً كمكان للمعارض والاجتماعات)، وبركة السباحة مربعة الشكل التي لا ماء فيها، فإنها منشآت ما زالت بمعظمها موجودة. مبنى منزل العلمي الذي كان يستخدم مسكناً لمعاونيه، بات يستخدم راهناً من قبل مجلس أمناء (الجمعية) الذين يفكرون بتحويله إلى متحف لحفظ إرث موسى العلمي والإضاءة على تجربته.

لكن الحق يقال، فإن مزرعة العلمي النموذجية تمثل مشروعاً مثيراً للجدل. إذ إن العديد من الباحثين يرون مشروعه ذاك بديلاً وطنياً (فلسطينياً) لعمل المنظمة الدولية لغوث اللاجئين (الأونروا) في فلسطين. إلا أن أولئك الباحثين يهاجمون بشدة فكرة توطين اللاجئين، الفكرة التي تضمنها المشروع منذ مراحله الأولى، بيد أنهم يفشلون في التدقيق بخطة العلمي الأساسية. وعلى الرغم من السجال المثار حول المشروع، فإن تجربته تستحق المراجعة راهناً، باعتبارها نموذجاً لمبادرة كانت مزدهرة ذات يوم، وقد قادها فلسطينيون بغية تجذير شعبهم في أرض وطنه. وتميزت مقاربة العلمي في ذاك الإطار بتوجهها إلى القواعد الشعبية. فالناس، بحسبه، هم من يبنون بيوتهم. أما مساهمته لهم، فتتمثل بتأمين البنى التحتية، التعليمية والإنتاجية. والمشروع ببرنامجه وخفائضه (بناه التحتية) تميّز بالمرونة، والقدرة على التحمّل والصمود؛ فهو على الدوام شهد التعديل كي يراعي الديناميات الجديدة ويتكيف معها. كذلك، فقد مثل حالة ديموقراطية في طور التشكّل، إذ كان مجلس طلاب "الجمعية" يجتمع مع العلمي أسبوعياً للتشاور واتخاذ القرارات.[٣٨] فما كان في بال الرجل ليس أقل من رؤية مجتمعية مثالية يودّ تكريسها. وهو لم يستقبل اللاجئين بهدف توطينهم، وإلغاء صفتهم ووضعيتهم كلاجئين. بل كان يأمل في خلق نموذج مستدام، أي مُنتج وقادر على الحياة باستقلالية، على عكس مشاريع "الأونروا" في وادي الأردن، تلك المشاريع التي صُممت تحديداً لتوطين اللاجئين.

وبعد الشغب والتخريب سنة ١٩٥٥ قام عدد كبير من العائلات بالنزوح إلى الأردن مخافة التوطين، ومن بقي منهم في "المشروع" كان جلّهم من الأيتام. أما مُلكيّة الأرض فهي مسجلة باسم "الجمعية". وعلى الرغم من جميع المحاولات التي بذلتها حكومات مختلفة لانتزاع هذه المُلكية، فإن "الجمعية" تبقى مُلكاً عاماً. وبهذا يظل إرث موسى العلمي ماثلاً وموجوداً – وعلى عكس كل التوقعات يبقى "المشروع" ثابتاً، هو الذي أراده مطلقه أن يكون نموذجاً إنتاجياً محليّاً ووطنيّاً بديلاً.

و"المشروع" تميّز بمقاربة وطنية حداثية للتنمية والتطوير، ولا يمكن اختصار مقاربته بأنها مقاربة بديلة وحسب. لذا فإن سعي العلمي لخلق بنى تحتية إنتاجية تكون بمثابة يوتوبيا تعليمية بديلة تُنشأ لرعاية المقيمين في مشروعه، هو السعي الذي يمكن اعتباره إرثاً للمشروع وتلك التجربة. ويضيف سليم تماري في هذا السياق إطاراً مهماً للمنظور المعماري: فهو يفيدنا بأن وادي الأردن، في ذلك الوقت، غدا مجالاً للتجارب المعمارية بهدف بناء مساكن طارئة لشرائح واسعة من المجتمع الفلسطيني في الأربعينيات والخمسينيات. إذ إن المعماري المصري حسن فتحي، مثلاً، قام بتنفيذ مشروع إسكاني للاجئين قرب أريحا في الضفة الغربية من وادي الأردن. ومزرعة العلمي في الإطار ذاته، تمثل يوتوبيا حداثية بمعنيين اثنين على حد سواء: معنى الإرث المعماري من جهة، ومعنى المدرسة التجريبية البديلة، القائمة فكرتها على العناية بالأرض الزراعية المهددة بالاستعمار، من جهة ثانية.

36 Citino, "City of the Future," 111.

٣٧ نفس المصدر السابق،١١٢.

٣٨ تمهيد، مجموعة محفوظات "جمعية المشروع الإنشائي العربي" ١٩٥٣.

المشروع
أريحا، فلسطين، ١٩٤٩ – ١٩٦٧

المعماري \ المبادر:
موسى العلمي \ جمعيّة المشروع
الإنشائي العربي

ARCHITECT / INITIATOR:
MUSA ALAMI / ARAB
DEVELOPMENT SOCIETY

AL MASHROU'
JERICHO, PALESTINE
1949–1967

89

إحدى المسائل الأكثر إلحاحاً بالنسبة لجمعية المشروع الإنشائي العربي آنذاك، تمثلت بوجود آلاف القاصرين والأحداث بين اللاجئين. وكان معظم أولئك معدمين، والعديد منهم أيتاماً خسروا كل شروط الحياة الطبيعية والمستقرة. لذا عملت "جمعية المشروع" على دعم وتعزيز إنتاجية المزارعين والفلاحين ذوي المهارات والخبرات الحديثة، وأولئك المرشحين للتعلّم وإكمال دراستهم، والحرفيين والعمال المهرة، وكل الأشخاص الذين بوسعهم ملء الفراغ الراهن الذي تسببت به فصول "النكبة" المأسوية. وقد علّق العلمي في السياق آمالاً على أولئك الرجال ذوي المعارف المتنوعة، الذين يمكنهم استخدام أيديهم وعقولهم على أمثل وجه. إذ إنه لم يتطلّع إلى إنشاء جيل شبانٍ بمهن إدارية يسعون إلى وظائف مكتبية.[٢٨]

على الرغم من المعارضة والصعوبات التي واجهها المشروع، أصرّ العلمي على المضيّ به. وكان المشروع لاقى معارضة في أوساط عديدة لسببين رئيسيين. فمن جهة عبّر خبراء بريطانيون و"الوكالة الدولية لغوث اللاجئين الفلسطينيين" (الأونروا) عن مخاوف تتعلق باحتمال عدم التمكن من استخلاص الأراضي المطلوبة. أمّا الاعتراض الثاني، من الجهة الأخرى، فجاء، في الدرجة الأولى، من مفتي القدس (الحاج أمين الحسيني) وجامعة الدول العربية، بناء على مخاوف تتعلق بإعادة توطين اللاجئين و"خسارة الحقوق". بيد أنه في مطلع الخمسينيات، قام الملك عبد الله، ملك الأردن، بزيارة المشروع، وأبلغ العلمي أنه كان تلقى معلومات خاطئة عن مشروعه، وأنه الآن، بعد زيارته، مستعد لدعمه دعماً كاملاً.

وبهذا، بدأ الناس يتوافدون من كل مكان لمعاينة معجزة العلمي في تلك المساحات الجردية القاحلة في منطقة وادي الأردن. كما أن العديد من المسؤولين البريطانيين والأميركيين دعموا مبادرة العلمي، وشجعوه على الاستمرار.[٢٩]

التدمير وإعادة الإعمار والنكسة[٣٠]

في خضم أعمال الشغب التي اندلعت سنة ١٩٥٥ اعتراضاً على الشراكة المقترحة مع المملكة الأردنية الهاشمية المنضوية في "حلف بغداد"، جرى تدمير "مزرعة العلمي". إذ شكلت الأخيرة هدفاً لأعمال شغب وعنف غوغائي عمّت المملكة الأردنية. وقد توجه آلاف اللاجئين والمتظاهرين إلى موقع جمعية المشروع الإنشائي العربي وأضرموا النار في معظم مبانيها، ترافقاً مع إطلاقهم هتافات معادية لأميركا. كما أخرج المتظاهرون جميع الكتب والوثائق والملفات من مكتب العلمي.[٣١] وامتدت تلك الأجواء الثورية وانتشرت في مناطق الضفة الغربية، مثيرةً الاضطراب والقلق في أوساط اللاجئين الأوائل الذين أقاموا في موقع ومباني "جمعية المشروع". وقد حمل هذا الأمر الأخيرين على المغادرة، مخافة التوطين الذي يفضي في النهاية إلى خسارتهم حق العودة، الهمّ الذي غدا عقبة في وجه حلم موسى العلمي التحديثي ومسعاه لاكتساب الشرعية. وإثر الهجمة التي تعرضت لها "الجمعية" والاضطراب السياسي السائد في المنطقة، اضطر العلمي مرة أخرى إلى السعي للحصول على تمويل ومساعدة من متبرعين ومحسنين غربيين كانوا يقدّرونه ويثقون به. إلا أن مصادر التمويل "الغربية" تلك قوّضت موقف العلمي وموقعه كفلسطيني قومي عربي.[٣٢]

في المقابل تابعت "مؤسسة فورد" دعمها للعلمي وساعدت في إعادة إعمار المزرعة المتضررة. وجرى في العام ١٩٥٩ بناء مهاجع طلابية جديدة بتمويل من الـ "الآي سي إي". وبدا مبنى المهاجع المنظوري، المؤلف من مستطيلات خمسة منتظمة على نحو شعاعي، بسيطاً وجليّ الأسطح والواجهات . وقد تواءم مع المبنى والصرح الرئيس في موقع "الجمعية"، المكسوّ بالحجر الصخري. كما أقيم ملعب رياضي بين المبنيين. وجاء ذاك النسق الحداثي ليعكس الحياة الروتينية للطلاب، الصارمة إلى حدّ ما.

وفي الفترة عينها، جاء تأسيس حركة فتح[٣٣] سنة ١٩٥٩ ليخلق نموذجاً أكثر راديكالية للرجولة (الفلسطينيّة)؛ أيّ "الفدائي"، أو المقاتل، الذي سرعان ما انبثق من مخيمات اللاجئين.[٣٤] و"في زيهم العسكري وكوفياتهم الفلسطينية – التي حلّت مكان البذلات الرسمية والطرابيش الحمراء – قام قادة حركة فتح بقلب الصورة التي يُقدّم فيها الفلسطينيون رأساً على عقب. فولدت على الأثر وتصدرت صورة جديدة لجيل فلسطينيّ جديد. وتحدّر القادة الثوريون الجُدد من طبقات وأوساط اجتماعية وأديان وخلفيات مناطقية مختلفة. كما كان لافتاً على نحو خاص، تحدّر كثيرين من أولئك القادة من الطبقة الوسطى الدنيا والأرياف، أو من مخيمات اللاجئين". وهكذا، تبلورت صورة جديدة للذكورة الفلسطينية، مفترقة تماماً عن النموذج الذي قدمته جمعية المشروع الإنشائي العربي وأجواؤها الروتينية التربوية المعتادة، حيث المساكن المنتظمة، وملاعب الرياضة، ومباني الصفوف المدرسية، وغيرها من أمور ومظاهر. ثم جاءت بعد ذلك سنة ١٩٦٧ لتمثل عاماً مأسوياً آخر لـ"الجمعية". إذ قام الإسرائيليون باحتلال "المشروع" في شهر تموز (يوليو) بينما كان العلمي مسافراً في أوروبا لشراء تجهيزات جديدة. على أن التدمير جاء كارثياً هذه المرة؛ فجميع الآبار ما عدا واحد، دُمّرت. واجتاحت الدبابات الإسرائيلية موقع الجمعية، ساحقة الحقول والمزروعات والمواشي، ومقوّضةً المباني ومنشآت المزرعة. بدت الأضرار بالغة، وفي البداية لم يمنح الإسرائيليون العلمي إذناً للعودة. ثم سمح له فيما بعد بالإقامة في القدس الشرقية. ومن هناك سعى العلمي مرة أخرى للحصول على مساعدات من جمعيات خيرية أسسها أصدقاء له في بريطانيا والولايات المتحدة، وطبعاً من "مؤسسة فورد". ووفق ديفيد غيلمور، الذي أجرى مقابلة مع العلمي في شهر شباط (فبراير) سنة ١٩٧٩ في أريحا، فإن الحال بدت على هذا النحو:

> حظيت كل من المزرعة والمدرسة بنجاح كبير إلى أن حصل الاجتياح الإسرائيلي سنة ١٩٦٧، إذ جرى تقويض ثلثي مساحة الأرض وتدمير ست وعشرين بئراً من أصل سبع وعشرين. وقام الجيش الإسرائيلي على نحو ممنهج بسحق شبكة الري والأبنية وآلات وتجهيزات حفر الآبار. وسرعان ما عادت مساحة الأرض بمعظمها إلى أرض صحراوية [...]. وكما كان متوقعاً، جرى تطويق قطعة من الأرض بالأسلاك "لأسباب أمنية"، وحُولت إلى مخيم عسكري. تلك الأرض الآن خالية مهجورة... فالإسرائيليون رفضوا السماح له بشراء التجهيزات الضرورية أو حتى بإصلاح الآبار المدمرة أو حفر آبار جديدة. لذا قام بإجراء بعض التصليحات اليدوية لأربع آبار كانت أقل تضرراً من غيرها، وبها تمكّن من إنقاذ جزء من الأرض وإبقاء نشاط المزرعة والمدرسة قائماً. [...] [الإسرائيليون] الآن يقولون له إن لديه الكثير من الماء، على الرغم من أن المياه المتوفرة في الوقت الراهن تمثل خُمس ما كان متوفراً في السابق – كما أخطروه بأنهم سيضعون حداً أقصى لمقدار ما يحق له استهلاكه من مياه، وأنهم سيأخذون الفائض إلى "مشاريع" لهم (أي إلى توسعاتهم الاستيطانية قرب أريحا).[٣٥]

٢٨ "جمعية المشروع الإنشائي العربي"، الكتاب، ١٩٥٣، الأرشيف الرقمي في "المتحف الفلسطيني".

٢٩ "أنا متأثر على نحو خاص بحقيقة إطلاق جمعية المشروع الإنشائي العربي، هذا المشروع بمبادرة خاصة منها، وبالمضي به اعتماداً على مصادرها الخاصة، حيث أظهرت بالفعل والمثالية ما تتضمنه المشاريع التي تعتمد على الذات من احتمالات عظيمة، ليس فقط من ناحية إيواء اللاجئين، بل أيضاً من خلال توجيه المسار نحو تحسين الحياة الريفية عموماً في منطقة الشرق الأدنى" جورج سي. ماكغي متوجهاً لموسى العلمي، ٥ تموز (يوليو)، ١٩٥١.

٣٠ نكسة وهزيمة جيوش الدول العربية والفلسطينيين الذين خسروا كل ما تبقى من وطنهم لصالح الاحتلال الإسرائيلي.

31 Kennett Love, "School in Jordan, Rising from Ruin," *New York Times*, June 23, 1956, 4.

32 Citino, "City of the Future," 110.

٣٣ حركة التحرير الفلسطيني.

34 Dina Matar, *What it Means to be Palestinians: Stories of Palestinian Peoplehood*, New York: Cambridge University Press, 2011, 89.

35 David Gilmour, *Dispossessed: The Ordeal of the Palestinians 1917–1980*, London: Sidgwick & Jackson, 1982, 128–129.

واستفادت مشاريع العلمي من هيئات دعم عديدة مثل "مؤسسة فورد"، كما ذكرنا، و"أرامكو"،[١٧] و"آي سي إي" (دائرة التعاون الدولي في وزارة الخارجية الأميركية)، ومنظمة "اتحاد إنقاذ الأطفال" السويدية (في السبعينيّات والثمانينيّات). وأنشئت المباني الرئيسةفي المزرعة بالخمسينيّات والستينيّات. إذ في سياق "استراتيجية عامة، عملت الهيئات الداعمة في الشرق الأوسط على الاستثمار في مشاريع الإعمار والتخطيط الحضري. وقد قامت كل من "مؤسسة فورد" و(منظمة) الأمم المتحدة، "باعتبارهما هيئتي دعم إنسانيتين"، بالعمل تحت وصاية مجالس خبراء استشارية، كما استفادتا من خدمات استشارية في الهندسة الاجتماعية قدمها معماريون/مصمّمون أمثال دوكسياديس وفولير.[١٨] ومن جهتها في هذا الإطار، تصف المُنظّرة المعمارية فيليسيتي سكوت، العمارة كأداة سياسية تكنولوجية (تكنوسياسية)، فتقول: "تنظّم العمارة التنشئة الاجتماعية وإنتاجية مواطني البلاد". وقد أدّى تعاظم حجم المسائل البيئية في مضمار العمارة الدولي بالنسبة للمؤسسات ذات التوجه الرأسمالي العالمي، مثل "مؤسسة فورد" ومنظمة الأمم المتحدة، إلى تشريع علاقات تلك المؤسسات في مناطق النفوذ.[١٩]

تصورات لجمعية المشروع الإنشائي العربي وسط حركة التحديث في المنطقة العربية

شهد مطلع القرن العشرين موجة من التحديث، وقد تضمّنت جهوداً لمكننة الزراعة وتحديث الريف وإنمائه. وقاد تلك الجهود بالدرجة الأولى مُحسنون أفراد وشركات، إضافة إلى الدولة. وتأثرت موجات التحديث في العالم العربي تأثراً شديداً بتجارب السفر والرحلات التي قام بها أفراد من النخبة العربية، أو من المسؤولين الرسميين، الذين كانوا يزورون مناطق أخرى من العالم الثالث، إضافة إلى الولايات المتحدة الأميركية والاتحاد السوفياتي، بغية بلورة أفكار عن التحديث والحداثة والصِيغ المجتمعية النموذجية.[٢٠]

وكانت الظروف مهيّأة ومؤاتية للتطور الزراعي في فلسطين، خصوصاً إذا ما نظرنا إلى الطبيعة الزراعية للمنطقة ككل. وأعطت سلطات الانتداب البريطاني أولوية للزراعة وفضّلتها على قطاعات صناعيّة محلية أخرى. وكان ثمة تصور لتحديث أساليب الزراعة والإنتاج الزراعي وتحسينها، كون الاقتصاد اعتمد بدرجة كبيرة على الزراعة.[٢١] وفي هذا الإطار قام مُحسنٌ يهودي عراقي بالتبرع بالمال للحكومة البريطانية للاستثمار إمّا في فلسطين أو في العراق، كما أُسست مدرسة الخضوري الزراعية في طولكرم سنة ١٩٣٠، وأنشئت مدرسة أخرى في الجليل الأسفل للسكان اليهود.

مع تصاعد موجات الهجرة اليهودية إلى فلسطين إبان الحكم العثماني في مطلع العشرينيات، والتي تبعتها مظاهر انتزاع مُلكية تعرضت لها البلدات والمدن الفلسطينية، جرى تأسيس العديد من التعاونيات الزراعية والبلدات النموذجية. وكان سكان تلك البلدات الزراعية – المعروفة بال"كيبوتس" – شديدي التأثر بتيارات الأفكار الثورية في أوروبا الشرقية آنذاك، ومنضوين في حركات اشتراكية. وساهم الشعب اليهودي في كل أنحاء العالم بالتبرع بالمال لشراء الأراضي في فلسطين، وتلك أموال استخدمتها منظمات يهودية عديدة كانت مسؤولة عن بناء المستوطنات. وقد استمر إنشاء المستوطنات تزامناً من موجات الهجرة الإضافية في العشرينيات والثلاثينيات والأربعينيات، بهدف خلق صيغ عيش مجتمعيّة محليّة، ومعالجة شحّ الدخل والوظائف عند القادمين، على ما ابتغته أنشطة العمل الزراعي في ال"كيبوتس".[٢٢]

ويمكن القول إن أفكار العلمي في تعميق التعلّق بالوطن، انبثقت من انتباهه إلى سياسات شراء الأراضي في فلسطين، وهي السياسات التي موّلها "صندوق الدعم الوطني اليهودي" وغيره من المنظمات حول العالم. وقد طمح العلمي لأن تكون جمعية المشروع الإنشائي العربي بديلة للبنك العثماني الزراعي. وفي السياق، تمثلت أهدافه الأولى بحماية الأراضي العربية في فلسطين، وضمانة مصالح الفلسطينيين في الأرياف، ورفع مستوى العيش لأبناء القرى – "الفلاحين" – في النواحي الاقتصادية والثقافية والاجتماعية. وبدلاً من القيام بشراء الأراضي، الأمر الذي رأى العلمي أنّه لم يحلّ المشكلة، ابتكر فكرة "جمعية المشروع" كي تتولى حماية الأراضي عبر دعم "الفلاحين"، وبناء قدراتهم لمكافحة الفقر، وتحديث المجتمعات الريفية من خلال تأمين البنى التحتية الضرورية التي تضمن تجذّر القرويين وبقائهم في أرضهم.[٢٣] ودعت "الجمعية" إلى مشاركة المجتمعات والمجالس المحلية في تطبيق هذا المشروع بغية تعزيز الديموقراطية، وبناء القدرات لكي يتسنى للقرويين قيادة شؤون حياتهم والاعتماد على أنفسهم، في الوقت المناسب.

وقدّم العلمي أفكاره في سنة ١٩٤٤ لجامعة الدول العربية خلال مؤتمرها التحضيري.[٢٤] وقد اقترح توحيد أموال الدعم العربي، ووضعها تحت إشراف "جمعية المشروع" لمكافحة الفقر في أوساط المجتمعات الريفية، ومواجهة عمليات شراء الأراضي الواسعة التي يقوم بها اليهود بدعم من "الصندوق الوطني اليهودي". وصادقت جامعة الدول العربية من جهتها على "جمعية المشروع"، إلّا أن آمال العلمي خابت، كون المصادقة لم تشمل القرار الصادر والقاضي بتمويل ودعم "جمعية المشروع". كما أنه، من بين الدول العربية السبع، لم يلتزم سوى العراق بالمساهمة لمدة سنتين في تمويل الجمعية المذكورة. وإثر مستوى الدعم المخيب هذا، غادر العلمي وفي باله مشروع لتطوير قرى نموذجية في منطقة السهول الشمالية (للضفة الغربية من وادي الأردن)، حيث اشترت جمعية المشروع الإنشائي العربي مساحة من الأرض، وهي الأرض التي صودرت فيما بعد من قبل الإسرائيليين.

بعد سنة ١٩٤٨، أُجبر العلمي على إعادة صوغ جمعية المشروع الإنشائي العربي كجمعية إغاثة للاجئين، وبذلك لم يعد "المشروع" معنياً بالتحديد في رفع مستويات العيش في الأرياف، لأن الأمور في فلسطين انقلبت على نحو بالغ المأسوية. إذ وجدت جمعية المشروع الإنشائي العربي نفسها أمام مأساة إنسانية لشعب كامل، من جميع الجوانب. وقد أدرك العلمي تمام الإدراك أنه لن يحظى بتعويض عما خسره،[٢٥] هذا من دون ذكر المليون شخص من شعبه الذين باتوا الآن لاجئين، وسيبقون في المنافي على ما يبدو، إلى أجل غير مسمى. هكذا، ومع عودته من بيروت واليأس يملأ قلبه، راحت هذه الكلمات تتردد في أذنه: "على اللاجئين أن لا يفكروا بعد الآن بالعودة إلى ديارهم، بل بالشروع في حياة جديدة في مكان آخر". إنها كلمات مسؤول بريطاني أجاب بها عن سؤال كان يطرحه الجميع: "متى يمكننا العودة إلى ديارنا؟".[٢٦] وقد بات العلمي، أكثر من أي وقت مضى، مقتنعاً بوجوب استخدام كل طاقته وذكائه، وما تبقى لديه من مال لرفع الضيم عن اللاجئين وتخفيف مأساتهم والكارثة التي حلّت بحياتهم. في هذا الإطار، ومن أجل بناء القرية النموذجية، طلب العلمي من حكومة "عبر الأردن" الإذن لاستخدام الأراضي التي تملكها الدولة، أي المساحات التي تعرف بـ"الموات"، الواقعة إلى الغرب من نهر الأردن.[٢٧]

١٧ شركة النفط العربية الأميركية. كانت هذه الشركة تنشط وتوظف شريحة كبيرة من المغتربين، وكانت حاجتها ضاغطة للإنتاج الجديد. كذلك سعت الشركة المذكورة للاستفادة من كل المصادر الممكنة في منطقة الهلال الخصيب. وقد وصلت أخيراً إلى أريحا، لأن أحد كبار مسؤوليها، الكولونيل بيل إيدي، كان التقى موسى العلمي في الولايات المتحدة وأعجب به. وقد رأت الشركة أن مستوى الإنتاج (هنا في أريحا) فاق المستويات المسجلة في أمكنة أخرى. فورلونغ ١٩٦٩: ١٨٥. Furlonge, *Palestine is My Country*, 185.

18 Nikos Katsikis, “Two Approaches To ‘World Management’: C. A. Doxiadis and R. B. Fuller,” in *Implosions/Explosions: Towards A Study of Planetary Urbanization*, ed. Neil Brenner, Berlin: Jovis, 2014, 481–504.

19 Felicity Scott, *Outlaw Territories: Environments of Insecurity: Architectures of Counterinsurgency*, New York: Zone Books, 2016, 18–19.

20 Citino, “City of the Future,” 16.

٢١ دراسة استبيانية عن فلسطين، المجلد ١، أعدت في سياق تقديم المعلومات للجنة التحقيق البريطانية-الأميركية، ١٩٤٥-١٩٤٦: ٣١٥.

22 FAO Regional Office for Europe and Central Asia, Policy Studies on Rural Transition no. 2013–5, Agricultural cooperatives in Israel, Gadi Rosenthal Hadas Eiges, 2013.

٢٣ بحسب رواية العلمي، فإن هدف الجمعية تمثل بإحياء الصناعات المحلية، ورفع مستوى الإنتاج الزراعي والحيواني، وتسديد وتغطية ديون أبناء القرى، بغية إبقاء رأس المال في الأرياف بدلاً من أن يذهب إلى المدن. "جمعية المشروع الإنشائي العربي" ١٩٤٤-١٩٦٦، كتيب.

٢٤ "جمعية المشروع الإنشائي العربي" ١٩٤٤-١٩٦٦، كتيب.

٢٥ خسر العلمي ممتلكاته في بيسان ويافا والقدس بفعل الاحتلال الإسرائيلي.

26 Furlonge, *Palestine is My Country*, 162–3.

27 https://unispal.un.org/DPA/DPR/unispal.nsf/0/BC2D58282C5C5F46852563CC0056FAA7 (الدخول الأخير في ١٩ كانون الأول ٢٠٢١)

ومشتقاته، إضافة إلى التعليم الابتدائي. إذ إن العلمي آمن بالدور الذي تؤديه النساء في بناء عائلات أفضل: "أفراد الجيل الجديد من الفلاحين... عليهم الاقتران بزوجات متكافآت المستوى إن أرادوا الحفاظ على معاييرهم وتمهيد سبيل المستقبل للآخرين".[١٠] إلى ذلك، وبناءً على أفكاره الأولى المتعلقة بتحسين الحياة الريفية على نطاق واسع يتخطّى جمعية المشروع الإنشائي العربي، قبل العلمي هبة من "مؤسسة فورد" تبلغ ٥٠٠ ألف دولار أميركي لدعم القرى الواقعة على طول خط وقف إطلاق النار. إذّاك، صار "من الممكن أن تتلقى الفتيات التعليم في مكان إقامتهنّ".[١١]

ويمثل مركز/مدرسة التدريب، الذي أنشئ سنة ١٩٥٣ بتمويل من "مؤسسة فورد"، المبنى الوحيد (بين مباني "المشروع") الذي كُسيت واجهته بحجارة صخرية جميلة. ويحيط رواق مُقنطر بشرفة المدرسة، ويطوقُ مكعباً أبيض اللون بسيطاً يضم المكتبة، ومكاتب المعلمين، وغرف الصفوف، وقبواً استُخدم كصالة للرياضة وتبديل الملابس. وتبلغ مساحة الطابق الإجمالية في المبنى ٦٠٠ متر مربع، من ضمنها مساحة الشرفات. والحقيقة فإن ثقافة موسى العلمي الرفيعة، معطوفةً على الظاهرة العامّة المتمثلة بإكساء واجهات مبانٍ مدرسية كثيرة أُنشئت في الخمسينيات، بالحجر الصخري، تفسران سبب استخدام ذاك الحجر في المبنى المذكور. إذ على الرغم من ارتفاع ثمنه وعدم توفّره في أريحا أصلاً، إلا أنه يُعبّر عن مدى افتخار العلمي وزهوه بمبناه الرئيس ذاك، وبما يؤديه من وظائف.[١٢]

كما أن خياماً للاجئين نزلوا في المكان، استُخدمت أيضاً كمدارس. وشيّد أحد المباني الأولى التي قامت في الموقع باستخدام مواد تقليدية. وقد دُمر الكثير من المباني المذكورة إثر أعمال الشغب سنة ١٩٥٥ وحرب سنة ١٩٦٧ . ويُرجّح أن يكون مبنى مشاغِل الخشب والحديد قد أنشئ في أواخر الخمسينيات، وهو بالتالي يشكل مثالاً مهمّاً على مقاربات العلمي التجريبية. المعماري الذي صممه غير معروف، إلا أن المبنى يمثل قالباً إنشائياً متطوراً بزاوية قائمة (٩٠ درجة) مكوّنة من خرسانة مُدعّمة ومفتولة كي تشكّل السقف المائل للمشاغِل والمحترفات. ومن المرجح جداً أن يكون العلمي طلب النصح من مهندسين وخبراء زاروا "المشروع". وجرى تشييد الكافيتيريا والمطبخ في مطلع الخمسينيات ببُنية خرسانية ودعائم بسيطة، وقد استخدمت تلك البنية على نطاق واسع لتشييد منشآت أخرى، مثل المباني العامّة، وبيت العلمي، ومساكن المعلمين. وأنشئت مهاجع الطلبة سنة ١٩٥٩ بتمويل من الـ "آي سي إي" (دائرة التعاون الدولي في وزارة الخارجية الأميركية). وخصصت المهاجع للصبيان الأصغر عمراً (قُسّم الصبيان في فئتين عمريتين؛ والصبيان الأكبر عمراً أقاموا في المساكن). أمّا بيت موسى العلمي فيمكن تمييزه من خلال فتحات أبوابه والفواصل والتقسيمات التعديلية التي كانت تطرأ على الدوام في البناء استجابة للمتطلبات المستجدة. إلى هذا، فإن مباني المكاتب الإدارية، المعروفة أيضاً بـ"أرامكو"، استخدمت للوجستيات المزرعة. إذ كانت عمليات التعليب وتحضير مختلف المواد الغذائية المُنتَجة للتصدير تتمّ هناك، قبل شحنها إلى مدينة الظهران (في المملكة العربية السعودية) من خلال شركة "أرامكو".

المنشآت

من خلال كل شيء (في المشروع) كان التركيز دائماً ينصبّ على مستويات العيش الأفضل، مع المحافظة على أنساق الحياة الريفية العربية الموجودة. وعلى الرغم من التصميم المتطور للمنشآت، فقد بنيت الأخيرة بطوب طيني محلّي الصنع،[١٣] وسقوف من خيزران وطين.[١٤]

إذّاك، غدت تطلعات العلمي لبناء قرية نموذجية، قابلة للتحقيق. وراحت مبانٍ حديثة جديدة، سبق وخُطط لها، تظهر في تلك المساحة الجرداء، مشيَّدة بمواد تقليدية وموزّعة وفق نسق شبكيّ، ومحاطة بالحدائق، هذه الأخيرة التي اهتم بها صبية وفتيان كانوا جزءاً من تلك الجهود التعاونية الاجتماعية العريضة، والجديدة.

وتبدو المقاربة التجريبية التي تبناها موسى العلمي جليّة في طريقة إظهاره البرنامج بمخططاته المُعدّة للموقع. إذ إن البرنامج المذكور، بمنظوره الحداثيّ البنيوي عُبّر عنه من خلال المنظمة (أي الجمعية). فمخطط المشروع وضع من قبل العلمي كي يتبع نسقاً شبكيّاً، وقُسّم إلى قطاعين – قطاع المدرسة والمهاجع، وقطاع الوحدات السكنية. وحضرت فكرة المكان العام باستمرار في المشروع. وقد بدت واضحة سواء في الملعب شعاعي الشكل (نصف قطري) المحيط بمبنى المهاجع وبالمدرسة وبيت العلمي، أو ببركة السباحة التي أوجدت حلقة وصل في قلب الجهة الغربية للموقع. وتموضعت جميع منشآت البنى التحتية اللوجستية وتلك المخصصة للدواجن والمزرعة، في الجانب الآخر من موقع المباني السكنية والتعليمية، هذه الأخيرة التي امتدت نحو نهر الأردن. وزُودت المباني بشبكة مياه جارية، كما جرى تأسيس عيادة طبية، وافتُتحت محال لبيع السلع والمعدات، وبنيت بركة سباحة، وكافيتيريا ، ومحطة وقود، ومشاغل للنجارة (أعمال الخشب) والميكانيك والخياطة والكندرة (صناعة وتصليح الأحذية)، ومشغل لإنتاج الثلج، ومبنيين مدرسيين لاستيعاب ٨٠ ولداً صغيراً. وروّج العلمي لروح التعاون، والمناهج الديموقراطية في التنظيم، ولتحمّل المسؤولية الشخصية. وقام بتنظيم السكّان ضمن مجموعتين، صغيرة وكبيرة، وقد منح أولئك السكان حرية انتخاب قادة وممثلين عنهم لمناقشة احتياجاتهم وما يودّون تحقيقه، أو ما يودّون من "الجمعية" أن تفعله لهم. وإضافة إلى معرفة العلمي الموصوفة وسعة اطّلاعه، فقد وظّف الخبرات المحلّية للاجئين وحفّزها للاستفادة منها في أساليب البناء التقليدية، كي يتسنى لهم المشاركة الكاملة في بناء القرية النموذجية وإعلان ملكيتهم لها. إذ إن نموذجاً يوتوبياً لعيش مجتمعي كهذا، كان من شأنه، وفق رؤيته، أن يوفر للأيتام تعليماً جيداً وتدريباً مهنياً في مهارات وصناعات عديدة. وفي أواخر شهر كانون الأول (ديسمبر) ١٩٥٢، كانت القرية النموذجية التي حلم بها العلمي منذ ما قبل النكبة، في طور التحقّق. وقد تضمّنت البنى التحتية في القرية شبكات وأنظمة للصرف الصحي والكهرباء. كما شُيدت المباني بالطين التقليدي والخرسانة، وزُرعت الأرض بمحاصيل مختلفة، وعُبّدت الطرق، وتمّ حفر خمس وعشرين بئراً.

لكن مستويات التمويل المنخفضة والمخيّبة من الحكومات العربية، أجبرت موسى العلمي على السعي إلى مصادر تمويل أخرى. فقام بالتماس ذاك التمويل من الولايات المتحدة الأميركية، وبريطانيا، وشركات عربية، ووكالات دوليّة، ومحسنين أفراد. وقد افتتح ضمن هذا المسعى مكاتب تمثيلية في بريطانيا والولايات المتحدة والقدس، وراح يسافر باستمرار لجمع الأموال والتبرعات لجمعية المشروع الإنشائي العربي.[15] وفي سنة ١٩٥٣، قدمت "مؤسسة فورد" لـ"جمعية المشروع" منحة لثلاث سنوات، كي تقوم من خلالها بتحقيق تحسينات أساسية. وبفضل تلك المنحة "جرى استبدال الخيام البدويّة والأكواخ المهملة التي استخدمت كصفوف ومهاجع، بـ"أبنية أنيقة مشغولة بالحجر الصخري المحلّي الممتاز، والتي تبقى ماثلة إلى اليوم لتعبّر عن كرم [المؤسسة] (أي مؤسسة فورد)".[١٦]

10 Kennett Love, "Arab 'Moses' Teaches Orphans to Make Jordan Desert Bloom," *New York Times*, May 7, 1955, 3.

11 Citino, "City of the Future," 109.

١٢ واجدة التاجي، مقابلة افتراضية، ٢٥ نيسان (أبريل) ٢٠٢١.

١٣ في مقابلة مع ليلى شهيد ذكرت زيارتها للقاهرة مع حسن فتحي، الذي سبق وزار أريحا وتحديداً جمعية المشروع الإنشائي العربي. وقد أخبرها فتحي أن العلمي استشاره في مسألة البناء بتقنية الطوب الطيني المحلية.

14 Bootstrap, Arab Development Society Collection 1953.

١٥ واجدة التاجي، مقابلة افتراضية، ٢٥ نيسان (أبريل) ٢٠٢١.

16 Furlonge, *Palestine is My Country*, 185.

المزرعة بوصفها يوتوبيا تعليمية

بيلين تان وديمة ياسر

تُعدّ الرحلة بين أريحا وجسر ألنبي تجربة عامة مشتركة يخوضها الناس لاجتياز حاجز التفتيش وعبور الحدود من الضفة الغربية المحتلة إلى الأردن. إنها تجربة تعبّر إلى حدّ كبير عن معاناة المواطن الفلسطيني القابع تحت نير استيطان استعماري في تلك البقعة من الأرض. ويأتي تمدّد أريحا الجديدة من بُنيتها القديمة إلى بلدات تابعة سُوّقت وفق نمط نيوليبرالي، ليعيد تعريف هذه البقعة الجغرافية ذات العمارة التجريبية والمباني الحديثة. وثمة إلى جانب تلك الظاهرة العمرانية المستجدة التي تمثلها أريحا وما تضمّه من منشآت قائمة، مجموعة مبانٍ هادئة الإيحاءات تستحضر أسلوب عمارة حديثة مبكرة يصعب إغفاله، فتبدو هذه المباني عند الطرف الأيمن لطريق ألنبي وكأنها، تجمدت في كبسولة من الزمن مفارقةٍ للحاضر. إذ إن مزرعة موسى العلمي، التي ما زالت موضوعاً يُشغل الناس، كانت قد تأسست سنة ١٩٤٩ كمزرعة ومدرسة مهنية، وهي تبقى إلى اليوم جزءاً من تراث معماري حيّ، وموضوع نقاش مستمر حول التنمية الفلسطينية الحديثة للمناطق الريفية. كما أنها تعد اختباراً تربويّاً زراعياً بديلاً، خُصص للأيتام صغار السن في أوساط اللاجئين الفلسطينيين.[١]

مقالتنا أدناه تستعرض تاريخ هذا المشروع البنيوي الأساسي الذي تبلور عبر مساعي موسى العلمي لإعادة هيكلة الريف الوطني الفلسطيني، من موقعه كرجل حداثيّ بلغ ذروة شعبيته وسلطته في الفترة بين العامين ١٩٤٩ و١٩٦٧. كذلك تهدف المقالة إلى مناقشة فكرة الحداثة الفلسطينية من خلال دراسة الحالة التي تمثلها مزرعة العلمي تحديداً، باعتبارها إرثاً معمارياً وبنية تحتية ما بعد استعمارية.

مزرعة ومدرسة مهنية من زمن مضى

في سنة ١٩٥١، قام الكاتب اللبناني سيسيل أ. حوراني، الذي زار المزرعة، بوصف مقدار ما اتسمت به المدرسة من حداثة غير مسبوقة (آنذاك)، فكتب: "الاختبار الزراعي والاجتماعي والتربوي الأكثر أهمية ربما، والمنعقد في الشرق الأوسط اليوم، هو مشروع [جمعية المشروع الإنشائي العربي] قرب بلدة أريحا في الضفة الغربية".[٢] وتمثل هدف موسى العلمي بإيواء وتعليم الأيتام الفلسطينيين الذين هم ضحايا نكبة العام ١٩٤٨. وقد وجد العلمي أرضاً في الضفة الغربية، مساحتها نحو ٢٠٠٠ هكتار، فأسكن فيها ١٨ عائلة لاجئة في منازل مكوّنة من ثلاث غرف ونصف.[٣] تقع مساحة الأرض تلك في وادي الأردن، ويحدّها القدس من الغرب ونهر الأردن من الشرق، كما أنها في منتصف الطريق بين أريحا القديمة وجسر ألنبي عبر نقطة التفتيش من الأردن، وعلى بعد سبعة أميال شمال البحر الميت.

ويتحدّر السياسي الوطني الفلسطيني موسى العلمي (١٨٩٧-١٩٨٤) من عائلة مقدسيّة مرموقة. كان والده رئيساً لبلدية القدس (فيضي العلمي، ١٩٠٦-١٩٠٩، ١٩١٦) وممثلاً للمدينة في البرلمان العثماني. ودرس موسى الحقوق في جامعة كامبريدج. كما أطلق في سنة ١٩٤٥ "جمعية المشروع الإنشائي العربي"، وأسس مدرسة زراعية في أريحا سنة ١٩٤٩.

والمشروع الذي استكشفه سيسيل حوراني، لم يكن المزرعة الوحيدة الموجودة آنذاك، غير أنه بدا متألقاً بمنشآته المعمارية التي ضمت العديد من الخدمات، مثل مركز للتدريب ومدارس ومساكن وبركة سباحة، وغيرها من المباني التي شكلت بمجموعها مثالاً فريداً على بيئة مستدامة وقابلة للحياة ذاتياً. ويصف حوراني تلك الأبنية، متناولاً أهميتها في ذلك الوقت، فيكتب: "مواد البناء من الطين المشوي بأشعة الشمس كي يغدو حجارة طوب صلبة تؤمن عزلاً ممتازاً ضد الحرارة. أما الخرسانة والخشب ولوازم السباكة (الأدوات والمواد الصحية)، فكان ينبغي شراؤها بأسعار باهظة، ما جعل المعدّل الوسطي لتكلفة البيت الواحد ٢٨٠ ديناراً أردنياً (٧٨٤ دولاراً). وقد جاء هذا المشروع ليمثّل بلدة نموذجيّة تضمّ مختلف المرافق المجتمعية".[٤]

إنشاء المزرعة وعمارتها

قلت بحماقة: "هل وجدت ماءً؟" وببساطة قال "اشرب". فشربت، وكانت عذبة؛ ووضعت الإبريق من يدي، وأحسست كأنني أختنق، ونظرت حولي نحو الآخرين فرأيت دموعاً تنساب على وجوههم، وعلى وجهي.[٥]

الاقتراح الأوّل من العلمي كان أن يجري ضخ المياه من نهر الأردن إلى موقع الأرض، وذاك اقتراح رفضه المسؤولون الرسميون. بيد أنه، مقابل المعارضة التي واجهها، أصرّ على خطته، ورسا عند قرار البحث عن المياه في باطن الأرض. واستناداً إلى معرفته العميقة بالجغرافيا المحلية في أريحا، شرع في عمليات البحث على حسابه الخاص. وقد تمثّل همّ العلمي في إسكان اللاجئين في أقرب ما يمكن من منازلهم السابقة، وهو في السياق، وبهدف تأجيل انتقالهم إلى بلدان مجاورة، انطلق في عمليات البحث عن المياه الجوفية، متحمّلاً في الوقت نفسه، مخاطرة بناء ١٩ منزلاً في أثناء الحفر وعمليات البحث، التي كانت تجري بواسطة معدات بدائية مرتجلة الصنع. وقد وعد العمال بالحصول على مُلكيات في المنشآت الجديدة على أن تغدو البيوت ملكاً لهم من دون مقابل، إضافة إلى تلقيهم أجوراً على أعمالهم. وقد "وظف مئات اللاجئين في أعمال البحث عن المياه. وفي كانون الثاني (يناير) ١٩٥٠ اكتُشفت المياه، ما أطلق بداية حلم. فما كان يُعدّ في السابق "مواتاً"،[٦] وفق قانون الأراضي العثماني، غدا أرضاً خصبة وموقعاً لإطلاق مزرعة العلمي التجريبية.

مع نهاية شهر كانون الأول (ديسمبر) سنة ١٩٥٢، كان قد أُنشئ ٦٥ مبنى، ونظام صرف صحي طابقت مواصفاته أحدث شروط الصحة العامة. بعض تلك المباني خصص للسكن، وخصص بعضها الآخر للاستخدام العام. وآوت المساكن في البداية عائلات لاجئة قبل أن تبدأ باستقبال الأيتام. وفي هذا الإطار، أمّنت جمعية المشروع الإنشائي العربي الوظائف لقرابة ٢٠٠ عائلة، وأسكنت ٢٥ عائلة منها في المباني الجديدة. أما العمال الآخرون، فقد جاؤوا بالدرجة الأولى من مخيم عقبة جبر للاجئين، الواقع في جنوب غرب أريحا، وبعضهم جاء من أريحا نفسها.[٧] وشيّدت جمعية المشروع الإنشائي العربي ٥٠ منزلاً وفق النمط الحديث - مزوّدة بشبكة مياه جارية، وحمامات، ومراحيض ومطابخ.[٨]

ووصف فورلونغ جمعية المشروع الإنشائي العربي، حين زارها سنة ١٩٥٣، بأنها يوتوبيا أبويّة: الفتية بسراويلهم القصيرة الخاكية، والعم موسى يعيش في غرفة صغيرة بيضاء عارية الجدران. وكان العلمي عبّر عن نواياه لبناء مركز تدريب للفتيات اللاجئات[٩] (كان قد خطط لتدريب وتعليم ٢٥٠ فتىً و٢٥٠ فتاة). إلا أنه، نظراً لتقاليد البلد المحافظة، لم يحظَ بالتمويل الكافي لبناء المرافق المخصصة للفتيات، إذ لم يكن ممكناً ومقبولاً أن يعشن في موقع الجمعية، إنما كان يفترض أن يتلقّين تدريباً على المهارات والأعمال المنزلية - الخياطة، الحرف اليدوية، تربية الدواجن، وصناعة الحليب

1 Pelin Tan, "Musa Alami Farm an Experimental School," in *Radical Pedagogies*, ed. B. Colomina, I. G. Galán, E. Kotsioris and A. M. Meister, Cambridge, MA: MIT Press. Pelin Tan, "Felaket Sonrası Pedagojik Onarım Denemesi: Batı Şeria'da Musa Bey' in 'Vahası,'" *Arredamento, Architecture & City Journal*, Istanbul, 2020.

٢ سيسيل حوراني:
Cecil A. Hourani, "Experimental Village in the Jordan Valley," *Middle East Journal* 5, no. 4 (Autumn 1951): 497.

3 Kennett Love, "Rich Oasis Created in Jordan Valley Brightens Arab Refugees' Prospects," New York Times, July 6, 1953.

٤ سيسيل حوراني:
Cecil A. Hourani, "Experimental Village in the Jordan Valley," 500

5 Geoffrey Warren Furlonge, *Palestine is My Country: The Story of Musa Alami*, New York and Washington: Praeger Publisher, 1969, 173.

٦ "موات" - أرض ميتة جرداء: مساحات الأرض الخالية مثل الجبال، والقفار، والأمكنة الصخرية، والحقول الحجرية وأراضي الرعي، التي لا تعود إلى أحد عبر سند ملكية، وغير مخصصة وفق التقليد كي يستخدمها سكان بلدة أو قرية ما، وتقع على مسافة من البلدات والقرى لا تسمح بسماع صوت بشري في أقرب منطقة مأهولة منها. كل من يحتاج إلى أرض كهذه، يمكنه، ومن دون أي مقابل وبإذن رسمي، حراثتها مجاناً وزراعتها بشرط أن تكون الملكية النهائية (الرقابة) للسلطان (الحكومة/الدولة). المادة ١٠٣ من قانون الأراضي العثماني.

٧ واجدة تاجي، مقابلة افتراضية، ٢٥ نيسان (أبريل)، ٢٠٢١.

8 Nathan Citino, "City of the Future," in *Envisioning the Arab Future: Modernization in US-Arab Relations, 1945–1967*, Cambridge: Cambridge University Press, 2017, 108.

9 Furlonge, *Palestine is My Country*, 197.

3

AL MASHROU'
JERICHO, PALESTINE
1949–1967

ARCHITECT / INITIATOR:
MUSA ALAMI / ARAB
DEVELOPMENT SOCIETY

المعماري \ المبادر:
موسى العلمي \ جمعيّة المشروع
الإنشائي العربي

المشروع
أريحا، فلسطين، ١٩٤٩ – ١٩٦٧

7.24– Training center/school main
building—main elevation, the only
building dressed in stone.

٧،٢٤– المبنى الرئيسي لمركز/ مدرسة التدريب –
الواجهة الرئيسة، وهو المبنى الوحيد المكسو
بالحجر.

فلسطين

المشروع

أريحا، ١٩٤٩ - ١٩٦٧

المعماري \ المبادر: موسى العلمي \
جمعيّة المشروع الإنشائي العربي

7.25– Training center/school arcade.

٧,٢٥– رواق مركز/ مدرسة التدريب.

IRAQ

Al-Mustansiriyah University

Baghdad 1965–1971

ARCHITECT: KAHTAN AWNI

– The Auditorium building.

٨،١– مبنى القاعة الكبرى.

8.2– Layers of exposed concrete and local brick, providing protection from the elements, and creating the project's distinctive character.

٨،٢– طبقات من الخرسانة الظاهرة والطوب المحلي تؤمّن للمباني حماية من المؤثرات الطبيعية وتمنح المشروع طابعاً مميزاً.

99

AL-MUSTANSIRIYAH UNIVERSITY,
BAGHDAD, IRAQ, 1965–1971

ARCHITECT:
KAHTAN AWNI

المعماري:
قحطان عوني

الجامعة المستنصريّة
بغداد، العراق، ١٩٦٥ – ١٩٧١

Amin Alsaden[1]

Architecture as Urbanism

In the late 1960s, the office of architect Kahtan Awni produced a brochure the cover of which featured an elegant black and white photograph of a mysterious building. Two thirds of the photograph—the bottom and right-hand sides, constituting the foreground of the image—are so dark, they create a dramatic frame. The photographer was clearly standing in the shade, shielded from the sun on a particularly bright day. The tectonics of the structure casting the shadow are obscured by the darkness, but it appears to be a mass broken down in order to filter the natural light, some of which has penetrated its thickness, and was caught in crevices that begin to illuminate fragments of the volume above. At the very center of the photograph is an elegant, though austere, façade lifted above the ground, shading in turn the space underneath. The surface of the façade is flat, composed of solid bands alternating with perforated, delicately patterned screens.

Upon flipping through pages, and without providing further commentary, a small caption printed at the bottom of the same photograph, reproduced within the portfolio, declares that this is Al-Mustansiriyah University, then nearing completion. A constellation of other photographs reveals the richness and complexity of this campus, comprised of several buildings, as well as the architect's pride in this specific project, given its prominence in the portfolio, documented like no other project he had produced to date. As the campus was nearing completion, Awni had realized that Al-Mustansiriyah University was his magnum opus, and indeed a project that would become synonymous with his name—not to mention one of the most important architectural projects of modern Iraq. Aside from captions, the architect provides no commentary about any of the projects in the portfolio, but he did write a brief introductory text to the publication, where he underlines how he had been pursuing a long study that aimed to advance architecture through the correct expression of the environment in Arab countries, developing Iraqi and Arab architectural heritage, while connecting it with science and modern techniques. Since its establishment, his office, Awni elaborated, has searched for a distinctive character that expresses a lineage of forms based on the expertise encapsulated in old Iraqi architecture, and employing that as a tool for expressing the exigencies of the modern era, and the needs of various projects.

Al-Mustansiriyah University epitomizes this distinctive character, which Awni, along with fellow Baghdadi architects, had refined over the course of the preceding decade. One of the best known, largest, and most significant projects by the architect—one that amalgamated the experiments and lessons learned from other buildings Awni had designed to date—Al-Mustansiriyah University lies at the intersection of the primary concerns deliberated by architects in post-World War II Baghdad. It evokes the shared artistic-architectural culture that emerged in this context, and how its collective intellectual and formal agenda led to the evident synthesis between modernism and local heritage, particularly the folkloric and vernacular traditions of old Baghdad. The design demonstrates inventive environmental control solutions, which addressed the harsh climate of central Iraq, particularly the dry and hot summers in Baghdad. And it features the unique local craftsmanship cherished and employed by modern Baghdadi architects, which enabled an honest expression of materials (including exposed concrete, along with the indigenous yellow bricks and glazed ceramic tiles), and a refined formal articulation of forms. All this was set within a rich, expansive, and experimental urban plan—a radically situated approach that rebelled against Western planning theories, the political instability that plagued Iraq during this period, and the rapid transformations turning Baghdad virtually unrecognizable for its own inhabitants. Al-Mustansiriyah University was a polemical project, conceived at such an impressive scale as to hint at what Baghdad could have been were such experiments allowed to flourish.

Art-Architecture Syntheses

Kahtan Awni (1926–1971) studied at the School of Architecture, University of California, Berkeley, between 1946 and 1951. He then returned to Baghdad and established an architectural office while also working for the Municipality of Baghdad (Amanat Al-Asimah). During the 1950s, Awni, like fellow Baghdadi architects who were educated abroad and returned to practice back home, was known primarily for buildings in the modern idiom—white, smooth, and prismatic volumes, with extensive use of glass. Their work initially consisted of small, mostly residential projects; it was following the 1958 coup d'état, known as the "July 14th

1   I am grateful to George Arbid and Philipp Oswalt for the invitation to contribute to this publication, thus encouraging me to write this paper on a topic I have been thinking about for a few years. I would like to thank a number of individuals who have been helpful during the long research phase, including: Mohammed Sabeeh Abdullah, Khalil Al-Ali, Omar Al-Ayash, Mohamed Ridha Al-Chalabi, Aiser Al-Hassani,

Mehdi Alhassani, Sawsan Alhassani, Falah Alkubaisy, Toufeek Bader Almajid, Maath Alousi, Khalid Al-Rawi, Zaid Awni, Rifat Chadirji, Yaqthan Chadirji, Ewa Ewart, Ali Eyal, Ihsan Fethi, Mohammad Hasani, Ali Nouri Hassan, Akeel Noori Al-Mulla Hwaish, Zaid Issam, Saman Kamal, Alia Kassir, Suad Mehdi, Karrar Nasser, Balkis Sharara, Dorota Woroniecka-Krzyzanowska, and Saad Zubaidi. Needless to say, none of these

individuals is responsible for the content: the arguments, interpretations, and conclusions presented in this paper are entirely my own. This is an early version of an expanded paper being prepared for publication—extensive footnotes have been removed upon the request of the editors of the book in order to fit the page count, but will be included in the next iteration. Translations are by the author unless otherwise indicated

(slight discrepancies in the spelling of individuals' names are due to the fact that I preserved the spelling they chose for their names in English, while Romanizing the same names when found in Arabic sources).

Revolution," that these architects started receiving more substantial commissions to design institutional and government buildings. Throughout their careers, Baghdadi architects were in dialog with ideas circulating internationally, but they simultaneously pondered the possibility of devising unique approaches that would situate their work within its immediate context. By the mid 1960s, the work of a number of these figures started witnessing a transformation, demonstrating esthetic, spatial, and urban strategies that strived to synthesize modernism with local heritage. At a first impression, Al-Mustansiriyah University captures some of the vital characteristics of this transformation: candid expression of materials, textured and perforated surfaces, porous volumes broken down into planes and fragmented elements, and a spatial configuration where one is engulfed by the architecture, rather than facing the building as another modernist freestanding object.

An equally significant dimension of Awni's career, which preceded and ran in parallel with his architectural training and practice, was his interest in art. As an adolescent, Awni, along with his friend Rifat Chadirji, was introduced to architecture through art. The two had a chance to meet pioneering artists such as Jewad Selim, who had returned to Baghdad around the turn of the 1940s when his education in Europe was cut short because of World War II, which proved rather fortuitous for Awni and Chadirji. The war years in Baghdad created a surprisingly fertile ground, and became formative years for the future architects, who grew enamored of artists such as Selim and Faik Hassan, and older architects such as Midhat Ali Madhloom, Jafar Allawi, and Abdullah Ihsan Kamil. Their exchanges with these figures encouraged Awni to pursue an architectural education, traveling to the United States soon after the war had ended, to return to Baghdad in the early 1950s and make indelible contributions to the city.

Upon his return, Awni became one of the founding members of the Baghdad Group for Modern Art, established in 1951 by Selim. Awni participated in the exhibitions organized by this collective, and his involvement arguably influenced the art he produced. He was also a regular member of the frequent gatherings that gave rise to the shared artistic-architectural culture that evolved swiftly and intensively in this context, arbitrating and articulating key ideas that came to shape the work produced by Baghdadi architects. In terms of his own art practice, Awni primarily produced paintings and watercolor drawings, many of which involved exploring abstracted or stylized elements of local architecture, landscape, and culture—motifs inspired by the old city of Baghdad populated much of his artistic output. Awni was pained by the destruction of the city's heritage, and used to closely follow the demolition of vernacular architecture, visiting these sites and collecting some of the debris. He recorded his observations in his paintings, which became a register of his impressions—his work was often an aggregation of distilled elements, such as arched windows or doorways, decorative handrails, perforated screens, and ornamental patterns, all set within the urban grain of the old city. This created a sort of palette of motifs, details, and design principles that Awni would then apply to his buildings. I argue that in order to understand Al-Mustansiriyah University, it is crucial to account for Awni's artistic practice, which in turn informed his architecture.

Equally, I would propose that it is not possible to appreciate the architecture produced by Awni and fellow Baghdadi architects without appreciating the mission of the Baghdad Group for Modern Art. Its 1951 manifesto envisioned a global contribution by Baghdadi artists, rooted in the specificity of their local culture. These artists viewed the world as a mosaic of cultures, believing that they could contribute to modern art by discovering and amplifying the unique aspects of their own culture, synthesized with modern esthetics. Therefore, at a fundamental level, what may appear to be a concern with questions of identity or an attempt at articulating a national esthetic was in fact meant to convey the exact opposite: a contribution to a globalist conception of art and architecture. This manifesto, easily overlooked when focusing only on formal analysis of architecture, conveyed the collective ambitions of Baghdadi artists and architects at the beginning of the 1950s, which ended up largely shaping not only subsequent artistic production, but also the work of Baghdadi architects. Awni himself made the unequivocal link between artistic and architectural experiments, suggesting that the very first attempts to express local specificity were marked by the formation of the Baghdad Group for Modern Art, when a coterie of artists, architects, and intellectuals came together to further that aim. The architecture influenced by this agenda would advocate a situated, Baghdadi-inflected form of modernism, which Al-Mustansiriyah University perfectly instantiates.

Genesis of a Campus

Al-Mustansiriyah University was founded in 1963 by the Teachers Union, and because it initially offered evening classes only, it shared space with the College of Education and College of Arts (which were part of the University of Baghdad). But its model evolved quickly, and it soon started offering morning classes too. It was the first non-profit private university in modern Iraq, part of the country's attempt to meet the growing demand for higher education, especially by primary school teachers, government employees, or the large numbers of secondary school graduates who wanted to pursue a university degree. When it opened and received its first batch of students (years before Awni's campus was completed), the new institution comprised five departments: Languages, Sciences, Education, Economics and Political Sciences, and Accounting and Business Administration. By the end of 1964, the institution was renamed University College, merged with another private institution called Al-Sha'ab University (also established the previous year), and—though remaining administratively independent—folded under the University of Baghdad. By the fall of 1968, however, when Awni's buildings were rising on site, the institution reverted back to its original status and name, Al-Mustansiriyah University, which is how it is still known today.

By mid 1965, Awni's design was already completed, with the project estimated to cost approximately half a million Iraqi dinars—a figure that the new private institution could not afford, thus necessitating a piecemeal approach to construction. On November 10, 1966, President Abd Al-Rahman Arif laid the foundation stone for the new campus; Awni attended the ceremony, along with other dignitaries, including the Iraqi Prime Minister and his cabinet, foreign diplomats, and academics from various universities. Thus commenced the first phase of construction, which comprised the Administration building, the Clock Tower, and the Humanities Department building. By mid 1968, these structures were nearing completion, and the campus was inaugurated the following year. The Auditorium and Library buildings were completed by mid 1971 (a few months before Awni's untimely death). Therefore, and even though the architect had envisioned a cohesive campus, some of the buildings he initially planned for—such as the Restaurant, Sciences Department, and Laboratories—were only constructed later. In terms of the design team, Awni was responsible for all projects that came out of his office, and he was the representative dealing with the patrons; but the design process in

his office was known to be a collaborative one, and in the case of Al-Mustansiriyah University, the project was led by his close associate Abdul-Sattar Al-Ayash.

Due to Awni's passing, the contract for Al-Mustansiriyah University was terminated, and the offices of architects Mehdi Alhassani and Hisham Munir were commissioned to complete the project and realize additional buildings. Mehdi Alhassani completed another, smaller Administration building during the 1970s, where the Restaurant was originally slated for construction, while Hisham Munir completed the Sciences Department building (according to Awni's plans) and designed the Laboratories by 1980. Chadirji's office, Iraq Consult, was also commissioned to design the Services building, which was constructed to the north east of the Humanities Department building. These architects attempted to remain faithful to Awni's vision, and employed the syntax found in the original buildings, especially the materials—exposed concrete, yellow bricks, and ceramic tiles. Several other buildings were erected on campus later, mostly added to the north eastern half of the site, where Awni had envisioned future expansion to take place; these architects likewise tried to pay tribute to the character of the original buildings, with varying degrees of success. Perhaps the biggest alterations to the original design—some of which are fairly recent—are the various elements of hard landscaping, signage, and certain finishes that diverge from the original sensibility of the architect, the latter evident in the surviving drawings and earliest photographs.

A discussion of the project's background would not be complete without addressing the new institution's namesake—a reference that largely informed the design. Al-Madrasah Al-Mustansiriyah—completed around the year 1234 (631 Hijri), during the reign of the Abbasid Caliph Al-Mustansir bi-Allah—was one of the most significant historical monuments to be restored in the Iraqi government's campaign to rehabilitate the country's Arab-Islamic heritage (which was largely neglected by Western archaeologists, who focused on Iraq's Mesopotamian heritage). Al-Madrasah Al-Mustansiriyah was also one of the largest monuments to survive from the Abbasid period in Baghdad. Between 1945 and 1960, extensive restoration was carried out, which involved completing the north and west wings, restoring the entrance and its calligraphy, as well as the façade overlooking the Tigris. Additional restoration commenced in 1961, which involved rebuilding the roofs of all the rooms on the second level, as well as restoring some of the building's facilities. The Al-Madrasah Al-Mustansiriyah was inaugurated—although restoration work was not yet completed—by President Abd Al-Karim Qasim (a friend of Awni's and one of his important patrons during those years) on July 19, 1960, in an event considered one of the most significant highlights of the celebrations of the second anniversary of the 1958 coup. During the inauguration ceremony, and after pointing out that Iraq had historically supported education, hosting renowned schools throughout its history, Qasim suggested that the nation was the cradle of civilization and science, and believed that contemporary Iraqis had the responsibility of honoring their legacy. It was through creating knowledge about the city and restoring its historic monuments, that the government and Iraqis were attempting to reclaim its narrative. The sense of pride evident in the restoration of such monuments, along with the 1962 celebrations of the millenary of the founding of Abbasid Baghdad, explains why a new higher education institution would pay tribute to Al-Madrasah Al-Mustansiriyah.

Situating the Plan

Al-Mustansiriyah University was planned on a site only recently urbanized, just north of the old city of Baghdad, in what is known as Al-Rusafah, or the eastern bank of the Tigris River. Although photographs taken during the construction process suggest that the institution was being erected in the middle of nowhere, it was soon engulfed by urban sprawl: the new campus was part of the expansion of the city inland, away from the river—modernization unfolded rapidly, in a race between building and planning during this period of aggressive development. Not far from the site one could also find most of the city's government buildings and public institutions, including the various colleges that would later be relocated to the south of the city, in Al-Jadriyah where the new campus of the University of Baghdad was under construction. Maps from the time reveal that a trace of the street to the west of the new campus existed as a dirt road cutting through farmland. This was later paved and named Al-Amanah Street, renamed Safiy Al-Din Al-Hilli Street by the time the new institution was opened (a street that runs through the suburb of Al-Waziriyah to the west, where Awni's office was located). This became a highway that intersected at a major roundabout, Al-Quds Square, with another highway, Palestine Street, which bounds the campus from the north east. Al-Mustansiriyah University was part of a new district called 14 Tammuz, named after the 1958 coup.

The site allocated for the new institution was a trapezoidal, oblong plot, just under half a kilometer in length, tapering to approximately half its width, of around a quarter kilometer toward its south-western end. The main entrance was introduced at that end, the narrowest side of the plot, approached via a road off Safiy Al-Din Al-Hilli Street. The project was conceived as a gated compound, with the campus surrounded by a perforated fence that set it apart from its immediate context. A grid of 9 x 9 meters was aligned with the straight sides of the plot, flowing from the entrance to the rest of the site, and forming an organizational matrix on which the various elements of the master plan were laid out. The footprints of most buildings were designed as multiples, or fractions, of this grid's basic unit, introducing an overall sense of proportional order that underlay the volumes as well as voids of the whole master plan. The original campus was composed of contiguous low-rise buildings, up to four levels, with the exception of some distinctive structures, such as the slender Clock Tower and the curved Auditorium roof.

Given the orientation of the plan and its underlying grid, the buildings are oriented approximately 45 degrees to cardinal north, which guarantees a steady illumination of the façades during school hours, when one approaches the campus from the main entrance located in the south. The gate is composed of an elegant horizontal concrete slab resting on walls of yellow bricks, and clad in blue and white ceramic tiles with an inscription of the institution's name and the year it was established (1963 in the Gregorian calendar, and 1383 in Hijri) in a stylized geometric Kufic script. The materials of the gate already display the main palette employed throughout the campus. After passing through the gate, one is placed at the tip of the axis that runs across the site, and which helps organize the various buildings around it. The axis is clearly defined: it is initially delineated by paving, which takes the visitor from the main entrance across open landscaping toward the constellation of interlocking buildings, then turns into a shaded passage for much of its length. The formally articulated part of the axis runs for approximately a quarter kilometer.

Aside from its centrality and prominence in plan, the axis is the least visible yet perhaps the most powerful element of this project. Its shaded parts form a device that orients and regulates movement, orchestrates a tantalizing play of shadows and light, and channels air flows. Visually, it is a prism or a kaleidoscope that captures and disburses light and impressions of the surroundings, constantly changing as one moves across its length. The exposed concrete ceiling and concrete floor tiles were especially effective, providing dark, textured, and consistent surfaces that amplify the variety along its lateral, horizontal edges. It is also an evocative space, neither interior nor exterior, and it charts a grand tour of the entire complex, sampling the destinations around it in a rhythmic pacing of solids and voids: a promenade par excellence. With its low ceilings, but accommodating width and permeable boundary, traversing the passage is an intimate experience that allows one to engage the overlapping surroundings—buildings, more shaded spaces, courtyards and landscaped grounds, and other intersecting pathways—as though walking through an elaborate enfilade, turning a humble promenade into an extravagant parade. Although the axis begins with the main entrance, the passage has no final destination or arrival point; it is more about the ineffable sense of pleasure and mystery—which might not have been anticipated even by the architect himself—that one enjoys along the way. Urban in scale, its ostensibly impossible length is a masterful gesture that turns the entire urban site into a singular architectural project with much cohesion and integrity.

The Clock Tower marks the axis, and draws one in toward the center of the campus. It consists of blade-like elongated planes, composed as a playful and dynamic intersecting structure, which meets the ground on two legs that accentuate the axis; but the orientation of the blades, the tallest of which are layered parallel to each other and to the axis, ensures that the Clock Tower remains visually permeable for those traversing the axis—allowing the clock, and the shorter blades running perpendicular to the axis, to appear suspended in air. From other points in the campus, the tall blades appear more solid, emphasizing the Clock Tower as a significant marker, signaling its central location, and bringing one back to the axis. The planar syntax used in the tower also emphasizes the planar treatment of most of the buildings across campus—which eschews a massive reading in favor of a light, dissolved, and delicate volumetric expression. Considering the fact that exposed concrete is employed throughout the campus primarily for structural members, the Clock Tower's bare surfaces endow it with the image of pure structure, symbolizing the core of the master plan, as well as a robust support for the gravity of time, denoted by the clock, and of the passage of time as history, with which the design of the whole project establishes a remarkable dialog.

Before arriving at the Clock Tower, however, one first encounters a low, oblong volume from which the axial passage is subtracted. From the eastern side of this volume rises the multistory Administration building (the Restaurant building was planned further east, but never built). To the west, the volume gently morphs into the curving roof line of the Auditorium, with its impressive catenary structure. The placement of these programs closer to the entrance ensures that visitors from outside can access staff or attend public events without wandering into the rest of the campus, where teaching and research activities take place. Next comes the Clock Tower, standing in a landscaped open space, to the east of which is the Library building. Right after leaving the Clock Tower, the paving that marks the axis is covered with a shading structure, creating the passage that soon intersects with the first major U-shaped volume, which houses the Sciences Department, with its open part facing east (a building that would be constructed later). This volume is nested into the next U-shaped volume, the Humanities Department, the open part of which is oriented in the opposite direction. The interlocking volumes, comprising the bulk of classrooms, faculty offices, and other academic facilities, create a variety of open spaces that enrich the character and experience of the campus, despite the otherwise relatively standardized façade treatments. The axis terminates in the farther leg of the Humanities Department, while other pathways branch out and provide connections between the various buildings, as well as access to the landscaped areas.

The rest of the site, in the north-eastern third of the plot, was meant to accommodate laboratories, and other future programs. (Some buildings were erected later, and some remain incomplete.) It should be noted that a secondary axis was planned to run parallel, and to the east of the main axis, connecting various buildings to a parking lot west of the main entrance (but this became a landscaped area, whereas vehicles parked across the street outside the campus, to the south). Another parallel, tertiary axis was introduced later, but it is far less defined or shaded. This axis ran to the west of the main axis, traversing the northern part of the site to connect with a secondary gate—which featured pointed arches, used nowhere else in the project. This secondary entrance is rarely used, and access has always taken place through the main, south-western gate.

Straddling Climate and Heritage

There were two main objectives behind Awni's de-
sign for Al-Mustansiriyah University. First, address-
ing Baghdad's harsh climate by integrating a host of
environmental solutions, including providing shading,
ensuring good ventilation, and reducing heat gain. This
was achieved at a macro level through the massing and
distribution of buildings on campus. With the institu-
tion's relatively compact built form, interspersed with
open spaces, the master plan recalls the urban grain
of historic Baghdad, with its ingenious vernacular form
developed over centuries; the shadows cast by masses
provide reprieve from direct sunlight, while voids guar-
antee healthy air circulation. Providing ample shading
was a primary concern for the architect: introducing a
roof structure to shade the passage that defines much
of the axis, carving out some buildings on the ground
level in order to provide covered circulation routes, or
projecting out other buildings' façades. Thus, there are
always shaded areas underneath or around buildings,
which in the hot and dry climate of Baghdad goes a long
way. The green open spaces make a big difference too,
aided by the moisture from the ground, tempering the
harshness of the local climate. These simple yet effec-
tive strategies explain the fact that the campus is always
active with groups walking around or resting in the open
spaces even on bright and warm summer days.
Complementing these strategies is a range of climatic
control solutions implemented at a micro level. Open
spaces are not only introduced in between but also
within the buildings themselves. Patios, or light and
ventilation wells, were carved out of the perimeter of the
Library building, and in the core of the valley of each of
the U-shapes that form the plans of the Sciences and
Humanities Departments (subsequently covered in the
latter two buildings). The deep and narrow proportions
of these voids ensure that heat gain from sunlight is
kept to a minimum, while a connection to the sky and
air circulation are maximized. The original scheme also
involved specific façade treatments that ensured the
mass of the buildings remains protected. Two of these
treatments employed double façades: in the case of the
façades with alternating, horizontally running bands of
concrete and brick, the perforated screens line up cor-
ridors that separate the envelope from the interior spac-
es; in façades that are more fragmented, with a vertical
expression of sections of brick walls resting on concrete
beams, the envelope is carried by arms that separate it
from the windows behind, keeping them well protected,
while creating shaded areas on the ground level. These
two types of façade treatments surround the Sciences

and Humanities Departments (a modified version of the
latter type clads the Administration building as well);
neither type is deployed in consideration of a specific
cardinal orientation, as they protect the buildings from
all sides, and their use is more dependent on the pro-
grammatic or functional needs of the interior. Another
notable façade treatment are the fluted walls surround-
ing the Library, meant to increase the depth and texture
of these surfaces in order to create localized shading.

The second main goal of the project is to draw inspi-
ration from the Arab-Muslim heritage of the old city of
Baghdad, while utilizing modern materials and con-
struction methods (again, ideas inspired by the agenda
of the Baghdad Group for Modern Art). Awni used to
study this heritage carefully, analyzing its elements to
discover the architectural principles it embodies; he
avoided direct emulation, but constantly attempted to
dissect and extract its lessons. Referencing heritage
was also integral to Awni's approach to the climate. The
architect was explicit about his intentions at the urban
level: the pattern that his buildings created, especially
in relation to open landscaped spaces, alluded to the
planning of old Baghdadi neighborhoods, evoking how
houses used to surround landscaped courtyards; it
attempted to reflect the way a conglomeration of build-
ings and alleyways would open up to public squares;
and it echoed the interior or exterior courtyards of
mosques in old neighborhoods. At a smaller scale,
these configurations are meant to create shaded areas,
protected from the heat of the sun, thanks to the way
these buildings embrace open spaces. The axis is also
carefully shaded in a manner that protects it from the
elements, but designed in a particular way as to recall
the pattern of small openings bringing in light into the
otherwise dark space of the passage—in order to con-
jure the experience of the city's old markets.

The most obvious historical reference is signalled by the
institution's namesake, Al-Madrasah Al-Mustansiriyah.
Awni has admitted that he had learned several lessons
from the Abbasid-era school: its planning, straight
and clean lines, courtyard, and brickwork. It has been
suggested that Awni in fact borrowed the plan of Al-
Madrasah Al-Mustansiriyah, splitting its mass almost
in half, and shifting it to create the interlocking core
volumes of his design, the Sciences and Humanities
Departments. (This reading is plausible: while there
is a substantial scale difference, Awni's plan being
nearly double the size of its Abbasid predecessor,
the proportions of the U-shaped footprints of these
buildings match that of the older school; moreover, the

orientation of both is almost identical, implying that Awni had likely laid out his master plan with a direct allusion to Al-Madrasah Al-Mustansiriyah from the start.) This break in plan is significant in that it reveals that while the architect might have wanted to pay homage to local heritage, he was equally interested in creating new possibilities, and different spatial configurations and experiences informed by the past.

There are other references to Al-Madrasah Al-Mustansiriyah. It has also been suggested that Awni borrowed the configuration of the renowned corridor from the south eastern volume of the Abbasid school, and abstracted it into the light wells he introduced into Sciences and Humanities Departments, which can be seen in plan in the valleys of the U-shaped buildings. Even though the main gate to the new institution is horizontal, and composed of clean orthogonal planes, it has been conceived as an abstracted reading of the components of the portal to Al-Madrasah Al-Mustansiriyah. (Perhaps the main parallels are the inscriptions above each entrance, as well as the relationship between a humble opening as opposed to a grander portal.) As for the north eastern gate, built later, with a sensibility that is different from the rest of the campus, its design constitutes a more explicit homage to the Abbasid gate: vertically oriented and elongated proportions, pointed arches nested within each other, and decorative panels repeated around the brick walls. (In fact, the sensibility of this gate is closer to the kind of work that Mohamed Makiya was producing around this time, more aligned with monumental examples of so-called "Islamic" architecture, than to Awni's buildings.) But once again, the design approach is meant to emphasize a modern interpretation—the arches are dismantled, isolated, and suspended, while clearly constructed out of concrete.

Perhaps another reference is the ornamental and intricate brickwork for which Al-Madrasah Al-Mustansiriyah's façades are renowned, abstracted in Awni's buildings. A tribute was possibly also paid to the old monument's repetitive façades, and the fact that they are elaborated toward the internal spaces—unlike the typical modern idiom of the freestanding object, Awni's volumes, thanks to the layout he devised, gently wrap around the multiple internal spaces, so there is no outside as such. This also implies that the campus creates its own unique interiority, defined by the buildings' masses and façades. The campus does not necessarily acknowledge the highways that bound the plot's edge, conceived as thoroughfares that have little to do with the neighborhoods they carve out; instead, Awni's buildings take their cues from each other, establishing

exchanges and relationships that define a particular urban character that emerged through the conglomeration of volumes and voids he introduced. In other words, although considerably different from the spatial experience of Al-Madrasah Al-Mustansiriyah, the new campus created its own cohesion, and an urban space that was distinct in modern Baghdad. And despite the fact that Awni's palette is slightly more diversified, there is also a sense of uniformity to the materials and finishes, which echoes the overall character of the Abbasid school. Perhaps what is less successful in the modern interpretation is how it disregarded the manner in which the Iwans (the halls defined by large vaulted portals) animate the otherwise monotonous façades in the Abbasid building, and punctuate it with formal markers that indicate a sense of hierarchy, highlighting some functions or entry points—Awni's façades lack this sense of differentiation, a feature which could have been employed by the architect deliberately, to connote the egalitarian ethos of modern education.

Awni's references to local heritage were not restricted to the planning of old Baghdad or to Al-Madrasah Al-Mustansiriyah. The double façades, for example, are designed to protect windows and the buildings' interiors from direct sunlight while allowing for air circulation; but for Awni, the external screens of brickwork are meant to be abstractions of the curtains used to protect windows in old Baghdadi houses. (Some of these were made of dry plants, moistened regularly to introduce cool and humid air into the interior.) The patterns within these screens were meant to evoke those conventionally found in the fabric of the traditional Arab men's scarf known as Kaffiyah. Arabic calligraphy was also integrated across some surfaces such as the main gate, in the form of a geometric Kufic script, modeled after precedents found in the architecture of Muslim geographies, but modernized and stylized. In addition to the pointed arches of the secondary gate, Awni introduced rounded arches in the Library building, which allude to Baghdad's vernacular architecture—the slender proportions and materiality of these arches are also reminiscent of Chadirji's contemporaneous work. As for the fluted brick walls surrounding these round arches in the Library building, and also seen in other places around campus, it has been suggested that these are based on ancient precedents, harkening all the way back to Babylonian ziggurats or Abbasid architecture. There may be other historical references, but those outlined above provide sufficient evidence of Awni's deep commitment to studying the specifics of local heritage and to his desire to interpret these in modern ways.

Nothing brings together the architect's numerous environmental solutions and historical citations, and defines the esthetic and sense of unity evident in the whole project, like the materials and quality of construction do. Indeed, without knowledge of any of the architect's intentions, the most distinctive aspect of this project is the strikingly refined construction and exemplary building craftsmanship. The palette of materials was limited: concrete, bricks, and tiles (a few other materials were used in the interiors). Exposed concrete was increasingly employed by Baghdadi architects at this time, speaking to the appeal of Brutalism globally; in this project, it ensured a modern, yet earthy and crude expression, providing a warm overall feel to the campus. Concrete was primarily used for structural members in Al-Mustansiriyah University; but it was also employed in defining or accentuating specific elements, or framing certain thresholds and spaces (notably the round arches in the Library building). Concrete was combined with large surfaces of brickwork, encrusted occasionally with colorful ceramic tiles in bright colors like turquoise, blue, and green, which pleasantly contrasted with the more neutral surfaces of concrete and bricks (the combination of yellow bricks and ceramic tiles recalls this classic combination, found in many of Baghdad's mosques, not to mention similar palettes in ancient Babylonian architecture). But it is the intricate brickwork, formed by the distinctive faded yellow bricks made of local soil, that is the most prominent texture throughout the campus. It would not be an exaggeration to suggest that Al-Mustansiriyah University was as much shaped by local masons, or Ustahs, and their exquisite skill, as it was by Awni's architectural vision.

In both the horizontal and vertical treatments of the façades, the architect subdivided surfaces into distinct blocks or screens, each of which becomes a module assembled out of bricks—the scale of the individual brick is highlighted by the ornamental patterns, formed through the assembly of these brick units, thus privileging them as the constituents of the whole project. Awni was not the first local architect to use bricks, or to introduce ornamental brick patterns (Ellen Jawdat was one of the first architects to experiment with such surfaces, over a decade earlier). But this project introduces it at such a large scale, rethinks traditional patterns, liberates brick walls and turns them into isolated screens—which makes it possible to appreciate brick as an exquisite material—and, through the repetition of the modules, endows this material with modern expression. In retrospect, and while the brickwork may appear vaguely familiar, perhaps because of the architect's use

of elementary geometric patterns, it must be emphasized that even these were novel creations that relied on a restrained yet elegant language at such an impressive scale. Awni managed to use bricks for tectonic, structural, spatial, ornamental, and environmental purposes, which echoes and advances their traditional use in this context. And by restricting himself to exposed concrete and yellow bricks, with the occasional individual ceramic tiles or surfaces here and there, Awni managed to create the evident unity across this sizable campus—a unity that is not monotonous or tiring, but quite animated, especially through the various innovations in the use of these materials.

Pedagogical Urbanism

It is important to note once again that Awni was not alone. A number of other Baghdadi architects, notably Jawdat in the 1950s, and then Makiyah and Chadirji, had paid closer attention to the impeccable craft of local Ustahs—and realized that their exceptional skills, passed down through the generations, were gradually being lost. Therefore, the turn to materials like brick, as well as the integration of elements from local heritage, such as screens or arches, was not necessarily unique to Awni—there was a collective shift during the 1960s, which can be detected across the work of several Baghdadi architects, each of whom developed a unique interpretation and approach. Contrary to common misconceptions, these architects were not interested in articulating some form of local or national identity; instead, and in line with ideas that had been developed in tandem with the project of fellow Baghdadi artists, the past became a source for spatial, formal, and esthetic innovation—and a contribution to global architectural culture. Although these architects flirted with a wide range of historical references, their work was firmly tethered to the present, through the use of modern materials and construction methods for example, and through incessant experimentation.

This was also the point at which Baghdadi architects had become the main practitioners within this context, entrusted with larger public commissions by the government (previously dependent on foreign experts); their work would develop further from this point onward, and their architecture would end up being exported to the rest of the region. In the case of Al-Mustansiriyah University, the scale of the project seems to have alerted Awni to the fact that he was embarking on a new spatial realm, that of urbanism. The size of the plot aside, the architect's engagement with a series of ideas reveals his thoughts on the qualities of the new city to the making of which he was contributing through his master plan, including: references to the intimacy and surprises one encounters in the old city of Baghdad; how the axis is reminiscent of a traditional market; the human scale of the buildings, remaining low in the original plan; the introduction of numerous spaces for gathering and exchange, while being shielded from the elements; or how Awni placed such a prominent Clock Tower in the core of his plan, an attempt to evoke a miniature city center.

Awni's approach here was also markedly different from other campuses designed by foreign architects in modern Baghdad, including Al-il-Beit University designed in the 1920s by James Mollison Wilson, and the University of Baghdad by Walter Gropius, designed the previous decade and then under construction. In contrast to these two projects, Awni's campus was unique for the strong connections between its constellation of buildings, and the close attention the architect paid to shading the main circulation routes and open spaces—features that speak to the lived experience of a local. And while I have interpreted the specific articulation of the axis as Awni's attempt to turn an essentially urban layout into architecture, I would also argue that all of the ideas and formal strategies embedded in this project are equally meant to make architecture the center of the new urbanism the architect was devising. Furthermore, I would like to propose that the whole that Awni generated far exceeded the sum of its parts, and that the ineffable yet invigorating experience of navigating the campus is the ultimate testimony to his vision.

In a city that was rapidly modernizing, with considerable parts of the old city being decimated without a serious consideration of the implications of such vast erasure, where towers and larger structures were popping up across this compromised urban grain, and where the sprawl of low-density residential neighborhoods was made possible by the introduction of modern vehicular transportation, Awni's project constituted a radical, alternative urbanism. Countering with its thoughtfulness and sensitive approach the chaotic forces making the new city, exacerbated by the political instability that characterized this period, Awni's situated urbanism constituted an insightful example of what Baghdad could be—and, in retrospect, could have been. Like the artistic and architectural influences that shaped Awni's practice, his urbanism was in dialog with the contemporary world, while being rooted in the specificity of the local context. I would like to suggest that Awni's

was a pedagogical urbanism, not only in the sense that this is a project that accommodated an educational institution, but also, that this is a didactic project in the shining example it sets for others to follow.

It is indeed astounding that an architect who was neither known for urban planning, nor for teaching (at the newly established Department of Architecture at the University of Baghdad, for example) ended up producing such a remarkable didactic model of new urbanism in this city. His ideas challenged Western planning principles, imposed on Baghdad by European consultants, particularly the mid 1950s plan prepared by the British firm Minoprio & Spencely & P. W. MacFarlane, with its immense suburban blocks and emphasis on vehicular movement. Awni's approach, perhaps intuitive and driven by his affection for the old city, also opposed the unregulated modernization and unchecked growth taking over Baghdad at the time. Undoubtedly, ongoing development had a direct impact on the expansion of higher education and the need for new institutions like Al-Mustansiriyah University, thus providing opportunities for Awni and fellow Baghdadi architects that they could not have anticipated a few years earlier. But along with the expansion of education, these architects were becoming more cognizant not only of the detrimental impact of rapid transformation, but also of their own role in contributing to shaping the quality of urban life in the new Baghdad. Awni inadvertently demonstrated, through the qualities and scale of his project, that the principles of architecture could form new and alternative ways of conceiving urbanism in modern Baghdad.

As a substantial urban intervention, Al-Mustansiriyah University allowed Awni to test the ideas that he, along with fellow Baghdadi architects, had articulated up to this point, and to implement them at multiple scales from the massive urban plan down to the minuscule architectural detail. Moreover, the project presented a holistic, rich, and immersive experience that reveals the potential of these architects' vision, aborted later due to the political instability that only intensified in subsequent years. Al-Mustansiriyah University stands as a relic from a bygone era, a testament to the strikingly ambitious, meticulously refined, and carefully situated architecture and urbanism that a small group working in a rather small Arab city like Baghdad could create. Despite egregious modifications, the lack of proper preservation, and the vagaries of time, Al-Mustansiriyah University perseveres, an obstinate physical manifestation of the ardent desires of a determined generation of architects, and a vision that continues to capture the imagination of many today.

أسس التصميم

١ـ جاء تكليفنا بالقيام بتصاميم جامعة تسع خمسة ألف شخص
٢ـ قابلة للتوسع ـ التركيز في البداية على الأقسام الأدبية
   والأقسام العلمية
٣ـ علاقة التصميم بمدينة بغداد والحضارة الإسلامية العربية
   القديمة والمقترح بالمواد الحديثة وطرق البناء الحديث
٤ـ الأسس ـ ١ـ المناخ ـ قسم الحرارة ـ الظل الصيفي
   ٢ـ بدأنا بفكرة جامعة مبانية ـ وقطوب
   أنه اخذت تنمو كجامعة عصرية ومباشر
   ج ـ تاريخ جامعة المستقبل
   د ـ تخطيط ـ الخطوط المستقيمة التخطيط
   الحوش الداخلي ـ طرق استعمال
   الطابوق

8.3   8.4

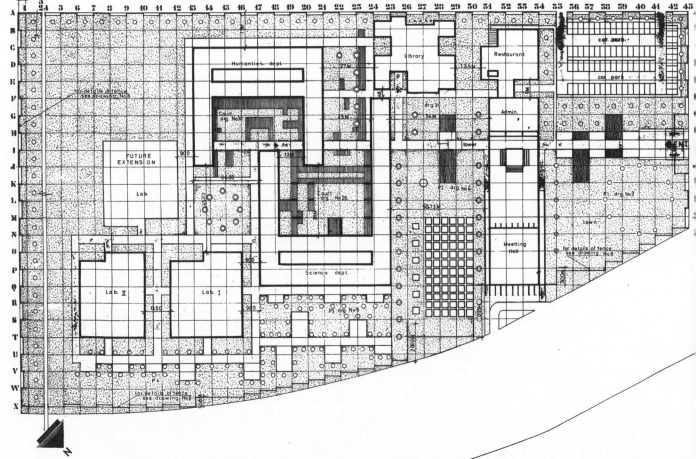

8.5

3– Kahtan Awni's sketch,
:. 1960s, explaining the design
orinciples.
4– The flat roof of the
Administration building, to the left,
oining the curved catenary roof
ine of the Auditorium building, to
the right.
5– Master plan of Al-
Mustansiriyah University,
:. 1960s, showing the original
ayout by Awni's office.
6– An old photograph of the
Auditorium building.
7– Exposed concrete structure
and intricate brickwork.

٨,٣- رسومات وملاحظات وضعها قحطان
عوني قرابة الستينيات تشرح مبادئ تصميد
٨,٤- السطح المستوي لمبنى الإدارة، إلى اليسا
يتداخل مع خط السطح السلسلي لمبنى القا
الكبرى، إلى اليمين.
٨,٥- المخطط العام للجامعة المستنصرية،
قرابة الستينيات، يظهر التصميم الأولي الذ
وضعه مكتب عوني.
٨,٦- صورة قديمة لمبنى القاعة الكبرى.
٨,٧- منشأ من الخرسانة الظاهرة وأشغال
الطوب المشبكة.

8.6

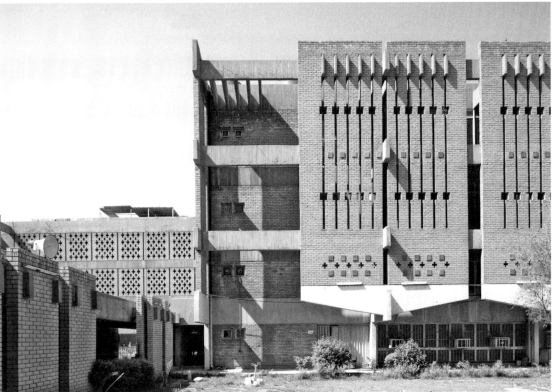

8.7

8.8

8.9

1

AL-MUSTANSIRIYAH UNIVERSITY,
BAGHDAD, IRAQ, 1965–1971

ARCHITECT:
KAHTAN AWNI

المعماري:
قحطان عوني

الجامعة المستنصرية
بغداد، العراق، ١٩٦٥ - ١٩٧١

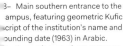

3– Main southern entrance to the ampus, featuring geometric Kufic script of the institution's name and ounding date (1963) in Arabic.
9– Secondary northern entrance o the campus, featuring pointed rches (erected later).
0– Approach to the covered assage, along the main axis, with e Clock Tower in the background.

٨,٨- المدخل الرئيس الجنوبي للحرم الجامعي والذي يتضمن اسم الصرح مكتوباً بالخط العربي الكوفي وتاريخ تأسيس الجامعة (١٩٦٣).
٨,٩- المدخل الثاني الشمالي للحرم، والمؤلف م قناطر مدببة (بُني لاحقاً).
٨,١٠- مشهد للمسار المسقوف، عبر المحور الرئيس، ويظهر برج الساعة في الخلفية.

8.10

8.11

1– One of the later ornamental reflective pools, with the Auditorium building in the background.
2– The Library building, with its fluted brick walls, evoking Mesopotamian and Abbasid architecture.
3– One of the large patios created by the U-shaped Sciences and Humanities buildings.

٨،١١– واحدة من البرك التزيينية العاكسة، المنشأة لاحقاً، ويظهر مبنى القاعة الكبرى في الخلفية.
٨،١٢– مبنى المكتبة، بجدرانها الطوبية المجوّفة التي تستحضر العمارة الرافدية والعباسية.
٨،١٣– إحدى الباحات الكبيرة وقد تكوّنت بفضل الشكل U العائد لمبنيي كليّة العلوم وكليّة العلوم الإنسانية.

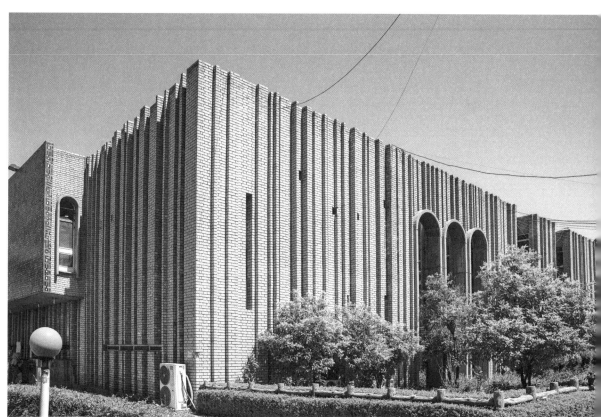

8.12

8.13

8.14

8.15

15

AL-MUSTANSIRIYAH UNIVERSITY,
BAGHDAD, IRAQ, 1965–1971

ARCHITECT:
KAHTAN AWNI

المعماري:
قحطان عوني

الجامعة المستنصريّة
بغداد، العراق، ١٩٦٥ – ١٩٧١

.14– Shading created by the
double façades employed in the
original design, particularly the
Administration, Sciences, and
Humanities buildings.
.15– The covered passage
that defines the main axis Al-
Mustansiriyah University, in
its original condition.
.16– Perforated screens that line
up corridors separating some of
the original buildings' envelopes
from the interior spaces.

٨،١٤– تظليل خلقته الواجهات الثنائية المعتمد
في التصميم الأساسي، خصوصاً في مباني
الإدارة وكليّتي العلوم والعلوم الإنسانية.
٨،١٥– المسار المسقوف الذي يكوّن المحور
الرئيس في الجامعة المستنصرية، كما بدا في
حالته الأصلية.
٨،١٦– الجدران المخرّمة حول الممرات التي تفصل
بين بعض أغلفة المباني والفضاءات الداخلية.

حقبة الستينيّات يمكن رصده في أعمال معماريين بغداديين عديدين، وذاك تمثّل بقيام كلّ منهم بتطوير تأويل ومقاربة خاصين به في التعامل مع تلك القضايا. وعلى عكس الاعتقاد السائد، لم يكن أولئك المعماريون مهتمّين بصياغة ضرب من الهويّة المحليّة أو الوطنيّة. بل هم، تماشياً مع أفكار طوّرها أصدقاء لهم في سياق مشروع لفنانين بغداديين، كانوا اعتبروا الماضي مصدراً لابتكارات تتعلق بالمكان والأنماط والجماليّات، ولمساهمات في الثقافة المعمارية العالميّة. وعلى الرغم من قيام المعماريين هؤلاء بالتعامل مع تنويعة واسعة من المراجع التاريخيّة، إلا أن أعمالهم ارتبطت ارتباطاً وثيقاً بالحاضر، عبر تجاربهم المتواصلة واستخدامهم مواد ومناهج بناء حديثة في أعمالهم. وهذا الأمر في الحقيقة هو ما جعل دور المعماريين البغداديين يغدو أساسيّاً في هذا السياق، فأولتهم الحكومة تكليفات عامة أكبر (بعد اعتمادها في السابق على خبراء أجانب)، وراحت أعمالهم تتطوّر من هذه المرحلة فصاعداً، لتنتهي عمارتهم مُصدرةً إلى باقي أنحاء المنطقة العربية. وفي حالة الجامعة المستنصريّة بالتحديد، فإن حجم المشروع نبّه عوني على ما يبدو إلى حقيقة دوره الرائد في التعاطي مع حقل مكانيّ جديد، هو التخطيط الحضري. إذ بغض النظر عن مساحة الأرض التي قام عليها مشروعه، يفصح تعاطي عوني مع مجموعة من الأفكار عن رؤيته المتعلقة بمزايا المدينة الجديدة التي ساهم في بلورتها من خلال المخطّط التوجيهي الذي وضعه، والمتضمن: استحضارات للمواضع الحميمة والمفاجئة التي يختبرها المرء في مدينة بغداد القديمة؛ المحور الذي يذكّر بالأسواق التقليدية؛ حجم الأبنية الإنساني والتي بقيت خفيضة في التصاميم الأساسيّة؛ إتاحة عدد كبير من مساحات اللقاء والتجمع والتبادل الحياتي وتأمين الحماية لها في وجه العناصر المناخيّة؛ وموضعة برج الساعة البارز في عمق المخطط في محاولة لاستحضار فكرة الوسط المدينيّ بمقياس مُصغّر.

والجدير ذكره هنا أيضاً، أن مقاربة عوني لمشروع الجامعة المستنصريّة، كانت مختلفة بوضوح عن المقاربات التصميميّة التي وضعها معماريون أجانب لأبنية جامعية في مدينة بغداد الحديثة، مثل جامعة آل البيت التي صمّمها في العشرينيّات المعماري جايمس موليسون ويلسون، وجامعة بغداد التي صممها والتر غروبيوس قبل عقد وكانت آنذاك في طور الإنشاء. إذ على عكس هذين المشروعين، جاء الحرم الجامعي الذي صممه عوني فريداً من ناحية العلاقة المتينة بين كوكبة مبانيه والانتباه الذي أولاه إلى مسألة تظليل مسارات ومسالك الحركة الأساسية والمساحات المفتوحة داخل الحرم – وتلك سمات تخاطب طريقة عيش البغداديين. وكما قمت بتأويل هذه المعالجة المُحدّدة لفكرة المحور واعتبرتها محاولة من عوني لتحويل تصميم حضري في الدرجة الأولى إلى عمارة، أودّ كذلك القول إن جميع الأفكار والاستراتيجيات الرسميّة المتضمنة في هذا المشروع كان هدفها أيضاً جعل العمارة مركزاً لعمليّة التخطيط الحضري الجديدة التي كان المعماري يصوغها. كذلك، أودّ أن أقول إن حجم ما أنتجه عوني يتخطى مجموع مكوّنات هذا الصرح، وإن التجربة الباهرة، لكن المنعشة، المتمثلة في التجوال بالحرم الجامعي تشكّل تعبيراً أقصى عن رؤيته.

وفي مدينة كانت تشهد تحديثات متسارعة وتعرّضت أجزاء واسعة من قلبها التاريخي القديم إلى التدمير من دون إجراء أيّ مراجعة جديّة لتداعيات مظاهر المحو الواسعة، وحيث كانت الأبراج والمنشآت الأكبر تظهر في أنحاء تلك النواة المدينية المنكشفة، وأتيح نشوء الأحياء السكنيّة الهادئة وقليلة الكثافة السكانيّة بفضل المواصلات الآلية الحديثة، فإن مشروع عوني جاء ليشكّل فكرة حضرية راديكاليّة بديلة. إذ إن مخطّطه الحضريّ النابع من الموقع، الذي واجه بعمقه ومقاربته الحسّاسة القوى الفوضوية المدفوعة بالاضطراب السياسي السائد والتي راحت تشكّل المدينة الجديدة في تلك الحقبة، وضع نموذجاً سديداً لما يمكن أن تصيره بغداد المستقبل – وبنظرة ارتجاعية، لما يمكن أن تكونه. وبموازاة التأثيرات الفنيّة والمعماريّة التي انعكست على ممارساته المهنيّة، كانت أفكار عوني المتعلقة بالتخطيط الحضري في حالة تفاعل وتحاور مع العالم المعاصر، وذلك بموازاة تجذرها في خصوصيات السياق المحلّي. من هنا أودّ القول إن أفكاره الحضريّة مثّلت تمديناً تعليمياً، ليس فقط لأن المشروع الذي نفّذه ضمّ معهداً تعليمياً، بل أيضاً لأن مشروعه ذاك جسّد نموذجاً تعليمياً مطروحاً أمام الآخرين كي يقتدوا به.

وإنه لأمر مدهش بالتأكيد أن يقوم معماريّ لم ترتبط شهرته بالتخطيط الحضري أو بالتعليم (في كليّة العمارة التي افتُتحت حديثاً آنذاك في جامعة بغداد، مثلاً) بإنتاج هكذا نموذج تعليميّ متميّز في سياق التخطيط الحضري الجديد لمدينة بغداد. وقد تحدّت أفكار عوني مبادئ التخطيط الغربيّة التي فرضها على بغداد مستشارون أوروبيون، تحديداً في إطار الخطّة التي وضعتها في أواسط الخمسينيّات شركة "مينوبريو وسبينسلي وبي دبليو مكفارلين" البريطانيّة، بكتلها الضخمة في الضواحي وتركيزها على الحركة بواسطة السيارات والآليات. كذلك فإن مقاربة عوني، التي ربما كانت حدسيّة ونابعة من حبّه لبغداد القديمة، عارضت أيضاً حركة التحديث غير المضبوطة والنمو الجامح الحاصلين في بغداد بتلك الفترة. ومما لا شكّ فيه، كان لظاهرة التنمية القائمة تأثير مباشر على توسّع التعليم العالي وما تطلّبه ذلك من معاهد جديدة مثل الجامعة المستنصريّة، وهو الأمر الذي وفّر فرصاً لعوني وأقرانه من المعماريين البغداديين ما كانوا ليحصلوا عليها قبل سنوات. وفي سياق هذا التوسّع لمظاهر التعليم، راح أولئك المعماريّون يغدون أكثر إدراكاً، ليس فقط تجاه ظاهرة التحولات السريعة المدمّرة والوخيمة، بل أيضاً تجاه أدوارهم في المساهمة بصوغ نوعيّة الحياة المدينيّة في بغداد الجديدة. ومن خلال جودة مشروعه وحجمه، أظهر عوني، عن غير عمد، أن مبادئ العمارة يمكنها أن تشكّل سبلاً جديدة وبديلة لطرح التخطيط الحضري في بغداد الحديثة.

لقد جاء مشروع الجامعة المستنصريّة، باعتباره تدخلاً حضريّاً كبيراً، كي يتيح لعوني اختبار الأفكار التي كان ومعماريون بغداديون آخرون في ذلك الوقت قد صاغوها. كما سمح له بتطبيق تلك الأفكار بأحجام ومقاسات مختلفة، بدءاً من مقياس مخطط حضريّ كبير، وصولاً إلى أصغر التفاصيل المعماريّة. كذلك، مثّل المشروع تجربة غنيّة وتكامليّة وشديدة الوقع، أفصحت عن الإمكانيات التي تضمّنتها رؤى أولئك المعماريين، والتي أُجهضت فيما بعد نظراً للاضطرابات السياسيّة الآخذة بالاستفحال خلال السنوات التي تلت المشروع. ويقوم صرح الجامعة المستنصريّة اليوم كأثر باقٍ من حقبة آفلة، وشاهد على عمارة ومخططات تمدين مدهشة بتطلعاتها وأناقتها الرفيعة ودقّة مقامها، كان بوسع مجموعة صغيرة من الأفراد تعمل في مدينة عربية صغيرة مثل بغداد، ابتكارها. وعلى الرغم من كلّ تداعيات الزمن والتعديلات المؤسفة التي أُجريت على الحرم وغياب عمليات الصيانة المناسبة، تبقى الجامعة المستنصريّة اليوم كياناً حاضراً بثبات، ومعبّراً عن رغبات عارمة ساورت جيل مثابر من المعماريين، وعن رؤية ما زالت تأسر مخيلة الكثيرين حتى يومنا هذا.

217 AL-MUSTANSIRIYAH UNIVERSITY, BAGHDAD, IRAQ, 1965–1971 ARCHITECT: KAHTAN AWNI
الجامعة المستنصرية
بغداد، العراق، ١٩٦٥ - ١٩٧١
المعماري:
قحطان عوني

والواجهات. هذا ولم يلحظ الحرم بالضرورة الطرق السريعة الملتفّة حول طرف موقعه، والمصمّمة كطرقٍ لا تربطها علاقة حقيقيّة بالأحياء السكنية المحاذية لها؛ بل بدل ذلك، جاءت مباني عوني لتستمدّ نماذجها من بعضها بعضاً، وتؤسّس تبادلات وعلائق تصوغ شخصيّة مدينية متمايزة انبثقت من تكتلات الأحجام والفراغات التي أوجدها. بكلام آخر، لقد خلق الحرم الجامعي الجديد تجانسه الخاص، وذلك برغم اختلافه الواضح عن الأجواء المكانيّة للمدرسة المستنصريّة، كما خلق الحرم الجديد فضاءً مدينياً متميّزاً في بغداد الحديثة. وعلى الرغم من اتّسام خيارات عوني التصميمية بتنوّع أكبر قليلاً ممّا يسود في المدرسة القديمة، إلا أن هناك إحساساً بالتكامل والترابط من ناحية المواد وأساليب الإظهار يستحضر مجمل شخصيّة المدرسة العبّاسية التاريخيّة. لكن ما يبقى أقلّ نجاحاً ربما في التأويل الحداثي الذي قام به عوني يتمثّل بواقع إغفاله الأسلوب الذي قامت من خلاله الإيوانات (القاعات المتميّزة بأبوابها المقنطرة الضخمة) بتحريك وإغناء واجهات المدرسة العبّاسيّة. هذه الأخيرة التي كانت ستبدو رتيبة لو لم تقم تلك الإيوانات بتعزيزها ومدّها بعلامات ذات إيحاءات منتظمة أضفت شعوراً بالهرميّة، وأبرزت بعض الأقسام الوظيفية أو المواضع الأساسية في البناء. وجاءت واجهات عوني بهذا المنحى مفتقرة إلى عناصر التمايز تلك. بيد أن المعماري قد يكون تجنّب عن قصد عناصر التمايز، كي يشير ربما إلى مبدأ المساواة في التربية والتعليم الحديثين.

إلى هذا، فإن مرجعيات عوني المتعلّقة بالتراث المحلّي لم تُقتصر فقط على مخطط بغداد القديمة أو على المدرسة المستنصريّة. إذ إن الواجهات الثنائيّة التي اعتمدها، مثلاً، صُممت لتحمي النوافذ ودواخل الأبينة من أشعة الشمس المباشرة، وتتيح لها عملية تهوئة طبيعيّة؛ بيد أن الستائر الخارجية المشغولة من الطوب عنت بالنسبة له معادلاً تجريديّاً للستائر التي استخدمت لحماية النوافذ في المنازل البغدادية القديمة (بعض تلك الستائر تكوّن من نباتات جافّة كان يجري ترطيبها بالماء في انتظام كي تؤمن البرودة والهواء الرطب للداخل). وقد جاءت الزخارف ضمن تلك الستائر مستحضرةً الزخارف الشائعة والمطرزة في الوشاح التقليدي الذي يرتديه الرجال العرب، المعروف بالكوفية. كذلك جرى إدماج الخط العربي ضمن بعض المسطحات، مثل البوابة الرئيسة، حيث اعتُمد نمط هندسي من الخط الكوفي استلهم نماذج معمارية من العالم الإسلامي، لكن على نحو محدّث. وإلى العقود المستدقة في البوابة الفرعية الثانية، استخدم عوني العقود والقناطر المستديرة في مبنى المكتبة، والتي تستحضر العمارة المحليّة البغداديّة، كما تذكّر أبعاد ومواد هذه القناطر والعقود بأعمال رفعة الجادرجي في ذلك الوقت. أما بالنسبة إلى جدران الطوب المثقبة المحيطة بتلك العقود والقناطر المستديرة في مبنى المكتبة، والتي تظهر أيضاً في أمكنة أخرى بالحرم الجامعي، فهناك رأي يقول إنها تستند إلى مراجع تاريخية سابقة ترجع بالزمن إلى الزقورات البابليّة، أو العمارة العبّاسيّة. وربما هناك أيضاً مراجع تاريخية أخرى، إلا أن هذه المذكورة آنفاً تقدّم دليلاً وافياً على التزام عوني العميق في دراسة خصائص وتفاصيل التراث المحلّي ورغبته في تأويل تلك الخصائص والسمات، بأساليب حداثيّة.

وليس ثمة ما يجمع حلول عوني البيئية المتعددة ويختصر إحالاته التاريخية المختلفة ويعبّر عن جماليات مشروعه وتكامله، أكثر من المواد المستخدمة في إنشاء هذا المشروع وجودة أعمال البناء. ومن دون أيّ معرفة مسبقة بمقاصد المعماريّ، يتمثّل المظهر الأشد بروزاً في هذا المشروع بأشغال البناء الدقيقة الباهرة، المتّسمة بحرفيّة مثاليّة طُبقت خلال التنفيذ. وتنويعة المواد كانت محدودة: الخرسانة، الطوب، والبلاط (استخدمت مواد أخرى مختلفة في الفضاءات الداخلية). وقد تزايد في هذه الفترة استخدام المعماريين البغداديين الخرسانة الظاهرة، تماشياً مع الحضور العالمي البارز آنذاك للعمارة الخاميّة. وساهمت هذه الأخيرة بإرساء مظهر حداثيّ ونمط طبيعي وخاميّ للجامعة المستنصريّة، فخلقت مناخاً حميماً لفّ الحرم الجامعي بمجمله. واستخدمت الخرسانة بالدرجة الأولى لتكوين الوحدات الإنشائيّة في حرم الجامعة المستنصريّة. بيد أنها اعتمدت أيضاً لتمييز وإبراز وتعزيز بعض العناصر المحدّدة، أو لتأطير بعض العتبات والفضاءات (لا سيما العقود والقناطر المستديرة في مبنى المكتبة). كذلك جرى إدماج الخرسانة ضمن مسطحات كبيرة من الطوب، ورُصّعت أحياناً ببلاطات سيراميك بارزة، وبألوان زاهية، مثل الفيروزي والأزرق والأخضر، وقد تعاكست تلك البلاطات جمالياً مع الأسطح الخرسانيّة والطوبيّة ذات المظهر الأكثر هدوءاً وحياديّة (كما استحضر إدماج الطوب الأصفر وبلاطات السيراميك، الزخارفَ الكلاسيكية الموجودة في مساجد بغداد، من دون أن نذكر طبعاً تنويعة المواد المشابهة في العمارة البابليّة القديمة). لكن القوام الأبرز ضمن النسيج العام للحرم الجامعي بقي متمثلاً بأشغال الطوب المتشعّبة التي تكوّنت من أحجار طوب ذات لون أصفر خافت، صُنعت من التربة المحليّة. ولن يكون من المبالغة القول إن مُعلّمي العمار المحليين وأسطواته، إلى جانب رؤية عوني المعماريّة، هم من ساهم في منح الجامعة المستنصريّة شكلها النهائي. ففي المعالجات الأفقيّة والعموديّة للواجهات على حدّ سواء، لجأ المعماريّ إلى تقسيم المسطحات إلى مساحات وكتل متمايزة، ليغدو كل منها وحدة مكوّنة من حجارة طوب – وقد أُبرز مقياس كل قطعة من قطع الطوب بفعل الأنماط الزخرفية، تلك الأنماط المتكوّنة بفعل جمع الوحدات الطوبية معاً. وذاك منحها امتياز التأثير على المشروع برمّته. وعوني لم يكن أوّل معماريّ محلّي استخدم الطوب أو اعتمد أنماطاً زخرفيّة مستندة إليه (المعمارية إيلين جودت كانت واحدة من أوائل المعماريين الذين اعتمدوا مسطحات مماثلة، قبل أكثر من عقد). بيد أن مشروع الجامعة المستنصريّة جاء ليطرح التجربة بمقياس ضخم، كما أعاد النظر بالأنماط التقليديّة، فحرّر الجدران الطوبيّة وجعلها فواصل معزولة، الأمر الذي منح مادة الطوب حضوراً متميزاً ومظهراً راقياً؛ كما أتاح بفضل الوحدات التكراريّة، إدخال هذه المادّة ضمن التعبيرات الحداثيّة. ولاحقاً فيما راحت تبدو أشغال الطوب مألوفة لسبب ما، ربما لاستخدام المعماريّ أنماطاً جيومتريّة أساسيّة، صار متوجباً التأكيد على أن الأنماط المذكورة كانت مبتكرات مستجدّة استندت إلى لغة مضبوطة، لكن شديدة الأناقة والدقّة إلى حدّ يثير الإعجاب. إذ إن عوني نجح في استخدام الطوب لأهداف بنائيّة تكتونيّة وإنشائيّة ومكانيّة وزخرفيّة وبيئيّة، وذاك استدعى وطوّر استخداماته التقليديّة في هذا السياق. وعبْر اقتصار استخدامه على الخرسانة الظاهرة والطوب الأصفر مع بلاطات سيراميك متفرقة في المسطحات هنا وهناك. وبين الحين والآخر، استطاع عوني خلق مناخ وحدة واضح في الحرم الجامعي الهائل – مناخ وحدةٍ غير رتيب أو منهك، بل مفعم بالحيوية، خصوصاً عبر الابتكارات المتعددة في استخدامات تلك المواد.

تمدين تعليميّ

من المهم الإشارة مرّة أخرى إلى أن عوني لم يكن وحيداً في كلّ تلك الجهود. إذ إن عدداً من المعماريين البغداديين الآخرين، أبرزهم إيلين جودت في الخمسينيّات، وبعدها محمّد مكيّة ورفعة الجادرجي، كانوا أولوا اهتماماً أدقّ بالحرفيّة العاليّة التي تمتّع بها الأسطوات المحليون – ولاحظوا أن مهارة هؤلاء الاستثنائيّة، المتوارثة من جيل إلى جيل، كانت في طريقها إلى الزوال على نحو تدريجي. لذا فإن أموراً كالاهتمام بمواد مثل الطوب، وإدماج عناصر من التراث المحلّي، كالألواح الستائريّة والعقود، في التصاميم الجديدة، لم تكن بالضرورة أموراً محصورة بعوني – بل كان هناك تحول جماعيّ خلال

وقد استكمل عوني استراتيجيّاته المذكورة بمجموعة حلول إضافيّة طبّقها على المستوى الجزئي والتفصيليّ بغية التحكم بالمناخ. إذ إن المساحات المفتوحة لم تنوجد بين المباني الجامعية وحسب، بل أيضاً ضمنها. كذلك جرى خلق وتأمين أفنية ومناور ضوء وتهوئة ضمن مبنى المكتبة وفي محيطه، وفي مركز المُنخفَض بالوحدات التي على شكل حرف U المُكوّنة لمسطحات كليتي العلوم والعلوم الإنسانية (التي جرى فيما بعد إغلاقها في المبنيين الأخيرين). وجاءت الأبعاد العميقة والضيقة في تلك الفراغات لتضمن تقليص الحرارة الناتجة من أشعة الشمس إلى حدّها الأدنى، فيما بلغت العلاقة مع السماء وحركة التهوئة حدّها الأقصى. وقد تميّز التصميم الأساسي للمشروع بمعالجات محددة في الواجهات ضمنت الحفاظ على تكتّل المباني وتراصفها. واعتمدت اثنتان من تلك المعالجات أسلوب تصميم واجهات ثنائيّة: في حالة الواجهات ذات الأحزمة الخرسانية والطوبيّة المتناوبة، قامت شاشاتٌ مثقبة لتحاذي الممرات التي تفصل غلاف البناء عن فضاءاته الداخلية؛ أمّا في حالة الواجهات الأكثر تفرّقاً، المؤلفة من تعبيرات عمودية لمقاطع من جدران طوبٍ قائمة على جسور خرسانية، فقد نهض الغلاف الخارجي على أذرع فصلته عن النوافذ خلفه، وذاك أمّن للأخيرة حماية كافية من أشعة الشمس وخلق مساحات ظليلة في الأسفل، على مستوى الأرض. ويمكن القول إن هذين النمطين في معالجة الواجهات أحاطا بمبنيي كلية العلوم وكلية العلوم الإنسانية من كل الجهات (نسخة معدلة من نمط المعالجة الثاني اعتمدت في واجهات مبنى الإدارة أيضاً)؛ ولم يجرِ اعتمادهما تخصيصاً لجهة معينة. إذ إنهما يؤمنان الحماية للبناء من كلّ جهاته، وقد جاء استخدامهما متماشياً مع الحاجات التصميميّة أو الوظيفيّة للفضاءات الداخلية. وثمة أيضاً معالجة أخرى للواجهات تمثّلت بالجدران المثنية المحيطة بمبنى المكتبة، تلك الجدران التي هدفت إلى زيادة عمق وتركيبة تلك المسطحات بغية خلق خاصيّة تظليل تلقائية، صادرة منها.

أمّا الهدف الأساسي الثاني من المشروع فتمثّل باستلهام تراث مدينة بغداد القديمة العربي – الإسلامي، وذلك بموازاة اعتماد مواد ومناهج البناء الحديثة في عمليات الإنشاء (ينبغي الإشارة هنا مرة أخرى إلى أن الأفكار المطبّقة استُلهمت من برنامج "مجموعة بغداد للفن الحديث"). وكان عوني في وقت سابق قد درس هذا التراث على نحو دقيق، فحلّل عناصره ليتمكن من تعيين المبادئ المعماريّة التي يتضمّنها؛ وقد تجنّب في السياق اعتماد المحاكاة المباشرة، مثابراً في محاولة تشريح التراث البغدادي واستخلاص دروسه وعِبَره.كذلك مثّل الاستناد إلى التراث منحًى أساسياً في مقاربة عوني مسألة المُناخ. فقد كان هذا المعماري واضحاً في مقاصده التصميميّة على المستوى الحضري. إذ إن النسق الذي خلقته مبانيه، خصوصاً في علاقتها مع المساحات الأرضية المفتوحة، أحال إلى تخطيط أحياء بغداد القديمة حيث كانت المباني تُحيط بفناءات مفتوحة؛ وهو حاول أيضاً محاكاة الطريقة التي يمكن لتكتلات المباني والأزقة أن تنفتح على ساحات عامّة؛ كما حمّل ذاك النسق أصداءً من دواخل أفنية المساجد أو فضاءاتها الخارجية في الأحياء القديمة. وهدفت تلك التشكيلات، القائمة وفق مقياس أصغر، إلى خلق مساحات ظليلة ومحميّة من أشعة الشمس وحرارتها بفضل ما تضمّه الأبنية من فضاءات مفتوحة. هذا وحظي المحور الممتد في الحرم الجامعي بتظليلٍ دقيق جعله محمياً من عناصر المناخ، على أن عملية التظليل تلك صُممت بطريقة خاصّة استحضرت نسق الفتحات الصغيرة التي تُدخل النور إلى فضاء الممرات، التي كانت ستبقى معتمة لولا هذه المعالجة – وذاك يذكر بأجواء أسواق المدينة القديمة.

أمّا المرجعية التاريخيّة الأوضح في مشروع عوني هذا، فتتمثّل بالمدرسة المستنصريّة التي يستحضرها الصرح الجامعي من خلال اسمه. وكان عوني اعترف بأنه استمدّ العديد من الأفكار واستلهم العِبَر من تلك المدرسة التاريخية العائدة للعصر العباسي. ومن هذه الأفكار: المخطط العام، الخطوط المستقيمة الواضحة، الباحة، واستخدام الطوب. وكان قد ذُكر أن عوني في الواقع، استعار، أو استلهم، مخطط المدرسة المستنصريّة برمّته، فقسّم كتلته إلى النصف تقريباً وحوّره، كي يبتكر الأحجام المتداخلة لمبنيي كليّة العلوم وكليّة العلوم الإنسانية، الكامنة في صلب تصميمه. (وذاك رأي منطقيّ في الحقيقة: إذ فيما هناك فارق كبير وجليّ من ناحية المقياس، حيث يبلغ مسطح عوني قرابة ضعف مساحة مسطح المدرسة العباسية القديمة، إلا أن أبعاد التآليف التي تشبه شكل حرف U اللاتيني في هذين المبنيين تُماشي أبعاد صرح المدرسة القديمة؛ كذلك، فإن توجيه كتل الصرحين، الحديث والقديم، يكاد يكون متطابقاً، ما يرجّح أن يكون عوني منذ البداية قد موضع مخططه الأساسي بتأثير مباشر من المدرسة المستنصرية). كما يأتي هذا القطع في المُخَطط متميزاً من ناحية إظهاره أن عوني ربما أراد الإشادة بالإرث المعماري والثقافي المحلّي، لكنه اهتمّ أيضاً، وبالمستوى نفسه، في خلق احتمالات جديدة وتكوينات وتجارب مكانية مختلفة، تستفيد من تجارب الماضي وتتعلّم منها.

إلى هذا، ثمّة أمور أخرى تحيل إلى المدرسة المستنصريّة (التاريخية). فقد قيل أيضاً إن عوني استعار تأليف الممرّ الشهير في المبنى الجنوبي الشرقي للمدرسة العباسيّة، وقام بتجريده ليغدو فجوات رشيقة اعتمدها في مبنيي العلوم والعلوم الإنسانية، والتي يمكن معاينتها في أخاديد العناصر ذات الشكل U ضمن المسطح العام. ومع أن بوابة المدخل الرئيس للحرم الجامعي الجديد جاءت أفقيّة، وتكوّنت من مسطحات متعامدة صريحة، إلا أنها صُممت كقراءةٍ تجريدية لمكوّنات بوابة المدرسة المستنصريّة العباسيّة. (ربما تتمثّل المطابقات الأساسية بالنقوش فوق كلا المدخلين، كما في العلاقة التناقضيّة بين مدخلين، أحدهما متواضع والآخر أكثر ضخامة). أمّا بالنسبة إلى البوابة الشماليّة الشرقيّة، التي بُنيت في وقت لاحق وفق حساسية تختلف عمّا يسود في باقي الحرم، فإن تصميمها جاء ليحيل بصورة أكثر وضوحاً إلى البوابة العباسيّة؛ إذ إنها وجّهت على نحو أفقي وبأبعادٍ طوليّة وأقواس مُدببة تحتضن بعضها بعضاً، وألواحٍ وحلقات تزينية تتكرّر حول الجدران الطوبيّة. (حساسيّة هذه البوابة في الحقيقة هي أقرب إلى نمط الأعمال التي كان يُنتجها محمّد مكيّة قرابة تلك الفترة والمتماشيّة مع نماذج ما سُمّي بالعمارة "الإسلامية"، أكثر من قربها من أبنية عوني). لكن، مرة أخرى، فإن المقاربة التصميميّة هدفت إلى التشديد على التأويل الحداثي – إذ جرى تفكيك العقود وعزلها وتمديدها، فيما بدا إنشاؤها بمادة الخرسانة بارزاً.

هذا وقد تتمثّل إحالة أخرى إلى المدرسة المستنصريّة بعناصر وزخارف الطوب المتشابكة والمجردة التي اعتمدها عوني في مبانيه، وهي العناصر والأشغال التي اشتهرت بها واجهات الصرح القديم. كما من المحتمل أن تكون إشادة إضافية بالصرح التاريخي القديم وواجهاته التكراريّة، وبواقع صياغتها موجّهةً نحو الفضاءات الداخليّة – على نحو يخالف الأسلوب النمطي الحديث للهياكل المستقلّة، فتقوم أحجام عوني بفضل المُخطَط الذي وضعه، بالالتفاف الرشيق حول الفضاءات الداخليّة المتعدّدة، فينتفي إذاك، على هذا النحو، وجود مساحات خارجية. وذاك يعني أيضاً أن الحرم الجامعي يخلق أجواء داخليّة فريدة خاصّة به، تحدّدها كتل المباني

أمّا من الناحية البصريّة، فهو منشورٌ أو مشكالٌ يلتقط الضوء وإيحاءات المحيط ويوزّعها في الأرجاء، ولا يكفّ عن التبدّل كلّما أوغل المرء فيه. وقد جاءت أسقف الخرسانة الظاهرة وبلاطات الأرض الخرسانية ناجعة على نحو خاصّ ومؤثرة، فأتاحت وجود مسطّحات مُتّسقة، داكنة اللون خشنة، وتُضخّم إحساس التنوع على امتداد أطرافها وجنباتها الأفقيّة. كما يشكّل الممرُّ فضاءً ذا حضور، ليس داخلياً ولا خارجياً، يقود المتجوّل في أرجاء الحرم ويجمّع حوله المواضع والنقاط المقصودة، بإيقاعٍ متناسقٍ بين الفراغات والمساحات المبنيّة؛ إنه مسارٌ معماريّ بامتياز. والخوض في ذلك المسار، بأسقفه الواطئة، لكن باتساعه العرضي الرحب وجنباته المفتوحة، يغدو تجربةً حميمة تُدخل المرء في علاقة مع المحيط وعناصره المتداخلة – الأبنية، والمواضع الظليلة الكثيرة، والباحات، والمساحات المفتوحة، والممرات المتقاطعة الأخرى – كأنه يسير ضمن معبر داخلي مُنسّق، فيستحيل سيره في ذاك الممشى المتواضع، سيراً وسط احتفالٍ باهر. وعلى الرغم من ابتداء المحور من المدخل الرئيس، إلّا أنّ المسار يبقى من دون نهايةٍ أو نقطةِ وصول. فغايته تبقى، أكثر من أيّ شيء آخر، متعلقةً بحسّ المتعة الفائقة، والغموض الذي ينتاب المرء حين يخوض فيه – وذاك أمر ربما لم يتوقّعه حتى المعماري الذي صمّمه. على أنّ الامتداد الذي يبدو آسراً لهذا المحور ذي المقياس المدينيّ، جاء ليمثل بادرةً بارعة أحالت الموقع الحضري للجامعة برمّته إلى مشروعٍ معماريّ متفرّد، سمته الترابط والتكامل.

ويشكّل برج الساعة دليلاً للمحور، فيوجّه الداخلين إلى الجامعة نحو مركز الحرم. ويتكوّن البرج من عناصر مسطّحة طوليّة وحادّة مثل شفرات، وهي عناصر مؤلفة ضمن مُنشأ خفيف وديناميّ التداخل، يلامس الأرض بساقين تبرزان المحور. بيد أن توجيه العناصر شبيهة الشفرات، التي جاءت أطولها في طبقات متوازية، ضمن بقاء برج الساعة مرئياً بأعين عابري المحور – سامحاً للساعة وللشفرات الأقصر، أن تبدو متعامدة مع المحور، فتظهر معلّقة في الهواء. على أنّ الشفرات الطويلة، ومن مواضع أخرى في الحرم، تبدو أكثر صلابة، فتؤكّد على تمايز برج الساعة بموقعه المحوريّ، كما تُبقي العابر في المكان على بيّنةٍ من موقع المحور. أما أسلوب العناصر المُستوية المتّبع في بناء البرج فيؤكّد المعالجات بالعناصر المستوية ذاتها المُتّبعة في تصميم معظم أبنية الحرم – والتي تجنّبت الضخامة لصالح التعبيرات الرشيقة والمنسابة، والأحجام الأنيقة. ومع استخدام الخرسانة الظاهرة في كافة أنحاء الحرم، خصوصاً ضمن الوحدات الإنشائيّة، جاءت الواجهات العارية لبرج الساعة لتمنحه صورة المُنشأ النقيّ، فتُعبّر عن جوهر المُخطط التوجيهي العام للمشروع، وتُقدّم، إلى ذلك، سنداً متيناً ينهضُ بثقل الوقت الذي تمثّله الساعة، كما ينهض بالزمن العابر باعتباره تاريخاً يُنشئ معه التصميمُ العام للمشروع محاورةً رفيعة.

لكن، قبل الوصول إلى برج الساعة ذاك، فإن الداخل إلى الحرم الجامعي يعاين بدايةً منشأً خفيضاً مستطيلاً يتطوّر منه المسار المحوري. وعند الجهة الشرقيّة للمُنشأ المذكور ينهض مبنى الإدارة بطبقات متعدّدة (كان خُطط لإنشاء مبنى المطعم أبعد إلى الشرق أيضاً، لكنه لم يبصر النور). وإلى الغرب يتلاشى ذاك المنشأ في خطّ السطح المنحني لمبنى القاعة الكبرى ذي الهيكل السلسليّ. وقد جاءت موضعة هذه المباني على مقربة من المدخل كي تضمن سهولة وصول الزوّار القادمين من الخارج إلى أقسام الإدارة، أو حضورهم الاحتفالات العامّة، من دون الخوض في باقي أنحاء الحرم حيث تجري الأنشطة التعليميّة والبحثيّة. وبعد اجتياز تلك المباني يظهر برج الساعة منتصباً في مساحة مفتوحة، إلى شرق مبنى المكتبة. وإثر مغادرة برج الساعة مباشرة، تغدو البلاطات التي تُميّز خطّ المحورِ مغطاةً بهيكل تظليليّ، وذاك يُكوّن المسار الذي سرعان ما يتقاطع مع المنشأ الأساسي الأوّل ذي الشكل المحاكي لحرف U اللاتيني، والذي يضمّ كلية العلوم، بقسمها المفتوح المُطلّ نحو الشرق (المبنى الذي سوف يُنشأ فيما بعد). ويقوم هذا المُنشأ مُحتضناً ضمن الهيكل التالي الذي على شكل حرف U اللاتيني، أي مبنى كلية العلوم الإنسانية، بجزئه المفتوح الموجّه نحو الجهة المعاكسة. وتضم المنشآت المتداخلة معظم صفوف التدريس، والمكاتب الإداريّة، وغيرها من المرافق الأكاديمية، فتشكّل تنويعة من الفضاءات المفتوحة التي تُغني شخصيّة وأجواء الحرم الجامعي، على الرغم مما بدا في الناحية الأخرى من معالجات موحّدة ونمطيّة للواجهات. وينتهي المحور عند القائمة الأبعد لمبنى كلية العلوم الإنسانية، فيما تتفرّع منه ممرات أخرى تتيح الترابط بين المباني المختلفة وتؤمّن الوصول إلى المساحات المفتوحة.

أمّا بقيّة أنحاء الحرم، في الثلث الشمالي الشرقي من الموقع، فقد خُصصت كي تضمّ مباني المختبرات وغيرها من المنشآت التي ستُقام مستقبلاً. (بعض الأبنية أنشئ لاحقاً، وبعضها الآخر ما زال غير مكتمل). والجدير ذكره أنه كان قد خُطط لمحور ثانٍ يمتدّ بموازاة المحور الأساسي الأوّل وإلى شرقه، فيربط المباني المختلفة بموقف للسيارات يقع إلى غرب المدخل الرئيس (لكن هذه البقعة غدت مساحة مفتوحة، فيما رُكنت السيارات في جنبات الشارع خارج الحرم الجامعي جنوباً). وفيما بعد، أضيف محور ثالث موازٍ، لكنه بقي أقلّ وضوحاً أو تظليلاً. ويمتدّ هذا المحور إلى غرب المحور الأساسي، عابراً الجزء الشمالي من الموقع كي يتّصل ببوابة المدخل الثاني – التي تكوّنت من أقواس بارزة لم تستخدم في أيّ مكان آخر في المشروع. على أن المدخل الثاني هذا لم يستخدم إلا نادراً، والدخول إلى الحرم الجامعي على الدوام كان عبر البوابة الرئيسة إلى الجنوب الغربي.

تداخل العوامل المناخية والتراثية

كان لتصميم الجامعة المستنصريّة الذي وضعه عوني هدفان أساسيان. يتعلق الأوّل بمسألة التعامل مع مناخ بغداد القاسي عبر اعتماد واستدعاء حلولٍ بيئية، تتضمن تأمين العناصر التظليليّة وضمانة التهوئة الحسنة، والحدّ من زيادة الحرارة. وقد جرى تحقيق ذاك الهدف على المستوى العام عبر تكتيل المباني وتوزيعها في الحرم الجامعي. ومع النمط البنائي المُتراص نسبيّاً الذي تميّز به الحرم، والذي تخلّلته المساحات المفتوحة، استحضر المخطط التوجيهي العام النواة المدينيّة لبغداد التاريخية بنمطها المحلّي البديع الذي تبلور على مدى القرون، وظلال الكتل المتراصة التي تخفف أشعة الشمس المباشرة، فيما تؤمّن للمساحات الفارغة حركة تهوئة صحيّة. ومثّل أمر تأمين التظليل الكافي شاغلاً رئيساً لعوني، فقام باعتماد وحدات إنشائيّة سقفيّة يُظلل بها المسار الذي يشكّل معظم امتداد المحور، وصمّم عدد من المباني مرتفعة فوق مستوى الأرض كي يؤمّن تحتها مسارات حركة مسقوفة، كما أبرز واجهات مبانٍ أخرى. وبفضل تصاميمه تلك، صار هناك على الدوام مساحات ظليلة تحت الأبنية أو حولها، الأمر الذي يعدّ بالغ الإفادة نظراً لمناخ بغداد الحارّ والقاحل. وجاءت المساحات الخضراء المفتوحة من جهتها لتؤدي دوراً كبيراً في هذا الإطار، إذ إنها، بفضل رطوبة أرضها، ساهمت في تلطيف المناخ والأجواء المحيطة. وتفسّر استراتيجيّات عوني البسيطة تلك، لكن الفعّالة، سبب الوجود المتواصل لأفراد يجولون في أرجاء الحرم الجامعي، أو يستريحون في مساحاته المفتوحة، حتى خلال أيّام الصيف الساطعة والحارّة.

وقد حاول أولئك المعماريّون البقاء أوفياء لرؤية عوني، فاستخدموا اللغة التصميميّة الموجودة في المباني الأولى، خصوصاً من ناحية المواد - كالخرسانة الظاهرة، وحجارة الطوب الأصفر، وبلاط السيراميك. كما أنّ أبنية عديدة أخرى أضيفت إلى الحرم الجامعي فيما بعد، بُني معظمها في النصف الشمالي الشرقي من الموقع، حيث كان عوني خطّط لتوسّع مستقبلي للحرم. كذلك، حاول المعماريّون الذين صمموا هذه المباني الإضافيّة احترام شخصية مباني الحرم الأساسيّة الأولى، على أن نِسب نجاح محاولاتهم تلك جاءت متفاوتة. أمّا التغييرات الأكبر في التصميم الأساسي للحرم الجامعي - والتي ظهر بعضها منذ فترة ليست ببعيدة - فتتمثل بعناصر مختلفة من المساحات الحدائقيّة المُصممة، واللافتات، وأعمال تنسيقيّة مُحددة افترقت عن حساسيات عوني الأساسية، تلك الحساسيّات الظاهرة في لوحات التصاميم المتبقيّة، وفي الصور المُبكرة.

على أن مناقشة خلفيّة المشروع تبقى غير مكتملة من دون مقاربة التسمية الجديدة للمؤسسة - وهي تسمية مرجعية شكلت عاملاً تنويرياً بالنسبة للتصميم. فـ"المدرسة المستنصريّة" في الأصل أنجز بناؤها قرابة سنة ١٢٣٤ (٦٣١ هجرية)، خلال حكم الخليفة العباسي المستنصر بالله، وكانت واحداً من أبرز الصروح التاريخيّة التي جرى صونها والمحافظة عليها في سياق حملة الحكومة العراقيّة لإحياء التراث العربي - الإسلامي في العراق (الذي أغفله علماء الآثار الغربيون، مُركّزين اهتمامهم على آثار بلاد الرافدين). كذلك كانت "المدرسة المستنصريّة" أحد أكبر الصروح المتبقية من الحقبة العباسية في بغداد. وبين العامين ١٩٤٥ و١٩٦٠ جرت عمليّات ترميم واسعة النطاق تضمّنت إكمال جناحي المدرسة الشمالي والغربي وترميم المدخل وزخارفه الحروفيّة، إضافة إلى الواجهة المُطلّة على نهر دجلة. كما بدأت سنة ١٩٦١ أعمال ترميم إضافية شملت إعادة بناء أسطح جميع غرف الطابق الثاني للبناء، وترميم بعض أقسام الخدمات. وعلى الرغم من أعمال الترميم المذكورة لم تكن قد اكتملت بعد، إلا أن "المدرسة المستنصريّة" التاريخية افتتحت على يد الرئيس عبد الكريم قاسم (صديق عوني وأحد أهم داعميه خلال تلك الحقبة) في يوم ١٩ تموز (يوليو) ١٩٦٠، حيث اعتُبر افتتاحها ذاك واحدة من أبرز المحطات ضمن الاحتفالات بالذكرى السنوية الثانية لانقلاب سنة ١٩٥٨. وخلال حفل افتتاح المدرسة، وبعد إشارته إلى أن العراق تاريخياً دَعَم التعليم وكان له مدارس شهيرة على مدى الحقب التاريخيّة، ذكر قاسم أن هذه الأمة كانت مهد الحضارة والعلم، ورأى أن على العراقيين المعاصرين مسؤولية احترام إرثهم. ومن خلال خلق المعرفة المتعلقة بالمدينة وصون صروح مدينتهم التاريخية، كان العراقيون، شعباً وحكومة، يحاولون استعادة سرديّة مدينة بغداد. فشعور الاعتزاز الذي كان جلياً في أعمال ترميم كهذه، معطوفاً على احتفالات سنة ١٩٦٢ بألفيّة تأسيس مدينة بغداد العباسيّة، يفسّر مقدار ما تمثّله مؤسسة تعليم عالٍ جديدة من أبعاد رمزيّة وتقديريّة لـ"المدرسة المستنصريّة" (التاريخيّة).

إنجاز المُخطّط

جرى التخطيط لبناء الجامعة المستنصريّة في موقع لم يشهد عمليّات تنظيم حضري إلا حديثاً آنذاك، ويقع تحديداً إلى شمال مدينة بغداد القديمة في منطقة تعرف بـ"الرصافة"، أو الضفّة الشرقيّة لنهر دجلة. وعلى الرغم من أن الصور الملتقطة أثناء عمليات الإنشاء توحي بأن المباني الجامعية كانت تُنشأ وسط خلاء بعيد، إلا أن المباني الجامعيّة سرعان ما غدت في قلب التمدّد العمراني المدينيّ. فالحرم الجامعي الجديد كان جزءاً من حركة توسّع المدينة نحو الداخل، بعيداً من النهر - حيث تجلّت عمليّات تحديث متسارعة في خضم سباق بين مظاهر البناء والتخطيط خلال فترة التنمية المحمومة تلك. وليس بعيداً من موقع المستنصريّة يمكن للمرء أن يعاين أيضاً معظم المباني الحكوميّة ومنشآت المؤسسات العامّة في بغداد، من بينها الجامعات المختلفة التي سيجري فيما بعد نقلها جنوباً، إلى الجادريّة حيث كانت تجري عمليات إنشاء الحرم الجديد لجامعة بغداد. وتُظهر خرائط من تلك الفترة أن نواة الشارع القائم إلى غرب الحرم الجامعي الجديد، بدت آنذاك طريقاً ترابياً يمرّ وسط حقول زراعيّة. هذا الطريق جرى تعبيده فيما بعد وسُمي شارع الأمانة، ثم بُدّل اسمه إلى شارع صفي الدين الحلّي، حين افتتحت المستنصريّة (وهو شارع يمتد عبر ضاحية الوزيرية إلى الغرب، حيث يقع مكتب قحطان عوني). ثم غدا الشارع طريقاً سريعاً يتقاطع، عبر دوّار ساحة القدس الأساسي، مع طريق سريع آخر هو شارع فلسطين الذي يحيط بالحرم الجامعي من الشمال الشرقي. الجامعة المستنصريّة كانت جزءاً من منطقة جديدة اسمها "١٤ تموز"، تيمناً بانقلاب سنة ١٩٥٨.

كان الموقع الذي خُصص لبناء الصرح الجامعي الجديد مساحة أرض مستطيلة، على شكل شبه منحرف، تمتدّ طولياً إلى أقل من نصف كيلومتر بقليل، وتستدقّ إلى قرابة ربع كيلومتر عند منتصف عرضها، ممتدةً نحو طرفها إلى الجنوب الغربي. وقد جُعل المدخل الرئيس هناك، عند ذاك الطرف الذي يمثل الجانب الأضيق في الموقع، ويمكن الوصول إليه عبر شارع متفرّع من شارع صفي الدين الحلّي. وصُمم المشروع كحرمٍ جامعيّ مُسوّر ذي مداخل، فأحيط بسورٍ مثقب فصله عن محيطه المباشر. واتّسقت مع أطراف الموقع المستقيمة شبكة خطيّة بمقاس ٩ × ٩ أمتار، تمتدّ من المدخل إلى باقي أنحاء الموقع، مكونةً شبكة ناظمة تضمّ عناصر المُخطّط الأساسي المختلفة. وقد صُمّمت نماذج معظم مباني الحرم كمضاعفاتٍ أو أجزاء من الوحدات الأساسيّة لتلك الشبكة الخطيّة، ما أضفى إحساس نظامٍ نسبيّ عام، شملَ الأحجام والفراغات التي يضمّها المُخطّط التوجيهي الأساسي. وقد تألّف الحرم الجامعي في الأصل من مبانٍ متجاورة خفيضة، تصل ارتفاعاتها إلى أربعة طوابق، مع استثناءات في بعض المنشآت المتميزة، مثل "برج الساعة" المتصاعد الرشيق، و"القاعة الكبرى" بسقفها المنحني.

وبناءً على منحى التصميم وشبكتهِ الخطيّة الأساسيّة، جرى توجيه المنشآت نحو الشمال بزاوية قاربت الـ ٤٥ درجة، ما ضمن لواجهات الأبنية نوراً متواصلاً طوال ساعات التدريس، وذاك يبدو جلياً للقادم إلى الحرم الجامعي من مدخله الرئيس في الجنوب. وتتألف بوابة المدخل من لوح خرساني أفقي أنيق، يستريح على جدارين من حجارة الطوب الأصفر، ومكسوّ ببلاطات سيراميك زرقاء وبيضاء تضم اسم الجامعة وتاريخ تأسيسها (١٩٦٣ وفق التقويم الميلادي، و١٣٨٣ وفق التقويم الهجري) بخطٍّ كوفيٍّ مُصمّمٍ هندسياً. وأظهرت سلفاً موادُّ المدخل والبوابة التنويعة الرئيسة للمواد المُستخدمة في مجمل الحرم الجامعي. وبعد عبور المرء من بوابة المدخل يبلغ طرف المحور الممتد عبر الموقع بأسره، والذي يساهم في تنسيق مختلف الأبنية حوله. والمحور مُحدّد بوضوح: إذ جرى بدايةً تمييزه من خلال رصف الأرض، ويقوم المحور المرصوف بأخذ الزائر من المدخل الرئيس عبر مساحة مفتوحة باتجاه كوكبة من الأبنية المتداخلة، ثم يتحوّل المسار بمعظم امتداده المتبقي إلى ممرٍّ ظليل. ويبلغ امتداد الجزء الناجز والواضح من ذاك المحور قرابة ربع كيلومتر.

وبغضّ النظر عن مركزيّته وأهميّته بالنسبة للمُخطّط العام، فإنّ هذا المحور يبقى الأقل حضوراً من الناحية البصريّة، لكنّه يمثل ربما العنصر الأكثر قوّة في المشروع. إذ إن أجزاءه المظلّلة تشكّل وسيلة لتوجيه الحركة وضبطها في الحرم، فتنسّق لعبة أضواء وظلال باهرة، وتكوّن ممرّاً لنسائم الهواء.

وغدا عوني إثر عودته إلى بغداد واحداً من الأفراد مؤسسي "جماعة بغداد للفن الحديث" التي أطلقها جواد سليم سنة ١٩٥١. كما شارك عوني في المعارض التي نظمتها الجماعة المذكورة. ويمكن القول إن مشاركاته تلك أثّرت في الفنّ الذي أنتجه. وكان عوني أيضاً دائم الحضور في اللقاءات التي أسهمت في ولادة ثقافة فنيّة - معماريّة مُشتركة، تطوّرت بسرعةٍ واندفاع كي تُحدّد الأفكار الأساسيّة التي بلورت الأعمال التي أنتجها المعماريون البغداديون. أمّا من ناحية ممارساته الفنيّة الخاصّة، فقد أنتج عوني، في الدرجة الأولى، اللوحات والرسومات بالألوان المائية، ساعياً في كثير منها إلى استكشاف العناصر التجريديّة أو المنمّقة في نواحي العمارة والمشهد الطبيعي والثقافة المحليّة - فظهرت في أعمال كثيرة أنتجها زخارف مستلهمة من بغداد القديمة. كما آلمت عوني مظاهر تدمير تراث المدينة، فكان يرصد عن كثب عمليات تدمير الأبنية القديمة ويزور مواقعها ويجمع منها بعض الحطام. وقد دوّن ووثّق مشاهداته المتعلقة بهذا الأمر في لوحاته التي غدت سجلاً لانطباعاته - فبدت أعماله في الغالب تجميعاً لعناصر مستخلصة (من المباني الزائلة)، كالنوافذ المقنطرة والأبواب والدرابزينات التزيينية والشاشات المثقّبة والأشكال الزخرفية، الموجودة جميعها في النسيج الحضريّ للمدينة القديمة. وذاك خلق ما يشبه لوحة أشكال وتفاصيل ومبادئ تصميميةٍ قام عوني فيما بعد بتطبيقها واعتمادها في نتاجاته المعماريّة. وأنا من جهتي أرى، كي نفهم مباني الجامعة المستنصريّة، لزوم الانتباه إلى ممارسات عوني الفنيّة التي مدّت عمارته بالأفكار.

كذلك، لا يمكننا تقدير وفهم العمارة التي أنتجها عوني وأقرانه المعماريّون البغداديون، إلا إذا فهمنا دور "جماعة بغداد للفن الحديث". فبيان هذه الجماعة الصادر سنة ١٩٥١ كان توخّى مساهمةً عالميّة لفناني بغداد المتجذّرين في صميم ثقافتهم المحليّة. كما اعتبر فنانو الجماعة أنّ العالم يمثّل فسيفساء ثقافات، وأنّ مساهمتهم في الفن العالمي الحديث ممكنة عبر اكتشاف وإبراز الجوانب الخاصة في ثقافتهم، ومواءمتها مع الجماليّات الحديثة. لذا، فإن ما يوحي بنتاجاتهم أنه انشغال أو اهتمام بأسئلة الهويّة في الدرجة الأولى، أو محاولة لصوغ بُعدٍ جماليّ وطنيّ، كان يُقصد منه في الحقيقة النقيض لكلّ ذلك: أي المساهمة في الفكرة العالميّة للفن والعمارة. وبيان الجماعة، الذي يُغفَل بسهولة عندما يجري تحليل العمارة بأساليب تقليديّة، كان أورد الطموحات المشتركة للفنانين والمعماريين البغداديين في مطلع حقبة الخمسينيّات، وهو لم يسهم في بلورة النتاجات الفنيّة اللاحقة وحسب، بل أثّر أيضاً في أعمال المعماريين البغداديين. أمّا عوني، من جهته، فقد قام في أعماله بتحقيق تلك الصلة الجليّة بين التجارب الفنيّة والتجارب المعمارية، مُعتبراً أن المحاولات الأولى والرائدة للتعبير عن الخصوصيّات المحليّة تمثلت بظهور "جماعة بغداد للفن الحديث"، حين قام نفرٌ من الفنانين والمعماريين والمثقفين بالانضواء معاً في مشروع موحد للمضي في تحقيق هدفهم المشترك. وستقوم العمارة المتأثّرة بتلك الدعاوى بمناصرة نمط عمارة قائمٍ وبغداديّ القالب، وهو نمط مثّلته الجامعة المستنصريّة خير تمثيل.

ولادة حرم جامعي

تأسست الجامعة المستنصريّة سنة ١٩٦٣ على يد اتحاد المعلّمين، ولأن التعليم فيها بدايةً اقتصر على الصفوف المسائية، فقد تشاركت المكان مع كليّتي التربية والفنون (اللتين كانتا جزءًا من جامعة بغداد). لكن نموذجها ذاك تطوّر بسرعة، وما لبث أن بدأت بتقديم الصفوف الصباحية أيضاً. ومثّلت المستنصريّة أول جامعة خاصّة في العراق الحديث لا تبغي الربح، واعتبرت جزءًا من المحاولات التي بذلها العراق لتلبية الطلب المتزايد على الدراسات الجامعيّة، خصوصاً من قبل أساتذة المدارس الابتدائيّة والموظّفين الحكوميين أو العدد الهائل من خريجي المدارس الثانويّة الذين أرادوا متابعة دراستهم وتحصيل الشهادات الجامعيّة. وعندما انطلقت هذه الجامعة الجديدة واستقبلت دفعة طلابها الأولى (قبل سنوات من اكتمال بناء الحرم الذي صمّمه عوني)، كانت تتألف من الكليّات الخمس التالية: اللغات، العلوم، التربية، الاقتصاد والعلوم السياسية، وإدارة المحاسبة والأعمال. وفي أواخر سنة ١٩٦٤ أعيد تسمية المعهد بـ"الكليّة الجامعيّة"، وجرى دمجها بمعهد خاص آخر هو "جامعة الشعب" (التي تأسست في السنة التي سبقت)، ثمّ أُلحِقت بجامعة بغداد - على الرغم من بقائها مستقلة إدارياً. لكن، مع حلول خريف سنة ١٩٦٨، حين كانت أبنية عوني تظهر في الموقع، استعاد المعهد وضعيته السابقة واسمه الأصليّ الأول، الجامعة المستنصريّة، الاسم الذي ما زال معتمداً إلى اليوم.

في منتصف سنة ١٩٦٥ كان تصميم عوني قد اكتمل، وقُدّرت تكلفة المشروع بنحو نصف مليون دينار عراقي - المبلغ الذي لم يكن بوسع تلك المؤسسة الخاصة الجديدة تأمينه آنذاك، ما استلزم اعتماد نهج تدريجي في البناء. وفي ١٠ تشرين الثاني (نوفمبر) ١٩٦٦، وضع الرئيس عبد الرحمن عارف حجر الأساس لمشروع بناء الحرم الجديد؛ وقد حضر عوني الاحتفال في المناسبة إلى جانب شخصيات أخرى من بينها رئيس الوزراء العراقي وأعضاء حكومته، ودبلوماسيون أجانب، وأكاديميون من مختلف الجامعات.

على هذا النحو إذن، بدأت المرحلة الأولى من أعمال البناء التي شملت مبنى الإدارة، وبرج الساعة، ومبنى كلية العلوم الإنسانية. وفي منتصف سنة ١٩٦٨، كانت تلك المباني شارفت على الانتهاء، فجرى في العام التالي تدشين الحرم. ثمّ، في منتصف العام ١٩٧١، اكتمل إنشاء مبنيي القاعة الكبرى والمكتبة (قبل أشهر قليلة من وفاة عوني المفاجئة). لذا، وعلى الرغم من قيام المعماري الراحل بوضع تصوّر شامل ومتماسك للحرم، غير أن مبانيَ عديدة سبق وخطّط لها، مثل المطعم وكليّة العلوم والمختبرات - لم تُنشأ إلّا في مرحلة لاحقة. أمّا من ناحية فريق التصميم، فقد كان عوني مسؤولاً عن كل المشاريع التي تخرج من مكتبه، وهو مَثّل المكتب في التعامل مع الزبائن. بيد أن عمليّات تصميم المشاريع كما هو معروف، كانت تجري في سياق تعاون بين أعضاء المكتب، وفي حالة الجامعة المستنصريّة، قام بترؤس المشروع شريك عوني الأقرب، عبد الستار العياش.

وإزاء وفاة عوني، جرى إلغاء عقد بناء الجامعة المستنصريّة (الذي كان موقّعاً مع مكتبه)، وتمّ تكليف مكتبَي المعماريين مهدي الحسني وهشام منير إكمال المشروع وتنفيذ مبانٍ إضافية. وفي السبعينيّات، أنجز مهدي الحسني مبنىً إدارياً آخر أصغر من المبنى السابق وموضعه في الموقع الذي كان معدّاً في الأصل لمبنى المطعم، فيما قام هشام منير بإكمال مبنى كليّة العلوم (وفق تصاميم عوني)، كما صمّم مبنى المختبرات سنة ١٩٨٠. أمّا مكتب رفعة الجادرجي، "الاستشاري العراقي"، فجرى تكليفه بتصميم مبنى الخدمات، الذي أنشئ في شمال شرق مبنى كليّة العلوم الإنسانيّة.

العمارة بوصفها سعياً للتحديث

أمين السادن[1]

في أواخر الستينيات، أصدر مكتب المعماري قحطان عوني كتيباً ظهرت على غلافه صورة مهيبة بالأسود والأبيض لبناء غامض. وجاء ثلثا مساحة الصورة، في الجانبين الأسفل والأيمن اللذين يشكلان مقدمتها، بالغَي القتامة، فأوحيا بإطار دراماتيكي. ومن الجليّ أن المصوّر كان واقفاً في الظلّ، محتمياً من الشمس في يومٍ كانت فيه بالغة السطوع. وبدت تكتونيات المبنى، التي تكوّن الظل، محجوبة بالظلام، لكنها أوحت بأنها كتلة موزعة كي تنقّي الضوء الطبيعي، الذي اخترق بعض منه كثافتها وعلق في صدوع راحت تضيء أجزاءً من حجم المُنشأ في الأعلى. وثمّة في مركز الصورة بالتمام واجهة أنيقة، على الرغم من بساطتها، وقد رُفعت فوق الأرضية، وراحت بدورها تُظلل المساحة تحتها. ويبدو مسطح الواجهة مستوياً، مؤلفاً من نطاقات صلبة تتخلّلها شاشات مثقّبة ومُتقنة التشكيل.

وإذ نقلّب الصفحات، ومن دون الحصول على إشارات ومعلومات إضافية، يطالعنا مقطع صغير في أسفل الصورة عينها، المنشورة أيضاً داخل الكتيب، يقول إنّها للجامعة المستنصرية، التي كانت أعمال بنائها آنذاك شارفت على الانتهاء. وتفصحُ مجموعة من الصور الأخرى عن غنى وتشابك ذاك الحرم الجامعي، المؤلّف من أبنية عديدة، كما توحي الصور أيضاً باعتزاز المعماري بمشروعه هذا، نظراً لموقعه البارز والمتصدّر في الكتيّب، حيث حظي بتوثيق لم يحظَ به أي من مشاريع المعماريّ المُنفذة حتى ذلك التاريخ. وفيما كان الحرم الجامعي المذكور يشارف على الاكتمال، أعلن عوني أن الجامعة المستنصريّة تمثّل رائعته، وبالتالي المشروع الذي سيقترن باسمه على الدوام، ناهيك عن كونه واحداً من أهم المشاريع المعمارية في العراق الحديث. وما عدا شروح الصور تلك، لا يذكر المعماري أيّ معلومات أو إيضاحات تتعلق بأيٍّ من المشاريع الواردة في الكتيّب، إلا أنه ضمّ نصاً تقديمياً قصيراً في كتيّبه ذاك، أبرز فيه أمر إجرائه دراسة مطولة هدفت إلى تطوير العمارة عبر (استخدام) التعابير الصحيحة للبيئة في البلدان العربية، وتنمية الإرث المعماري العراقي والعربي، تزامناً مع وصْله بالعلم والتقنيّات الحديثة. ومنذ تأسيسه قام مكتب عوني، وفق ما يوضح المعماري، بإجراء أبحاثٍ للوصول إلى شخصيّة مُحدّدة تُعبّر عن خطيّة أنماط مستندة إلى تجارب العمارة العراقيّة القديمة، واعتماد ذلك كأداة تعبير عن متطلبات حقبة الحداثة وحاجات المشاريع المتعددة.

من هنا، وفي هذا السياق، فإنّ الجامعة المستنصريّة تُلخّص تلك الشخصية المُحدّدة التي تحدّث عنها عوني، والتي قام وأقران له من معماريي بغداد ببلورتها على مدى عقد السنوات اللاحق. فالمستنصريّة، وهي أحد أفضل وأكبر وأبرز المشاريع التي نفذها هذا المعماري، كونها تضمّنت جميع التجارب والدروس التي تعلّمها حتى ذلك التاريخ، تتموضع عند تقاطع الهموم والمشاغل الأوليّة التي تداول بها معماريو مدينة بغداد في حقبة ما بعد الحرب العالمية الثانية. إذ إنها استدعت الثقافة الفنيّة – المعماريّة المشتركة التي انبثقت آنذاك، وبيّنت كيف قاد برنامجها الثقافي الجماعي، إلى التوليفة المعلومة الجامعة بين الحداثة والتراث المحلّي، أو بالتحديد التقاليد الفولكلوريّة والعاميّة لمدينة بغداد القديمة. ويُظهر تصميمها حلولاً مبتكرة للتحكّم البيئي، اعتُمدت لمواجهة المناخ القاسي في منطقة وسط العراق، خصوصاً فصول الصيف البغداديّة الجافة والحارة. وتُقدّم المستنصريّة بعمارتها البراعة الحرفيّة المحليّة المتميّزة التي نشدها معماريو الحداثة البغداديون واستخدموها، وتلك حرفيّة قادت إلى تعبير صادق في المواد (كالخرسانة الظاهرة، أو العارية، إلى جانب الطوب الأصفر المحلّي، وبلاطات الخزف المصقول)، وإلى صيغ منهجيّة ناضجة في الأشكال. وقد جاء كلّ ذلك في إطار مُخطّطٍ حضري غني وواسع وتجريبي، مثّل مقاربة شديدة التركيز في مواجهة نظريّات التخطيط الغربيّة والاضطراب السياسي الذي عانى منه العراق في تلك الفترة، والتحوّلات المتسارعة التي كادت تحيل بغداد إلى مكانٍ غريب في أعين سكانها. لذا، فإن الجامعة المستنصريّة جاءت مثل مشروعٍ جدليّ، واعتُبرت، بحجمها ونطاقها الباهرين، كإشارة إلى ما يمكن لبغداد أن تكونه لو تسنّى لتجارب مماثلة أن تعمّ وتزدهر.

توليفة الفن - العمارة

دَرَس قحطان عوني (١٩٢٦-١٩٧١) العمارة في كليّة العمارة بجامعة كاليفورنيا، بيركيلي، بين العامين ١٩٤٦ و١٩٥١. وعاد إلى بغداد بعد إتمام دراسته، وافتتح مكتباً معمارياً فيما كان يعمل أيضاً بـ"أمانة العاصمة" (أي بلدية بغداد). ومِثل أقرانه من المعماريين البغداديين الذين درسوا في الخارج وعادوا إلى بلدهم للعمل بما درسوه، فإن عوني خلال حقبة الخمسينيات عُرف بدايةً بتصميمه مبانيَ حداثيّة الأسلوب – بيضاء اللون، سلِسة المظهر، ذات أحجام منشورية (أو موشورية)، وتتضمّن الزجاج على نطاق واسع. وتمثّلت أعمال هذا الجيل من المعماريين بدايةً، وفي أغلب الأحيان، بمشاريع سكنيّة صغيرة. ثم ما لبث أن حصل انقلاب سنة ١٩٥٨، المعروف أيضاً بـ"ثورة ١٤ تموز"، فراح أولئك المعماريون يتلقون المزيد من التكليفات الأكثر أهميّة لتصميم مبانٍ مؤسساتية ومقارّ حكومية. وانخرط معماريو بغداد على مدى فترة نشاطهم المهنيّ بمحاورات مع الأفكار المتداولة عالمياً، بيد أنهم في التزامن تفكّروا أيضاً في إمكانية استنباط مقاربات فريدة يمكنها موضعة أعمالهم في سياقاتها المباشرة. ومع حلول عقد الستينيّات، راحت أعمال عدد من معماريي هذا الجيل تشهد تحولاً تجلّى باعتمادهم وإظهارهم استراتيجيات جماليّة ومكانيّة وحضريّة تسعى إلى مواءمة الحداثة مع التراث المحلّي. وللوهلة الأولى، تبدو الجامعة المستنصريّة، بحرمها ومبانيها، متضمّنةً بعض الخصائص والسمات الأساسية لذاك التحول: التعبير الصريح والمباشر عن المواد، المسطّحات المثقبة والمركّبة، الأحجام المسامية المقسّمة ضمن مساحات وعناصر مجزأة، وتكوين مكاني يشعر المرء فيه بأنه محاط بالعمارة، بدلاً من أن يكون في مواجهة مبانٍ وأجسام حداثية منفردة.

وثمة في هذا الإطار بعدٌ متميّز ظهر ضمن تجربة عوني المهنية ولا يقل أهمية عن العمارة، لا بل إنه سبق تدريبه وممارساته المعمارية ثم سار بموازاتها، وقد تمثّل في اهتمامه بالفن. وكان عوني إبان مرحلة مراهقته، إلى جانب صديقه رفعة الجادرجي، تعرّف إلى العمارة من خلال الفن. وكان الصديقان محظوظين في لقاء فنانين روّاد أمثال جواد سليم الذي كان عاد إلى بغداد في مطلع الأربعينيّات بعد أن قطع دراسته بداياتها في أوروبا إثر اندلاع الحرب العالمية الثانية، الأمر الذي جاء لمصلحة عوني والجادرجي. وعلى نحو لم يكن متوقعاً، خلقت سنوات الحرب في بغداد تربة خصبة للإبداع، وساهمت في تكوين أفكار هذين المعماريين المستقبليين اللذين نشآ محاطين بفنانين أمثال جواد سليم وفائق حسن، ومعماريين من الجيل السابق مثل مدحت علي مظلوم، وجعفر علاوي، وعبدالله إحسان كامل. وأدى احتكاكهما الفكري بأولئك الرواد إلى تشجيع عوني على متابعة دراسته العمارة، فسافر بهذا الهدف إلى الولايات المتحدة إثر انتهاء الحرب مباشرة، ليعود إلى بغداد في مطلع الخمسينيّات، ويحقّق مساهمات في عمارة المدينة لا يمكن إغفالها.

١ أدين بالامتنان لجورج عربيد وفيليب أوسفالت لدعوتي إلى المساهمة في هذا الكتاب، وتشجيعي بذلك على كتابة نص حول موضوع أفكر فيه منذ بضع سنوات. كذلك أود أن أتوجه بالشكر إلى العديد من الأفراد الذين ساعدوني، بدرجات مختلفة، خلال مرحلة البحث الطويلة، أولئك الأفراد هم: محمد صبيح عبدالله، خليل العلي، عمر العياش، محمد رضا الجلبي، ايسر الحسني، مهدي الحسني، سوسن الحسني، فلاح الكبيسي، توفيق بدر المجيد، معاذ الألوسي، خالد الراوي، زيد عوني، رفعة الجادرجي، يقظان الجادرجي، إيفا إيفارت، علي عيال، إحسان فتحي، محمد الحسني، علي نوري حسن، عقيل نوري الملا حويش، زيد عصام، سامان كمال، عليا قصير، سعاد مهدي، كرار ناصر، بلقيس شرارة، دوروتا وربنيكا-كرزيزانوفسكا، وسعد الزبيدي. وغني عن القول إن لا أحد من الأفراد المذكورين مسؤول عن مضمون النص. فجميع الأفكار والتأويلات والخلاصات الواردة في النص تعود لي شخصياً. والنص يمثّل صيغة أوليّة من مقالة بحثية مطوّلة تعدّ للنشر – وهنا، في هذه الصيغة، بناءً على طلب محرريّ الكتاب، قمت بحذف الهوامش الموسّعة وذلك لاحترام عدد الصفحات المخصصة. لكنني سوف أعيد نشر المقالة مع هوامشها الكاملة في الصيغة المقبلة. الترجمات الواردة ضمن المقالة هي لي، إلا إذا أشرت إلى غير ذلك.

AL-MUSTANSIRIYAH UNIVERSITY,
BAGHDAD, IRAQ, 1965–1971

ARCHITECT:
KAHTAN AWNI

المعماري:
قحطان عوني

الجامعة المستنصرية
بغداد، العراق، ١٩٦٥ - ١٩٧١

قحطان عوني

8.17– Cover of Kahtan Awni's office portfolio, showing Al-Mustansiriyah University buildings nearing completion.

٨,١٧– غلاف ملف مجموعة أعمال مكتب قحطان عوني، يضم صورة لمباني الجامعة المستنصرية قبيل إنجازها.

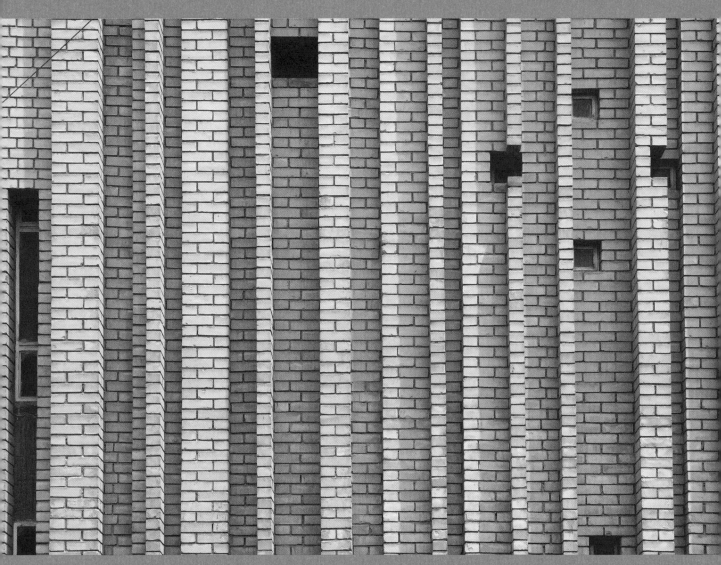

العراق

الجامعة المستنصريّة

بغداد ١٩٦٥ - ١٩٧١

المعماري: قحطان عوني

8.18- The Library building brick wall.

- جدار المكتبة المبني من حجارة الطوب.

SYRIA

Damascus International Fair and its Monument

1950s–1960s

Architect: Nizar Al-Farra et al.

- The fair's monument located t Al-Umaweyeen roundabout, the nost prominent roundabout in the ity, with its current stained glass esigned by Ihsan Entabi.

٩,١- نُصُب المعرض الدولي بزجاجه الملوّن الحالي
الذي صمّمه إحسان عنتابي. النُّصُب يقوم
وسط دوّار ساحة الأمويين، الدوّار الأشهر
في دمشق.

DESIGNING MODERNITY

ARCHITECTURE IN THE ARAB
WORLD 1945–1973

العمارة في العالم العربي
١٩٧٣ – ١٩٤٥

صوغ الحداثة

22

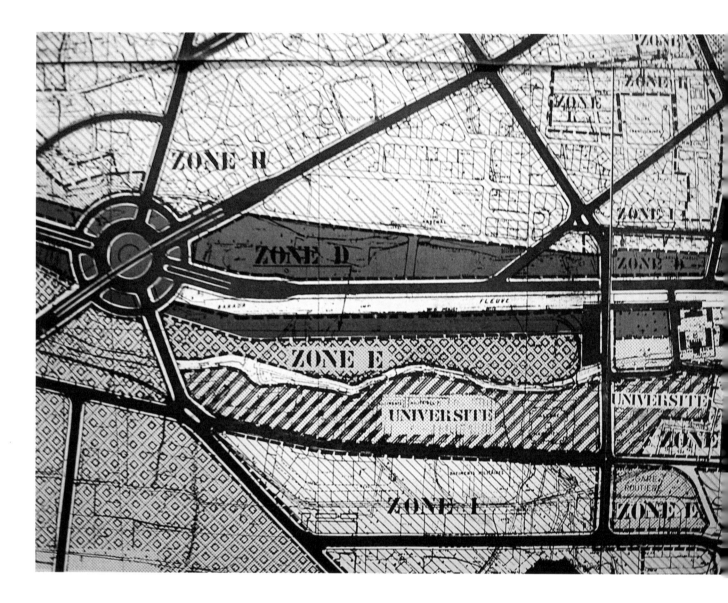

9.2– Plan of Damascus
International Fair with its
immediate surroundings.

٩.٢– خريطة مسطّح معرض دمشق الدولي
ومحيطه القريب.

DAMASCUS INTERNATIONAL
FAIR AND ITS MONUMENT
SYRIA, 1950S–1960S

ARCHITECTS:
NIZAR AL-FARRA ET AL.

المعماري:
نزار الفرّا وآخرون

معرض دمشق الدولي وتصّيه
سوريا، بين الخمسينيّات والستينيّات

Rafee Hakky, Wael Samhouri

A Modern Public City Space

The Damascus International Fair (DIF) and its monument are two examples of how modernist architecture emerged and unfolded in Damascus, Syria. The former is a new socio-cultural spatial concept and phenomenon and the latter a slender mass dominating the main square of the city.

Historical Overview

The land used for the Damascus International Fair (DIF) has its unique history within the life of Damascus. Located to the west of the city along the southern bank of the Barada River, it was once part of Al-Ghouta, the lush green landscape around Damascus which is fed by the river. The river is the life-giving artery of the city, its main source of water. During the Ottoman period, the land, then named Al-Marja Al-Khadra (The Green Meadow), was used as a refuge for retired horses, which were put out to pasture and cared for until they died.[1] Soon after the fall of the Ottoman empire, this area, once considered the countryside of Damascus, progressively transformed into an urban landscape. The continuous growth and sprawl of the city in all directions changed the character of the land from rural to an urban parcel within the city fabric—most of its original greenery was cut down and while little of it remains today, the land was almost completely paved over with asphalt.

The Fair's land could be described as what was once the recreational corridor of the city—the area which spans from the western gates of Old Damascus to several kilometers to the west. Today, families and groups still go out to the banks of what is left of that corridor for the traditional impromptu picnic (locally called sayran) or to enjoy a meal in one of the restaurants located there.[2]

Site of the Fair

Four exhibitions had been held in Damascus before the well-known "International Fair of Damascus" was established. Each lasted a year and was run in a different location.[3] The fourth one was held in 1936 in Al-Tajheez Al-Oula, one of the city's main high schools at the time. It made use of the open and vast tract of land around the school; kiosks were spread all over the surrounding area while visitors enjoyed various forms of entertainment.[4]

In 1954, the fifth exhibition which became formally known as the "International Fair of Damascus" (DIF) was allocated a permanent site.[5] The site stretched from "Cinema Dimashq" (the Damascus Cinema) all the way to the Sahat Al-Umaweyeen (Umayyad) roundabout along the east–west axis. It initially occupied both the northern and southern banks of the Barada River; however, the land designated for the Fair the following year included the southern bank only. The Fair's allocated area shrank progressively across the years until the Fair was moved further west in 2002, toward the outskirts of the city. On its eastern side, the Fair bordered the National Museum, while its western edge still ran all the way to Al-Umaweyeen roundabout but now included the site of the Damascene Sword Monument. When this land was confirmed as the permanent site of the Fair, a football field, which had been created decades earlier, was moved to the west of it and a public swimming pool and theater were built next to it. Later on, a five star restaurant was added to the composition. In the early 1980s, however, a good chunk of land was cut out of the site and fenced off to host the Damascus Opera House and Music conservatory, and the parcel of land where the Damascene Sword was located was separated from the main land of the Fair.

Design of the Fair

Two designers led the work on the DIF's initial master plan. The main master plan, which covered the area from the eastern side of the site, next to the National Museum, all the way to the Damascus Theater, was developed in the 1950s by a German urban and exhibition ground designer[6] and a Syrian architect who had studied in France. The site's layout was simple, with buildings of various sizes running in two rows along the east–west axis. Greenery, water features, and seating areas were skillfully incorporated into the outdoor spaces.

The Fair was built for the most part during the second half of the 1950s and first half of the 1960s, its design influenced by the international trends of the time. The overall layout was simple: pavilions were built along the northern and southern sides of the site, thus creating an open space between two parallel structures. The Fair's eastern end, located next to the National Museum, was accessible through a gate which separated the site from the museum. In the 1980s, the two sides of the city were

1   Chamseddine Al-Ajlani, "The Story of the Land of Damascus International Fair throughout Ages and Days," Shamra, Syria. Available at https://shamra.sy/news/article/64d5a45296a114ad2945eb-0b81a14076 (last accessed December 4, 2020).
2   Ali Al-Tentawi, *Damascus*, Damascus: Dar Al-Fikr, 1959, 9–10.

3   Maha Al-Atrash, "Al-Armashi's Archives Documents the Memories of Damascus International Fair," Shamra Syria. Available at https://shamra.sy/news/article/1258ff985e589e7a5a4f-b014a052a23d (last accessed January 23, 2021).
4   Ibrahim Hakky, *Damascus in Eighty Years*, vol. 1, Dar Al-Fikr, 2017, 134–35.
5   "A Glance at Damascus International

Fair," *Public Establishment for International Fairs and Exhibitions*, http://peife.gov.sy/?page_id=2100 (last accessed January 15, 2021).
6   The research did not yet lead to the identification of the German designer.

DESIGNING MODERNITY

ARCHITECTURE IN THE ARAB
WORLD 1945–1973

العمارة في العالم العربي
١٩٧٣ – ١٩٤٥

صوغ الحداثة

23

connected via a bridge, under which a bus station was established. These alterations toward the eastern side of the Fair detached it from its cultural surroundings—namely, the National Museum, the Tekiye Sulaymaniye, and Damascus University. The western end of the DIF's site was developed at a later stage by Nizar Al-Farra, an architect based in Damascus.[7] Two buildings were added on the western side of the DIF, where the Opera House is now located; the buildings hosted shops for local handicrafts and retail. Their surrounding area included the main water features of the fair, of which the most popular were the fountains set in the river. Each of the four entry points to the Fair had its own unique character. The gates' structures were light and mostly made of concrete and steel. Glass was also a major design element, creating a rich palette of colors.

The Pavilions' interior consisted of one large enclosed space, divided to accommodate the different exhibited products. They all had a basic rectangular shape, but size and elevation varied from one another. While in some instances, ornamentation was added to reference the country's traditional visual arts, the designs were generally simple and abstract, matching the trends of the 1950s' architectural work. Beside the pavilions, the commercial buildings to the west of the site were also basic in appearance. Their structure was made of concrete, their walls of cement blocks; the fenestrations were free of any kind of ornamentation, generating an abstract composition—thus appearing like any other modern building.

Three large water features were incorporated into the outdoor space next to the buildings. Their size and visual effect qualified them as a separate attraction in themselves. Water fountains and cascades together with beautifully orchestrated lighting features created a vibrant atmosphere, and the sound of water and the passing breeze provided a refreshing space. Other water features included a second fountain on the Fair's eastern side, and most importantly, the Barada River. Fountains were located along the river with a variety of designs and lighting compositions, which, combined with the crowds' movements, made the walk along the river a lively one.

The site appeared like a casual promenade, with plenty of green spots formed by the old trees which existed before the Fair. It was evident that the designer

respected their presence and used them as a base for the new major planting beds. The spaces were well furnished with seats and other basic outdoor amenities such as signage, trash cans, and lighting.

The overall plan of the site followed a simple geometry, with a balance between hard and soft surfaces, while the greenery provided a more natural element. All these characteristics, and the modernist appearance of planting beds and fountains in particular, made the site an example of the Modern movement and its esthetic in action at the heart of Damascus.

The Fair's Commercial Dimension

The first DIF, in 1954, was a reflection of the country's economic and political development at the time. During the 1950s, Syria experienced an industrial and commercial boom, and the Fair was one way to expand the country's international trade and transform it into a commercial hub. The Fair was an opportunity for participating countries to exhibit their most recent and innovative products. A well-known example was the United States unveiling of the American Cinerama at the Fair for the first time.

The Fair was to bring business to the country through this unique opportunity of exhibiting the latest in all fields of industry in particular.[8] Syrian businessmen aiming to modernize industry and agriculture, among other sectors, were given the opportunity to interact with their foreign counterparts. However, the business dimension of the Fair was only one aspect of it. The site was, from its inception, a social event for all types of visitors.

The Socio-cultural Dimension of the Fair

The fairground was used like any other "sayran" area; visitors would occupy the outdoor spaces for picnics, and play, or listen to music and singing. The Fair's size and shape supported its function as a public space. Its simple linear form allowed visitors to walk around the site with ease, moving from one exhibition to the other through the open green space. After walking through the pavilions, visitors could continue toward the handicrafts and retail buildings. Discussions, questions, and business deals were common ways of interaction, making it a busy place. The first building was reserved for

7 Nizar Al-Farra was an architect based in Damascus, Syria. He has designed a number of important buildings in different Syrian cities, one of which was Al Sufara cinema house which used long span concrete posts for the first time in Syria. He was a faculty member at Damascus University.
8 Emad Al-Armashi, "The History of Damascus International Fair," Baoabat

Damas, https://www.damaswiki.com/node/1809 (last accessed January 21, 2021).

31

DAMASCUS INTERNATIONAL
FAIR AND ITS MONUMENT
SYRIA, 1950S–1960S

ARCHITECTS:
NIZAR AL-FARRA ET AL.

المعماري:
نزار الفرّا وآخرون

معرض دمشق الدولي وتصبّه
سوريا، بين الخمسينيّات والستينيّات

shops selling local and traditional crafts, such as glass work and wood work. It resembled a small contemporary commercial mall in its physical design, and acted as a local market place. Its roof hosted a summer coffee shop which offered drinks and the "Kenafa Nabelsya," a famous Syrian sweet. This place became a distinguished social hub frequented by Damascene families, particularly during the 1950s and 1960s.

Crucial were the cultural activities accompanying the Fair. Every year, a rich program of entertainment with a wide international component was organized at the Fair's theater. Some of the most notable performances included the yearly plays produced by the Al-Rahbani Brothers for Fairouz, a well-known Lebanese singer. The program attracted a particular social class, which further enriched the social mosaic: there were those who would simply walk outside the Fair ground and enjoy the yearly event without paying a penny, and those who could afford to attend a musical.

The great cultural program accompanying the fair, although new to the city, still had its roots in the ancient Arab yearly commercial festivals, such as Suq Uquaz, where along with exchanging goods and trading, people shared ideas, arts, and poetry. The social and cultural success of the DIF almost eclipsed the Fair's commercial character. There was an interesting semi-temporal split in the usage and attendance of the Fair; it was mostly destined for business activities during the day, for leisure in the early evenings and for cultural events in the late evenings.

The Fair as an Urban Place

The DIF's success in creating an open space in Damascus was perhaps its most distinguishing feature. Middle Eastern cities had been, historically, less familiar with the concept of open public space as known in the European world. Public space was traditionally restricted to the "hara" (the street) and "suq" (market); the Fair thus introduced this new definition of public space in the city. Located at its center, the Fair was easily accessible to the public. The open spaces in the site resembled a garden due to the abundance of greenery and water fountains. Well-distributed benches and other site furniture made the place comfortable and welcoming. The sidewalk of Shukri Al-Quwatli Street,

adjacent to the river, gave passersby a beautiful view of the Fair grounds. People would come to the site for a walk or to rest on one of the scattered benches to watch the lights, water fountains, and music performances while enjoying a drink or a bite to eat offered by street vendors standing along the whole sidewalk.

In summary, the multiple functions of the Fair as an international exhibition, a social hub, a cultural center, and a public open space made it a unique phenomenon in the life of the City of Damascus and a major attraction not only for locals, but also for a considerable number of tourists from the region. During the mid-1970s, the Fair played host to over three million visitors, and more than 60 countries joined to exhibit their products. The Fair had become a major event in the life of the city; it was awaited all year round and created a memorable and unique experience for every visitor at the end of every summer.

Fate of the Land

In 2003, the site was abandoned when the Fair was moved to a new location. Most buildings have disappeared and the site now looks almost empty, with only a few structures and trees still standing. The site has been used for occasional activities, such as book exhibitions and food markets. However, its future use as a permanent site or open space remains unknown. Two imposing structures, the Masar Building and the Opera House, were built at its ends, forever altering its character and spirit.

Although the Fair has gone, one element that acts as a constant reminder of its past existence remains as a dominant feature on the most important roundabout in Damascus. It is the monument standing to the west of the fairground, long described as the Damascene Sword.

The Monument

The 40-meter-high monument was built as an upgrading extension to the fairground, several years after the opening of the DIF. The monument completed and enforced the urban character of the Fair, being placed at the main entrance situated on the most prominent square of the city.

The body of the monument is a slender, concrete, double-curved frame supporting a metal lattice grid that, in turn, frames the matrix that used to hold the national flags of the countries participating in the DIF. The main building material used, concrete, reflected Syria's industrial and economic transformation at the time. The country had relied on foreign cement imports up until the 1960s, when a cement factory was established near Dummar, a village 12 kilometers east of Damascus. All of the concrete used for the monument was donated by this factory that found in the venture a promotion opportunity.

The monument was illuminated at night with an elaborate internal lighting system, making it appear like a giant multicolored stained-glass window on each side of its concrete frame, one facing the square and the other facing the DIF itself, and terminating Shukri Al-Quwatli Street that is parallel to the river and fair. The monument sat on a reflecting pool just before the main gate of the DIF, thus doubling the visual effect of the multicolored stained-glass window. The concrete frame was punctured with circular holes that allowed for the cooling of the internal light projectors, while also allowing the light to spill outside the frame, creating a sort of a mystical halo around it.[9]

Who conceived the monument's design remains ambiguous. Several people have claimed—and still are claiming—credit for it, ranging from interior decorators, civil engineers, to even municipal bureaucrats.[10] After careful investigations, however, sources point to the figure of Nizar Al-Farra (1930-2020), architect of the two commercial buildings on the western side of the DIF.

The origins of the architectural form of the monument seem to have been inspired by Palácio da Alvorada, the official residence of the President of Brazil, designed by Oscar Niemeyer in 1958. The association between the monument and the Palácio is plausible, as the supposed designer, Salah Abdel Karim (1925-1988), an Egyptian sculptor at the time when Syria and Egypt were part of the United Arab Republic, was awarded the honorable medal for sculpture in the São Paulo Art Biennial 1958. Abdel Karim seems to have worked on the preliminary concept sketch for the monument. The "Office of Architecture and Decoration" in Egypt provided, in due course, the rest of the construction drawings

and structural studies, and sent these back to Syria as was then customary. This was part of the collaboration protocol signed between the two countries in the Arab Republic. In parallel, in Damascus, the lattice grid holding the stained-glass window, which would feature the flags of the participating countries in the DIF, was being conceived. This large stained-glass surface was designed by Abdul-Kader Arnaaut,[11] a Damascene artist who had studied in Rome, with the architectural support of Nizar Al-Farra. Al-Farra worked at the time with the DIF administration, directed by engineer Rida Murtada, who also claims credit for the monument. Putting this uncertainty aside, the monument's narrative, its transformation in form, function, and perception, can be summarized in three stages:[12]
1. "The Monument of Unity" commemorating the short-lived unification of Egypt and Syria (1958-1961) in what had been termed The United Arab Republic.
2. The DIF monument, signifying what its original purpose was, namely a sign for the Fair.
3. The Sword Monument, signifying the famous Damascene Sword. This semantic transformation turns the monument into a purely Damascene invention, to which victory and glory were attributed.
The third stage is perhaps the most worthy of elaboration. We managed to meet with architect Walid Al-Shihabi, an influential figure in the narrative surrounding the monument.

Al-Shihabi was the head of the planning section of the company responsible for building the Opera House (Military Housing Institute), and thus worked on the site supervising the construction of the Opera House when both it and the monument were still within the premises of the DIF. When property lines were redrawn, Al-Shihabi became a member of the Technical Transfer Committee. The transfer of the property of the monument and its site went from the Municipality of Damascus (which originally leased the land to the DIF) to the Ministry of Culture (now responsible for the Opera House). The Ministry thus embarked on rehabilitating the monument, which was in a poor physical state. During the meetings and correspondence between officials, Al-Shihabi proposed renaming the monument the "Damascene Sword."[13] He pointed out the strong similarity between the form of the monument and the main motif on the handle of the Damascene sword.

9   The lighting of the monument was directed from a small elegant technical cabin set aside to the east, housing the switchboard, transformer, and backup battery.
10   Maher Al-Mouness, "And So the Pillar of the Fair Had Changed to a Damascene Sword," Al-Akhbar, November 8, 2019, https://al-akhbar.com/Sham/279068 (last accessed

December 4, 2020).
11   "Damascus Sword Monument," Arabic Wikipedia, https://ar.wikipedia.org/wiki/نصب_السيف_الدمشقي (last accessed December 4, 2020).
12   Saad Al-Qassem, "Fine Art and The Damascus International Fair," Al-Hayat Al-Tashkiliah 115–116 (2018): 161–80.
13   Personal interview with architect Walid Al-Shihabi, December 17, 2020.

233

DAMASCUS INTERNATIONAL
FAIR AND ITS MONUMENT
SYRIA, 1950S–1960S

ARCHITECTS:
NIZAR AL-FARRA ET AL.

المعماري:
نزار الفرّا وآخرون

معرض دمشق الدولي وتصّبه
سوريا، بين الخمسينيّات والستينيّات

Although he did not have any direct input into the new design, form, or construction of the monument, Al-Shihabi's observation and interpretation transformed the monument from a sign into a symbol. From an indicator marking something specific and concrete, with an unambitious reference (the Fair), to a symbol conveying a deeper and more general meaning to the public. Formally, or indeed formalistically, realizing Mr. Al-Shihabi's observation gave a subtle twist to the public perception of the monument, distancing it from the abstract origin of the modernist form toward a more modern abstraction of a traditional form (the sword). In fact, Mr. Ihsan Entabi, a prominent local graphic designer, was commissioned to design new stained-glass surfaces for the two sides of the monument. He suggested an idea that complemented that of Al-Shihabi: an abstract mosaic composition depicting trails of the Damascene Sword moving and shimmering in space and time. Situated in the main square of the Syrian capital, the monument is now not only considered as an emblem of the city of Damascus, but indeed widely perceived as a national symbol.

A Final Word

Undoubtedly, the DIF and its Monument constitute a phenomenal case of success of modern architectural and urban concepts introduced into the city of Damascus. The DIF started as an architectural idea previously unknown to the city, and later introduced and transformed the concept of public space in Damascus, both in form and function. The Fair became an eagerly anticipated annual event, and an institution hosting activities far beyond its original intentions.

At first, both the DIF and its monument were mutually inclusive, complementing each other in form and function. Almost half a century after its inception, the DIF was moved from its initial site in 2003, while the monument remains present in its original structural frame, albeit radically transformed and upgraded in its symbolism and its public (rather, national) resonance: the Damascene Sword, pride of the nation!

9.3

9.4

9.3– Fountains in the river and the
market building in the fair with its
famous shaded roof coffee shop
where people used to enjoy the
views of the greenery and the river
9.4– The western side of Damascus
International Fair in 1960 showing
the extension with the market
building and the monument.
9.5– Bird's eye view during the
1980s showing the simple forms
of most of the fair's buildings.

٩- النوافير في النهر ومبنى السوق ضمن
المعرض ومقهاه الشهير بسقفه المظلّل،
حيث كان الناس يرتادونه للاستمتاع بمناظر
المساحات الخضراء والنهر.
٩- الجهة الغربيّة من معرض دمشق الدولي
سنة ١٩٦٠، ويظهر توسّع المعرض الذي يشمل
مبنى السوق والنُّصُب.
٩- مشهد منظوري من الثمانينيات يُظهر
الأشكال البسيطة لمعظم أبنية المعرض.

DAMASCUS INTERNATIONAL
FAIR AND ITS MONUMENT
SYRIA, 1950S–1960S
ARCHITECTS:
NIZAR AL-FARRA ET AL.
المعماري:
نزار الفرّا وآخرون
معرض دمشق الدولي ونصُبه
سوريا، بين الخمسينيّات والستينيّات

9.5

9.6

9.7

9.8

9.6– The central water fountain at the Damascus International Fair. Planting beds and site furniture appear around the main water feature.

9.7– One of the open spaces in the Damascus International Fair showing landscaping and different outdoor amenities.

9.8– One of the series of connected open spaces in the fair enjoyed by visitors.

9.9– Water fountains at the central (third from the east) entrance of Damascus International Fair.

٩- نافورة المياه المركزية في معرض دمشق الدولي. وتظهر المساحات الخضراء والمقاعد العامة حول المرفق المائي الرئيس في الموقع.

٩- إحدى المساحات المفتوحة في معرض دمشق الدولي تُظهر المحيط المنسّق ومرافق وعناصر الخدمات العامّة الخارجيّة.

٩- واحدة من سلسلة المساحات المفتوحة المتّصل بعضُها ببعضها الآخر والتي أحبها الزوّار وقصدوها في أرض المعرض الدولي.

٩- نوافير مائية (الثالثة من الشرق) عند المدخل الرئيس لمعرض دمشق الدولي.

DAMASCUS INTERNATIONAL
FAIR AND ITS MONUMENT
SYRIA, 1950S–1960S
ARCHITECTS:
NIZAR AL-FARRA ET AL.
المعماري:
نزار الفرّا وآخرون
معرض دمشق الدولي ونُصُبه
سوريا، بين الخمسينيّات والستينيّات

9.9

DESIGNING MODERNITY   ARCHITECTURE IN THE ARAB
WORLD 1945–1973   العمارة في العالم العربي
١٩٧٣ – ١٩٤٥   صوغ الحداثة   238

9.10

9.11

9.12

DAMASCUS INTERNATIONAL FAIR AND ITS MONUMENT SYRIA, 1950S–1960S

ARCHITECTS: NIZAR AL-FARRA ET AL.

المعماري:
نزار الفرّا وآخرون

معرض دمشق الدولي وتصبّه
سوريا، بين الخمسينيات والستينيات

0– The third gate from the east of Damascus International Fair as a piece of sculpture built out of concrete and steel.
1– Open spaces of the fair showing planting beds and andscape furniture.
2– People enjoying the fair while walking along the sidewalk of Shukri Al-Quwatli Street. Also visible: the second gate from the east of the fair.
3– Recent view of one of the small fountains in the Fair.
4– Recent view of the land of the fair after it was moved to its new location with Masar Building in the background.

٩,١٠– البوابة الثالثة في الجهة الشرقيّة لمعرض دمشق الدولي، المصمّمة كمنحوتة من خرسانة وحديد.
٩,١١– أمكنة مفتوحة في أرض المعرض الدولي تضمّ مساحات خضراء ومقاعد ومرافق خدمات.
٩,١٢– زوّار يستمتعون بالمعرض متجوّلين على رصيف شارع شكري القوتلي. وتظهر أيضاً بوابة المعرض الثانية في جهته الشرقيّة.
٩,١٣– مشهد حديث لإحدى النوافير المائية الصغيرة في المعرض.
٩,١٤– مشهد حديث لأرض المعرض الدولي بعد نقله إلى موقعه الجديد، وتبدو بناية "مسار" في الخلفيّة.

9.13

9.14

9.15

9.16

41

DAMASCUS INTERNATIONAL
FAIR AND ITS MONUMENT
SYRIA, 1950S–1960S

ARCHITECTS:
NIZAR AL-FARRA ET AL.

المعماري:
نزار الفرّا وآخرون

معرض دمشق الدولي وتصبّه
سوريا، بين الخمسينيّات والستينيّات

15– The market building showing
simple modern design in form and
façade treatment.
16– The pavilion of the United
Arab Republic (Syria and Egypt)
during the late 1950s. The façade
is a mural representing the ideals
of the time.
17– Interior of one of the pavilions
during the 1960s.
18– Interior of one of the pavilions
during the 1960s.

٩،١٥– يُظهر مبنى السوق تصميماً حداثيّاً
بسيطاً في الشكل ومعالجة الواجهات.
٩،١٦– جناح الجمهورية العربية المتحدة (مصر
وسوريا) في أواخر الخمسينيّات. واجهة الجناح
تمثّل جدارية تستحضر أفكار ذلك الزمن.
٩،١٧– الأجواء الداخليّة لأحد الأجنحة في حقبة
الستينيّات.
٩،١٨– الأجواء الداخليّة لأحد الأجنحة في حقبة
الستينيّات.

9.17

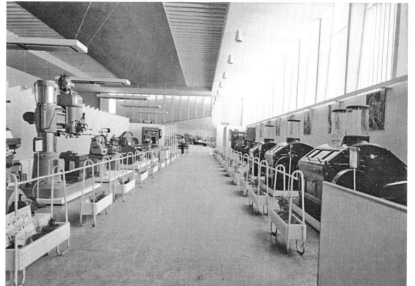

9.18

9.19

43

SYRIA
DAMASCUS INTERNATIONAL FAIR
DAMASCENE SWORD MONUMENT

ARCHITECTS:
NIZAR AL-FARRA ET AL.

المهندسين المعماريين:
نذار الفرّا وآخرون.

سوريا
معرض دمشق الدولي
نصب السيف الدمشقي

19– Audience of the American Cinerama show in 1954. Syrian President Hashim Al-Atasi appears in the front row along with local and international dignitaries.
20– Stamps used as a tool of advertisement for the fair around the world.

٩,١٩– الجمهور الذي جاء لمشاهدة عرض "السينراما" الأمريكية سنة ١٩٥٤. ويظهر الرئيس السوري آنذاك هاشم الأتاسي في الصف الأول مع مسؤولين محليين وأجانب
٩,٢٠– طوابع استُخدمت للترويج للمعرض دولياً.

16th DAMASCUS INTERNATIONAL FAIR 1969
9th DAMASCUS INTERNATIONAL FAIR 1962
SYRIA
47th Damascus int. Fair 2000
SYRIAN A. R.
27th INTERNATIONAL FAIR OF DAMASCUS

9.20

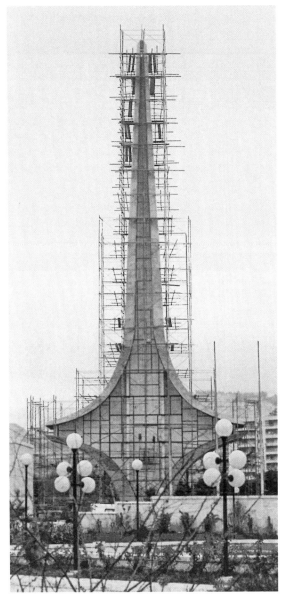

9.21

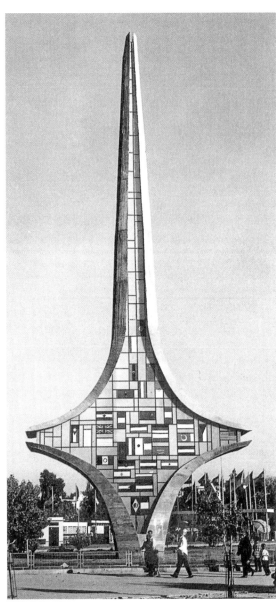

9.22

9.23

9.21– The Damascene Sword (earlier, the Fair's monument) during the installation of the new stained-glass design by Ihsan Entabi.
22– The monument during the 1960s with its original stained-glass design by Syrian graphic designer and artist Abdul-Kader Arnaout.
9.23– A stamp commemorating th fifty-ninth Damascus Internationa Fair showing the monument with its present stained-glass design, although at that date the fair had been moved from its original location.

٩- السيف الدمشقي (الذي كان يُعرف ابقاً بنُصُب المعرض الدولي) خلال تجهيزه جاج ملوّن جديد صمّمه إحسان عنتابي.
٩- النُّصُب في حقبة الستينيّات بزجاجه لوّن الأساسي الذي صمّمه الفنّان السوري بد القادر أرناؤوط.
٩- طابع بمناسبة الدورة التاسعة الخمسين لمعرض دمشق الدولي يُظهر نُّصُب بزجاجه الملوّن الحالي، على الرغم من ن المعرض في ذلك الوقت كان قد نُقل من وقعه الأساسي.

العربية المتحدة"، كان مُنح ميدالية تكريمية للنحت في بينالي الفن بمدينة ساو باولو سنة ١٩٥٨. ويبدو أن عبد الكريم عمل على تنفيذ المخطط الأوّلي لفكرة النُّصُب. ثم قام "مكتب العمارة والديكور" في مصر، بالوقت المناسب، بتأمين باقي رسومات النُّصُب ودراسات مخططه الإنشائي، فجرى إرسالها إلى سوريا كما جرت العادة آنذاك. ومثّل هذا الأمر جزءًا من بروتوكول التعاون الذي التزم به البَلدان في إطار "الجمهورية العربية المتحدة". كذلك، جرى في دمشق تصميم وبناء هيكل الشبكة المعدنية التي تحتضن نافذة الزجاج الملون، والتي تضم أعلام الدول المشاركة في معرض دمشق الدولي. وقام بتصميم تلك الواجهة الكبيرة من الزجاج الملون الراحل عبد القادر أرناؤوط،[11] الفنان الدمشقي الذي درس في روما، ونفّذ تصميمه بدعمٍ معماري تلقاه من نزار الفرّا. وكان الفرّا في ذلك الوقت يعمل مع إدارة معرض دمشق الدولي بإشراف المهندس رضا مرتضى، الذي يزعم بدوره أيضاً أنه صاحب فكرة النُّصُب. وإذا تجنبنا هذا الغموض – الدرامي – المتعلق بسردية النزاع على الحقوق الفكرية لتصميم النُّصُب، فإن تحوّلاته في نواحي الشكل والوظيفة والتصوّر، يمكن تلخيصها في ثلاث مراحل:[12]

١. "نصب الوحدة"، لإحياء ذكرى الوحدة التي لم تدم طويلاً بين مصر وسوريا (١٩٥٨-١٩٦١) في إطار ما أطلق عليه "الجمهورية العربية المتحدة".
٢. نُصُب لـ"معرض دمشق الدولي"، وهو يشير إلى هدف المعرض الأساسي، ويشكل بالتحديد علامة أو شعاراً للمعرض.
٣. "نصب السيف"، ويشير إلى السيف الدمشقي الشهير. على أن هذا التحول من الناحية الدلالية يحيل النُّصُب إلى عنصر ابتكارٍ دمشقيٍ صرف، تعزى إليه أسباب النصر والمجد.

المرحلة الثالثة ربما هي الأكثر استحقاقاً للإضاءة عليها. وقد تمكنا من مقابلة المعماري وليد الشهابي، حيث تبيّن لنا بأنه الشخصية البارزة ضمن السردية المتعلقة بالنُّصُب. إذ كان الشهابي رئيساً لقسم التخطيط في الشركة المسؤولة عن بناء "دار الأوبرا" (مؤسسة الإسكان العسكرية)، وقد عمل في الموقع مُشرفاً على أعمال بناء "دار الأوبرا"، عندما كان الأخير والنُّصُب ما زالا ضمن نطاق حرم معرض دمشق الدولي. وعندما أعيد رسم حدود العقارات، غدا الشهابي عضواً في "اللجنة التقنية للانتقال". ووفق عمليات نقل الملكية تلك، انتقلت ملكية النُّصُب وموقعه من محافظة دمشق (التي أجّرت في الأساس الأرض إلى معرض دمشق الدولي) إلى وزارة الثقافة (المسؤولة اليوم عن "دار الأوبرا"). وهكذا بدأت الوزارة بإعادة تأهيل النُّصُب الذي كان بحاجة إلى ترميمات أساسية. وخلال الاجتماعات والمداولات التي جرت بين المسؤولين، وهنا بيت القصيد، اقترح الشهابي إعادة تسمية النُّصُب بـ"السيف الدمشقي".[13] وقد أشار الشهابي إلى الشبه الكبير بين شكل النُّصُب وبين الشكل الأساسي لمقبض السيف الدمشقي.

وعلى الرغم من عدم ممارسة الشهابي أي دور مباشر في وضع الأفكار الجديدة لشكل النُصُب، إلا أن ملاحظاته وتأويلاته حوّلت هذا النُّصُب من مجرد "علامة"، أو "شعار"، إلى "رمز". وهكذا تحول النُّصُب المذكور من عنصر يشير إلى شيء محدد وواضح، من دون أي طموحات مرجعية (أي إلى المعرض)، إلى رمز يحمل دلالات أعمق ومعاني أكثر عمومية بالنسبة للجمهور.

إن تبني ملاحظات الشهابي تلك، من الناحية التشكيلية والرسمية، أدى إلى تحول وتحويرٍ جذري في الصورة الذهنية عند الجمهور لهذا النُّصُب، فأبعده من الأصل المجرد من المعاني للشكل الحداثي، وقرّبه إلى صورة تجريدية-تلخيصية لشكل تقليدي معروف (هو السيف). وفي الواقع، جرى تكليف د. إحسان عنتابي، المصمم الغرافيكي المعروف محلّياً، بتصميم واجهات الزجاج المعشّق الملون الجديدة للنُّصُب من الجهتين. وقد اقترح عنتابي فكرة تتكامل مع ما اقترحه الشهابي، تمثلت بوضع تشكيلٍ موزاييكي تجريدي مُستلهَم من آثارالانطباعات البصرية التي يتركها السيف الدمشقي وهو يتحرك متلألئاً في الزمان والفراغ.

بتموضعه في الساحة الرئيسة في العاصمة السورية، لم يُعد هذا النُّصُب اليوم شعاراً لمدينة دمشق وحسب، بل بات يُنظر إليه عموماً كرمزٍ وطني أشمل.

ختام

مما لا شك فيه، أن معرض دمشق الدولي ونُصُبه شكّلا تجربة مشهودة لنجاح عمارة الحداثة والأفكارالعمرانية الحضرية التي طُرحت وفقها في مدينة دمشق. فقد بدأ المعرض باعتباره "فكرةً" معمارية – عمرانية لم يسبق للمدينة أن عرفتها، ومن ثم تحولت تلك الفكرة إلى مفهوم جديد للفراغ المديني العام، مفهوم تكرّس في ذهن الجمهور من حيث شكل هذا الفراغ ووظيفته. وغدا المعرض من الناحية الاجتماعية مناسبة سنوية ينتظرها الناس بشوق، ومؤسسة متعددة الفعاليات تستضيف أنشطة تجاوزت أهداف المعرض الأوّلية. في البداية، كان المعرض الدولي ونُصُبه ضمن إطار مكاني وموضوعي واحد، يكمّلان بعضهما بعضاً من حيث الشكل والوظيفة. بعد نصف قرن تقريباً من تأسيسه، نُقل معرض دمشق الدولي سنة ٢٠٠٣ من موقعه الأساسي، فيما بقي النُّصُب حاضراً بشكله الأصلي العام، على الرغم من تحوّله الجذري وتطوّره من ناحية إيحاءاته الرمزية/الوطنية وتماهي الجمهورالواسع معه... بالنسبة إليهم غدا النُّصُب: السيف الدمشقي – فخر الأمة!

١١ "نصب السيف الدمشقي"، ويكيبيديا العربية. (https://ar.wikipedia.org/wiki/ نصب_السيف_الدمشقي). الدخول الأخير في ٤ كانون الأول ٢٠٢٠.

١٢ سعد القاسم، "الفنون الجميلة ومعرض دمشق الدولي"، مجلة "الحياة التشكيلية"، العدد ١١٥-١١٦، ص. ١٦١ – ١٨٠.

١٣ مقابلة مع المعماري وليد الشهابي، ١٧ كانون الأول ٢٠٢٠.

طابعه التجاري. فكان هناك ما يمكن اعتباره تقسيماً شبه زمني بطريقة استخدام المعرض وارتياده. فهو غالباً ما خُصص للأنشطة التجارية في أوقات النهار، وللترفيه في أول الأمسيات، وللمناسبات والأنشطة الثقافية في الليالي.

المعرض كمكان مدنيّ

ربما مثّل النجاح الذي حققه معرض دمشق الدولي من ناحية خلق فضاء عمراني مفتوح في قلب مدينة دمشق، أبرز سمة من سمات ذاك المعرض. إذ إن مدن الشرق الأوسط لم تكن تاريخياً معتادة كثيراً على فكرة المكان العام المفتوح وفق النسق الذي كان شائعاً ومعروفاً في العالم الغربي. فالمكان العام هنا، تقليدياً، كان محصوراً بـ "الحارة"، وفراغ "السوق" الخطي الطولي، وأفنية المساجد والأديرة. لذا فإن معرض دمشق الدولي في هذا الإطار قدّم ذاك التعريف الجديد للمكان العام في المدينة. من موقعه في قلب المدينة كان دخول الناس إليه سهلاً، كذلك فإن المساحات المفتوحة في الموقع بدت أشبه بحدائق، نظراً لوفرة الخضرة والنباتات ونوافير المياه فيها. وساهمت المقاعد، وغيرها من عناصر الراحة ومرافقها والتي وُزّعت على نحو مناسب في أنحاء الموقع، في جعل المكان مريحاً ومرحّباً. إذ إن رصيف شارع شكري القوتلي، المحاذي للنهر، وفّر لعابريه منظراً خلاباً من موقع المعرض. فكان الناس يقصدون ذاك المكان للمشي والنزهات، أو للاستراحة على المقاعد الموزعة والتمتع بمنظر الأضواء ونوافير المياه وعروض الموسيقى، وهم يحتسون الشراب ويتناولون الأطعمة التي اشتروها من أكشاك الباعة الموزّعة على امتداد الرصيف خارج حرم المعرض.

باختصار، فإن الوظائف المتعددة التي أداها معرض دمشق الدولي، من دوره كمكان للمعارض الدولية، ومنطقة جذب اجتماعي، ومركز ثقافي ومكان لفضاء عام مفتوح، ساهمت في جعله ظاهرة عمرانية متميزة في حياة مدينة دمشق، ووُجهة اهتمام أساسية، ليس فقط لأبناء المدينة، بل أيضاً لعدد كبير من السياح القادمين من دول المنطقة. وقد استقبل المعرض في منتصف السبعينيات أكثر من ثلاثة ملايين زائر، كما شارك في فعاليات معارضه أكثر من ٦٠ دولة عرضت منتجاتها في الأجنحة. وغدا المعرض حدثاً أساسياً في حياة مدينة دمشق، ينتظره الناس طيلة العام كي يمنح كل زائر من زائريه، مع نهاية كل صيف، تجربة فريدة لا تنسى.

مصير الموقع

في سنة ٢٠٠٣ هُجرت أرض المعرض بعد نقله إلى مكان جديد. وقد اختفى معظم الأبنية ليبدو الموقع اليوم خالياً تقريباً إلا من بعض المنشآت والأشجار. كما بات الموقع يستخدم لأنشطة موسمية، مثل معارض الكتب وأسواق عرض المنتجات المحليّة. إلا أن مستقبله كموقع دائم أو مكان مفتوح، بقي مجهولاً حتى الآن، برغم الكثير من المحاولات والمقترحات. كذلك جرى بناء منشأين طاغيي الحضور عند أطراف الموقع، هما بناء "مسار" (مركز الاكتشافات العلميّة والفنيّة للأطفال) و"دار الأوبرا" (دار الأسد للثقافة والفنون – إضافة إلى المعهد العالي للموسيقى والباليه)، فبدّلا إلى الأبد شخصيّة المكان وروحيته.

لكن على الرغم من زوال المعرض، فإن عنصراً واحداً ظل يمثل ذكرى دائمة لوجوده السابق، وعلامة بارزة وسط الدوّار الأهم في مدينة دمشق. إنه النُّصُب القائم إلى الغرب من موقع المعرض، والمعروف حالياً بـ"السيف الدمشقي".

النُّصُب

يبلغ ارتفاع النُّصُب ٤٠ متراً، وكان قد بني أصلاً لتوسعة معرض دمشق الدولي وتحسين أدائه بعد سنوات عديدة من افتتاحه. وأكمل هذا النُّصُب شخصية المعرض وعزّز حضورها المديني، نظراً لوجوده على مقربة من المدخل الرئيس للمعرض، وفي قلب الساحة الأهم في المدينة.

وللنُّصُب جسم رشيق من الخرسانة المسلحة، مؤلف من إطار متناظر مزدوج الانحناءات يعانق شبكة معدنية تحوي أعلام الدول المشاركة في معرض دمشق الدولي كل سنة. وعبّرت مادة الخرسانة التي استخدمت في بنائه، واستفيد من تقنياتها، عن التحول الصناعي والاقتصادي الذي شهدته سوريا في ذلك الوقت. وكانت البلاد حتى أعوام الستينيات قد اعتمدت على واردات الإسمنت الأجنبي، إلى أن أقيم مصنع للإسمنت قرب بلدة دُمّر التي تبعد حوالي ١٢ كيلومتراً شرق أرض المعرض. والجدير ذكره هنا، في هذا الصدد، أن المصنع المذكور تبرّع بكمية الخرسانة المطلوبة لبناء النُّصُب، معتبراً الأخير فرصة ترويجية لمنتجاته.

وكان النُّصُب يضاء ليلاً بواسطة نظام إضاءة داخلي متقن (في جوفه)، فيجعله يبدو مثل نافذة عملاقة من زجاج معشّق من كل جهة من جهتي إطاره الخرساني. وتطل واحدة من واجهتي النُّصُب على الساحة، فيما تطلّ الأخرى على المعرض الدولي نفسه، لتختم شارع شكري القوتلي الموازي للنهر والمعرض.

وقد أقيم النُّصُب فوق بركة ماء عاكسة على مقربة من بوابة المدخل الرئيس لـ"معرض دمشق الدولي"، ما ضاعف المؤثرات البصرية لمشهد النافذة ذات الزجاج المعشّق، متعدد الألوان. كذلك، تخللت الإطار الخرساني ثقوب صغيرة دائرية الشكل، أتاحت تبريد كاشفات الضوء الداخلية، بموازاة سماحها للضوء بالتسرب خارج الإطار، الأمر الذي خلق ما يشبه هالة نور مهيبة حوله.[9]

أمّا اللافت في هذا السياق فهو أن مصمم النُّصُب يبقى غير معروف. العديد من الأشخاص "زعموا"- وما زالوا يزعمون - أنهم من صمّمه، ويتنوع هؤلاء بين مصممي ديكور، ومهندسين مدنيين، وحتى موظفين إداريين في البلدية.[10] لكن بعد التدقيق في الأمر، فإن المصادر تشير إلى نزار الفرّا (١٩٣٠-٢٠٢٠)، المعماري الذي صمّم المبنيين المخصصين للأنشطة التجارية في الجهة الغربية من معرض دمشق الدولي.

وقد يبدو ممكناً تتبع أصول نمط الشكل المعماري للنُّصُب باحتمال كونه قد تأثر بـ"البلاسيو دا ألفورادا"، المقرّ الرسمي لرئيس البرازيل الذي صممه أوسكار نيماير سنة ١٩٥٨. والعلاقة التي تربط هذا النُّصُب بـ"البلاسيو" تبقى ممكنة، لكون المُصمّم المحتمل للنُّصُب، صلاح عبد الكريم (١٩٢٥-١٩٨٨)، النحّات المصري إبان فترة الوحدة بين مصر وسوريا في إطار "الجمهورية

٩ أديرت عمليات إضاءة النصب من حجرة تقنية صغيرة وأنيقة أقيمت بجانبه إلى الشرق، وضمت لوحة المفاتيح والأزرار، ومحولاً، وبطارية احتياطية.

١٠ ماهر المونس، "هكذا تحول "عمود المعرض" إلى "سيف دمشقي"، جريدة "الأخبار"، ٨ تشرين الثاني ٢٠١٩. (https://al-akhbar.com/Sham/279068) (الدخول في ٤ كانون الأول ٢٠٢٠).

المعروضات المختلفة. وتميزت الأجنحة جميعها بشكل بسيط مستطيل، لكن الحجم والارتفاع اختلفا بين جناح وآخر، وفيما أضيفت الزخارف إلى الواجهات في بعض الحالات، مثلاً، كي تستحضر تراث الفنون البصرية لبلد معين، فإن تصاميم الأجنحة بالإجمال حافظت على بساطتها وتجريديتها، تماشياً مع التوجّهات المعمارية السائدة في حقبة الخمسينيات . وإلى جانب الأجنحة، تميّزت مباني الخدمات التجارية، في الجهة الغربية من الموقع، بمظهر بسيط أيضاً. وتكوّنت البنية الإنشائية لهذه المباني من الخرسانة عموماً، وجدرانها من قواطعَ وألواحٍ إسمنتية، كما جاءت فتحاتها خالية من أيّ نوع من الزخارف، ولا توحي سوى بتكوين تجريدي – مثلها مثل أيّ مبنى حديث من تلك الفترة.

وأُدمج في الفضاء الخارجي لموقع المعرض ثلاثة عناصر مائية على مساحات واسعة متاخمة للمباني. مقاييس تلك العناصر وإيحاءاتها البصرية منحتها من الناحية التصميميّة حضوراً وجاذبية قائمين بذاتهما. وقد خلقت النوافير والشلالات المائية، المنسّقة بجمالية وإتقان مع عناصر ضوئية، أجواء مُبهجة ومفعمة بالحيوية. كما ساهمت أصوات نوافير الماء ونسائم الهواء العليل بخلق فراغ منعشٍ وممتع . وفي الجهة الشرقية من المعرض تضمّنت عناصر مائية أخرى نافورةً ثانية، والحاضر الأهم طبعاً، نهر بردى. وجرى توزيع، أو "زرع"، النوافير على طول النهر بتصاميم وتشكيلات ضوئية متنوعة. وقد نُسّقت هذه الأخيرة بالتوازي مع حركة الناس والزوّار، ما جعل السير بمحاذاة النهر، داخل حدود أرض المعرض وخارجه، نزهة حقيقية بالنسبة للجمهور.

وبدا الموقع كمثل ممشى عفوي، حافل بالمساحات الخضراء التي كوّنتها أشجار معمرة كانت قائمة قبل إقامة المعرض. وكان واضحاً احترام المُصمِّم طبيعة المكان الأصلية واستخدامها كأساس لتخطيط المساحات الخضراء الرئيسة الجديدة. كما جُهزت تلك المساحات بما يكفي من المقاعد، ووسائل الراحة والخدمات الأخرى في الفراغات المفتوحة، مثل اللافتات والإشارات، وحاويات القمامة، والمصابيح.

واتّبع المخطط العام للموقع نسقاً هندسياً بسيطاً، موازناً ما بين عناصر التنسيق الحدائقي العمراني، أو ما يسمى بالمساحات "القاسية" و"الناعمة". فيما أمّنت المساحات الخضراء، الطابع الأكثر استحضاراً للطبيعة الأصلية للموقع. على أن هذه المواصفات جميعها، معطوفة على المظهر الحداثي للمساحات المزروعة بالشتول، والنوافير، على وجه الخصوص، جعلت من الموقع نموذجاً حيّاً لتوجّهات وجماليات حركة الحداثة، في قلب مدينة دمشق.

البعد التجاري للمعرض

جاء معرض دمشق الدولي الأول، سنة ١٩٥٤، ليعكس التطوّرات الاقتصادية والسياسية في سوريا بتلك الحقبة. وكانت البلاد في حقبة الخمسينيات شهدت فورة صناعية وتجارية. ومثّل المعرض طريقة من الطرق الهادفة إلى توسيع تجارة سوريا دولياً، وتحويل البلاد إلى قطب تجاري ذي شأن. وقد بدا المعرض في هذا السياق فرصة للدول المشاركة فيه كي تعرض أحدث منتجاتها وأكثرها ابتكاراً. وجاء المثال الأشهر على ذلك، عندما كشفت الولايات المتحدة في جناحها بمعرض دمشق الدولي عن نظام "السينيراما" (تقنية العرض السينمائي) الأميركي للمرة الأولى خارج أراضيها.

٨ عماد الأرمشي، "عن تاريخ معرض دمشق الدولي"، بوابة داماس، (htttps://www. damaswiki.com/node/1809) (الدخول في ٢١ كانون الثاني، ٢٠٢١).

وهكذا، هدف المعرض عموماً إلى جذب استثمارات رجال الأعمال والتجارة إلى البلاد، من خلال تلك الفرصة الفريدة المتمثلة بعرض آخر المبتكرات والمنتجات في مختلف الحقول الصناعية، على وجه الخصوص.[٨] وعبر هذا الأمر منح رجال الأعمال السوريون، الساعون إلى تحديث الصناعة والزراعة، وغيرهما من القطاعات الوطنيّة، فرصة للتفاعل والاحتكاك مع نظرائهم الأجانب. إلى ذلك، فإن البُعد الاقتصادي والتجاري للمعرض، لم يمثّل سوى مظهر واحد من مظاهره. إذ إن الموقع شكّل منذ ولادته وعلى نحو غير مخطط أو متوقع، فضاءً عمرانياً ومناسبة اجتماعية مُنتظرة لمختلف الأوساط الاجتماعية والزوّار.

البعد الاجتماعي – الثقافي للمعرض

تعامل الناس مع أرض المعرض واستخدموها كأيّ موقع من مواقع نزهات "السيران" الدمشقي. فكان الزوار يقصدون فضاءات المعرض المفتوحة للتنزّه واللهو، أو للاستماع إلى الموسيقى والغناء.

في هذا الإطار، ساهم حجم المعرض ونسق مخططه في جعله فسحة تؤدي وظيفة مكانٍ/فضاء عام. كما جاء تصميم شكله الخطيّ البسيط، كي يسمح للزوار بالتجول في الموقع بسهولة، فينتقلون من جناح عرضٍ إلى جناحٍ آخر عبر ساحات ومساحات خضراء مفتوحة. وكان بوسع الزوار بعد تجوالهم عبر أجنحة المعارض، متابعة سيرهم باتجاه أجنحة الحرف اليدوية والمتاجر المختلفة (أو ما يُسمى سوق البيع). كانت النقاشات والأسئلة والتعاملات التجارية أساليب تفاعل شائعة، جعلت من المكان مكاناً مزدحماً وحيوياً. وقد خُصص المبنى الأول في الموقع لمتاجر بيع المصنوعات اليدوية المحلية والتقليدية، مثل الأشغال الصدفية (الفسيفساء) والقطع الزجاجية والخشبية والفخارية. وقد شابه ذلك المبنى بشكله وتصميمه مركزاً تجارياً صغيراً معاصراً، فأدّى وظيفة مشابهة لسوقٍ تقليدي. كما ضمّ على سطحه مقهىً صيفياً يقدّم المشروبات و"الكنافة النابلسية" والحلويات السورية الشهيرة. وما لبث ذاك المكان أن غدا محوراً اجتماعياً بارزاً ارتادته العائلات الدمشقية، خصوصاً في أعوام الخمسينيات والستينيات.

واتسمت الفعاليات الثقافية التي رافقت أنشطة المعرض بأهمية كبرى. إذ في كل عام، كان يجري على مسرح المعرض تنظيم برنامج ترفيه غني بمشاركات دولية. ومن أبرز المشاركين في تلك الفعاليات كان فرقة باليه البولشوي الروسية، وفرقة الأخوين رحباني بأعمال سنوية خاصة للمغنية اللبنانية الشهيرة فيروز. وقد جذب برنامج الفعاليات المذكور طبقة اجتماعية محددة، ساهم حضورها في إغناء فسيفساء التنوّع الاجتماعي، حيث كان يقصد المعرض من يود التنزّه ببساطة في مساحات الموقع المفتوحة والتمتّع بالفعاليات السنوية من دون أي تكاليف ماديّة، إضافة إلى الأشخاص الذين بمقدورهم حضور الأعمال الموسيقيّة وتحمّل أعباء بطاقات الدخول.

وعلى الرغم من جدّة ذاك البرنامج للتبادل الثقافي الكبير المرافق للمعرض بالنسبة لمدينة دمشق، إلا أن جذوره تبقى ضاربة في الماضي لتستحضر المهرجانات التجارية العربية العريقة، مثل سوق عكاظ، حيث كان الناس إلى جانب تعاملاتهم التجارية، يتبادلون الأفكار والفنون، والشعر طبعاً. وكاد ذاك النجاح الاجتماعي والثقافي لمعرض دمشق الدولي أن يغطي على

رافع حقّي ووائل السمهوري

حيّز عام حديث

يشكل كلّ من "معرض دمشق الدولي" ونُصُبه نموذجين ناطقين عن انبثاق عمارة الحداثة وتجليها في العاصمة السورية دمشق. فالمعرض كرّس ظاهرة عمرانية جديدة ومفهوماً جديداً لفضاء اجتماعي - ثقافي غير مسبوق فيها. أمّا النُّصُب، شعار المعرض ورمزه المتجسّد، فقد جاء كتلة فارعة رشيقة، تشير إلى مدخل المعرض وتتصدّرالساحة الرئيسة في المدينة.

نظرة تاريخية عامّة

إن رقعة الأرض التي استخدمت لبناء معرض دمشق الدولي لها تاريخها الفريد في حياة دمشق. فهي تقع في غرب المدينة، على امتداد الضفة الجنوبية لنهر بردى. وكانت فيما مضى جزءاً من "الغوطة"، المنطقة الخصبة الخضراء المحيطة بدمشق، والتي يرويها نهر بردى. ويمثّل النهر المذكور في الحقيقة شريان حياة المدينة ومصدراً أساسياً لمياهها. وفي الحقبة العثمانية كانت رقعة الأرض هذه، التي عرفت بالمرجة الخضراء، تُستخدم كملاذ للأحصنة المتقاعدة التي تطلق فيها كي ترعى وتلقى الرعاية إلى أن تموت.[1] وبعد فترة قصيرة من سقوط الأمبراطورية العثمانية، فإن هذه المنطقة التي كانت تُعدّ من ريف دمشق، تحوّلت على نحو مطّرد إلى مناطق مبنية تشكل جزءاً لا يتجزء من عمران المدينة. وأدى التوسّع العمراني وتمدّد البنيان المتواصل في كل الاتجاهات إلى تبديل طابع تلك الرقعة، وتحويلها من أرض ريفية خضراء إلى منطقة حضرية أساسية ضمن نسيج المدينة، حيث أُزيلت معظم أشجارها ومساحاتها الخضراء. وإزاء القليل المتبقي من هذه الأخيرة، جرى تعبيد المساحة برمتها تقريباً، بمادة الإسفلت.

ويمكن وصف رقعة الأرض التي أقيم عليها المعرض بأنها، كما كانت في الماضي، مساحة وممراً، أو رئة لتنفّس المدينة واستجمامها. إنها المنطقة التي تمتد من بوابات دمشق القديمة الغربيّة إلى عدة كيلومترات نحو الغرب. واليوم ما زالت العائلات ومجموعات من السكان يقصدون الضفاف المتبقية من ذاك الممرّ، للترويح عن النفس في نزهات تقليدية عفوية في الطبيعة (تعرف محلياً بـ"السيران")، أو للتمتع بتناول الطعام في أحد المطاعم القائمة هناك على طول مجرى النهر.[2]

موقع المعرض

قبل تأسيس وبناء معرض دمشق الدولي الرسمي المعروف، أقيم أربعة معارض في مدينة دمشق. استمر كل معرض منها لمدّة عام وأقيم في مواقع مختلفة.[3] ونُظّم المعرض الرابع سنة ١٩٣٦ في "التجهيز الأولى"، إحدى المدارس الثانوية الرئيسة في دمشق آنذاك، وهي مدرسة قريبة جداً من موقع المعرض الرسمي. وقد استفاد هذا المعرض من مساحات الأراضي الواسعة والخالية حول المدرسة، فانتشرت أكشاك المشاركين بفعالياته في أنحاء المنطقة المحيطة، كما حظي زواره بأنشطة ترفيهية متعددة.[4] لكن في سنة ١٩٥٤ أقيم معرض خامس وراح يعرف رسمياً باسم "معرض دمشق الدولي"، وقد خصص له موقع ثابت.[5] امتدّ ذاك الموقع من "سينما دمشق" وصولاً إلى دوّار ساحة الأمويين على طول محور المدينة الشرقي-الغربي. وشمل الموقع في الأساس الضفتين الشمالية والجنوبية لنهر بردى. بيد أن المساحة التي خُصصت للمعرض في العام التالي، لم تشمل سوى الضفة الجنوبية. ومع مرور السنين أخذت مساحة الأرض المخصصة لذاك المعرض تتقلص باطّرادٍ، إلى أن جرى في سنة ٢٠٠٢ نقله بأكمله غرباً، نحو أطراف المدينة (على طريق المطار الدولي). وجاور المعرض من طرفه الشرقي، المتحف الوطني، فيما ظلّ طرفه الغربي ممتداً نحو دوار ساحة الأمويين. إلا أنّه الآن بات يشمل موقع نُصُب "السيف الدمشقي"، كما سنُبيّن لاحقاً. وحين تأكّد تخصيص تلك الأرض كموقع دائم للمعرض الدولي، فإن ملعب كرة القدم الذي أنشئ هناك قبل عقود جرى نقله إلى غرب الموقع، كما بنيت إلى جانبه بركة سباحة للعموم، ومسرح صيفي مكشوف. وفي مرحلة لاحقة، أضيف مطعم خمس نجوم إلى مجموع العناصر التي تؤلف الموقع. بيد أنّه في مطلع الثمانينيات اقتطعت مساحة ليست صغيرة من الموقع، وسيُّجت ليُقام عليها مبنى دار الأوبرا والمعهد العالي للموسيقى، كما فُصلت المساحة التي يقوم عليها نُصُب السيف الدمشقي عن أرض المعرض الرئيسة.

تصميم المعرض

ترأس عمليات وضع تصميمات الموقع العام الأوّلي لمعرض دمشق الدولي مصممان اثنان. أما المخطط التوجيهي الأساسي، الذي غطى مساحة ممتدة من طرف الموقع الشرقي، بمحاذاة المتحف الوطني وصولاً إلى مسرح دمشق، فقد طُوِّر في الخمسينيات من قبل مصمم ألماني متخصص بالتنظيم المديني والمعارض،[6] ومعماري سوري كان قد درس في فرنسا. وتميّز المخطط الذي وضع للموقع، بالبساطة، فقد اصطفت أبنية متعددة الأحجام في رتلين على طول المحور الشرقي - الغربي، وأدمجت بمهارة مع الساحات الخارجية المفتوحة مساحات خضراء وعناصر مائية وأماكن تجمّع ومقاعد للجلوس. لقد بُني القسم الأكبر من المعرض خلال النصف الثاني من حقبة الخمسينيات والنصف الأول من الستينيات. ويُلاحظ في هذا الإطار أن تصاميمه عكست الاتجاهات المعمارية الدولية الحديثة السائدة في تلك الفترة. وبدا المخطط العام بسيطاً، حيث أنشئت أجنحة الدول المشاركة والفعاليات الأخرى على طول الطرفين الشمالي والجنوبي للموقع، ما وفّر مساحة مفتوحة مطوّقة ومحصورة بين المباني المتقابلة. وفي الطرف الشرقي للموقع، المحاذي للمتحف الوطني، كان يمكن الدخول إلى المعرض عبر بوابة تفصله عن المتحف. وفي أعوام الثمانينيات جرى وصل طرفي المدينة عبر جسر، وأقيمت تحت هذا الجسر محطة لباصات النقل. وأدت تلك التعديلات في الناحية الشرقية من موقع المعرض إلى فصله عن محيطه "الثقافي" - تحديداً المتحف الوطني، والتكيّة السليمانية، وجامعة دمشق. وفي مرحلة لاحقة طُوِّر الطرف الغربي لمعرض دمشق الدولي من قبل المعماري الدمشقي الراحل نزار الفرّا.[7] وقد أضيف مبنيان في الطرف الغربي من المعرض، حيث يقع مبنى دار الأوبرا. وضم المبنيان متاجر لبيع المصنوعات الحرفية المحليّة ومصنوعات يدويّة أخرى. وتميّزت المساحة التي تحيط بذلك الطرف بضمّها العناصر المائية الرئيسة في موقع المعرض، وأبرز هذه العناصر كانت النوافير التي أقيمت داخل مجرى النهر المحاذي لأرض المعرض على طول الجهة الشمالية. كذلك اتّسم تصميم كل مدخل من مداخل المعرض الأربعة بمواصفات تشكيلية فريدة خاصة. وتميزت هياكل البوابات بكونها منشآت خفيفة مبنيّة من الخرسانة والمعدن الذي يؤطّر الزجاج الملوّن. مثّل الزجاج الملون عنصراً تصميمياً أساسياً، الأمر الذي أدى إلى خلق أجواء لونية غنية ومبهجة. أما الفراغات الداخلية للأجنحة، فقد تألفت من فراغ واحد كبير مغلق ومقسّم كي يضمّ فراغات جزئية تضمّ

١ شمس الدين العجلاني:
Chamseddine Al-Ajlani, "The Story of the Land of Damascus International Fair throughout Ages and Days," Shamra, Syria. Available at: https://shamra.sy/news/article/64d5a45296a114ad2945eb0b81a14076 (الدخول في ٤ كانون الأول، ٢٠٢٠).

٢ علي الطنطاوي، "دمشق، دمشق": دار الفكر، ١٩٥٩، ص ٩–١٠.
Ali Al-Tentawi (1959), *Damascus*, Damascus: Dar Al-Fikr, pp. 9-10.

٣ مهى الأطرش، "أرشيف الأرمشي ووثائق وذكريات عن معرض دمشق الدولي"، شمرا سوريا. متوفر على: https://shamra.sy/news/article/1258f-f985e589e7a5a4fb014a052a23d (الدخول في ٢٣ كانون الثاني ٢٠٢١).

٤ ابراهيم حقي، "دمشق في ثمانين عاماً"، دمشق، الجزء الأول، دار الفكر، ٢٠١٧، ١٣٤-١٣٥.

5 "A Glance at Damascus International Fair," *Public Establishment for International Fairs and Exhibitions*. (http://peife.gov.sy/?page_id=2100, (الدخول في ١٥ كانون الثاني، ٢٠٢١).

٦ لم نتمكن من الوصول بعد إلى معرفة اسم هذا المصمم الألماني المتخصص بالتنظيم المديني والمعارض.

٧ نزار الفرا كان معمارياً مقيماً في دمشق، سوريا. صمم العديد من المباني المهمة في مدن سورية مختلفة، منها مبنى سينما السفراء الذي تميز باستخدامه جسوراً خرسانية ممتدة على مساحة كبيرة لأول مرة في سورية. وكان عضواً في الهيئة التعليمية بجامعة دمشق.

DAMASCUS INTERNATIONAL
FAIR AND ITS MONUMENT
SYRIA, 1950S–1960S

ARCHITECTS:
NIZAR AL-FARRA ET AL.

المعماري:
نزار الفرّا وآخرون

معرض دمشق الدولي ونصبه
سوريا، بين الخمسينيات والستينيات

24– The Sword of Damascus with
ts current stained-glass

٩,٢٤- السيف الدمشقي بزجاجه الملوّن الراه

سوريا

معرض دمشق الدولي ونُصُبه
بين الخمسينّيات والستينّيات

المعماري: نزار الفرّا وآخرون

9.25– Overview of the Fair from its north-eastern corner showing the linear arrangement of the buildings with the open spaces in the middle.

٩-   مشهد عام للمعرض من جهته
شمالّية الشرقيّة يُظهر التنسيق الخطّي
لأبنية التي تتخلّلها مساحات مفتوحة.

JORDAN

Al-Hussein Youth City
Amman, 1962–1968
Architect: Munce and Kennedy

1– Aerial view of Al-Hussein
Youth City within the green
terraced Amman landscape, 1973.

١،١– صورة من الجو لمدينة الحسين
للشباب ضمن المشهد المتدرّج الأخضر
لمدينة عمّان، ١٩٧٣.

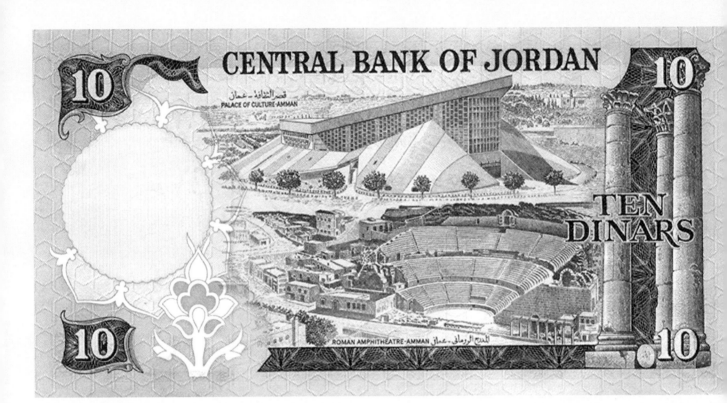

قصر الثقافة – عمان
PALACE OF CULTURE-AMMAN

CENTRAL BANK OF JORDAN

10

TEN
DINARS

ROMAN AMPHITHEATRE-AMMAN المدرج الروماني – عمان

10   10   10

10.2– The 10 Jordanian Dinars
banknote obverse, issue of
1974–1992.

١٠,٢–   العملة الأردنية من فئة ١٠ دنانير، إصدار
١٩٧٤–١٩٩٢.

AL-HUSSEIN YOUTH CITY
AMMAN, JORDAN, 1962–1968
ARCHITECT:
MUNCE AND KENNEDY
المعماري:
مانس وكينيدي
مدينة الحسين للشباب
عمّان، الأردن، ١٩٦٢ - ١٩٦٨

Janset Shawash

Sports and Culture for a New Nation

Introduction

Al-Hussein Youth City of Amman, or the Sports City as it is commonly called, consists of some of the most iconic buildings in Jordan, and is the most important national sports complex. It was launched by a royal decree in 1961, designed by the Northern Irish firm Munce & Kennedy, and constructed in conjunction with two Jordanian contracting companies—Shahin Contractors and the General Contracting Company. Its significance earned it a place on the 10 Dinar Jordanian banknote in the period 1974–1992, and it remains widely popular as a venue for sports and recreation to this day. However, little is known about the circumstances of its construction and almost no archival material exists in relation to its architecture. The narrative that follows is therefore based on journal and newspaper articles of the period, correspondence, site visits, and interviews.[1]

Al-Hussein Youth City in Context

The idea of building national sports facilities emerged long before the project was proposed in 1961. Jordan was established in 1921 as an Emirate, and only gained independence from the British in 1946. When King Hussein assumed the throne in 1952, he continued the development of the Kingdom into a modern state and made efforts to solidify its presence internationally. Initiating the construction of major infrastructure and public use projects, ranging from major agricultural water canals and regional highways to universities and cultural facilities, played a pivotal role in this process.

The idea of building sports facilities was already present in the master plans for Amman laid out by Max Lock (1955) and by Vermont Newcombe (1964)[2], both mandated by the United Nations to propose development plans for the city. The location of the sports facilities was slated for the North–West axis, which also included the campus of the University of Jordan (1962), the Royal Scientific Society (1970), and Royal Geographic Center (1975), forming together a significant public scientific hub. The plans reflected an intent to draw urban expansion away from the tribal domains east and south of the city, to maintain a balance of power in terms of social and geographical distribution.

Sports, especially football, were important to the nation and to Pan-Arab relations. For example, the local Faisali Football Club was established in 1932, Wehdat Club in 1956. Local and regional matches were hosted in school playfields and non-specialized spaces of the city. General sports clubs began to form since the late 1940s, but had an ethnic, religious, or specialist make-up. For example, the Ahli Club (with its Circassian majority) was formed as early as 1945, the Orthodox Club in 1952, the Royal Automobile Club in 1953. These clubs were usually located on the outskirts of the city but were almost exclusive to the founding communities. The Kingdom had a palpable need for an equipped space to host national and international sports events that would place it on a par with more established Arab countries and be inclusive of all social groups and economic classes.

The Spirit of the Pan-Arab Games

After World War II, as the Arab countries gained independence, the idea of unification grew strong. The Arab League was formed in 1945, and its first General Secretary, Abdul Rahman Hassan 'Azzam, called for cultural exchange among the youth of the Arab world, and for the establishment of a sports competition with the participation of all Arab countries. The aim was to inaugurate a set of cultural practices to celebrate Arab identity, to strengthen the "imagined community"[3] of the Pan-Arab world, through preparing a strong youth who believed in their *'uruba* and were aware of the traditions and cultural diversity of other Arab states.[4]

The first games were organized in Alexandria in 1953, as Egypt was taking a leading position in the Arab world. Alexandria had already established itself as a city of sports and had built infrastructure to host the African Games in the 1920s and the Mediterranean Games in 1951. Its stadium had capacity for 20,000 spectators, while facilities for other sports (10 in total) were dispersed around the city. For the Games of 1957 in Beirut, Lebanon's largest stadium was constructed in the new *Cité Sportive Camille Chamoun*, seating 60,000 spectators, and fitted out with state-of-the-art facilities. The new city could accommodate 12 types of sport. However, the Arab Games suffered increasingly from internal divisions reflecting the political strife in

1 Very little archival material exists in Jordan, UK and Northern Ireland, and no original architectural drawings of quality were found. The following parties were contacted for information on the project, and while all of them were responsive, only a few led to productive leads: in Jordan–the Ministry of Youth (Sports City administration), Ministry of Public Works, Greater Amman Municipality, Royal Hashemite Documentation Center, Jordanian Engineering Association, National Library of Jordan, and the Contractor Companies; the following were consulted abroad—The Times newspaper archive at the British Library, Royal Institute of British Architects (RIBA), the Royal Institute of the Architects of Ireland (RIAI), the Irish Architectural Archive, Public Record Office of Northern Ireland (PRONI), and CONSARC Design (Formerly Munce & Kennedy Partnership). Special mention should be made of Dr. Paul Larmour, a North Irish architectural historian, who has serendipitously recently written about James Munce–the head of the architectural firm, and Adair Roche–their primary architect.

2 Vernon Z. Newcombe, "Town and Country Planning in Jordan," *The Town Planning Review* 35, no. 3 (1964): 238–52.

3 Benedict Anderson, *Imagined Communities: Reflections on the Origin and Spread of Nationalism*, London and New York: Verso, 1983.

4 Luis Henrique Rolim Silva and Hans-Dieter Gerber, "Our Games! The Pan-Arab Games (1953–1965)," *The International Journal of the History of Sport* 29 (2012), doi.org/10.1080/09523367.2012.721594.

the Arab region. Some countries boycotted the games of 1961 in Casablanca and of 1965 in Cairo.[5] Although the games were not consistently held at the four-year cycle due to general political turmoil in the region, they continue to be held sporadically (12 events held in total) with the latest that took place in Iraq in 2021. Meanwhile, fervor for sport was taking over the world through the Olympic Games and their different regional variants, and impressive feats of structural and architectural engineering were erected to host them, drawing on the skills of the best architects and structural engineers around the globe.

Project Initiation

It is in the context of this prevailing sentiment of a unified Arab community and high expectations of quality for sports facilities that the Sports City in Amman was conceived. Although no plans to hold Pan-Arab Games in Jordan were yet announced, building a Sports City became a "matter of prestige."[6] This coincided with King Hussein's marriage to Princess Muna in 1961—the daughter of a British officer.[7] Jordan had only recently achieved its independence from Britain and the broken promises of the British and their role in supporting Israel were not easily forgotten, especially in the wake of the Arab–Israeli war of 1948; thus, the marriage was not accompanied by the customary nation-wide festivities[8] and extra efforts were made to popularize it. The wedding gifts of about 300,000 Jordanian Dinars received by the royal couple were dedicated as an initial fund toward building the Sports City—a gift to the youth of Jordan.

And so the project was put through a formal process, overseen by the royal court, and a special Al-Hussein Sports City Authority formed in 1962. As a first step, and to provide the finances for the construction and maintenance of the project, the "Al-Hussein Sports City Tax"[9] was legislated in 1963 on imports and air travel. As a second step, a study was procured from a British company (unspecified) for the fee of 43,000 Jordanian Dinars. The project was put out to international tender, and fourteen national and international companies submitted bids. These included "British Humphrey Company," "The Yugoslavian Company," the British-owned Arab Contracting Company (CAT), and the coalition of Jordanian contracting companies based in Amman—the Public Contracting Company and

Shahin for Engineering and Contracts,[10] which won the bid with the lowest price of 1,220,298 JDs.[11] It seems that Munce & Kennedy were in partnership with the local contracting companies in this bid, since in 1968 the *Belfast Telegraph* reported that they were awarded the design commission in early 1964,[12] chosen out of twenty-three international offices, which included companies from the USA, Germany, and the Eastern bloc.[13] Reasons leading to the choice of the contracting and design firms, beyond the choice of the lowest bid, are unclear. Perhaps as Munce noted in the *Belfast Telegraph* in 1964[14]: "Sports facilities are a matter of prestige for these Arab countries [...] They want to be able to stage the Arab Games [...] starting from scratch." To this end the Arab countries resorted to international architects, competitions, and bids. The Alexandria Stadium is reported to have been designed by a Russian architect, while the Sports City Camille Chamoun in Beirut was designed by the French architect Maurice Migeon[15] upon winning an international competition. Another reason could be the indirect influence of the British lineage of the new Royal consort, in addition to ingrained British cultural influences among the Royal entourage. The choice of relatively small contracting companies and an obscure Northern Irish architectural firm could also be linked to their strong connections and business acuity, as well as to a sufficiently suitable portfolio of Munce & Kennedy who had just finished the design of award-winning sports facilities in Belfast, and secured a commission for two sports cities in Libya.[16] The same cannot be said of the construction companies, "whose experience in this type of contract was very limited," according to the *Belfast Telegraph*, and as a result, the first Munce & Kennedy engineers on site "had to act as teachers as well as construction supervisors."[17] At this point, the engineering and construction scenes in Jordan formed a continuation of regional spheres of activity and influence, whereby several regional and international architects were already designing and building significant landmarks hand in hand with local architects. None of these projects, however, was on a par with the scale and complexity of the Sports City.

Thus, after a period of preparations and publicizing the project, construction was initiated in 1964, and by the end of 1966 most of the heavy engineering work was complete. The project was finished and handed over in October 1968, untouched by the bombings of

5   Ibid.
6   "Ulster Architects Flying to Middle East Sports Sites," *Belfast Telegraph*, July 25, 1964, 8.
7   "Amman Rejoices at Engagement," *The Times*, May 3, 1961, 10.
8   "Quiet Wedding Expected," *The Times*, May 3, 1961, 10.
9   Fawzeddine, "Mashru' qanoun daribet madinat el-Hussein" [The proposed

tax law for al-Hussein City], *Al-Jehad*, November 16, 1963, 12.
10   According to the register of the Ministry of Industry and Trade, the Public Contracting Company was registered in September 1953 and is currently one of the major contracting companies in Jordan. Shahin for Engineering and Contracts was registered in July 1964, although it was operational before regis-

tration. It also reached a major status in the kingdom but was suspended in the 2010s in midst of corruption proceedings against the owners.
11   "Madinat el-Hussein el-riyadiyyah" [Al-Hussein Sports City], *Amman el-Masa'*, April 6, 1964.
12   "Ulster Firm Finishes Olympian Task in Jordan," *Belfast Telegraph*, October 23, 1968, 8.

13   "British Firm Wins BP 1M. Contest," *The Times*, October 16, 1962, 12.
14   "Ulster Architects Flying to Middle East Sports Sites," *Belfast Telegraph*, July 25, 1964, 8.
15   Gebran Yacoub, *Dictionnaire de l'architecture au Liban au XXème siècle*, Beirut: Alphamedia, 2004.
16   W. J. McDowell and C. J. Shippen, "The Libyan Sports Cities: An Illustration

57

AL-HUSSEIN YOUTH CITY
AMMAN, JORDAN, 1962–1968

ARCHITECT:
MUNCE AND KENNEDY

المعماري:
مانس وكينيدى

مدينة الحسين للشباب
عمّان، الأردن، ١٩٦٢ – ١٩٦٨

Amman during the war of June 1967 with Israel. The war, however, had a drastic effect on national morale, leading to serious doubts regarding Pan-Arab unity, and none of the excitement for the opening of the new Sports City remained, as it proceeded to function without public ceremony. The events of Black September of 1970 further added to the prevailing gloom, as civil war broke out in Jordan between the Palestine Liberation Organization and the Jordanian Armed Forces.

Architects of the Sports City: James Munce and Adair Roche

Munce & Kennedy, responsible for the design of the Sports City, was a multi-disciplinary architectural and engineering firm originating in Northern Ireland. The firm was headed by James Frederick Munce, and Adair Roche was the firm's lead architect.

James Frederick Munce was the son of the engineer James Stillwell Munce, who founded the firm of Munce & Kennedy in 1919. His architectural training was interrupted by his service in World War II as a captain in the Royal Engineers' Airborne Division, a conflict that lasted from 1939 till 1945 and took him to North-West Europe, the Far East—and most importantly, the Middle East. Upon his return, James Munce enrolled in the Northern Polytechnic in London, and became an elected ARIBA in 1951.[18] Upon inheriting his father's office in 1952, Munce expanded its portfolio to include a diverse array of residential projects and industrial and public buildings. The projects increasingly displayed modern elements, such as expansive glazing, use of flat roofs and reinforced concrete, and the integration of modular steel frames.

By the 1960s, Munce had opened additional offices in London, Edinburgh, and Dublin. The firm prided itself on being "multi-disciplinary" in nature, encompassing civil, structural, mechanical, and electrical engineering, quantity surveying, and town planning expertise. During this expansion, Munce applied himself less to architectural design, and focused on securing new commissions. His proactive marketing and networking gained him the jealousy and chagrin of his competitors.[19]

Louis Adair Roche received his architectural education at the Bartlett School in University College London, graduating in 1951 and joining Munce & Kennedy in

Belfast in 1957. Roche became a full partner early in 1961 and was considered responsible for much of the architectural design at the office.[20] Roche was the lead designer for projects such as the new Belfast City Hospital (1961–71), the Pigs' Marketing Board offices in New Forge Lane (1962), and Queen's University sports facilities (1962–63). Roche was also involved in the design of the sports complexes in Jordan and Libya.[21] Of special relevance in the firm's portfolio are projects showing stylistic precedents for the design of Al-Hussein Sports City's components, such as the canopy at the Grundig Factory (1960–61), which influenced the iconic entrance to the Sports City; or the Pigs' Marketing Board offices, which displayed bold simplicity of structure, consisting of a reinforced concrete frame expressed partially on the exterior, with emphatically framed brickwork panels. On the other hand, the Sports Facilities for the Queen's University, initiated in 1960, comprised numerous structures, the most notable of which was the Dub Pavilion, with its hyperbolic paraboloid roof visually suspended over highly glazed corners of the clubroom. The conversion of undulating land into a series of playing pitch terraces gained the project the Civic Trust Class 1 Triennial Award for 1966, while the Dub Pavilion was "Highly Commended" in the RIAI Gold Medal award 1962–64.

In November 1967, the name of Munce's firm was changed to James Munce Partnership, while the original name of Munce & Kennedy was retained for overseas projects. Although the firm continued to get more commissions, it faced challenges with delays for the Libyan projects due to the change of the ruling regime in 1969, and unfruitful bids for the design of a city in Abu Dhabi in 1969. Eventually, the Libyan Sports Cities were recognized by the International Union of Architects, as their images were displayed in the exhibition of "Spaces for Sport and Leisure" at the Olympic Games in Mexico in 1968.

In 1967 the practice also broke down into two entities:[22] James Munce Partnership (renamed CONSARC) under the leadership of architectural and quantity survey partners such as Gordon MacKinnon and Cyril George "Paddy" Andrews—architect and partner in charge of the Jordan project[23]; and James Munce, who established a new office under his own name in 1974. Later on, Munce left behind an active career, as well as his role in the Royal Society of Ulster Architects (RSUA),

of Overseas Work by British Engineers," *The Structural Engineer* 46, no. 10 (1968): 297–308.
17 Belfast Telegraph, "Ulster Firm Finishes Olympian Task in Jordan."
18 Paul Larmour, "James Munce: A Retrospective," *Perspective* 28, no. 4 (2019): 32–43.
19 Gerald McSheffrey, *Planning Derry: Planning and Politics in Northern*

Ireland, Liverpool: Liverpool University Press, 2000.
20 Paul Larmour, "Adair Roche: A Retrospective," *Perspective* 27, no. 4 (2018): 42–51.
21 Larmour, "James Munce: A Retrospective."
22 Colum O'Riordan, "Correspondence with Irish Architectural Archive," December 7, 2020.

23 John McNeill, "Correspondence with CONSARC," December 11, 2020.

where he served as president in the period 1969–71, joining Ulster Polytechnic as a lecturer and obtaining his doctorate from the Queen's University in 1975.

The Architecture of Al-Hussein Youth City

Al-Hussein Youth City was built on a plot of public land 120 hectares in extent. The original complex comprised three main structures,[24] occupying about 22 hectares of the total plot: Amman International Stadium, the Palace of Culture, and the Hussein Youth City Club. The structures were placed on the three sides of a purpose-built podium, which functioned as a large open space for events and exhibitions, as well as parking, and manipulated the terrain to provide fluid circulation on split levels. The fourth side formed the main entrance to the city and included the iconic canopy formed by a row of letters "H", and a shop front. The city also comprised numerous open play courts and green spaces, sunken or elevated to suit the general layout.

Amman International Stadium is elliptical in shape with a seating capacity of 30,000. Its access from the podium is made ceremonial via a large formal staircase. The western stalls are covered with a shading structure made of corrugated aluminum, supported by 10 steel rafters pivoted in their middles on precast reinforced concrete elements, while steel tension rods secure their exterior ends. The tension rods frame the main entrance of the stadium with a zig-zag shape hovering over four large sunken doorways, while the remaining exterior walls slope outward, further grounding the building in the landscape. The western part of the stadium also contains the royal booth, and a sound-insulated commentary box for the use of the media. The stadium consists of a grass covered pitch, a running track, and interior spaces for weightlifting and bodybuilding, in addition to service facilities. It had eight entrances altogether and was lit with eight flood light fixtures supported by slender columns resting on the top of its banks (now replaced by taller pillars placed on the exterior perimeter). Apart from the covered seating area and the royal booth, which are dressed in local limestone and marble, the remaining stalls and steps are made of exposed precast concrete, with channels for storm-water drainage carved in the pathways. This is only accessorized by heavy and simple metal railings to separate seating levels.

The Palace of Culture is the most iconic building in the complex and resembles a "winged tent"—the tent being a symbol of Jordanian hospitality. It has 2,227 seats in a fully equipped theater space. It also includes a smaller space used for formal events and is suitably finished in colored glass and white Jordanian marble. The structure of the Palace is made iconic by its sloped walls, sloped roof, and large clerestory windows running around the perimeter of the building. It has been reported that this structure was originally intended to be a basketball hall, but was adapted as a theater space during project implementation.[25] The building calls to mind more ambitious projects in the UK, such as the Commonwealth Institute (designed by Robert Matthew Johnson-Marshall and Partners and completed in 1962), and the more relevant Dub Sports Pavilion designed by Adair Roche in 1962, which share the zeitgeist of experimentation with reinforced concrete through the use of hyperbolic paraboloid roofs and curtain walling of the exterior. However, in the case of the Palace, the structure is made more humble and affordable; the roof, despite its massive appearance, is made of a steel truss structure covered in corrugated aluminum; the sloping wings of the "tent" are of cast-in-situ reinforced concrete, but do not support substantial loads, beyond buttressing the main reinforced concrete post and beam structure. Despite the unique form of the building, its structure is quite straightforward as local construction labor was basic at best, and advanced machinery totally absent. Although primary building materials were already available locally, major metal and truss elements were imported by sea, while the rest of the construction components were cast in situ.[26]

As for the Hussein Youth City Club, an educational, social, sports, and recreational facility, it was intended above all to "strengthening the bonds of love, familiarity, and cooperation among the members of the Jordanian family."[27] It consists of three open pools, a fourth enclosed and heated winter pool, four restaurants, squash courts, gyms, and supporting facilities. One of the pools is for diving and is equipped with a heroic fair-faced and reinforced concrete Olympic diving platform. Another pool is a racing pool, 50 meters long and is adjoined by a massive stepped viewing area. The remaining facilities of the Club are hosted in modernist buildings reminiscent of Roche's earlier designs,

24   Issam Arida, *Madinat al-Hussein lal-Shabab*, [Al-Hussein Youth City], Amman: Mu'assaset Ri'ayet al-Shabab, 1975.
25   Larmour, "Adair Roche: A Retrospective."
26   Interview with a former foreman of the Public Contracting Company, Amman, 2020.
27   Arida, *Al-Hussein Youth City*.

59

AL-HUSSEIN YOUTH CITY   ARCHITECT: المعماري: مدينة الحسين للشباب
AMMAN, JORDAN, 1962–1968   MUNCE AND KENNEDY   مانس وكينيدي   عمّان، الأردن، ١٩٦٢ – ١٩٦٨

through the use of repetitive modules based on precast concrete structural elements, large glazed expanses to open up the elevations, and concrete brut for the treatment of large exterior and interior walls.

Later ad-hoc additions and changes altered the buildings: encasing the high windows of the Palace of Culture in aluminum sheets, the Palace was also equipped with a modern HVAC system in 1995 by Sigma Consulting Engineers and Sandy Brown Associates, and later redecorated to suit contemporary tastes. Similar changes to utility systems, interior redecoration, and the introduction of higher safety standards impacted all buildings and facilities, practically erasing the brutalist aesthetic on the interior. The biggest change came with the addition of the "Hall of Amman" building in 2007 designed by the Jordanian firm MK Associates in the space between the Youth City Club and the central podium, which hid it from view and changed the character of the complex. The new post-modern design communicates a youthful dynamic image, using abstract shapes and different façade materials. This, however, is diametrically opposed to the heroic purity of the original design. Additional sports facilities were created outside the original perimeter, extending the area of the Sports City to its full capacity of 120 ha. Today it is adjoined by the Martyr's Memorial, the National Library, the Royal Cultural Center, and other public facilities, creating a major cultural node in the city.

Al-Hussein Youth City: an Arena of Socio-Political Timeline of Jordan

Sports City was a product of progressive ideology, Pan-Arab fervor, and an earnest attempt by the late King Hussein to modernize Jordanian society through sport. It became a beloved sporting venue for all Jordanians. It also served as a true public space where the King met his subjects, the people of Jordan, and participated in their joys and sorrows. However, the Sports City did not host the Pan-Arab Games in his lifetime. It was only upon his passing in 1999 that his successor, King Abdullah II brought forward the games planned for 2001 in Jordan and re-branded them as "Al-Hussein Tournament" in honor of his father. The ninth cycle of the Games was launched in the International Stadium of the Sports City on August 15, with the participation of twenty-one countries. However, the Games were

marred by conflicts reflecting the divide of the Arab World; fights broke out between rival teams and plastic bottles were thrown by the audience onto the field; the Palace of Culture was vandalized.

The Sports City has always been a hub of sporting events, national festivals, and parades, and evidence of Jordan's modernization to show foreign guests, but these images of civility and progress did not reflect the cultural totality of Jordanian society. The majority remained conservative, and traditional values of gender segregation remained strong, especially with the arrival of the oil boom in the 1970s. It was mainly the modernized elite and middle-class families that occupied the facilities. However, sport remained a vital social need. Despite the establishment of new public sports cities and smaller sports facilities across the Kingdom, as well as private sports clubs, and due to an exponentially increasing population, the Sports City never lost its popularity, and managed to diversify its offer to include celebration halls used for public and private functions, spaces for picnicking, biking ways, and green areas.

It is truly one of the large green lungs freely open to the public every day of the week in an otherwise arid and congested city. It also hosts specialized clubs for sports; for example, squash, archery, throwing sports, and beach volleyball. This specialization and affordability of enrollment into the specialized clubs, availability of open space and quality services, as well as easy accessibility to all citizens irrespective of religion, ethnicity, or economic status, transformed the Sports City into an inclusive hub. As the cultural polarization associated with Jordan's neoliberal policies pushed the elite and higher middle class to more private venues, the City's demographic remains quite diverse.

As an architectural landmark, and through continuous use, the Sports City achieved the status of a mysterious national icon. Everyone knows the strange building that is the Palace of Culture, but no one really knows its story. Several circumstances led to this obscurity: the political turmoil that accompanied its establishment, the shift in cultural values in the wake of the oil boom and the cultural influence of Saudi Arabia, the persistent state of crisis that prevails in the region, the general cultural apathy toward built heritage and heritage of modernity in particular, the lack of archival systems in Jordan, and the contemporary shift in values toward

DESIGNING MODERNITY ARCHITECTURE IN THE ARAB العمارة في العالم العربي صوغ الحداثة 26

WORLD 1945–1973 ١٩٧٣ – ١٩٤٥

globalization and consumerism. The architecture of the city was never thoroughly examined or understood in the specialist literature.

The project's size and ambition happened perhaps too soon to impact the architectural scene in Jordan as well. Its uniqueness, well-crafted modern forms, and brutalist esthetic were not made mainstream. Local and Arab architects continued to develop modern architecture in the city, experimenting with different ways of expressing localized identities. Foreign architects also played an important role in designing local landmarks in the period, but their names were likewise forgotten. Nevertheless, Modernism and examples of Brutalism persisted till the 1980s, with buildings such as the Burj and the Housing Bank Complex making a permanent mark on the skyline of Amman.

The placement of the Palace of Culture on the 10 Dinar banknote on a par with the Roman amphitheater of Amman invites a glimmer of hope. When Amman was re-established as a settlement in the late 1870s, the new Ammanis did not know the amphitheater's value or history. It was widely used as a source of readily available building material and as a high spot in the city to watch the eclipse of the moon. It was locally nicknamed *Daraj Far'oun* (the Pharaoh's stairway). With time, its value was revealed, and it was restored and cherished. Hasn't the time come for the Palace of Culture and the Sports City by extension to gain a similar fate, regaining their voice and message of heroic progressivism?

AL-HUSSEIN YOUTH CITY
AMMAN, JORDAN, 1962–1968

ARCHITECT:
MUNCE AND KENNEDY

المعماري:
مانس وكينيدى

مدينة الحسين للشباب
عمّان، الأردن، ١٩٦٢ – ١٩٦٨

10.3– An aerial view showing the
three main structures comprising
the complex of the Hussein Youth
City surrounding the central
podium.

٣.١٠- مشهد من الجو يُظهر المنشآت الرئيسة
الثلاث المكوّنة لمجمّع مدينة الحسين للشباب
تتوسطها المنصة المركزية.

10.4

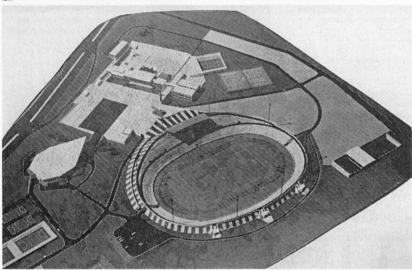

10.5

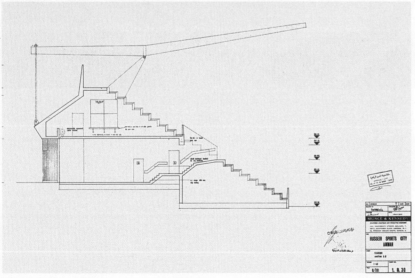

10.6

AMMAN, JORDAN, 1962–1968

ARCHITECT:
MUNCE AND KENNEDY

المعماري:
مانس وكينيدي

مدينة الحسين للشباب
عمّان، الأردن، ١٩٦٢ - ١٩٦٨

0.4– Bill McDowell, a partner at Munce & Kennedy, showing the design proposals for the Youth City to King Hussein (right of the picture) and officials in charge, 1964.
0.5– A model of the proposed design for the Al-Hussein Youth City.
0.6– Section drawing on the International stadium.
0.7– H-shaped elements of the canopy of the Al-Hussein Youth City's main entrance, c. 1975.
0.8– The space above the main podium is used for open-air exhibitions and as one of the two main car parks, which together accommodate 1000 cars.

١٠،٤- الشريك في مكتب "مانس أند كينيدي"، بيل ماكدويل، يعرض التصاميم المقترحة لمدينة الشباب أمام الملك حسين (إلى يمين الصورة) ومسؤولين معنيين، ١٩٦٤.
١٠،٥- مجسّم للتصميم المقترح لمدينة الحسين للشباب.
١٠،٦- رسم لمقطع الملعب الدولي.
١٠،٧- عناصر على شكل حرف H في مظلة المدخل الرئيس لمدينة الحسين للشباب قرابة ١٩٧٥.
١٠،٨- الفضاء في أعلى المنصة الرئيسة استخد للمعارض في الهواء الطلق، وكواحد من موقفي السيارات الرئيسين، اللذين يستوعبا ١٠٠٠ سيارة.

10.7

10.8

10.9

10.10

10.11

0.9– The Opening Ceremony of 1969: King Hussein of Jordan stands for the national anthem before a soccer match at the Al-Hussein Youth City stadium in Amman on the 2nd of July, 1969.
0.10– Promoting pan-Arab relations by hosting Arab Heads of States in the facilities of the Sports City, c. 1970s.
0.11– Presenting the Sports City to foreign official guests as a proof of Jordan's progress.
0.12– Girl Scouts festival taking place in the International Stadium.
0.13– The Arab Army parading in celebration of Independence Day at the International Stadium, c. 1970s.

١٠،٩– الحفل الافتتاحي سنة ١٩٦٩: الملك حسي
ملك الأردن، يقف للنشيد الوطني قبل انطلا
مباراة بكرة القدم في ملعب مدينة الحسين
للشباب في عمّان يوم ٢ تمّوز (يوليو)، ١٩٦٩.
١٠،١٠– تفعيل العلاقات العربية عبر استضافة
قادة الدول العربية في منشآت المدينة
الرياضية، في أعوام السبعينيات.
١٠،١١– عرض تصميم المدينة الرياضية لضيوف
رسميين أجانب لإظهار التقدم الحاصل في
الأردن.
١٠،١٢– مهرجان كشفي للبنات يقام في الملعب
الدولي.
١٠،١٣– عرض عسكري للجيش العربي في الملع
الدولي احتفاءً بعيد الاستقلال، في أعوام
السبعينيات.

10.12

10.13

10.14

10.15

10.14– The first national swimming
competition under the patronage
of King Hussein.
10.15– Open spaces around the
main outdoor swimming pool in
the Sports City get busy in the
summer, c. 1970s.
10.16– A diving competition in the
Youth City Club.
10.17– Colorful contemporary
additions to the interior of the
indoor pool surrounding the
original mosaic mural.
10.18– The main diving tower in
the Youth City Club today retains
original form despite the change
in color.

١٠- أول مسابقة وطنية في السباحة تقام
برعاية الملك حسين.
١٠- فسحات مفتوحة حول بركة السباحة
الخارجية الرئيسة في المدينة الرياضية تعجّ
بالمرتادين في فصل الصيف، في أعوام
السبعينيات.
١٠- مسابقة في الغطس تقام في نادي
مدينة الشباب.
١٠- إضافات معاصرة متعددة الألوان
تحيط بجدارية الموزاييك الأصلية في فضاء
بركة السباحة الداخلية.
١٠- برج الغطس الرئيس في نادي مدينة
الشباب يحتفظ بشكله الأساسي برغم
التغييرات اللونية.

AL-HUSSEIN YOUTH CITY
AMMAN, JORDAN, 1962–1968

ARCHITECT:
MUNCE AND KENNEDY

المعماري:
مانس وكينيدي

مدينة الحسين للشباب
عمّان، الأردن، ١٩٦٢ – ١٩٦٨

10.16

10.17

10.18

10.19

10.19– The main ceremonial
       entrance to the Palace of Culture
       as it stands today, with added
       cladding over original window
       panes, and stylized columns at
       the door.
10.20– Interior of the main foyer
       of the Palace of Culture today,
       redecorated in the Arabesque
       style.
10.21– Green spaces of the Sports
       Park offer outdoor sporting
       equipment and walking paths for
       eager visitors.

١٠– المدخل الاحتفالي الرئيس إلى قصر
الثقافة في حالته الراهنة، وقد أضيفت
كسوات جديدة فوق ألواح النوافذ الأصلية
وأعمدة تزيينية عند الباب.
١– داخل الردهة الرئيسة في قصر الثقافة
كما تبدو اليوم، حيث أعيد تزيينها وفق
أسلوب الأرابيسك.
١– مساحات خضراء في المتنزّه الرياضي وهي
تضم تجهيزات رياضية وتؤمن مسالك المشي
لزوّار والروّاد المتحمّسين.

10.20

10.21

للتنزّه، ومسارات مخصّصة للدرّاجات الهوائية، ومساحات خضراء. إنها في الحقيقة واحدة من الرئات الخضراء الكبيرة، المفتوحة للجميع على مدار أيّام الأسبوع، في مدينة قاحلة ومزدحمة. وهي تضمّ نوادي رياضية متخصّصة؛ مثل أندية الـ"سكواش"، والقوس والنشّاب، ورياضات الرماية، و"الكرة الطائرة" على الرمل. وقد جاء ذاك التخصّص، معطوفاً على سهولة الاشتراك في الأندية، وتوافر المساحات المفتوحة، وجودة الخدمات، والانفتاح تجاه مختلف المواطنين بغض النظر عن دينهم، وعرقهم، أو منابتهم الاجتماعيّة، ليُحيل هذه المدينة الرياضية إلى محورٍ عامٍ وشامل. كما ساهم الاستقطاب الثقافي، مقروناً بسياسات الأردن النيوليبرالية، في دفع النخبة والطبقة المتوسطة العليا إلى منتديات أكثر "تخصيصاً" (أي محصورة بفئات اجتماعية معيّنة)، ما حافظ على تعدديّة المدينة الرياضيّة من الناحية الديموغرافيّة.

ومن موقعها كمعلمٍ معماريّ، وعبر استمرار استخدامها، اكتسبت المدينة الرياضية وضعيّة "أيقونة وطنيّة غامضة". فالجميع يعرف موقع ذاك البناء الغريب الذي هو "قصر الثقافة"، لكن لا أحد حقاً يعرف قصّته. إذ إن ظروفاً عديدة ساهمت في هذا الغموض: التوتّر السياسي المواكب لفترة تأسيس "المدينة"، تحوّل القيم الثقافية وتبدّلها في مطلع "الطفرة النفطية"، التأثير الثقافي للمملكة العربية السعودية، الأزمة المستمرة في المنطقة، اللامبالاة الثقافية العامّة إزاء التراث المبنيّ خصوصاً المتعلق بالحداثة، عدم توفّر نظام التوثيق والأرشفة في الأردن، والتحوّل المعاصر في القيم نحو العولمة والاستهلاك. إذ إن عمارة المدينة لم تحظ يوماً بدرس دقيق، ولم تُفهم في إطار نتاج كتابي مُتخصص.

وأيضاً ربما جاء المشروع بحجمه وطموحه في فترة مبكرة جداً، فلم يكن له وقع مؤثر في المشهد المعماريّ العام في الأردن. إذ إن فرادته، وأنماطه الحديثة متقنة الصنع، و"جماليّته الوحشيّة"، لم تتبلور كي تصبح تياراً سائداً. وقد استمرّ المعماريون المحلّيون والعرب بتطوير العمارة الحديثة في المدينة، ومضوا في الاختبار والتجريب بمختلف السبل للتعبير عن الهويّات المحليّة. المعماريّون الأجانب من جهتهم لعبوا دوراً مُهمّاً في تصميم المعالم المحلية في تلك الحقبة، بيد أن أسماءهم أيضاً نُسيت. لكن، على الرغم من ذلك، فإن الحداثة ونماذج الجماليّة الوحشيّة استمرّت حتى الثمانينيّات، وتجسّدت في مبانٍ مثل "البرج" و"مُجمّع بنك الإسكان"، فخلّفت علامة دائمة في أفق عمّان.

وَضْع "قصر الثقافة" على العملة الأردنية من فئة الـ ١٠ دنانير، بالتساوي مع مدرج عمّان الروماني، فيه بارقة أمل. إذ حين أعيد تأسيس عمّان كحاضرة مدينيّة في أواخر سنة ١٨٧٠، لم يكن العمّانيون الجدد يدركون أهمية المدرّج الروماني التاريخية. فقد جرى آنذاك اعتماده على نطاق واسع كمصدر لمواد البناء الجاهزة، وكموقع مُشرف في المدينة لمراقبة خسوف القمر. وقد أطلق عليه إذّاك اسم "درج فرعون". ومع مرور الزمن، ظهرت قيمته، وجرى ترميمه وصونه. ومن هنا نتساءل: ألمْ يحن الوقت بعد لـ"قصر الثقافة" والمدينة الرياضية كي يحظيا بمصير مماثل، فيستعيدان صوتهما ورسالتهما التقدميّة المقدامة؟

أمّا المبنى الأكثر "أيقونية" في المجمّع فيتمثّل بـ"قصر الثقافة" الذي يحاكي "خيمة مجنّحة" تمثّل رمزاً للضيافة الأردنية. ويتّسع القصر لـ ٢،٢٢٧ مشاهداً في فضاء مسرحيّ كامل التجهيزات. كما يضمّ صالة أصغر للمناسبات الرسميّة، مزيّنة بزجاج ملوّن ورخام أردنيّ أبيض. واكتسب مُنشأ "قصر الثقافة" هذا بُعدَه الأيقوني بفضل جدرانه المائلة، وسقفه المائل، ومناوره (نوافذ مناور) الضخمة في جميع واجهاته. وذُكر أن هذا المبنى صُمم في الأصل ليكون ملعباً مغلقاً لكرة السلة، لكن أدخلت عليه تعديلات خلال مرحلة البناء ليغدوَ فضاءً مسرحياً.[٢٥]

ويُعيد هذا المبنى إلى الأذهان مشاريع أكثر طموحاً في بريطانيا، مثل "معهد الكومونولث" (تصميم روبرت ماثيو جونسون-مارشال وشركاه، والذي أُنجز سنة ١٩٦٢)، والمبنى الأكثر صلة بالموضوع، "جناح داب الرياضي"، الذي صمّمه آدير روش سنة ١٩٦٢، والذي يتشارك مع المدينة الرياضية روح العصر التجريبية ذاتها، الموحية بها مادة الخرسانة المسلحة، والسقف المظلّي ذو الشكل المكافئ الزائدي، والجدران الخارجية ذات الأكسية السِتارية. لكن، في حالة "قصر الثقافة"، فإن البناء جاء أكثر تواضعاً وأقل كلفة؛ إذ إن السطح، على الرغم من مظهره الهائل، أنشئ من هيكل جملون فولاذي مكسوّ بألومنيوم مموّج؛ أمّا أجنحة "الخيمة" المائلة فتكوّنت من خرسانة مسلّحة صُبّت في الموقع، بيد أن هذا الهيكل لا ينهض بأثقال كبيرة، فيما يتعدى تدعيم الهيكل الإنشائي الأساسي، المبني من الخرسانة المسلحة على نمط الجسر والعمود. في السياق ذاته، ومقابل تميّز شكل البناء، فقد بقي هيكله بسيطاً. إذ إن مستوى اليد العاملة المحليّة في الأردن آنذاك كان "أساسياً" (أو أوّلياً) في أحسن الأحوال، والآلات المتطوّرة لم تكن موجودة. وعلى الرغم من أن مواد البناء الأوليّة كانت، سلفاً، متوفرة محليّاً، إلّا أن معظم العناصر المعدنية وقطع الجملون استوردت عن طريق البحر، فيما صُبّت جميع مكونات البناء الأخرى في الموقع.[٢٦]

أمّا بالنسبة إلى "نادي مدينة الحسين للشباب"، الذي يشكّل منشأة ثقافية، واجتماعية، ورياضية، وترفيهية، فقد كان الهدف الأساسي منه، قبل كلّ شيء، "تعزيز روابط المحبّة والصداقة والتعاون بين أفراد الأسرة الأردنية".[٢٧] وهو مؤلف من ثلاث بِرَك مكشوفة للسباحة، وبِركة رابعة شتويّة، مغلقة ومُدفّأة، وأربعة مطاعم، وملاعب للعبة الـ"سكواش"، ونوادٍ رياضية، ومرافق للخدمات. وخصّصت واحدة من البِرك للغطس، فجُهزت بمنصة أولمبيّة للغوص بُنيت من خرسانة مدعّمة وصارمة توحي بالجرأة والإقدام. وثمّة بِركة أخرى خُصصت للسباق، يبلغ طولها ٥٠ متراً، وقد أُلحقت بها مدرجات ضخمة للجمهور. أمّا باقي أقسام النادي فتقوم داخل مبانٍ حداثيّة، تذكّر بتصاميم روش السابقة من حيث استخدام وحدات نموذجية متكرّرة أساسها عناصر هيكلية من الخرسانة مسبقة الصبّ، ومساحات واسعة من الزجاج لفتح الواجهات، وخرسانة خام تُغطّي المساحات الخارجية الكبيرة، والجدران الداخلية.

وفي وقت لاحق جاءت التعديلات والإضافات على المدينة الرياضية، لتُبدّل حال الأبنية. فقد جرى تغليف النوافذ العالية لـ"قصر الثقافة" بصفائح الألومنيوم، كما تمّ تجهيز "القصر" بنظام "أتش في إي سي" حديث سنة 1990 من قبل شركتي "سيغما كونسالتينغ إنجنيرز" و"ساندي براون أسوشيتس"، ثم لاحقاً أعيد تزيين المبنى ليناسب الأذواق المعاصرة.

تغييرات مماثلة طرأت أيضاً على مرافق الخدمات، والديكورات الداخلية، ومن ناحية تحديث ورفع مستويات السلامة والأمان، وتلك التغييرات حلّت في جميع الأبنية والمنشآت وأثّرت فيها، وأدّت عملياً إلى محو جماليّات أسلوب العمارة الخاميّة في الفضاءات الداخليّة. وقد حلّ التغيير الأكبر إثر إضافة مبنى "قاعة عمان" سنة ٢٠٠٧، وهو مبنى من تصميم شركة "محادين للاستشارات الهندسية" (أم كي أسوشيتس) الأردنية، أنشئ في المساحة بين "نادي مدينة الشباب" و"المنصة" الوسطيّة، الأمر الذي أدى إلى حجب الأخيرة عن النظر وتغيير شخصيّة المُجمّع. ويأتي تصميم ما بعد الحداثة الجديد هذا، كي يطرح إيحاءً شبابياً حيوياً، عبر استخدام أشكال تجريديّة ومواد مختلفة للواجهات. إلّا أن ذاك يتعارض كلياً مع نقاء التصميم الأساسي الجريء. إذ إن مرافق رياضية إضافية أقيمت خارج نطاق المحيط الأساسي، الأمرالذي مدّد مساحة المدينة الرياضية وغطّى المساحة الكاملة للموقع التي تبلغ ١٢٠ هكتاراً. واليوم يقوم بجوار "المدينة" "نُصُب الشهيد"، و"المكتبة الوطنيّة"، و"المركز الثقافي الملكي"، وغيرها من المرافق العامّة، ما يجعلها محوراً ثقافيّاً أساسيّاً في المدينة.

مدينة الحسين للشباب: مسرح للتاريخ الاجتماعي – السياسي للأردن

كانت المدينة الرياضية نتاجاً لأيديولوجيّة تقدّميّة، ولاندفاعة عربيّة وحدويّة، ومحاولة جدّية من الراحل الملك حسين لتطوير المجتمع الأردني عبر الرياضة. وسرعان ما غدت تلك "المدينة" منتدًى رياضياً محبوباً من كافة الأردنيين. كما استُخدمت المدينة الرياضية كمركزٍ ثقافي حقيقي، كان الملك يلتقي فيه رعاياه، الأردنيين، ويشاركهم أفراحهم وأتراحهم. بيد أن المدينة الرياضية لم تستضف الألعاب العربية خلال حياة الملك حسين. ولم يحصل إلا بعد وفاته سنة ١٩٩٩، أن تسنى لخلفه الملك عبدالله الثاني القيام بتقديم موعد الألعاب التي كانت مقررة في ٢٠٠١، وقد بدّل اسمها ليكون "بطولة الحسين"، تكريماً لذكرى والده. وقد انطلقت الدورة التاسعة من الألعاب في الاستاد الدولي بالمدينة الرياضية في ١٥ آب (أغسطس) بمشاركة إحدى وعشرين دولة. إلّا أن تلك الألعاب شابتها نزاعات تعكس الشقاق في العالم العربي؛ إذ وقعت صدامات بين فرق متنافسة، كما قُذفت زجاجات بلاستيكية نحو الملعب من قبل الجماهير. وهكذا جرى تخريب "قصر الثقافة".

مثّلت المدينة الرياضية على الدوام محوراً للمناسبات الرياضية، والمهرجانات الوطنية، والتجمّعات، وشاهداً على حداثة الأردن أمام الضيوف والزوّار القادمين من بلدان أخرى. بيد أن صور التمدّن والتحضّر تلك، لم تعكس الواقع الثقافيّ العام للمجتمع الأردني برمّته. فالغالبية بقيت مجتمعاً محافظاً، والتقاليد القديمة التي تفصل بين الجنسين ظلّت قويّة وصارمة، خصوصاً مع وصول "الطفرة النفطيّة" في السبعينيّات. النخبة العصريّة وعائلات الطبقة الوسطى هم من ارتادوا المُجمّع ومرافقه. لكن الرياضة في المقابل ظلّت تمثّل حاجة اجتماعية قصوى. وعلى الرغم من تأسيس مدن رياضية أخرى ومجمّعات رياضيّة أصغر في كافة مناطق المملكة، إضافة إلى نوادٍ رياضية خاصّة، فإن المدينة الرياضيّة، وفي ظل التزايد الهائل لعدد السكان، لم تفقد شيئاً من شعبيتها، لا بل تمكّنت من توسيع أنشطتها وتنويعها لتشمل صالات للاحتفالات الخاصّة والعامّة، وأمكنة

25 Larmour, "Adair Roche: A Retrospective".

٢٦ عمّان، "شركة المقاولات العامة"، مقابلة مع رئيس موظفيها السابق، ٢٠٢٠.

٢٧ عريضة، مدينة الحسين للشباب.

ومع حلول ستينيّات القرن العشرين، كان مانس قد افتتح مكاتب إضافية في لندن، وأدنبره، ودبلن. وتباهَت الشركة في كونها "متعددة التخصّصات" بطبيعتها، وخبراتها تشمل الهندسات المدنية، والميكانيكية، والكهربائية، والمسح الكمّي، والتخطيط المدنيّ. وإبان مرحلة التوسع تلك، قَلل مانس من ممارسته التصميم المعماري، ليركّز على مهام تأمين تكليفات ومشاريع جديدة. وقد جعلته قدرته الناشطة في التسويق لشركته وشبك العلاقات، عرضة للحسد والاستياء من قبل منافسيه.[١٩]

أمّا لويس آدير روش، من جهته، فكان أنهى دراسته المعمارية في "مدرسة بارتلت" للعمارة في جامعة "يونيفيرستي كوليدج لندن"، متخرجاً سنة ١٩٥١، وقد التحق بعدها بشركة "مانس وكينيدي" في بلفاست سنة ١٩٥٧. وفي سنة ١٩٦١، غدا روش شريكاً كاملاً في "مانس وكينيدي"، وبات يُعدّ مسؤولاً عن كثير من التصاميم المعمارية في مكتب الشركة.[٢٠] كما أن روش كان المصمم الرئيس لعدد من المشاريع مثل مستشفى مدينة بلفاست (١٩٦١–١٩٧١)، مبنى مكاتب شركة التسويق "ذا بيغز ماركيتنغ بورد" في منطقة "نيو فورج لاين" (١٩٦٢)، والمنشآت الرياضية في جامعة "كوينز يونيفيرسيتي" (١٩٦٢–١٩٦٣). كذلك انخرط روش في تصميم المجمّعات الرياضيّة في الأردن وليبيا.[٢١]

وقد ورد ضمن ملف الشركة محطاتٌ مهنيّة ذات أهمية خاصّة، تمثّلت بمشاريع أظهرت سوابق أسلوبية لتصميم مكونات وأقسام "مدينة الحسين الرياضية"، مثل سقف "المظلّة" في مصنع شركة "غرونديغ" (١٩٦٠–١٩٦١)، الذي كان له تأثير على تصميم المدخل "الأيقوني" للمدينة الرياضية؛ أو مبنى مكاتب شركة "ذا بيغز ماركيتنغ بورد"، الذي تميّز هيكله ببساطة جريئة، فتكوّن من إطار خرسانة مسلحة يظهر على نحو جزئي من الخارج، مع ألواح قرميد ذات أطر قاطعة. من ناحية أخرى، فإن "المرافق الرياضية" في جامعة "كوينز يونيفيرسيتي"، التي افتتحت سنة ١٩٦٠، ضمّت منشآت كثيرة كان أبرزها "جناح داب"، بسطحه الذي على شكل مكافئ زائدي، المعلّق فوق زوايا قاعة النادي الرياضي ذات الزجاج الكثيف. وكان تطويع الأرض المتموّجة تلك وتحويلها إلى مساحة تضمّ سلسلة من الملاعب والمدرّجات، أكسبا المشروع جائزة "الترينالي الأول لصندوق الائتمان المدني" سنة ١٩٦٦، فيما حاز "جناح داب" عينه "إشادة عالية" في إطار جائزة "ميدالية [ريبا] الذهبية" في ١٩٦٢–١٩٦٤.

إلى هذا، وفي تشرين الثاني (نوفمبر) سنة ١٩٦٧، بُدّل اسم شركة مانس ليصبح "جايمس مانس وشركاه"، فيما بقي الاسم الأصلي، "مانس وكينيدي"، مُستخدماً في المشاريع الخارجيّة. وعلى الرغم من استمرار الشركة في استقطاب المزيد من المشاريع والتكليفات، إلّا أنها واجهت تحديات مرتبطة بالتأخيرات في المشاريع الليبيّة نظراً لتغيّر نظام الحكم في ليبيا سنة ١٩٦٩، وبسبب محاولات فاشلة للفوز بمشروع تصميم مدينة في أبو ظبي في العام ذاته. لكن في نهاية المطاف، حظيت "المدن الرياضية الليبية" باعتراف "الاتحاد الدولي للمعماريين" حين عرضت صورها في معرض "فضاءات الرياضة والترفيه" خلال دورة الألعاب الأولمبية في المكسيك، سنة ١٩٦٨. على أن الشركة في سنة ١٩٦٧ كانت قد انقسمت أيضاً إلى كيانين:[٢٢] "جايمس مانس وشركاه" (بدّل اسمها إلى "كونسارك") برئاسة شركاء معماريين وخبراء في اختصاص "المسح الكمّي"، أمثال غوردون ماكينون، وسيريل جورج "بادي" أندروز – المعماري والشريك الذي تولّى مشروع الأردن؛[٢٣] وجايمس مانس، الذي أسّس مكتباً جديداً يحمل اسمه سنة ١٩٧٤. وفي وقت لاحق، خلّف مانس وراءه حياة مهنية ناشطة، كما تخلّى عن دوره في "الجمعية الملكية لمعماريي ألستر"، التي تولّى رئاستها بين العامين ١٩٦٩–١٩٧١، وانضمّ كمحاضر إلى "معهد ألستر للعلوم التطبيقية"، وحاز درجة الدكتوراه من جامعة "كوينز يونيفيرسيتي" سنة ١٩٧٥.

عمارة مدينة الحسين للشباب

بُنيت مدينة الحسين للشباب على قطعة أرض عامة تبلغ مساحتها ١٢٠ هكتاراً. وضمّ مجمّع المدينة الأساسي ثلاثة مرافق رئيسة،[٢٤] شغلت نحو ٢٢ هكتاراً من مساحة الأرض الإجماليّة، والمرافق هي: "استاد عمّان الدولي"، "قصر الثقافة"، و"نادي مدينة الحسين للشباب". وقد جرت موضعة تلك المرافق عند أطراف ثلاثة لمنصّة مُتعدّدة الاستخدامات أدّت وظيفة مساحة كبيرة مفتوحة للمناسبات والمعارض، ومواقف السيارات، كما تلاعبت بالمساحة العامة للموقع، كي تؤمن سهولة الحركة على كافة المستويات المقسمة. أمّا الطرف الرابع للمنصّة، فقد تمثّل في المدخل الرئيس للمدينة، وتضمّن المظلة الأيقونية الشهيرة المؤلفة من رتل أحرف H، وواجهة متاجر. كذلك، ضمّت المدينة عدداً كبيراً من الملاعب المفتوحة، والمساحات الخضراء، الغائرة أو المرتفعة تماشياً مع التصميم العام.

استاد عمّان الدولي بيضوي الشكل، ويتّسع لـ ٣٠ ألف شخص. وقد جُعل مدخله من المنصة مدخلاً احتفالياً، عبر درج رسميّ كبير. وغُطيت الأكشاك الغربية بمُنشأ تظليلي مُكوّن من ألومنيوم مُضلّع، تحمله عشر عوارض فولاذية ترتكز في منتصفها على عناصر خرسانية مسلحة مسبقة الصُنع، فيما تنهض قضبان فولاذية حاملة بأطرافه الخارجية. وتؤلّف القضبان الحاملة إطاراً لمدخل الاستاد الرئيس على شكل "زيغ – زاغ"، يحوّم فوق أربعة أبواب ضخمة غائرة، فيما تميل الجدران الظاهرة الباقية نحو الخارج، فتُعزّز غرز المبنى بمحيطه الطبيعي. كذلك يضمّ الجانب الغربي من الاستاد "غرفة ملكيّة"، و"غرفة إعلامية" مجهزة بعوازل للصوت.

ويتألف الاستاد من ملعب مُغطّى بعشب أخضر، ومن حلبة للركض، ومساحات داخلية لرفع الأثقال وكمال الأجسام، إضافة إلى مرافق للخدمات. وكان لهذا الاستاد ثمانية مداخل تُفتح في وقت واحد، وكان يُضاء بثمانية كاشفات ضوئية، تحملها أعمدة عالية مثبتة على السطح فوق المقاعد (استُبدلت الآن بأعمدة أعلى مُثبتة على الأرض بمحيط الملعب الخارجي). وما عدا مدرّجات مقاعد الجمهور المسقوفة و"الغرفة الملكيّة"، المكسوة بحجر صخري ورخام محليين، فإن باقي الأكشاك والأدراج تكوّنت من خرسانة مكشوفة مسبقة الصنع، تتخلّلها أقنية لتصريف مياه الأمطار محفورة في الممرات. ولم يزيّن هذا المُنشأ سوى بسور (درابزين) معدني ثقيل وبسيط، كي يفصل بين مستويات المقاعد.

19 Gerald McSheffrey, *Planning Derry: Planning and Politics in Northern Ireland*, Liverpool University Press, 2000.

20 Paul Larmour, "Adair Roche: A Retrospective", *Perspective*, 27.4 (2018): 42–51.

21 Larmour, "James Munce: A Retrospective".

22 Colum O'Riordan, "Correspondence with Irish Architectural Archive", December 7, 2020.

23 John McNeill, "Correspondence with CONSARC", December 11, 2020.

٢٤ عصام عريضة، "مدينة الحسين للشباب"، عمّان: مؤسسة رعاية الشباب، ١٩٧٥.

3
AL-HUSSEIN YOUTH CITY
AMMAN, JORDAN, 1962–1968
ARCHITECT:
MUNCE AND KENNEDY
المعماري:
مانس وكينيدي
مدينة الحسين للشباب
عمّان، الأردن، ١٩٦٢ – ١٩٦٨

انطلاق المشروع

في إطار الشعور العام السائد آنذاك عن مجتمع عربي موحّد، والتوقّعات الطموحة بالنسبة لمنشآت الرياضة، جرى التخطيط للمدينة الرياضية في عمّان. وعلى الرغم من أنه لم يكن هناك بعدُ أيّ خطة معلنة لاستضافة الألعاب العربية في الأردن بتلك الفترة، إلّا أن بناء مدينة رياضية غدا "مسألة جاه".[٦] وتزامن الأمر مع زواج الملك حسين من الأميرة منى سنة ١٩٦١ – وهي ابنة ضابط بريطاني.[٧] ولم يكن الأردن قد حصل على استقلاله من بريطانيا إلّا قبل فترة وجيزة. كما كانت وعود البريطانيين الفارغة ودورهم في دعم إسرائيل، أموراً لم يطوِها النسيان بعد، خصوصاً بعد الحرب العربية – الإسرائيلية سنة ١٩٤٨؛ لذا فإن العرس الذي أقيم لم يُقرن باحتفالات تقليدية تعمّ البلاد،[٨] لا بل إن الأمر تطلب بذل جهود إضافية لإضفاء الشعبية على المناسبة. أمّا هدايا العرس التي تلقاها العريسان، والتي قُدّرت بنحو ٣٠٠ ألف دينار أردني، فقد اعتبرت هدية للشباب الأردني، وخصصت كدفعة أولى لبناء المدينة الرياضية.

هكذا، وُضع المشروع في إطارٍ رسمي يُشرف عليه الديوان الملكي. وجرى في سنة ١٩٦٢ إنشاء إدارة خاصة له هي "سلطة مدينة الحسين الرياضية". وفي خطوة أولى، بغية تأمين تكاليف بناء المشروع وصيانته، أُقرّ قانون "ضريبة مدينة الحسين الرياضية"[٩] سنة ١٩٦٣، وهي ضريبة فُرضت على الصادرات والسفر الجوي. ثم، في خطوة ثانية، جرى شراء دراسة من شركة بريطانية (لم يذكر اسمها) مقابل مبلغ ٤٣ ألف دينار أردني. وقد طُرح المشروع بعد ذلك ضمن مناقصة دولية، قُدّمت فيها عروض من أربع عشرة شركة وطنية وعالمية، من بينها "شركة همفري البريطانية"، و"الشركة اليوغوسلافية"، و"شركة المقاولات العربية" التي يملكها بريطانيون، إضافة إلى تحالف من شركات مقاولات أردنية مقرها عمّان – "شركة المقاولات العمومية" و"شركة شاهين للهندسة والمقاولات"،[١٠] التي فازت بالمشروع بتكلفة أدنى بلغت ١،٢٣٠،٢٩٨ دينار أردني.[١١] وبدا أن "مانس وكينيدي" كانت متفقة مع شركات المقاولات المحلية في هذه المناقصة، إذ أعلنت صحيفة "ذا بلفاست تيليغراف" سنة ١٩٦٨ أن تلك الشركة كُلّفت مهمة تصميم المشروع منذ سنة ١٩٦٤،[١٢] ووقع الخيار عليها من بين ثلاثة وعشرين مكتباً وشركة عالمية، ضمنها شركات من الولايات المتحدة، وألمانيا، والكتلة الشرقية.[١٣] لكن، وبمعزل عن العرض الأدنى تكلفة، فإن الأسباب التي أدّت إلى اختيار شركات المقاولة والتصميم لتنفيذ هذا المشروع تبقى غير واضحة. إذ ربما، كما ذكر مانس في "ذا بلفاست تيليغراف" سنة ١٩٦٤،[١٤] فإن "مسألة مرافق الرياضة بالنسبة للبلدان العربية هي مسألة جاه [...] إذ إنهم يودّون أن يكونوا قادرين على تنظيم الألعاب العربية [...] بدءًا من الصفر". ولهذا الغرض لجأت البلدان العربية إلى معماريين عالميين، وإلى مسابقات معمارية، وعروض المناقصات. وقد أفيد في هذا الإطار بأن استاد الاسكندرية صمّمه معماري روسي، فيما صمّم "مدينة كميل شمعون الرياضية" في بيروت المعماريّ الفرنسي موريس ميجون[١٥] إثر فوزه بها في مناقصة دولية. أما بخصوص "مدينة الحسين الرياضية" في عمّان، فإن التأثير غير المباشر لنسب الزوجة الملكيّة الجديدة البريطاني، ربما شكل سبباً آخر أضيف إلى تأثير الثقافة البريطانية المتأصلة في الوسط الملكي. إذ إن اختيار شركات مقاولات صغيرة وشركة معمارية غامضة من إيرلندا الشمالية، قد يكون مرتبطاً أيضاً بعلاقاتهم القوية ومهارتهم في الفوز بالأعمال. هذا إضافة إلى سيرة شركة "مانس وكينيدي" الملائمة بما فيه الكفاية، خصوصاً بعد انتهائها للتوّ من تصميم منشآت رياضية في بلفاست حازت الجوائز، وضمنت تكليفها بمشروعين لمدينتين رياضيتين في ليبيا.[١٦] لكن هنا لا يمكن قول الشيء نفسه عن شركات البناء، "التي كانت خبرتها في هكذا عقود محدودة جداً"، وفق "ذا بلفاست تيليغراف". ونتيجة لهذا، كان على المهندسين الأوائل من شركة "مانس وكينيدي" في موقع المشروع أن "يتصرفوا كمعلمين، وفي الوقت ذاته كمشرفين على أعمال الإنشاء".[١٧] وفي هذه المرحلة، شكّلت مشاهد البناء في الأردن استكمالاً للأجواء الإقليمية السائدة من حيث النشاط والتأثير، إذ إن معماريين محليين وعالميين عديدين كانوا بدأوا سلفاً في تصميم وبناء معالم مهمّة، يداً بيد مع معماريين محليين. إلّا أن أيّاً من تلك المشاريع لم يضاهِ مشروع المدينة الرياضية من حيث الحجم والتعقيد.

هكذا، وبعد فترة التحضيرات للمشروع والترويج له، انطلقت عمليات الإنشاء سنة ١٩٦٤، وفي أواخر سنة ١٩٦٦ كان معظم الأعمال الهندسيّة الضخمة قد اكتمل. ثم أنجز المشروع وسُلّم في شهر تشرين الأول (أكتوبر) سنة ١٩٦٨، من دون أن يصيبه أيّ ضرر بفعل القصف الإسرائيلي على عمان خلال حرب حزيران سنة ١٩٦٧. بيد أن هذه الحرب في المقابل كان لها تأثير سلبي كبير على الروح المعنوية الوطنية، الأمر الذي أدّى إلى تنامي الشكوك حيال الوحدة العربية. ولم يبق في السياق أيّ حماسة لافتتاح المدينة الرياضية الجديدة، التي باشرت عملها من دون احتفال عام. ثم جاءت أحداث "أيلول الأسود" سنة ١٩٧٠ لتزيد على أجواء الكآبة السائدة، إذ اشتعلت حرب أهليّة في الأردن بين "منظمة التحرير الفلسطينية" و"القوات المسلّحة الأردنية".

مصمما المدينة الرياضية: جايمس مانس وآدير روش

كانت شركة "مانس وكينيدي"، المسؤولة عن تصميم المدينة الرياضية، شركة معمارية وهندسية متعددة التخصّصات، منشؤها إيرلندا الشمالية. وقد ترأسها جايمس فريديريك مانس، فيما كان آدير روش المعماريّ الأبرز فيها.

جايمس فريديريك مانس هو ابن المهندس جايمس ستيلويل مانس، الذي أسّس شركة "مانس وكينيدي" سنة ١٩١٩. وكان تدريب جايمس وتدرّجه في العمارة انقطع بفعل أداء خدمته العسكرية برتبة نقيب في سلاح الهندسة بالقوى الجوية الملكية خلال الحرب العالمية الثانية، التي دامت من ١٩٣٩ إلى ١٩٤٥، وقاده ذلك إلى شمال غرب أوروبا، والشرق الأقصى، والأهم إلى الشرق الأوسط. وحين عاد جايمس من مهامه وأسفاره العسكرية، التحق بكلية الفنون التطبيقية في لندن، وغدا "مشاركاً في المعهد الملكي للمعماريين البريطانيين" (أريبا) سنة ١٩٥١.[١٨] وبعد أن ورث جايمس الشركة عن والده سنة ١٩٥٢، قام بتوسيع نطاق خبرته وسيرته الذاتية ليضمّ إليهما مجموعة متنوعة من المشاريع السكنية والمباني الصناعية والعامّة. وقد أظهرت تلك المشاريع على نحو متزايد عناصر حديثة، مثل الواجهات الزجاجية الضخمة، والسقوف المسطّحة، والخرسانة المسلحة. كما تضمّنت وأدمجت الهياكل الفولاذية النموذجية.

6 "Ulster Architects Flying to Middle East Sports Sites," *Belfast Telegraph*, July 25, 1964, 8.

7 "Amman Rejoices at Engagement," *The Times*, May 3, 1961, 10.

8 "Quiet Wedding Expected," *The Times*, May 3, 1961, 10.

٩ فوز الدين، "مشروع قانون ضريبة مدينة الحسين" (قانون الضريبة المقترح لمدينة الحسين)، "الجهاد"، ١٦ تشرين الثاني (نوفمبر) ١٩٦٣: ١٢.

١٠ بحسب سجلات وزارة الصناعة والتجارة، فإن "شركة المقاولات العامة" كانت مسجّلة في أيلول (سبتمبر) ١٩٥٣ وهي اليوم واحدة من أبرز شركات المقاولات في الأردن؛ أمّا "شاهين للهندسة والعقود" فقد سُجّلت في تموز ١٩٦٤، مع أنها كانت تعمل قبل تسجيلها. وقد احتلت الشركة موقعاً مرموقاً في المملكة، بيد أنها أوقفت عن العمل بعد سنة ٢٠١٠ وسط دعوات فساد على أصحابها.

١١ "مدينة الحسين للشباب"، "عمّان المساء"، ٦ نيسان (أبريل) ١٩٦٤.

12 "Ulster Firm Finishes Olympian Task in Jordan", *Belfast Telegraph*, October 23, 1968: 8.

13 "British Firm Wins BP 1M. Contest", *The Times*, October 16, 1962: 12.

14 "Ulster Architects Flying to Middle East Sports Sites," *Belfast Telegraph*, July 25, 1964, 8.

15 Gebran Yacoub, *Dictionnaire de l'architecture au Liban au XXème siècle*, Beirut: Alphamedia, 2004.

16 W. J. McDowell and C. J. Shippen, "The Libyan Sports Cities: An Illustration of Overseas Work by British Engineers", *The Structural Engineer*, 46.10 (1968): 297–308.

17 Belfast Telegraph, "Ulster Firm Finishes Olympian Task in Jordan".

18 Paul Larmour, "James Munce: A Retrospective", *Perspective*, 28.4 (2019): 32–43.

رياضة وثقافة لأمّة ناشئة

جانسيت شواش

تمهيد

تتألف مدينة الحسين للشباب في عمّان، أو "المدينة الرياضية" كما يُطلق عليها عموماً، من بعض أكثر المباني أيقونيّة في الأردن، وهي تعدّ المجمع الرياضي المحلّي الأكثر أهمية. أُطلقت "المدينة" بمرسوم ملكي سنة ١٩٦١، وجرى تصميمها من قبل شركة "مانس وكينيدي" الإيرلندية الشمالية، فيما تولّت مهام إنشائها شركتا مقاولات أردنيتان – هما "شركة شاهين للهندسة والمقاولات" و"شركة المقاولات العمومية". وقد ساهم الحضور البارز للمدينة الرياضية في منحها مساحة على ورقة العملة الوطنية الأردنية من فئة العشرة دنانير في الحقبة بين العامين ١٩٧٤–١٩٩٢، كما أنها، حتى يومنا هذا، لا تزال تتمتّع بشعبية واسعة كمركز للرياضة والترفيه. بيد أن معرفتنا تبقى قليلة في ما يتعلّق بظروف بنائها، والمواد الأرشيفية المتعلقة بهندستها شبه معدومة. لذا فإن نصّنا هنا يستند إلى مقالات صحافية من مجلات وجرائد من تلك الحقبة، كما يستند إلى مراسلات، وزيارات للموقع، ومقابلات.[1]

مدينة الحسين للشباب في سياقها العام

ظهرت فكرة بناء مرافق وطنية للرياضة قبل زمن بعيد، سبق اقتراح "مدينة الحسين للشباب" سنة ١٩٢١. وكان الأردن تأسّس سياسياً كإمارةٍ في العام ١٩٢١، ولم يحصل على استقلاله من بريطانيا حتى سنة ١٩٤٦. وقد أكمل الملك حسين، حين تولّى العرش سنة ١٩٥٢، خطة بناء المملكة كي تكون دولة عصرية، باذلاً الجهود لتعزيز مكانتها الدولية. فانطلق العمل في السياق على إنشاء خفائض (بنى تحتية) رئيسة ومشاريع مختلفة للاستخدام العام، بدءاً من قنوات رئيسة للريّ الزراعي والأوتوسترادات الرابطة بين المناطق، وصولاً إلى الجامعات والمرافق الثقافية. وهذه كلها مشاريع لعبت أدواراً مفصليّة في عملية التنمية.

وكانت فكرة بناء مرافق للرياضة موجودة حتى في الخرائط الرئيسة لمدينة عمّان التي قدّمها كل من ماكس لوك (١٩٥٥) وفيرمونت نيوكومب (١٩٦٤)،[2] اللذان كُلّفا من قبل الأمم المتحدة باقتراح مشاريع تطوير للمدينة. وقد حُدّد الموقع الذي سيقوم عليه المجمّع الرياضي في المحور الشمالي الغربي للمدينة، الذي كان يضمّ أيضاً حرم الجامعة الأردنية (١٩٦٢)، والجمعية العلمية الملكية (١٩٧٠)، والمركز الجغرافي الملكي (١٩٧٥)، تلك الصروح التي تشكّل معاً مركزاً ثقافياً عاماً مُهمّاً. وقد عكست الخرائط ميلاً لإبعاد التوسّع المدينيّ عن مناطق النفوذ العشائري في شرق المدينة وجنوبها، وذلك حفاظاً على توازن القوى من ناحية التوزّع الاجتماعي والجغرافي.

تمتّعت الرياضة، خصوصاً كرة القدم، بالأهميّة على صعيدي العلاقات الوطنية والعربية – العربية عموماً. وقد جاء المثال على ذلك مع تأسيس "النادي الفيصلي" لكرة القدم سنة ١٩٣٢، و"نادي الوحدة" سنة ١٩٥٦. كانت المباريات المحليّة والإقليمية تُقام في ملاعب المدارس، وفي أمكنة أخرى في المدينة غير مُخصّصة للرياضة. ومنذ أواخر أربعينيات القرن العشرين، بدأت الأندية الرياضية تتشكّل، لكن ضمن أطرٍ إثنية، ودينية، أو تخصّصية. فتأسّس "النادي الأهلي" مثلاً (بغالبية شركسية) في مطلع سنة ١٩٤٥، كما تأسس "النادي الأورثوذكسي" سنة ١٩٥٢، و"النادي الملكي للسيارات" سنة ١٩٥٣. وكانت تلك الأندية تتّخذ مقارّ لها في ضواحي المدينة، بيد أنها بقيت محصورة في أوساط مؤسسيها إلى حدّ ما. لذا، بدت المملكة في ذلك الوقت بحاجة ماسّة إلى مكانٍ مُجهّز ومؤهّل لاستضافة الفعاليات الرياضية الوطنية والدوليّة. مكان يضعُ المملكة على قدم المساواة مع بعض الدول العربية الأكثر رسوخاً، ويستقطب مختلف الشرائح والفئات الاجتماعية.

روحية الألعاب الرياضية العربية

بعد الحرب العالمية الثانية، ومع نيل البلدان العربية استقلالها، نمت فكرة الوحدة العربية بقوّة. وتأسّست في السياق جامعة الدول العربية سنة ١٩٤٥، وسرعان ما دعا أمينها العام الأوّل، عبد الرحمن حسن عزام، إلى تبادل ثقافي بين شباب العالم العربي، وتأسيس بطولة رياضية تشارك فيها جميع الدول العربية. وتمثّل هدف تلك الدعوة بإطلاق مجموعة من الفعاليات الثقافية للاحتفاء بالهويّة العربية وتمتين حسّ "الجماعة المتخيّلة"[3] ضمن العالم العربي الواحد، عبر إعداد جيل فتيّ قويّ، يؤمن بعروبته، ويكون مدركاً تقاليد مختلف الدول العربية وتنوّعها الثقافي.[4]

وأُقيمت دورة الألعاب العربية الأولى في الإسكندرية سنة ١٩٥٣، في وقت كان لمصر موقع قياديّ في العالم العربي. وكان سبق للإسكندرية أن كرّست نفسها مدينة للرياضة، وأنشأت بنى تحتية ملائمة لاستضافة بطولتي "الألعاب الأفريقية" في العشرينيات، و"ألعاب البحر الأبيض المتوسط" سنة ١٩٥١. في ذلك الوقت، كان استاد الإسكندرية يتّسع لعشرين ألف مشاهد، فيما توزّعت ملاعب ومنشآت مخصصة لمسابقات رياضية مختلفة (مجموعها عشر ألعاب) حول المدينة. وفي سنة ١٩٥٧، عادت تلك البطولة العربية وانعقدت في بيروت، حيث بُني أكبر ملعب في لبنان بسعة ٦٠ ألف مشاهدٍ، ومزوّدٍ بأفضل التجهيزات وأحدثها، ضمن "مدينة كميل شمعون الرياضية" الجديدة.

وكان بوسع المدينة الجديدة استيعاب ١٢ نوعاً مختلفاً من المسابقات الرياضية. بيد أن الألعاب العربية تلك، عانت، وعلى نحو متزايد، الانقسامات الداخلية التي تعكس الصراعات السياسية في المنطقة العربية. في هذا الإطار، قام بعض الدول بمقاطعة ألعاب سنة ١٩٦١ في الدار البيضاء، وألعاب سنة ١٩٦٥ في القاهرة.[5] وعلى الرغم من عدم انعقاد الألعاب العربية بانتظام وبإيقاع دورة كل أربع سنوات، بسبب الاضطرابات السياسية في المنطقة، إلا أن الألعاب المذكورة ما زالت تُقام من وقت إلى آخر، ولو على نحو متقطع (أقيم حتى الآن ١٢ دورة عربية)، والأحدث منها إنعقد في العراق سنة ٢٠٢١. على أن الحماسة الرياضية عموماً، كانت تجتاح العالم من خلال الألعاب الأولمبية وتنويعاتها المختلفة بحسب كل بلد تعقد فيه. وتنهض في السياق، لاستضافة الأولمبياد، مآثر الهندسة الإنشائية والمعمارية، مثيرة الإعجاب ومستحضرة قدرات نخبة المعماريين والمهندسين في العالم.

١ مواد أرشيفية قليلة جداً وُجدت في الأردن وبريطانيا وإيرلندا الشمالية، فيما لم نجد خرائط هندسية أصلية ذات قيمة. وتواصلنا مع الأطراف المذكورة هنا لاحقاً، لكن، على الرغم من تجاوبها، فإننا لم نحصل على معلومات مهمة إلا من بعضها: في الأردن – وزارة الشباب (إدارة المدينة الرياضية)، وزارة الأشغال العامّة، بلدية عمّان الكبرى، مركز التوثيق الملكي الهاشمي، الجمعية الأردنية للهندسة، مكتبة الأردن الوطنية، وشركات المقاولين؛ الأطراف التي تم التواصل معها خارج الأردن – أرشيف صحيفة "ذا تايمز" في المكتبة البريطانية، المعهد الملكي للمهندسين البريطانيين ("ريبا")، المعهد الملكي للمهندسين الإيرلنديين ("ريا")، الأرشيف المعماري الإيرلندي، مكتب السجلات العامة في إيرلندا الشمالية ("بروني")، و"كونسارك ديزاين" المعروفة سابقاً بشركة "مانس وكينيدي". وهنا لا بدّ من تنويه خاص بالدكتور بول لامور، مؤرخ العمارة الإيرلندي الشمالي، الذي صدف في الآونة الأخيرة أن كتب عن جايمس مانس- مدير الشركة المعمارية، وعن أهم مهندسيها أداير روش

2 Vernon Z. Newcombe, "Town and Country Planning in Jordan", *The Town Planning Review*, 35, no. 3, (1964): 238–52.

3 Benedict Anderson, *Imagined Communities: Reflections on the Origin and Spread of Nationalism*, London and New York: Verso, 1983.

4 Luis Henrique Rolim Silva and Hans-Dieter Gerber, "Our Games! The Pan-Arab Games (1953–1965)," *The International Journal of the History of Sport* 29 (2012), doi.org/10.1080/09523367.2012.721594.

٥ نفس المصدر السابق.

75

AL-HUSSEIN YOUTH CITY
AMMAN, JORDAN, 1962–1968

ARCHITECT:
MUNCE AND KENNEDY

المعماري:
مانس وكينيدي

مدينة الحسين للشباب
عمّان، الأردن، ١٩٦٢ – ١٩٦٨

10.22– The Palace of Culture.

١٠.٢٢– قصر الثقافة.

الأردن

مدينة الحسين للشباب
عمّان ، ١٩٦٢ – ١٩٦٨
المعماري: مانس وكينيدي

10.23– The original mosaic above
the indoor pool of the Sports City
reflects the progressive spirit of
the age and a liberal westernized
worldview, c. 1970s.

١٠.٢٣– لوحة الفسيفساء الأصلية فوق بركة
السباحة الداخلية في المدينة الرياضية تعكس
روح العصر التقدمية ونظرة ليبرالية إلى العالم
متأثرة بالغرب، في أعوام السبعينيات.

المؤلفون

فيليب أوسفالت أستاذ النظريّات المعماريّة والتصميم في جامعة كاسل (ألمانيا) منذ سنة ٢٠٠٦. تولّى منذ العام ١٩٨٨ لغاية ١٩٩٤ تحرير مجلة "آرش +" المعماريّة، وعمل في مكتب أوما \ ريم كولهاس بين العامين ١٩٩٦ و١٩٩٧. أطلق المشروع البحثي الأوروبي "أوربان كاتاليست" (٢٠٠١ - ٢٠٠٣). وشارك في إطلاق وتقييم مشروع الاستخدام الثقافي المؤقت لـ "قصر الجمهورية"، "زفيشن بالاست نوتزونغ\ فولك بالاست" (٢٠٠٤)، كما تولى إدارة مشروع "المدن المنكمشة" في المؤسسة الثقافيّة الفيدراليّة (٢٠٠٢ - ٢٠٠٨). وتولى منصب مدير مؤسسة باوهاوس ديساو من سنة ٢٠٠٩ حتى ٢٠١٤، وكان مبادراً مشاركاً في مشاريع ومبادرات "بروجكت باوهاوس" (٢٠١٥ - ٢٠١٩)، "المنصات المستقبليّة في فرانكفورت" (زوكونفت بوينين فرانكفورت)، ومركز التعليم النقدي غارنيسونكيرش بوتسدام (٢٠٢٠).

بيلين تان باحثة تركيّة في علم الاجتماع وتاريخ الفن، وأستاذة في أكاديميّة الفنون الجميلة بجامعة باتمان، تركيا. باحثة رفيعة في مركز الفنون والتصميم والأبحاث الاجتماعيّة (بوسطن)، وباحثة في كليّة العمارة بجامعة تيسالي، فولوس (٢٠٢١ - ٢٠٢٦). حصلت على "جائزة زمالة كايث هارينغ في الفن والنشاط السياسي" في دورتها السادسة (٢٠٢٠). هي أيضا من المؤلفين الأساسيين لتقرير ipsp.org الحضري (منشورات كامبريدج، ٢٠١٨) وعضو مجلس إدارة "إيبا٢٠٢٧" شتوتغارت".

رافع حقي يحمل شهادة بكالوريوس في الهندسة المعمارية من جامعة دمشق وماجستير في عمارة البيئة من جامعة بول الرسمية، ودكتوراه من فيرجينيا تك. درّس العمارة وعمارة البيئة في الولايات المتحدة ودول الخليج قبل أن يعود إلى سوريا سنة ٢٠١٠ حيث درّس في الجامعة الدولية للعلوم والتكنولوجيا وجامعة الرشيد. اهتماماته البحثيّة متعددة، وتركّزت في الآونة الأخيرة على مسائل تعليم التصميم.

أمين السادن قيّم وأستاذ وباحث في مجال تاريخ الفن والعمارة، حيث يهتمّ تحديداً بالروابط والتبادلات العابرة للحدود الثقافية. وترصد أبحاثه مظاهر الفن والعمارة العالمية المعاصرة، مع اهتمام خاص بالعالمين العربي والإسلامي. أطروحة الدكتوراه التي أعدها، ويعمل على تحويلها إلى كتاب، تتحرى لحظة أساسية في بغداد بعد الحرب العالمية الثانية، حين غدت المدينة مركزاً لعلاقات وتفاعلات غير مسبوقة بدّلت صورة الفن والعمارة في العالم وأدّت في العراق إلى توليد حركات فنيّة محليّة فريدة. درس السادن وتخرج في جامعتي هارفرد وبرنستون، كما حاضر ونشر مؤلفات في بلدان عدّة.

سارا ساراغوسا تحمل شهادة ماجستير في المحافظة على الأبنية وإعادة التأهيل الحضري من مدرسة لشبونة للعمارة، حيث قدّمت بحثاً عنوانه "هويّة التراث الحديث: مدينة الكويت". في سنة ٢٠١٤، انضمّت الى الفريق الذي نسّق مشاركة جناح الكويت الوطني في بينالي البندقيّة للعمارة، والى الوفد الوطني الكويتي المشارك باجتماعات الدورة الـ ٣٨ لهيئة التراث العالمي. كما عملت مساعدةً تقنيّة في كليّة العمارة بجامعة الكويت. شاركت في تأليف "عمارة الكويت الحديثة ١٩٤٩ - ١٩٨٩"، الجزء الأول والثاني، و"الحداثة العربية ١٩٦٨ - ٢٠١٨: تاريخ الممارسات المعماريّة في الشرق الأوسط" (٢٠٢٠).

وائل السمهوري يحمل شهادتي بكالوريوس وماجستير في التصميم الحضري من "معهد برات"، ودكتوراه من الكليّة الملكيّة للفنون في لندن. معماري وأكاديمي مقيم في سوريا. لديه محترف خاص في دمشق أنتج فيه تصاميم حازت على جوائز. يشغل راهناً مركز رئيس قسم تاريخ العمارة ونظرياتها في جامعة دمشق، وسبق له أن أسس وترأس مدرستين خاصّتين للعمارة. تتركز اهتماماته البحثيّة راهناً على مسائل عمارة الأبنية الدينيّة والمقدّسة وتمثيلاتها في عالم الحداثة.

محمّد الشاهد مؤلف "القاهرة منذ سنة ١٩٠٠: دليل معماري" (منشورات الجامعة الأميركيّة في القاهرة، ٢٠٢٠). قيّم لمشروع "القاهرة الحديثة" في المتحف البريطاني وجناح "امتعاض حداثيّ" (مودرن إندغنايشن) الحائز على جائزة بينالي التصميم في لندن سنة ٢٠١٨. أطلق "مرصد القاهرة" (كايرو أوبسيرفر) سنة ٢٠١١، وهو منصة للتفكّر بالعمارة والتراث والمدن من وجهة نظرٍ قاهريّة.

عزيزة شاوني أستاذة مشاركة في مادة العمارة بجامعة تورونتو (كندا)، كليّة جون هـ . دانيلز للعمارة و تنسيق المناظر الطبيعية والتصميم. هي المؤسِسة الرئيسة لمكتب "مشاريع عزيزة شاوني" الذي له فروع في فاس (المغرب) وتورونتو (كندا). في سنة ٢٠٠٧ شاركت في تأسيس "دوكومومو موروكو". كذلك قامت بإعادة تأهيل عددٍ من المباني التراثيّة، منها مكتبة القرويين، أقدم مكتبة في الشرق الأوسط. وهي مسؤولة عن خطط ادارة حفظ مجمّع الحمامات الحراريّة في سيدي حرازم والمركز الدولي للتجارة الخارجية في السنغال (مع مرتضى غويي)، بدعم من منحة مؤسسة غيتي لحفظ العمارة الحديثة.

جانسيت شواش أستاذة مساعدة في كليّة العمارة والبيئة المبنيّة في الجامعة الألمانية الأردنية. تركّز في أبحاثها على تاريخ ونظريات العمارة والتخطيط الحضري والتصميم، خصوصاً فيما يتعلّق بالتصوّر المفاهيمي للعمارة التراثيّة والهوية والانتماء.

جورج عربيد معماري تولّى مراكز تعليميّة متعاقبة في كلّ من الأكاديميّة اللبنانيّة للفنون الجميلة، الجامعة الأميركيّة في بيروت، والجامعة اللبنانيّة. حاز على دبلوم الدراسات العليا في العمارة من الـ"ألبا"، وعلى منحة فولبرايت كباحثٍ زائر في برنامج التاريخ والنظريات والنقد بجامعة "أم آي تي". يحمل شهادة دكتوراه في التصميم من جامعة هارفرد. شارك في إطلاق المركز العربي للعمارة ويتولى إدارته، كما شارك في هيئات تحكيم عددٍ من المسابقات والجوائز بينها جائزة الاتحاد الأوروبي للعمارة المعاصرة ٢٠١٩ - جائزة ميس فان در روه.

مرسيدس فوليه تحمل شهادة دكتوراه من جامعة إكس - مارسيليا (١٩٩٣) وهي أستاذة باحثة في المركز الوطني الفرنسي للأبحاث العلميّة في باريس. نشرت على نطاق واسع كتابات تتعلق بالعمارة والتراث في مصر الحديثة. يركّز بحثها الراهن على ارتباط الأنشطة الثقافيّة المتعددة بالعمارة والتصوير الفوتوغرافي والحِرَف بالقاهرة في القرن التاسع عشر.

ليلى الوكيل تحمل شهادة ماجستير في تاريخ الفن من جامعة جنيف، وشهادة ماجستير في العمارة من جامعة جنيف، ودكتوراه في تاريخ العمارة من جامعة جنيف. وقد درّست تاريخ العمارة وحفظ التراث في جنيف، نوشاتيل، هانوي، بيشار، والقاهرة، وشاركت في العديد من المؤتمرات الدوليّة. كما نشرت كتاباتها على نطاق واسع في مسائل العمارة السويسريّة والأوروبيّة والعربية في القرنين التاسع عشر والعشرين.

ديمة ياسر مديرة "برنامج التصميم" في "كليّة الفنون والموسيقى والتصميم"، ومحاضرة في كليّة الهندسة المعماريّة في جامعة بير زيت. حازت على شهادة دراسات الهندسة المعماريّة من جامعة بير زيت، وحصلت فيما بعد على منحة فولبرايت لمتابعة دراستها، وحازت على شهادة ماجستير في العمارة من جامعة بنسلفانيا الحكومية في الولايات المتّحدة. تركّز في أبحاثها على مسائل التخطيط الحضري والتنظير المعماريّ والتصميم. ولديها خبرة دوليّة وإقليميّة في مجالات التخطيط الحضري والتصميم المعماري والتنمية الاجتماعيّة.

و"الغرب". فالعمارة البرازيليّة المعاصرة، مثلاً، لعبت دوراً مهمّاً بالنسبة لجان فرنسوا زيفاكو ولمسابقة تصميم متحف الكويت الوطني. وخلال الحرب الباردة، من سنة ١٩٤٧ صعوداً، كان الشرق الاشتراكي، في مختلف الأحوال، حاضراً ومؤثّراً كما الغرب الرأسمالي.[٤]

في مطلع تخطيطنا للكتاب قمنا بالتواصل مع عدد كبير من الباحثين العاملين في هذا الحقل الذين اقترحوا أكثر من ستّين مبنى. ثم عملنا بالتدريج على تحديد خياراتنا النهائيّة، حيث وردت أمثلة جديدة إثر النقاشات التي قمنا بها. وإلى جانب أهمية كلّ عمل وبموازاة قيمته التمثيليّة، لعب موضوع توفّر المادة التاريخيّة والوثائق الأرشيفيّة ذات الصلة دوراً في قرار اختيارنا للمشاريع والموضوعات. وفي الحقيقة ثمّة شحٌّ في الأرشيف المتعلّق بنتاج العمارة في البلدان العربية. فإلى بعض مجموعات الأرشيف العائدة لمعماريين فرنسيين والمحفوظة في المعهد الفرنسي للعمارة في باريس، وأخرى عائدة لمعماريين بريطانيين في المعهد الملكي للمعماريين البريطانيين، تملك مؤسسة الآغا خان في جنيف بعض المواد والوثائق. أمّا في العالم العربي، فإن الجامعة الأميركية في القاهرة، والمركز العربي للعمارة في بيروت، وهو مبادرة خاصّة متواضعة، يشكّلان نموذجين محليّين لأطراف تملك وثائق. كما، لحسن الحظ، ثمّة بعض المواد الأرشيفيّة في مكاتب معماريّة عابرة للأجيال، مثل مكتب "رياض للعمارة" في القاهرة.

يتشارك العالم العربي اللغة العربية، كما أن غالبية سكانه من المسلمين. بيد أن لهذا العالم عدداً كبيراً من اللهجات الوطنيّة والمناطقيّة، وهو يحظى بتنوّع كبيرٍ في الأديان والطوائف. وفي الحقيقة كان العالم العربي خلال الفترة التي نتناولها قد عايش ذهنيّة علمانيّة وتقدميّة. وتجنّباً للمأزق الهويّاتي الكامن في التوصيف الاستشراقي التعميمي، "عمارة العرب"، فضّلنا اعتماد توصيف "العمارة في العالم العربي". إذ بموازاة عرض وتبيان ما تتشارك فيه البلدان العربية المختلفة، أردنا الإشارة أيضاً إلى خصوصيّاتها وإلى الشخصيّة الثقافيّة والاجتماعيّة المتميّزة لكلّ منها، وفق ما انعكس في علاقة خاصّة لكلّ بلدٍ مع حداثته. لذا فإننا نأمل في أن يكون بوسع كتابنا المساهمة في إنتاج المعرفة ونشرها، بموازاة كشف الاستشراق وفضحه في سياق تاريخ العمارة في العالم العربي. ونظراً لمحدوديّة النطاق الذي يغطيه الكتاب والإمكانيّات المتوفّرة له، فقد كان من المتعذّر للأسف إدراج عدد أكبر من المشاريع والحالات وتغطية جميع البلدان العربية. لكن، على الرغم من تركيز الكتاب جغرافيّاً على المشرق ومصر والعراق، فإن الجزيرة العربية والمغرب العربي حضرا أيضاً، وتمثّل كلّ منهما ببلد .

ويدين محرّرا الكتاب بالفضل للمساهمين في مراحل المشروع الأولى، نظراً لما قدّموه من اقتراحات وأفكار. المساهمون هم، إضافة إلى مؤلّفي الأبحاث والنصوص المتعلقة بالحالات المُستعرضة، كلٌّ من: بانايوتا بيلد، سيسيليا بييري، لانا جوده، داناي زخريا، لوكاس ستانيك، ديما سروجي، إياد عيسى، ماريون فون أوستن، سحر قواسمي، ومجد موسى. وقد اخترنا أن تكون كلّ حالة من الحالات مُستعرَضة بناءً على وجهة نظر مُعمّقة من داخل البلد المعني، وذلك بمقدار ما تسنح به الظروف، فلا تأتي المقاربة نظرةً خارجية من طرفٍ ثالث، حتى لو أن بعض الباحثين ينشط في الخارج. ويمثّلُ الحضور الأكثري للنساء في فريق المساهمين إشارة إلى أن حقل العمارة وما يرتبط به من أبحاث تاريخيّة ونظريّة قد بات مفتوحاً أمام الجميع بمختلف هوياتهم الجندريّة، وذاك لم يكن حاصلاً خلال الفترة التي يغطيها الكتاب، حين كان معظم الفاعلين في الحقل المذكور رجالاً.

وللمصادفة، خلال تجارب عيشها المختلفة، فإن أبنية ومواقع عديدة تناولناها، انتهت مُعبّرة عمّا يتجاوز الأهداف الأولى التي أنشئت لخدمتها. وهي بالتالي لا تخاطبنا عبر نَسَبها وماضيها وحسب. فالحالات المختارة هنا، سواء كانت قد شهدت تغييرات وهجراناً وقبعت غارقة في الإهمال، أو حظيت بفرصة نجاةٍ برغم صعوبة الأيام، وسُرّت بحياة جديدة حلّت بها، أو ما زالت تنتظر مستقبلاً واعداً، فإنها تعكس بوضوح الظروف الراهنة لبلدانها. لهذا فإننا نأمل أن يكون الكتاب فرصة للدعوة إلى حماية وصون تلك المباني والمواقع في العالم العربي. إذ بعد فترة طويلة من سوء التقدير وعدم الاكتراث، ها نحن اليوم نشهد تدابير وأفعالاً مستجدّة يقوم بها أفراد، أو تأتي نتيجة جهود مُنسّقة لمجموعات من الناشطين الشبّان عبر منصّات التواصل الاجتماعي. كذلك جرى في السياق خلق وإطلاق روابط وجمعيّات رسمية في العديد من البلدان العربية، مثل فروع "دوكومومو". ويحقّق بعض هذه المبادرات نجاحاً وفوارق، كما حصل في تجارب "كازاميموار" و"مامّا" في المغرب، و"بارجيل" في الشارقة – الإمارات العربية المتحدة. ويقوم بعض تلك المبادرات ويلقى الدعم على نطاق واسع بفضل أشخاص غير معماريين، ما يشير إلى تحوّل العمارة الحديثة ومسائل التخطيط إلى مشاغل أساسية خارج أطر الدوائر الأكاديميّة والمهنيّة. فيأتي هذا الانخراط العام في مسائل صون الوجه الحداثي للعالم العربي، بعد فترة من الإهمال، كي يُظهر تجدّد واستعادة بعض القيم التقدميّة.[٥]

وقد جاء قرارنا في إدماج اللغتين العربية والإنجليزية في كتاب واحد، عوضاً عن تخصيص كتاب لكلّ لغة، ليمثّل خياراً متعمّداً، يهدف إلى دعوة القارئ الذي لا يجيد سوى إحدى اللغتين، إلى الاعتراف بـ"الآخر" في أقلّ تقدير. وبالتالي، إن لم يفهم القارئ لغة الآخر، نأمل منه على الأقل أن يتآلف معها. أمّا للقرّاء ثنائيي اللغة، فإننا نودّ من كتابنا أن يتيح لهم غنًى إضافيّاً. لقد اخترنا للكتاب في اللغة العربية عنوان "صوغ الحداثة". وتحمل عبارة "صوغ"، كما الحال غالباً مع المفردات العربية، العديد من المعاني، منها "إنشاء" و"سبك"، اللذين يمثّلان صورة بديعة لعمليّة "تشكيل" الحداثة. وتمضي العبارة حاملة معاني إضافية، منها: إيجاد، وتركيب، وبلورة، وتأويل، وفهم، ... وهذه كلّها تخدم غرض كتابنا ومشروعنا البحثي.

وخلال عمليّة إعداد الكتاب وإنجازه جاءت أمورٌ مثل التعامل مع تباينات الاستهلال يميناً أو يساراً، ومسائل ترقيم الصفحات، والترتيب الأبجديّ، والاستشهادات في الحواشي، وموضعة الصور، وغيرها من التناقضات الناتجة من إدماج اللغتين، لا كي تزيد من صعوبة مساعينا وحسب، بل لتمدّنا أيضاً بفرصة ثمينة للتفكّر بالتوتّرات وأوجه التعقيد والأولويات. مثلًا، مقابل إدراج المقالات وفق الترتيب الأبجدي للبلدان في اللغة العربية، جاء ترقيم الصفحات وفق النسق الغربي، من اليسار إلى اليمين، لأسباب عملانيّة.

إننا ندين بالامتنان لجميع من ساهم في إنجاز هذا الكتاب، ونخصّ بالشكر منى كريغلر، مديرة معهد غوته في رام الله، على الفرصة التي منحتها لنا للعمل في هذا المشروع، وللنقاشات الغنيّة التي أثارتها. ونشكر أيضاً فادي طفيلي لترجمته المُتقنة، وهدى سميتسهوزن أبي فارس لعملها الممتاز في تطوير المشروع بصرياً وتصميمه غرافيكياً. ونحن مقتنعون بأن هذا الكتاب سيكون الأول من سلسلة مشاريع مقبلة، تغطّي الحداثة العربية في لحظاتها وأمكنتها وأوجهها المهمّة الأخرى.

٤ أنظر:
Łukasz Stanek, *Architecture in Global Socialism: Eastern Europe, West Africa, and the Middle East in the Cold War*, Princeton: Princeton University Press, 2020.

٥ المثل على هذا كان تظاهرة عامّة سنة ٢٠١٤ ضدّ هدم "غرفة التجارة والصناعة" (١٩٦٤-١٩٦٦)، التي صمّمها مكتب دار الهندسة في الكويت العاصمة.

صوغ الحداثة

المقدمة: صوغ الحداثة

جورج عربيد و فيليب أوسفالت

إنطلق مشروع هذا الكتاب حين بدأنا البحث عن أثر تركته حركة الباوهاوس في العالم العربي. وجاء ذلك في سياق ذكرى مئوية الباوهاوس سنة ٢٠١٩، وما أتاحته المناسبة من فرص دعم وتمويل. وكنّا قرّرنا في مطلع نقاشاتنا تخطّي أثر حركة الباوهاوس إلى أسئلة أوسع مدى، وذلك، بالدرجة الأولى، لأن الباوهاوس كمؤسسة لم تلعب سوى دور محدود في مسيرة التطوّر الثقافي في المنطقة العربية.

لقد تَمثّل اهتمامنا بتناول مجموع القوى والتأثيرات المحليّة والأجنبيّة التي أكسبت العمارة الحديثة في المنطقة العربية قوامها، والبحث تالياً عن الدور الذي لعبته العمارة في تطوير بلدان المنطقة وتنميتها. إذ إنّ التحوّلات الاقتصاديّة والتكنولوجيّة والثقافيّة كانت من دون شكّ قد بدأت في القرن التاسع عشر ومطلع القرن العشرين، حين كانت السلطنة العثمانيّة والقوى الاستعمارية الغربيّة، مثل إيطاليا وبريطانيا العظمى وفرنسا، ما زالت تهيمن على البلدان العربية. بيد أن المجالات الحقيقية للعمارة الحديثة لم تتبدّى إلا في حقبة تلت نهاية الحرب العالمية الثانية، حين حصلت البلدان العربية على استقلالها. وقد بدأ في تلك الفترة أيضاً "التسارع العظيم"، الذي حمل معه ازدهاراً جديداً للعديد من البلدان، ترافق مع تزايد مضطرد في أعداد السكان.[1]

ويركّز الكتاب على الحقبة بين العامين ١٩٤٥ و١٩٧٣، أي على المرحلة المِقدامة للحداثة بعد الحرب العالمية الثانية. وكانت طفرة ما بعد الحرب قد بلغت نهايتها قرابة سنة ١٩٧٣، من النواحي الاقتصاديّة والبيئيّة والثقافية.[٢] كما دخلت الـ"فورديّة" في أزمة، وارتفعت الديون الوطنية ومعدلات البطالة في الدول الصناعيّة، وافترق النظام المالي العالمي عن معيار غطاء الذهب، وصَدمت أزمة أسعار البترول العالم. فقدّم "نادي روما" تقريره تحت عنوان "حدود النمو"، وراحت الحداثة وأفكار التقدّم تواجه نقداً ثقافياً متصاعداً. ثمّ تزامنًا، جاء تطوّر المُعالجات الدقيقة وأجهزة الكومبيوتر الشخصية في إطار الثورة الصناعية الثالثة، ليضع أسس مرحلة جديدة من الحداثة لم تتسنّ لنا تغطيتها في هذا الكتاب.

يشير عنوان كتابنا، "صوغ الحداثة"، إلى فهمنا للعمارة كأمرٍ يتعدى اختصاصها المباشر، واعتبارها جزءاً من مسيرة الحداثة الأوسع في الإطارين الثقافي والاجتماعي. واقتضى ظهور العمارة الحديثة قيام تطوّرات تكنولوجيّة واجتماعيّة وثقافيّة، كسبل إنتاج جديدة، ومواد إنشاء غير مسبوقة، وأشكال جديدة في التنظيم، وزبائن ورعاة جدد. لكن العمارة الحديثة بحدّ ذاتها تمثّل أيضاً وسيلة للتحديث، كونها جاءت كي تمهّد الطريق وتخلق أطر لأنماط عيشٍ واجتماعٍ واستهلاكٍ جديدة، وإلى ما هنالك.

لم ينحصر الجديد بالنسبة للبلدان العربية في فترة ما بعد الحرب العالمية الثانية بظهور المجتمع الاستهلاكي والشامل وحسب، بل تمثّل هذا الجديد بتحدّي بناء الأمة، كون العديد من البلدان العربية كان قد حصل على استقلاله وعلى حقّ تقرير مصيره. على إن القوميّة لم تكن العامل الفاعل الوحيد في هذا التحوّل، إذ إن الرؤى والأفكار العروبيّة الجامعة توازت مع أفكار الاستقلال والتحرّر والتطوّر الاجتماعي، التقدميّة والعلمانيّة. وفيما جاء معرض دمشق الدولي، مثلاً، متّسماً بدايةً بأبعاد وِحدويّة عروبية، فإن متحف الكويت الوطني هدف إلى التأكيد على الهويّة الوطنيّة بغية موازنة وتهدئة الدعاوى الوحدويّة العروبية التي روّج لها جيران أقوى. من هنا فإن المشاريع الأخرى المدرجة في هذا الكتاب، من لبنان وفلسطين والأردن والعراق والمغرب، تأتي وعلى طريقتها كي تؤكد أيضاً على أدوار جوهرية في عمليات بناء الأمّة.

وبغية تناول التفاعلات بين المشاريع المقترحة وتأويلات المعماريين للمهام التي أوكلوا بها، وتأثيرات السياق الاجتماعي والظروف الثقافيّة والتطوّرات التكنولوجيّة والقوى السياسية في كلّ ذلك، إضافة إلى نتائج استخدام المباني وتقبّلها، فقد اخترنا التركيز على مبانٍ مُحدّدة، باعتبارها نماذج لحالات تستحقّ الدرس. إذ إن كل حالة تمثّل برأينا مُعطًى مهماً للبلد المعني، حتى لو عجزت بالطّبع عن تمثيل تطوّر ذاك البلد برمّته. وبناءً على هذا، يمثّل كتابنا.قراراً هادفاً لتقديم نماذج مختارة من دون أيّ زعم بتغطيةٍ عامّة ومكتملة.[٣] إلّا أننا في السياق قمنا باختيار نماذج تغطّي طيفاً متعدّداً من المشاريع والأبنية كي يتسنى لنا تناول الأبعاد المختلفة للحداثة: الإسكان (مصر)، العمل (لبنان)، التجارة (سوريا)، الرياضة (الأردن)، الترفيه (المغرب)، التعليم (فلسطين والعراق)، والثقافة (الكويت). وفيما تأتي غالبية النماذج التي تناولناها في مواقع مدينيّة، فإن ثلاثة منها (أريحا، القرنة الجديدة، وسيدي حرازم) تقوم في مناطق ريفيّة. وبغية إيفاء مسألة الإسكان حقّها، وهي مسألة متشعّبة شغلت المعماريين الحداثيين، خصّصنا للموضوع ثلاث مقاربات في بلد واحد، هو مصر.

كذلك تُمثّلُ المشاريع المختارة في كتابنا مجموعة نموذجيّة لمفاهيم حداثيّة وأنماط تفاعلٍ ثقافي مختلفة. إذ فيما يأتي المثال اللبناني مُعبّراً عن حداثة مُحتفية ومتقدمة تكنولوجياً، يُطرح نموذج القرنة الجديدة (مصر) في المقابل كتعبيرٍ عن حداثة ناقدة – تقدميّة برأينا – تستغني عن التكنولوجيا لصالح أساليب التشييد الطبيعيّة المحليّة. كما تأتي الحداثة المتطوّرة في المثال العراقي كي تتّصل ثقافياً بالممارسات التحداريّة المحليّة، فيما يأتي المثال المغربي موسوماً بطابعٍ تصميميّ شخصي.

وتبدو في السياق علاقات التبادل الثقافي بين التقاليد على القدر ذاته من التنوّع. إذ إن مظاهر تأسيس الحداثة الكلاسيكيّة، إضافة إلى مظاهر الحداثة اليابانية، وحالات تلقّف ثقافات البناء المتوسطيّة واستقبالها، لعبت أدواراً أساسية. وكان معماريون شهيرون أمثال أدولف لوس، وجوزيف هوفمان، وياكوبوس يوهانيس بيتر آود، ولوكوربوزييه، وغيرهم، متأثرين بالأشكال الأوليّة البسيطة والأسطح المستوية والواجهات البيضاء للأبنية المحليّة في هذه البلدان، مثلما كان فنانو الحداثة الكلاسيكيّة متأثرين بالفنّ الأفريقي. وكان للّغة المعماريّة الحديثة الناتجة من هذا الأمر تأثيراً موازياً في العالم العربي. وقد جاءت المسارات متشعّبة. إذ إن معماريين عديدين من البلدان العربية قصدوا فرنسا (مثل جان فرنسوا زيفاكو، وبيار نعمة، وجاك عرقتنجي)، وبريطانيا العظمى (محمود رياض)، والولايات المتحدة (قحطان عوني)، أو سويسرا (سيد كريم)، للدراسة أو لاكتساب الخبرة العملانيّة، وعادوا للعمل في العالم العربي. وفي المقابل، كان ثمّة معماريّون أوروبيّون ممّن نفّذوا مشاريع بمفردهم (مانس وكينيدي في عمّان، وميشال إيكوشار في الكويت العاصمة)، أو انضووا في فرقٍ مع معماريين محليين (حين دعت مجموعة "سيتا" المعماري جان نويل كونان إلى بيروت). لذا فإن كتابنا يتناول مسائل التعاون والتكييف، إلى جانب مظاهر التشارك المهنيّة المحليّة بين المهندسين والمعماريّين في وقت كانت فيه مهنة العمارة تتمأسس في العديد من بلدان المنطقة. إلى هذا فإن نتاج العمارة العالمي والسجال فيها، كما وصلا عبر الكتب، وعلى نطاق أوسع عبر المجلّات، لعبا دوراً في المشهد العام، وذلك مع عدم اقتصار تأثيرات التبادل الثقافي على علاقات ثنائيّة القطب بين المنطقة العربية

1 John Robert McNeill and Peter Engelke, *The Great Acceleration: An Environmental History of the Anthropocene since 1945*, Cambridge: Harvard University Press, 2016.

٢ في مسألة تبدّل النظام، أنظر أيضاً: Fredric Jameson, *Postmodernism, or, the Cultural Logic of Late Capitalism*, Durham, NC: Duke University Press, 1991.

٣ هدفت مشاريع بحثية أخرى إلى تقديم تغطية أكثر أفقية، فأتاحت عرضاً أوسع للأمور. مثلاً على ذلك، انظر: George Arbid, ed., *Architecture from the Arab World: 2014–1914, A Selection*, كتاب لمعرض الجناح الوطني لمملكة البحرين، الدورة الـ ١٤ لمعرض العمارة الدولي، بينالي البندقية ٢٠١٤.

إكتساب وإنتاج مستجدات المعرفة والأفكار عبر تكوين الفهم ونسج العلاقات

تمثّل مسألة إنتاج المعرفة الجديدة وتبادلها وتناقلها عنصراً مهمّاً في الصفحات التي ستقرؤونها وتمعنون النظر فيها. إذ إن موضوعة العمارة في العالم العربي لم تحظَ حتى الآن باهتمام كبير، ولا توجد سوى مواد قليلة ومنشورات (ثنائية اللغة) محدودة تتناول الموضوع.

وبغية الوصول إلى جمهور متنوّع وشريحة قرّاء واسعة لكتابنا، قمنا بتبني عمليّة تنويريّة تبادليّة. من هنا، فإن الكتاب يأتي نتيجة لعلاقة تعاون وتبادل طويلة الأمد، بدأت سنة ٢٠١٩ وتطوّرت على مدى سنتين كاملتين. وقد مثّل الأمر تجربة مفيدة جداً لجميع من شارك بها، وأنا أودّ في السياق التعبير عن امتناني لكلّ من فيليب أوسفالت وجورج عربيد، لاهتمامهما المباشر وموافقتهما على تولّي المهمّة، ما أكسب مشروعنا بعداً حيّاً وممتعاً.
لقد انطلق التعاون المذكور – كما فكرة هذا الكتاب – سنة ٢٠١٩، التي كانت الذكرى السنوية المئة لحركة الباوهاوس. وبهدف إحياء تلك الذكرى في رام الله، قررنا إجراء تحليل وبحث مُعمّقين في أهمية الباوهاوس بالنسبة لفلسطين. وبدأنا هذا عبر التفكّر بمفاهيمَ تمحورت حول الحداثة (وبالتحديد حول المساكن الشعبية الميسّرة التي استلهمت أفكار نوي ساشليشكيت) والعمارة في سياقات محليّة مختلفة، شملت المنطقة العربية – "فكرة المعاصرة العربية"، وفق ما أشار إليها المعماري المصري حسن فتحي.

في سبيل ذلك دعونا فيليب إلى رام الله للاجتماع بمجموعة متنوّعة من المعماريين والأكاديميين والخبراء في هذا الحقل. وقد حدّدت الأفكار التي أثمرها ذاك الاجتماع فيما بعد وجهة الكتاب، ووضعت ملامحه الأولى. بعد ذلك بوقت قصير، انضمّ جورج إلى فيليب وتوافقا على التعاون في المشروع. وهما، كمُحررين لهذا الكتاب البحثيّ، قاما بتنسيق وتعيين موضوعته وفكرته، وصاغا مجموعة الأسئلة التوجيهيّة التي ينبغي معالجتها والتعامل معها. كما اختارا معماريين ومؤرخي عمارة حداثيّة عديدين للتعامل مع الموضوعة ومقاربتها في بلدان عربيّة.

وقد ساهمت ورشة عمل دامت ليومين، في أواخر سنة ٢٠٢٠، بمنحنا أفكاراً إضافية متعلقة بعمليّة إعداد الكتاب وتوجيه أبحاثه وسياقاته ومفاهيمه، وصقل مقارباته التحليليّة. وذاك تضمن التعامل مع جملة أمور، مثل غياب الأرشيف وفقدانه، ودراسة العمارة في ظلّ الاستعمار، وتفكيك الاستعمار والاستقلال، والمقاربات البحثيّة المعاصرة في العمارة، وتوثيق العمارة الحداثيّة باعتبارها إرثاً ثقافيّاً، ومقاربة سياسات الهويّة، وتقصّي صلة (أو عدم صلة) "استشراق" إدوارد سعيد بالمسألة. وجاءت المساهمات أيضاً لتتناول مشاريع جديدة في حقل العمارة الحداثيّة، ونماذج التعليم الراهنة والسابقة، والمقاربات البحثيّة الجديدة، ولتستعرض أهميّة المنشورات والمجلات في ذلك الوقت.

كان ذاك الجانب من التعاون الإبداعي (بيتير لينباو) مهمّاً لجميع مَن انخرطوا به، فأثمر هذا الكتاب الجماعي. ويتوفر الكتاب أيضاً بصيغة إلكترونيّة لمن لا يمكنهم شراء نسخته الورقيّة. وسوف تكون الصيغة الإلكترونيّة متاحة للجميع، ويمكن الدخول إليها وتنزيلها فصلاً فصلاً، لتسهيل الأمور لمن لا يتوفر لهم الإنترنت بسرعة كافية. (ولأنه لا يمكن تغطية جميع الدول في العالم العربي بمقالات هذه النسخة، ثمة فرصة لإصدار كتاب ثان وطبعات جديدة في المستقبل).

ستلاحظون في هذا الكتاب غياب مشاريع الأبنية والمجمّعات العمرانيّة التي صممتها معماريات نساء. على أن الأمر يعود إلى محدوديّة الوعي في العالم العربي، بحقبة ما بعد الحرب (العالمية الثانية)، تجاه المرأة المعماريّة وأعمالها، أكان ذلك في بلدها نفسه، أم حول العالم. ولم يبدأ الانتباه للمعماريّات النساء وأعمالهنّ إلا في أعوام الثمانينيّات، حين برزت أشهرهنّ، زها حديد.

وأنا أريد هنا الإشارة إلى ما يعنيه مشروعنا، الذي يغطّي منطقتنا، بالنسبة لمحرّريه. إذ إن جوهر وأهميّة هذا الكتاب والمشروع البحثي بالنسبة لـ جورج عربيد يكمنان في الطبيعة التشاركيّة للعمل، أي في فكرة العمل الجماعي. ولـ فيليب أوسفالت، مثّل المشروع فرصة لاستدعاء مزيد من التحليلات المعمّقة والأبحاث في الحقل المعماري.

أودّ التعبير عن شكري العميق لمحرري الكتاب ولجميع الباحثين والخبراء والمهندسين الذين شاركوا في المشروع: بيلين تان، رافع حقي، أمين السادن، سارا ساراغوسا، وائل السمهوري، محمّد الشاهد، عزيزة شاوني، جانسيت شواش، مرسيدس فوليه، ليلى الوكيل، وديمة ياسر.

أوصلوه إلى حالته هذه – كتاب بحثي شيّق، يضمّ تحليلات وتمثيلات لمشاريع محدّدة، تلقي ضوءاً على تلك الحقبة من الحداثة في منطقتنا، وعلى شبكة علاقاتها وصلاتها الدوليّة.

كذلك أودّ أن أشمل بالشكر البالغ أولئك الذين ساهموا في ترجمة وتحرير وتصميم الكتاب: هدى سميتسهوزن أبي فارس (مصمّمة الكتاب)، فادي طفيلي (المترجم إلى العربية)، محمّد حمدان (مُحرّر اللغة العربية)، مركز رواق وفريقه (الناشر في المنطقة العربية)، وناشرنا الدوليّ دار "جوفيس" ، لما أظهروه جميعاً من صبر وخبرة ودعم طوال فترة المشروع.

إن مشروعاً متعدّد الأبعاد كهذا، لا يمكن أن يتحقق من دون فريق عمل رائع تولّى المهام من خلف الكواليس: شيرين أبو رمضان، مي ماراي، ليزا ماري ولراب، ولينا كونت. أشكركم جميعاً!

أخيراً، الشكر أيضاً لـ: راينر هاوسويرث، الرئيس السابق لقسم الفنون البصرية في معهد غوته، الوكالة الفيدراليّة للتربية المدنية ، "بيت ثقافات العالم" في برلين، فريق المركز العربي للعمارة في بيروت، معهد غوته في القاهرة؛ ووزارة الخارجية الألمانية الذين لولا دعمهم الكريم لما تحقّق المشروع.

نتمنى لكم قراءة ممتعة لكتابنا الجماعي الأول، الذي يمثّل جهداً خلّاقاً في سياق تحديد وتعيين وإظهار كلّ ما يتعلّق بالعمارة الحديثة في العالم العربي وما زلنا نجهله حتى الآن.

منى كريغلر
مديرة معهد غوته في الأراضي الفلسطينيّة

المحتويات

الشارة

© 2022 jovis Verlag GmbH
الناشر العربي الشريك: رواق - فلسطين

النصوص بموافقة مشكورة من المؤلّفين.
الصور بموافقة مشكورة من المصوّرين/وأصحاب الحقوق الفكرية.

جميع الحقوق محفوظة.

الغلاف: صوغ الحداثة: العمارة في العالم العربي ١٩٤٥ - ١٩٧٣، مجسّم وضعه جان فرنسوا زيفاكو لمجمّع الحمّامات الحراريّة في سيدي حرازم (تفصيل)، FRAC أورليان.

المحرّران جورج عربيد وفيليب أوسفالت

المشروع بمبادرة من معهد غوته في فلسطين وبتمويل من وزارة الخارجية الألمانية.

تحرير اللغة الإنجليزية: ماري آنجيلا بالاتزي - ويليامز، مايكل توماس تايلور
تحرير اللغة العربية: محمّد حمدان
الترجمة من الإنجليزية إلى العربية: فادي طفيلي
تصميم: هدى سميتسهوزن أبي فارس

شريك: المركز العربي للعمارة، بيروت
فرز الألوان: Bild1Druck برلين

الآراء الواردة في الكتاب تعبّر حصراً عن وجهة نظر المؤلّفين، ولا تعكس بالضرورة آراء معهد غوته.

طبع في الاتحاد الأوروبي.

المعلومات البيبليوغرافية منشورة من قبل المكتبة الوطنية الألمانية. المكتبة الوطنية الألمانية تُدرج هذه المطبوعة ضمن البيبليوغرافيا الوطنية. تفاصيل المعلومات البيبليوغرافية متوفرة في الإنترنت على العنوان http://dnb.d-nb.de

jovis Verlag GmbH
Lützowstraße 33
10785 Berlin
www.jovis.de

Riwaq Centre
Nablus Road
P. O. Box 212 Ramallah
www.riwaq.org

تتوفر كتب jovis عالمياً في مجموعة من متاجر الكتب. للحصول على معلومات تتعلق بالموزع المحلّي يرجى الاتصال بأقرب متجر كتب أو زيارة موقعنا. www.jovis.de . سيتوفر الكتاب الورقي من خلال رواق في شهر حزيران (يونيو) ٢٠٢٢: books.riwaq.org.

سيتوفر هذا الكتاب ويكون متاحاً للجميع عبر الإنترنت في شهر أيّار (مايو) ٢٠٢٤ عبر www.jovis.de و www.degruyter.com

ISBN 3-723-86859-3-978 (غلاف مقوّى)
(PDF) ISBN 8-830-86859-3-978

Federal Foreign Office

GOETHE INSTITUT

المركز العربي للعمارة
arab center for architecture

مصادر الصور

المغرب
١,١ FRAC أورليان \ ١,٢ مجموعة عزيزة شاوني الخاصّة \ ١,٣ FRAC أورليان \ ١,٤ رسومات نفّذت في مكتب "مشاريع عزيزة شاوني" \ ١,٥ FRAC أورليان \ ١,٦ FRAC أورليان \ ١,٧ FRAC أورليان \ ١,٨ FRAC أورليان \ ١,٩ رسومات نفّذت في مكتب "مشاريع عزيزة شاوني" \ ١,١٠ FRAC أورليان \ ١,١١ جوليان لانو (مصوّر) \ ١,١٢ جوليان لانو (مصوّر) \ ١.١٣ جورج عربيد (مصوّر) \ ١,١٤ جوليان لانو (مصوّر) \ ١,١٥ جوليان لانو (مصوّر) \ ١,١٦ أندريا موسكوريل (مصوّر) \ ١,١٧ جوليان لانو (مصوّر) \ ١,١٨ مجموعة عزيزة شاوني الخاصّة \ ١,١٩ بطاقة بريديّة، المصوّر مجهول، مجموعة عزيزة شاوني الخاصّة.

مصر
٢,١ مرسيدس فوليه (مصوّرة)، ١٩٩٧ \ ٢,٢ مجلة العمارة، العدد ٦\٥، ١٩٤٧، بين الصفحتين ٣٢ و٣٣ \ ٢,٣ مجلة المهندسين، مارس ١٩٤٨، صفحة غير محددة \ ٢,٤ أرشيف مكتب "رياض للعمارة" \ ٢,٥ أرشيف مكتب "رياض للعمارة" \ ٢,٦ أرشيف مكتب "رياض للعمارة" \ ٢,٧ مجلة المهندسين، مارس ١٩٥٠، صفحة ١٢ \ ٢,٨ مجلة المهندسين، مارس ١٩٥٠، صفحة ١٣ \ ٢,٩ مجلة العمارة، العدد ١، صفحة ٢١ \ ٢,١٠ كريم الحيوان (مصوّر)، ٢٠٢١ \ ٢,١١ كريم الحيوان (مصوّر)، ٢٠٢١ \ ٢,١٢ مرسيدس فوليه (مصوّرة)، ١٩٩٧ \ ٢,١٣ مرسيدس فوليه (مصوّرة)، ١٩٩٧ \ ٢,١٤ كريم الحيوان (مصوّر)، ٢٠٢١.

٣.١ مكتبة الكتب النادرة والمجموعات الخاصة بالجامعة الأمريكية بالقاهرة AUC, RBSCL \ ٣.٢ ناشرون \ ٣.٣ شانط أفيديسيان (مصوّر)، صندوق الآغا خان للثقافة \ ٣.٤ AUC, RBSCL \ ٣.٥ AUC, RBSCL \ ٣.٦ AUC, RBSCL \ ٣.٧ AUC, RBSCL \ ٣.٨ كرسوفر ليتل (مصوّر): صندوق الآغا خان للثقافة \ ٣.٩ AUC, RBSCL \ ٣.١٠ مصوّر مجهول \ ٣.١١ صندوق الآغا خان للثقافة \ ٣.١٢ AUC, RBSCL \ ٣.١٣ AUC, RBSCL \ ٣.١٤ AUC, RBSCL \ ٣.١٥ كريم الحيوان (مصوّر) \ ٣.١٦ AUC, RBSCL \ ٣.١٧ AUC, RBSCL \ ٣.١٨ فيولا بيرتيني \ ٣.١٩ AUC, RBSCL \ ٣.٢٠ كريم الحيوان (مصوّر) \ ٣.٢١ AUC, RBSCL \ ٣,٢٢ كليا داريدان (مصوّرة) \ ٣,٢٣ كريم الحيوان (مصوّر) \ ٣,٢٤ مصوّر مجهول، المجموعة الخاصة لسلمى سمر دملوجي، حسن فتحي \ ٣,٢٥ أ. البيك وم. نكسارلي (مصوّر)، صندوق الآغا خان للثقافة.

٤,١ كريم الحيوان (مصوّر) \ ٤,٢ كتيّب إعلاني لمدينة نصر نشرته شركة مدينة نصر، قرابة ١٩٠٩. أرشيف محمّد الشاهد \ ٤,٣ مجموعة محمّد الشاهد الفوتوغرافيّة، المصوّر مجهول \ ٤,٤ مجموعة محمّد الشاهد الفوتوغرافيّة، المصوّر مجهول. أرشيف محمّد الشاهد \ ٤,٥ كتاب ترويجي لمدينة نصر نشرته شركة مدينة نصر، غير مؤرّخ، قرابة ١٩٧١. أرشيف محمّد الشاهد \ ٤,٦ كتاب ترويجي لمدينة نصر نشرته شركة مدينة نصر، غير مؤرّخ، قرابة ١٩٧١. أرشيف محمّد الشاهد \ ٤,٧ أرشيف محمّد الشاهد (رسم الفريق) \ ٤,٨ مجلة الأهرام، غير مؤرخّة \ ٤,٩ إعلان في مجلة التلفزيون والراديو، ١٩٦٩. أرشيف محمّد الشاهد \ ٤,١٠ جريدة الأهرام في فبراير ١٩٦١. أرشيف محمّد الشاهد \ ٤,١١ مجلة الأهرام، غير مؤرخّة. أرشيف محمّد الشاهد \ ٤,١٢ مجلة الأهرام، ١٩٩٣. أرشيف محمّد الشاهد \ ٤,١٣ أرشيف محمّد الشاهد \ ٤,١٤ مجلة العمارة عدد ٣- ٤، ١٩٥٢ \ ٤,١٥ مجلة العمارة عدد ١- ٢، ١٩٤٨ \ ٤,١٦كريم الحيوان (مصوّر) \ ٤,١٧ كريم الحيوان (مصوّر) \ ٤,١٨ كريم الحيوان (مصوّر).

لبنان
٥,١ داليا خميسي (مصوّرة) \ ٥,٢ المركز العربي للعمارة، مجموعة بيار نعمة \ ٥,٣ المركز العربي للعمارة \ ٥,٤ المركز العربي للعمارة \ ٥,٥ أرشيف بيار الخوري \ ٥,٦ المركز العربي للعمارة \ ٥,٧ أرشيف هنري إده \ ٥,٨ المركز العربي للعمارة، مجموعة بيار نعمة \ ٥,٩ المركز العربي للعمارة، مجموعة بيار نعمة \ ٥,١٠ المركز العربي للعمارة، مجموعة بيار نعمة \ ٥,١١ المركز العربي للعمارة، مجموعة بيار نعمة \ ٥,١٢ أرشيف مؤسسة كهرباء لبنان \ ٥,١٣ المركز العربي للعمارة، مجموعة بيار نعمة \ ٥,١٤ داليا خميسي (مصوّرة) \ ٥,١٥ داليا خميسي (مصوّرة) \ ٥,١٦ داليا خميسي (مصوّرة) \ ٥,١٧ داليا خميسي (مصوّرة) \ ٥,١٨ غادة سالم. © ALES ٢٠٢٠ \ ٥,١٩ جورج عربيد (مصوّر) \ ٥,٢٠ كارل جرجس (مصوّر) \ ٥,٢١ المركز العربي للعمارة، مجموعة بيار نعمة \ ٥,٢٢ داليا خميسي (مصوّرة).

الكويت
٦,١ PACE © مانو جون \ ٦,٢ دار الآثار الإسلامية \ ٦,٣ عبد الإله اسماعيل، استديو الفحيائي، الكويت العاصمة (مصوّر)، ١٩٦٠. © الأرشيف الرقمي في المتحف الفلسطيني \ ٦,٤ دار الآثار الإسلامية \ ٦,٥ دار الآثار الإسلامية \ ٦,٦ آركيدس، المركز السويدي للعمارة والتصميم \ ٦,٧ مركز البحوث والتوثيق (كلية العمارة والعمران في الجامعة الفيدرالية في ريو دي جانيرو، البرازيل) \ ٦,٨ المتحف الكرواتي للعمارة \ ٦,٩ سمير عبد الحق \ ٦,١٠ *L'Architecture d'Aujourd'hui*، حزيران (يونيو) - تمّوز (يوليو)، ١٩٦١ \ ٦,١١ SIAF - متحف العمارة والتراث - أرشيف عمارة القرن العشرين \ ٦,١٢ جائزة الآغا خان للعمارة \ ٦,١٣ SIAF - متحف العمارة والتراث - أرشيف عمارة القرن العشرين \ ٦,١٤ SIAF - متحف العمارة والتراث - أرشيف عمارة القرن العشرين \ ٦,١٥ المجلس الوطني للثقافة والفنون والآداب \ ٦,١٦ نونو تيكسيرا \ ٦,١٧ PACE © مانو جون.

فلسطين
٧,١ أرشيف جمعية المشروع الإنشائي العربي \ ٧,٢ مكتبة صور المقدسيين خلال الانتداب البريطاني \ ٧,٣ المصدر: خرائط غوغل، جرى الدخول إليها في أيار (مايو)، ٢٠٢١ \ ٧,٤ الرسم لـ زياد عبد الحليم وهالة سيف، ٢٠٢١ \ ٧,٥ أرشيف جمعية المشروع أرشيف جمعية المشروع الإنشائي العربي، الأربعينيات والخمسينيات \ ٧,٦ بوتستراب، أرشيف جمعية المشروع أرشيف جمعية المشروع الإنشائي العربي، ١٩٥٣ \ ٧,٧ ديمة ياسر (مصوّرة)، ٢٠٢١ \ ٧,٨ ديمة ياسر (مصوّرة)، ٢٠٢٠ \ ٧,٩ ملاك حسن (مصوّرة)، ٢٠٢١ \ ٧,١٠ الرسم لـ زياد عبد الحليم وهالة سيف، ٢٠٢١ \ ٧,١١ ديمة ياسر (مصوّرة)، ٢٠٢٠ \ ٧,١٢ ديمة ياسر (مصوّرة)، ٢٠٢٠ \ ٧,١٣ ملاك حسن (مصوّرة)، ٢٠٢١ \ ٧,١٤ الرسم لـزياد عبد الحليم وهالة سيف، ٢٠٢١ \ ٧,١٥ ديمة ياسر (مصوّرة)، ٢٠٢٠ \ ٧,١٦ ملاك حسن (مصوّرة)، ٢٠٢١ \ ٧,١٧ ديمة ياسر (مصوّرة)، ٢٠٢١ \ ٧,١٨ الرسم لـ زياد عبد الحليم وهالة سيف، ٢٠٢١ \ ٧,١٩ الرسم لـ زياد عبد الحليم وهالة سيف، ٢٠٢١ \ ٧,٢٠ ديمة ياسر (مصوّرة)، ٢٠٢٠ \ ٧,٢١ -٧,٢٤ بيلين تان (مصوّرة)، ٢٠١٩ \ ٧,٢٥ ديمة ياسر (مصوّرة)، ٢٠٢٠.

العراق
٨.١ قحطان عوني: مهندسون استشاريون معماريون (بغداد: قرابة ١٩٦٩) \ ٨.٢ كرار ناصر (مصوّر)، ٢٠٢١ \ ٨.٣ عقيل نوري الملا حويش، العمارة الحديثة في العراق، ١٩٨٨ \ ٨.٤ كرار ناصر (مصوّر)، ٢٠٢١ \ ٨.٥ قحطان عوني: مهندسون استشاريون معماريون (بغداد: قرابة ١٩٦٩) \ ٨.٦ قحطان عوني: مهندسون استشاريون معماريون (بغداد: قرابة ١٩٦٩) \ ٨.٧ جان لويس كوهين (مصوّر)، ٢٠١٣ \ ٨.٨ كرار ناصر (مصوّر)، ٢٠٢١ \ ٨.٩ كرار ناصر (مصوّر)، ٢٠٢١ \ ٨.١٠ كرار ناصر (مصوّر)، ٢٠٢١ \ ٨.١١ جورج عربيد (مصوّر)، ٢٠١٣ \ ٨.١٢ كرار ناصر (مصوّر)، ٢٠٢١ \ ٨.١٣ كرار ناصر (مصوّر)، ٢٠٢١ \ ٨.١٤ كرار ناصر (مصوّر)، ٢٠٢١ \ ٨.١٥ مصوّر مجهول، قحطان عوني: مهندسون استشاريون معماريون (بغداد: قرابة ١٩٦٩) \ ٨.١٦ كرار ناصر (مصوّر)، ٢٠٢١ \ ٨.١٧ قحطان عوني: مهندسون استشاريون معماريون (بغداد: قرابة ١٩٦٩) \ ٨.١٨ كرار ناصر (مصوّر)، ٢٠٢١.

سوريا
٩,١ مصوّر مجهول، drkweider.unityworld.de \ ٩,٢ مجموعة وليد الشهابي الخاصّة \ ٩,٣ مجموعة عماد الأرمشي \ ٩,٤ مجموعة عماد الأرمشي \ ٩,٥ المؤسسة العامة للمعارض والأسواق الدولية peife.gov.sy \ ٩,٦ مجموعة عماد الأرمشي \ ٩,٧ مجموعة عماد الأرمشي \ ٩,٨ المؤسسة العامة للمعارض والأسواق الدولية peife.gov.sy \ ٩,٩ إبراهيم حقي، "دمشق في ثمانين سنة"، ٢٠١٧، صفحة ١٤٣ \ ٩,١٠ المؤسسة العامة للمعارض والأسواق الدولية peife.gov.sy \ ٩,١١ المؤسسة العامة للمعارض والأسواق الدولية peife.gov.sy \ ٩,١٢ المؤسسة العامة للمعارض والأسواق الدولية peife.gov.sy \ ٩,١٣ وائل السمهوري (مصوّر) \ ٩,١٤ مجموعة رافع حقي \ ٩,١٥ المؤسسة العامة للمعارض والأسواق الدولية peife.gov.sy \ ٩,١٦ مجموعة عماد الأرمشي \ ٩,١٧ المؤسسة العامة للمعارض والأسواق الدولية peife.gov.sy \ ٩,١٨ المؤسسة العامة للمعارض والأسواق الدولية peife.gov.sy \ ٩,١٩ مجموعة عماد الأرمشي \ ٩,٢٠ مجموعة وليد الشهابي الخاصة \ ٩,٢١ مجموعة وليد الشهابي الخاصة \ ٩,٢٢ أرشيف الطوابع السورية \ ٩,٢٣ مجموعة وليد الشهابي الخاصة \ ٩,٢٤ وليد الشهابي (مصوّر) \ ٩,٢٥ المؤسسة العامة للمعارض والأسواق الدولية peife.gov.sy.

الأردن
١٠,١ أرشيف مدينة الحسين للشباب \ ١٠,٢ أرشيف البنك المركزي الأردني \ ١٠,٣ عريضة، عصام، مدينة الحسين للشباب، (عمّان: مؤسسة رعاية الشباب، ١٩٧٥)، صفحة ٢٥ \ ١٠,٤ أرشيف مدينة الحسين للشباب \ ١٠,٥ فوز الدين، مشروع قانون ضريبة مدينة الحسين، الجهاد، ١٦ تشرين الثاني ١٩٦٣، صفحة ١٢ \ ١٠,٦ أرشيف دائرة الهندسة في مدينة الحسين للشباب \ ١٠,٧ عريضة، عصام، مدينة الحسين للشباب، (عمّان: مؤسسة رعاية الشباب، ١٩٧٥)، صفحة ٧ \ ١٠,٨ عريضة، عصام، مدينة الحسين للشباب، (عمّان: مؤسسة رعاية الشباب، ١٩٧٥)، صفحة ٤١ \ ١٠,٩ أرشيف مدينة الحسين للشباب، ٢٠٢١ \ ١٠,١٠ أرشيف مدينة الحسين للشباب، ٢٠٢١ \ ١٠,١١ عريضة، عصام، مدينة الحسين للشباب، (عمّان: مؤسسة رعاية الشباب، ١٩٧٥)، صفحة ٢٢ \ ١٠,١٢ عريضة، عصام، مدينة الحسين للشباب، (عمّان: مؤسسة رعاية الشباب، ١٩٧٥)، صفحة ١٥ \ ١٠,١٣ مركز التوثيق الملكي الأردني الهاشمي، ٢٠٢١ \ ١٠,١٤ عريضة، عصام، مدينة الحسين للشباب، (عمّان: مؤسسة رعاية الشباب، ١٩٧٥)، صفحة ٣٠ \ ١٠,١٥ عريضة، عصام، مدينة الحسين للشباب، (عمّان: مؤسسة رعاية الشباب، ١٩٧٥)، صفحة ٢٩ \ ١٠,١٦ عريضة، عصام، مدينة الحسين للشباب، (عمّان: مؤسسة رعاية الشباب، ١٩٧٥)، صفحة ٢٧ \ ١٠,١٧ لؤي التل (مصوّر)، ٢٠٢١ \ ١٠,١٨ لؤي التل (مصوّر)، ٢٠٢١ \ ١٠,١٩ لؤي التل (مصوّر)، ٢٠٢١ \ ١٠,٢٠ لؤي التل (مصوّر)، ٢٠٢١ \ ١٠,٢١ جانسيت شواش (مصوّرة)، ٢٠٢١ \ ١٠,٢٢ عريضة، عصام، مدينة الحسين للشباب، (عمّان: مؤسسة رعاية الشباب، ١٩٧٥)، صفحة ٢٠ و٢٣ \ ١٠,٢٣ عريضة، عصام، مدينة الحسين للشباب، (عمّان: مؤسسة رعاية الشباب، ١٩٧٥)، صفحة ٣١.

صور الحداثة

تحرير جورج عربيد و فيليب أوسفالت

العمارة في العالم العربي ١٩٤٥-١٩٧٣

jovis

RIWAQ

صوغ الحداثة
العمارة في
العالم العربي
١٩٤٥-١٩٧٣